Mark William Roche

Die Moral der Kunst

D1717852

Mark William Roche

Die Moral der Kunst

Über Literatur und Ethik

Deutsch von
Andreas Wirthensohn

Verlag C. H. Beck München

Dieses Buch erscheint in der Schriftenreihe
ETHIK IM TECHNISCHEN ZEITALTER
Herausgegeben von Vittorio Hösle

Die deutsche Bibliothek – CIP Einheitsaufnahme

Roche, Mark William:
Die Moral der Kunst : über Literatur und Ethik / Mark William Roche.
Dt. von Andreas Wirthensohn. - München : Beck, 2002
(Ethik im technischen Zeitalter) ISBN 3-406-48651-7

© Verlag C.H. Beck oHG, München 2002
Umschlaggestaltung: Thomas Mayfried, München
Satz: Janß, Pfungstadt
Druck und Bindung: Nomos, Sinzheim
Gedruckt auf säurefreiem, alterungsbeständigem Papier
(hergestellt aus chlorfrei gebleichtem Zellstoff)
Printed in Germany
ISBN 3 406 48651-7

www.beck.de

Inhalt

6. Der Stellenwert von Literatur im technischen Zeitalter

7. Die Antwort der Literatur

8. Literatur und Literaturwissenschaft im Kontext von Technik und Ethik

1. Einführung

Technische Herausforderungen und Legitimationskrise

Die Künste und die Geisteswissenschaften – und damit auch die Literatur und die Literaturwissenschaft – befassen sich mit dem Schicksal und den Zukunftsaussichten der Menschheit. Beide Bereiche sind jedoch zunehmend unter Rechtfertigungsdruck geraten: zum Teil deshalb, weil der Stellenwert von Künsten und Geisteswissenschaften, anders als bei den Naturwissenschaften und der Technik, nicht sofort zu erkennen ist, zum Teil, weil Staaten und Universitäten hart um knapper werdende Haushaltsmittel konkurrieren müssen, zum Teil aber auch, weil die Künste und Geisteswissenschaften sowohl innerhalb wie außerhalb der akademischen Welt zunehmend in die Kritik geraten sind. Jeder Versuch, die Künste und die Geisteswissenschaften zu rechtfertigen, muß deshalb ihre universelle Absicht und ihre spezifische Rolle in einer bestimmten Epoche deutlich machen. Heute stehen Schicksal und Zukunft der Menschheit unter dem Einfluß der Technik – die technische Veränderung der Welt ist das bestimmende Kennzeichen des 20. Jahrhunderts, und zwar einerseits im engeren Sinne der Nutzbarmachung und Transformation von Natur sowie bei der Erfindung und Anwendung von Werkzeugen, Maschinen und Informationen, andererseits in einem weiteren Sinne als Siegeszug der Zweck-Mittel-Rationalität.

Die Technik repräsentiert eine Art des Zweck-Mittel-Denkens, die es uns erlaubt, Materialien für einen bestimmten Zweck zu verwenden. Von einem technischen Zeitalter läßt sich sprechen, wenn vier Bedingungen erfüllt sind: (1) Unser Alltagsleben setzt eine ständige Interaktion mit technischen Produkten voraus, so daß wir zu diesen Produkten ein ähnlich dauerhaftes Verhältnis haben wie zur Natur oder zu anderen Personen; (2) die dramatischsten Ereignisse unseres Zeitalters werden von der Technik bestimmt, etwa von neuen Erfindungen, die unser Leben grundlegend verändern, ob nun zum Besseren oder zum Schlechteren; (3) unser Denken wird in hohem Maße vom technischen Paradigma geprägt, was vor allem heißt: von der technischen Rationalität; (4) die Technik beginnt ein Eigenleben zu führen, sie ist nicht mehr nur Mittel zu einem höheren Zweck, sondern Selbstzweck – so daß beispielsweise technische Produkte nicht nur bestimmte Bedürfnisse befriedigen, sondern auch neue Bedürfnisse wecken. Diese vier Bedingungen treffen auf unsere Gegenwart zu und bestimmen die moderne Welt seit der ersten Industriellen Revolution in zunehmendem Maße. Mit den Worten des Schweizer Dramatikers

Friedrich Dürrenmatt ausgedrückt: «die Technik (...) ist das sichtbar, bildhaft gewordene Denken unserer Zeit» (Bd. 26, 63).

Der Einfluß der Technik auf die Moderne stellt sowohl die Literatur wie auch die Literaturwissenschaft vor neue Aufgaben, und eine Rechtfertigung dieser beiden Bereiche muß diese neuen Aufgaben berücksichtigen. Leider findet die moralische Rechtfertigung von Literatur und Literaturwissenschaft heute kaum noch Beachtung – weder bei den Philosophen, die sich immer mehr in die entferntesten Winkel ihrer eigenen Subdisziplin zurückziehen, noch bei den Literaturwissenschaftlern, die sich – trotz ihrer Aufmerksamkeit für Fragen der Selbstreflexion – eher mit historischen und soziologischen Fragestellungen, pragmatischen Belangen und ideologischen oder hermeneutischen Fragen befassen als mit den Grundprinzipien ihrer Tätigkeit, wozu auch der Stellenwert von Literatur und Literaturwissenschaft gehört. Symposien und Sammelbände zur Literaturwissenschaft befassen sich vor allem mit der Geschichte und Soziologie des Faches, bewegen sich also auf einer rein deskriptiven und nicht auf einer normativen Ebene. Mitunter wird zwar der Vorschlag gemacht, sich stärker interdisziplinär zu betätigen, was aber leider oftmals heißt, Literatur nicht mehr als Literatur zu lehren. Die Frage, warum wir lesen sollen und warum wir Literaturwissenschaft betreiben sollen, wird dagegen selten gestellt.[1] Diese Gleichgültigkeit gegenüber den ethischen Herausforderungen der Moderne ist einer der Hauptgründe für die gegenwärtige Krise der Literaturwissenschaft, und die Betonung des _Wie_ gegenüber dem _Warum_ ist nichts anderes als Ausdruck des technischen Bewußtseins, das die Mittel über die Zwecke setzt.

Obgleich die Technikphilosophie prächtig gedeiht, denken nur wenige ihrer Vertreter überhaupt über Kunst nach, nicht einmal solche wie Hans Jonas und Karl-Otto Apel, die sich mit Fragen von Ethik und Technik beschäftigen. Ausnahmen gibt es nur wenige; in erster Linie ist hier Walter Benjamins berühmter Beitrag über _Das Kunstwerk im Zeitalter seiner technischen Reproduzierbarkeit_ zu nennen. Doch auch wenn Technikphilosophen Literatur und Literaturwissenschaft weitgehend unberücksichtigt lassen, so lassen sich ihre Erkenntnisse doch miteinbeziehen, wenn man nicht nur danach fragt, welche Argumente und Begriffe von diesen Denkern eingeführt werden und wieweit diese Gültigkeit beanspruchen, sondern auch, inwieweit deren Gedanken für das Studium der Literatur im technischen Zeitalter von Bedeutung sind. In diesem Sinne will ich versuchen, Denker wie Jonas und Apel über ihre unmittelbaren Ansprüche hinaus fruchtbar zu machen. Die Literaturwissenschaft selbst hat sich immerhin mit der Thematisierung der Technik in der Literatur befaßt; und aus den wenigen Untersuchungen läßt sich für unsere Zwecke durchaus großer Nutzen ziehen.[2] Nichtsdestotrotz scheint die Literatur der Literaturwissenschaft voraus zu sein, denn es finden sich mehr Texte (Anthologien eingeschlossen), die sich

mit der Technik befassen, als literaturwissenschaftliche Untersuchungen zu diesem Thema.[3]
Im Gegensatz zur modernen Tendenz, zwei dominante Wissensbereiche einander gegenüberzustellen, nämlich Naturwissenschaft und Technik auf der einen und die Geisteswissenschaften und die Künste auf der anderen Seite, zeigt die Bedeutung des griechischen Wortes *techné*, daß Technik und Kunst keineswegs als unvereinbare Gegensätze gelten müssen. *Techné* bedeutet beides: Kunst (z. B. die Literatur) und Handwerk (d. h. technische Fertigkeiten). Damit unterscheidet sich dieser Begriff von der *episteme*, die reines Wissen oder Wissenschaft bezeichnet. Für die Griechen war der Künstler ein Handwerker, Schuhe herzustellen war eine Kunst und die Bildhauerei eine technische Fertigkeit. Diese Verbindung von Technik und Kunst ist weithin charakteristisch für die vormoderne Welt. Für Leonardo da Vinci waren Kunst und Naturwissenschaft ein und dasselbe, nicht anders als wenig später für Albrecht Dürer. Dennoch zeichnet sich schon im 16. Jahrhundert in einzelnen Fällen eine Verschiebung ab, die sich dann, unterstützt durch die Wissenschaftsrevolution im 17. Jahrhundert, am Ende des 18. Jahrhunderts endgültig durchsetzt (Kristeller, 507–527). Kunst und Technik dienen nun nicht mehr dem gleichen Zweck, sondern entwickeln sich autonom und unabhängig voneinander. Die *artes liberales* und die *artes mechanicae* treten auseinander, die Technik verbindet sich mit Naturwissenschaft und Industrie, während die Kunst engere Bindungen an die Geisteswissenschaften eingeht.
In seinem Buch *Die Seele im technischen Zeitalter* macht Arnold Gehlen deutlich, daß das Aufkommen des technischen Zeitalters durch das Zusammenspiel von moderner Naturwissenschaft, Technik und Kapitalismus vorangetrieben wurde (11–13). Rascher Fortschritt in den Naturwissenschaften beschleunigt die Entwicklung neuer Technologien, und für beides muß Kapital investiert werden. Auch technische Erfindungen steigern die Effizienz des Marktes, indem sie Infrastruktur, Handel und die Anzahl erstrebenswerter Güter verbessern bzw. erhöhen. Im Gegenzug beschleunigt der Wettbewerbscharakter der Marktwirtschaft die ohnehin raschen Entwicklungen in Naturwissenschaft und Industrie noch weiter. Die Komplexität moderner Technik, die sich aus dieser engen Verbindung mit fortschrittlicher Naturwissenschaft und Kapitalismus ergibt, stellt deshalb nicht einfach einen quantitativen Sprung gegenüber den Techniken früherer Epochen dar, sondern unterscheidet sich auch qualitativ. In der vormodernen Welt bezogen die Dichter ihre Metaphern häufig aus der Welt der Technik; Homer, aber auch die mittelalterlichen Dichter nach ihm, waren noch eng mit den Lebenswelten verbunden, in denen Techniken wie das Pflügen oder Weben eine wichtige Rolle spielten. Im Gegensatz dazu greifen die modernen Dichter eher selten auf Metaphern etwa aus der Flugzeug- oder der Atomtechnik zurück. Die

Komplexität moderner Technik und unsere Distanz gegenüber ihrer Funktionsweise unterstreichen diesen Bruch und seine Auswirkungen auf die Poetik noch.

Angesichts dessen scheint es, als seien Literatur und Technik zu zwei unüberbrückbar voneinander getrennten Bereichen geworden. Vor einem halben Jahrhundert stellte C. P. Snow die heute weitverbreitete These auf, Naturwissenschaftler und literarische Intellektuelle lebten in völlig verschiedenen Welten. Snows These hat bis heute wenig von ihrer Bedeutung verloren, denn die Spezialisierung in beiden Bereichen hat weiter zugenommen, in den Geisteswissenschaften hat sich die postmoderne Vernunftkritik zu Wort gemeldet, und bei vielen Naturwissenschaftlern haben die traditionellen Geisteswissenschaften deutlich an Ansehen verloren.[4] Nur selten findet sich jemand, der diese Grenzen in wirklich überzeugender Weise überschreitet. Solche Grenzüberschreitungen gilt es jedoch zu fördern, und die Verbindungen zwischen Literatur und Technik dürften im Prinzip weitaus stärker sein, als es auf den ersten Blick erscheinen mag. Denn auch Technik ist kreativ, während Literatur umgekehrt durchaus bestimmten Gesetzen folgt. Es gibt Gemeinsamkeiten zwischen beiden Bereichen, wie die Denker der Antike und des Mittelalters glaubten, und sie befruchten sich gegenseitig, wenn Interaktion und Reflexion in beide Richtungen verlaufen. Doch sicher ist auch, daß die Unterschiede zwischen traditioneller Technik und moderner Technologie heute nur eine Verknüpfung dieser beiden Bereiche zulassen, die sich von derjenigen früherer Epochen nicht nur qualitativ unterscheidet, sondern auch weitaus schwieriger zu bewerkstelligen ist.

Doch schon mit dem Aufkommen der Photographie und dann später des Films lassen sich wieder Brücken zwischen Kunst und Technik erkennen. Einige der wichtigsten Avantgarde-Künstler unserer Zeit kehren zu dieser ursprünglichen Verbindung zurück und schaffen mit Hilfe der Technik große Kunst, etwa Charles Csuri mit seiner Computerkunst. Man denke aber auch an Hölderlins kunstvollen «Wechsel der Töne», komplexe Muster naiver, heroischer und idealischer Tonlagen, durch die sich verschiedene Dichtungsgattungen auszeichnen (Bd. 2, 524–526). Oder man denke an Edgar Allan Poe, der die Verfertigung seines Gedichts *Der Rabe* als Prozeß beschrieben hat, bei dem «das Werk Schritt um Schritt mit der Präzision und strengen Folgerichtigkeit eines mathematischen Problems seiner Vollendung entgegenging» (29). Auch Benns Feststellung: «Ein Gedicht entsteht überhaupt sehr selten – ein Gedicht wird gemacht» («Probleme», 1059) kommt einem in den Sinn oder Dürrenmatt, der sich selbst als «Handwerker «(Bienek, 108) und seine Arbeit als «Machen» (Bd. 26, 68) bezeichnet. Oder denken wir an die Integration von Kunst und Technik in der Bildhauerei, in Graphik und Film, an die Architektur, die sich notwendigerweise mit beiden Bereichen befaßt und in den Integrationsbemühungen des Bauhauses einen ihrer Höhepunkte erlebte. In jeder Epoche muß der Künstler das von ihm gewählte Medium beherrschen. Ein Ziel des vorliegenden Buches liegt darin zu zeigen, daß Kunst auf vielen Ebenen in bislang unbekannter Weise auf die positiven wie negativen Aspekte der Technik antworten kann. Technik ist ein auf Einbildungskraft beruhendes Unterfangen, und die darin enthaltene Weisheit hat in vielerlei Hinsicht eine poetische Dimension, wenngleich ihr bestimmte Aspekte zu fehlen scheinen, die wir der Kunst zuschreiben, wenn wir diese der Technik gegenüberstellen. Das vorliegende Buch versucht diese Charakteristika zu bestimmen.

Doch es entsteht nicht nur eine naturwissenschaftliche Technik, die sich von den Techniken der Kunst unterscheidet, sondern sowohl Kunst wie auch Technik werden autonom gegenüber der Moral. Jahrhundertelang entstand Kunst innerhalb eines umfassenden moralischen Universums. Diese Verbindung von Kunst und Göttlichem wird besonders deutlich, wenn man die Geschichte der bildenden Kunst oder der Musik betrachtet. Carl Dahlhaus hat in *Die Idee der absoluten Musik* gezeigt, daß sich die Verbindung von Text und Musik sowie die Entwicklung der Musik innerhalb eines funktionalen Kontextes – ein Paradigma, das von der Antike bis ins 17. Jahrhundert bestimmend war – in der Moderne auflösen. Die Musik entwickelte zunehmend das, was einzigartig an ihr ist, nämlich eine reine, unabhängige Instrumentalmusik ohne Konzept, Objekt oder Zweck, die als absolute Musik bekannt geworden ist. Auch in der Literatur läßt sich eine solche Auflösung der Tradition beobachten, die das gesamte literarische Leben bis zum Ende des 18. Jahrhunderts prägte. Danach sollte Literatur einem moralischen Zweck dienen und war in einen größeren moralischen Rahmen eingebettet.

Diese Loslösung der Kunst von der Moral hatte zahlreiche Ursachen. Zum ersten verlor die Moderne zunehmend ihren Glauben an einen religiösen oder auch nur einfach moralischen Rahmen. Die Unterscheidung zwischen Sein und Sollen, die Kant so wirkungsmächtig eingeführt hat und die der Moral angesichts der modernen Auflösung der Religion eine zentrale Stellung zuwies, verliert ihre Wirksamkeit, wenn die normative Sphäre nicht mehr adäquat begründet werden kann; und die Skepsis gegenüber solchen Begründungen hat seit dem 19. Jahrhundert beständig zugenommen. Wenn sich dieser normative Bereich nicht mehr begründen läßt, so wendet man sich zweitens dem Sein zu, jedoch nicht mehr einem Seinsbereich, der in sich einen normativen Anspruch trägt, sondern der reinen Faktizität. Die Sozialwissenschaften, die zu dieser Zeit entstehen, nähern sich dem deskriptiven Bereich mittels neuer Methoden, und die Literatur tut in gewisser Weise dasselbe, wenn auch mit anderen Mitteln: Auch sie analysiert die Komplexität der modernen Seele, unserer menschlichen Beziehungen und unserer Gesellschaft, einschließlich der Klage des modernen Menschen über seine Orientierungslosigkeit. Die Analysen dieses weiten und zunehmend komplexen Wirklichkeitsbereichs entfernen sich immer weiter von einem Denken, das sein Augenmerk auf transzendentale Ansprüche legte, und damit von jeder moralischen Bewertungsebene. Selbst der Begriff «schöne Künste», der im 18. Jahrhundert eine zentrale Rolle spielte, zum Teil als Folge der Befreiung der Kunst von den *artes mechanicae*, verwandelt sich in der nachidealistischen Zeit in «die nicht mehr schönen Künste» (Jauß). Auch die Erkenntnis, daß viele Bereiche der gesellschaftlichen Wirklichkeit in den früheren Synthesevorstellungen keinen Platz gefunden hatten, sowie die Entdeckung alternativer Paradigmen, die vor allem im Zuge des Historismus entstanden, trugen zu dieser Auflösung des Transzendentalen bei. Zum dritten lautet eine zentrale Vorstellung der Moderne, daß jeder Lebensbereich völlig autonom ist. Kunst, Wirtschaft, Recht, Politik, Wissenschaft – jeder dieser Bereiche entwickelt sich gemäß der Logik des je eigenen Subsystems, und jeder ist von der moralischen Sphäre getrennt. Diese Vorstellung findet sich besonders nachdrücklich in Hermann Brochs Roman *Die Schlafwandler*[5] und spielt auch in der Soziologie, von Max Weber bis Niklas Luhmann, eine immer größere Rolle. Der Künstler wird allmählich von dem Anspruch befreit, im Einklang mit anderen Sphären arbeiten zu müssen, und kann sich seiner eigenen Arbeit zuwenden. Es entsteht ein Originalitätsbegriff, der sich aus der nachchristlichen Auflösung der Vorstellungen, Kunst bilde ein göttliches Ideal ab und der Künstler sei das Medium, durch welches dieses Ideal sichtbar werde, herleitet (Hauser, 349). Diese Befreiung schuf für den Dichter eine unglaubliche Vielfalt von Möglichkeiten und führte zu herausragenden künstlerischen Werken. Dazu kam, daß nicht nur die verschiedenen Bereiche auseinandertraten und das Ideal ganzheitlichen Wissens verworfen wurde, sondern daß auch einige Denker wie etwa Kierkegaard, der sich mit den Unterschieden zwischen dem Ästhetischen, Ethischen und Religiösen beschäftigte, ihre Theorie schärfer konturierten und die Unterschiede hervorhoben sowie einige Autoren wie etwa Oscar Wilde eine tiefe Kluft zwischen Ästhetik und Ethik verspürten: Nach ihm sind «Kunst und Ethik vollkommen verschiedene und getrennte Welten» (Bd. 7, 132). In *Der Verfall der Lüge* behauptet Wilde nicht nur, daß Kunst einen Wert an sich habe und nicht als äußeren Zwecken untergeordnet betrachtet werden dürfe, sondern auch, daß Kunst überhaupt keinen äußeren Zwecken dienen könne, und wenn sie es denn tue, dann sei sie keine Kunst mehr (Bd. 7, 36 ff.).

Wir befinden uns heute in einer komplexen Situation. In einem Klima, in dem der Wert von Kunst nicht mehr Teil einer übergreifenden Sphäre ist und in dem das beherrschende Subsystem der Moderne, die Ökonomie, den Wert dadurch bestimmt, daß sie die instrumentelle Vernunft an die erste Stelle setzt, schwindet allmählich nicht nur in der Gesellschaft, sondern auch bei den Künstlern die Wertschätzung von Kunst. Wir entfremden uns immer weiter von den Fragen, warum Kunst wertvoll und zu rechtfertigen ist und welche Kunst wir vorziehen sollen. In einem solchen Zeitalter steckt der Künstler in einem wirklichen Dilemma. In früheren Epochen wußten die Künstler, zu welchem Zweck sie ihr Talent entfalteten. Sie wußten, welche Themen besonders wichtig waren und welchem höheren Zweck ihre Kreativität dienen konnte. In einem gewissen Sinne ließ sich dieser künstlerische Optimismus auch noch in den ersten Phasen ästhetischer Autonomie erkennen; die Vorstellung, in neue Bereiche vorzustoßen, verschaffte dem Künstler das beflügelnde Gefühl einer großen Chance. Sogar bei Dahlhaus, in seiner Untersuchung über die absolute Musik, erkennen wir nicht nur die Entwicklung der musikalischen Autonomie, sondern auch die Vorstellung, daß Musik Ausdruck des Absoluten ist, eine Vorstellung, die uns heute völlig fremd erscheint. Wir haben heute einen Punkt erreicht, an dem der moderne Künstler, der eine Vision ausdrücken will, die Modelle der Vergangenheit nicht mehr nachahmen kann, da diese nicht mehr wirksam zu sein scheinen; wenn er jedoch andererseits immer nur weiter nach Innovationen sucht, vornehmlich über die Negation der Tradition, so kann es ihm passieren, daß das Publikum seiner Kunst gegenüber gleichgültig bleibt. Sogar der ausgeprägte Sinn des Künstlers für Widerstand gegen den Status quo löst sich auf, wenn man ihn in einem größeren Kontext betrachtet. Insoweit Kunst an der historischen Entwicklung autonomer Subsysteme teilhat, widersetzt sich der autonome Künstler seiner Zeit nicht, sondern beteiligt sich an der allgemeinen Zersplitterung der Werte: So wie andere Bereiche nach Experten rufen, gibt es heute Kunstspezialisten, die vom übrigen Bereich des Lebens abgeschnitten sind. Die Möchtegern-Distanz des Künstlers gegenüber der Gesellschaft erfüllt lediglich die Erwartung, daß er innerhalb seiner autonomen Sphäre wirkt und keinen Einfluß auf die große Welt außerhalb davon hat.

Menschen werden Künstler aufgrund ihrer Talents und ihrer Sehnsucht, sich zu entwickeln und auszudrücken; doch in einer Zeit, in der die Kunst keinem moralischen Zweck mehr zu dienen scheint, wird die Frage nach der Rolle des Künstlers immer unklarer. Die Zahl der Künstler in schwierigen Lebensumständen und qualvollen Identitätskrisen nimmt zu, und diese Probleme haben nicht nur mit der Schaffenslast und den Rezeptionsschwierigkeiten zu tun, sondern auch mit der beunruhigenden Vorstellung, daß dem Weg des Künstlers der höhere Zweck fehlt. Kaum ein Autor hat dieses Dilemma deutlicher dargestellt als Thomas Mann in seinem *Doktor Faustus*. Manns Held, Adrian Leverkühn, ist so sehr davon besessen, einen Weg zu finden, um sein außerordentliches Talent zur Geltung zu bringen, daß er dafür sogar bereit ist, mit dem Teufel zu paktieren. Die verzweifelte Einsamkeit, die noch dadurch verstärkt wird, daß er sich von der Last der Tradition löst, für die er nichts als Spott übrig hat, und seine tatsächliche Ausdruckskraft,

die einen Bruch mit der Moral voraussetzt, führen in den Ruin. Lever-
kühns Elend zeigt die Tragödie des modernen Künstlers, der überladen
ist mit Tradition und unfähig, innerhalb eines moralischen Rahmens zu
arbeiten. Als er schließlich die Liebe und die moralische Sphäre zugunsten seines künstlerischen Durchbruchs aufgibt, wird Leverkühn zum
Mörder und sein Schicksal ist besiegelt – wir jedoch können sein Handeln einfühlend verstehen, auch wenn wir ihn verurteilen.

Wir verstehen, wie die Kunst sich so entwickelt hat, daß sie sich von
der Moral löste, und spüren die unglaubliche Last, die ein Künstler in
einer Zeit zu tragen hat, die in der Kunst nur noch ein kommerzielles
Produkt oder ein eitles Spiel erkennen kann, ihr aber sonst keinen Wert
mehr beimißt. Dennoch ist die Vorstellung, daß Kunst nichts oder nur
wenig mit Wahrheit und dem Guten zu tun hat, daß sie jenseits der
moralischen Sphäre betrieben werden muß, spezifisch modern, und sie
sollte als einseitige Ideologie betrachtet werden, die nach einer kurzen
Phase der Befreiung heute Wertschätzung und Selbstbewußtsein des
zeitgenössischen Künstlers verhindert. Was aber stimmt letztlich nicht
an dieser Trennung von Kunst und Moral? Die Behauptung, Kunst habe
lediglich einen formalen Wert und eine Bestimmung ihres Werts habe
nichts mit einer Bewertung ihres Inhalts zu tun, die lediglich innerhalb
eines moralischen Rahmens zu leisten sei, treibt nicht nur den Künstler
in die Verzweiflung, sondern ist auch philosophisch nicht haltbar. Denn
Moral ist kein Subsystem wie jedes andere, so daß es etwa Kunst,
Wissenschaft, Religion, Wirtschaft, Politik usw. neben Moral gäbe.
Vielmehr ist Moral das Leitprinzip aller menschlichen Bestrebungen.[6]
Das heißt nicht, daß in einer Kultur, in der die Kunst zu einem autonomen Subsystem geworden ist, keine große Kunst entstehen kann,
oder daß die Freiheit von ethischen Erwägungen es den Künstlern nicht
erlauben würde, Werke mit einem ausgeprägteren Sinn für das Experiment und mit größerer Betonung der Form zu schaffen, aber es deutet
doch darauf hin, daß die moderne Autonomie der Kunst nicht in jeder
Hinsicht zu begrüßen ist. Diese Kritik der Autonomie findet ihre Entsprechung bei denjenigen, die entgegen modernen Entwicklungen behaupten, daß die Wirtschaft sich nicht völlig von ethischen Erwägungen
trennen läßt oder daß die Naturwissenschaft moralischer Legitimation
bedarf.

In der Moderne hat sich die Kunst immer weiter nicht nur von künstlerischen Vorgaben befreit, sondern auch von der Reflexion über ihre
Moral oder ihr Verhältnis zur Wahrheit. Die Tatsache dieser Entwicklung
will ich hier gar nicht in Frage stellen; sie ist schlicht Ausdruck dessen,
daß sich in der Moderne unterschiedliche Subsysteme ausgebildet haben,
und schafft neue Erkenntnisse und Möglichkeiten ebenso, wie sie andere
Probleme aufwirft. Ich problematisiere jedoch diese Entwicklung, sofern
sie die *quaestio iuris* betrifft, und unterscheide mich damit nicht von den

Autoren selbst, die – von E. T. A. Hoffmann bis Thomas Mann und darüber hinaus – ihre eigenen künstlerischen Paradigmen in Frage stellen. Der Kunst vollkommene Autonomie zuzugestehen heißt, daß man auch die Moral als eine Sphäre unter anderen betrachtet, was zugleich bedeuten würde, daß man die Moral auch aus anderen Bereichen einfach entfernen könnte, etwa aus der Religion oder der Politik, was wohl nur wenige Verfechter ästhetischer Autonomie propagieren würden. Jede verwerfliche Handlung ließe sich so unter Hinweis auf ihre autonome Sphäre rechtfertigen: Es geschah für die Kunst, für den Krieg, für die Religion, für die Liebe usw. Zugegeben, auch wenn Individuen in vorgeblich moralischer Absicht handeln, kann es zu verwerflichen Handlungen kommen, doch daß wir eine Handlung als verwerflich erkennen, setzt voraus, daß es höhere moralische Normen gibt, die es uns erlauben, eine angeblich moralische Haltung als unmoralisch zu bewerten. In dieser Hinsicht wird der höhere Rang der Moral nicht in Frage gestellt.

Jedes Unternehmen, vor allem eines, das öffentliche Gelder erhält, sollte über eine moralische Legitimation verfügen. Man kann den Wert einer Handlung dadurch legitimieren, daß man entweder auf ihren inneren Wert verweist oder ihren Wert für die Gesellschaft betont. Die Frage nach der moralischen Legitimation von Kunst sollte man deshalb nicht als Non-Frage abtun (in vielerlei Hinsicht die vorherrschende liberale Position) oder stark vereinfachend beantworten (die vorherrschende konservative Haltung), denn schon der Begriff der «Moral» birgt in sich eine Reihe von Mehrdeutigkeiten. Gewöhnlich bezieht er sich auf Fragen des Verhaltens und Benehmens. In diesem Zusammenhang könnte man Kunst moralisch nennen, wenn sie nicht gegen die moralischen Sitten einer Epoche verstößt, also beispielsweise keine freizügigen sexuellen Darstellungen enthält. Mir geht es jedoch um etwas völlig anderes, nämlich um den moralischen Wert von Literatur, d. h. um die Frage, ob es sich lohnt, dafür Zeit zu investieren, und wenn ja, was Literatur sein kann und sollte. Dabei ist es wichtig, zwischen «moralischen Konventionen» – d. h. den moralischen Ansprüchen und Sitten einer bestimmten Gesellschaft zu einem bestimmten historischen Zeitpunkt – und «Moral» – d. h. den moralischen Ansprüchen, die mittels der Vernunft begründet werden, nachdem man spezifische moralische Konventionen untersucht und bewertet hat – zu unterscheiden. Mit dieser Unterscheidung im Hintergrund können wir erkennen, daß die Moralität einiger literarischer Werke möglicherweise darin besteht, daß sie aus den moralischen Konventionen einer bestimmten Zeit ausgebrochen sind, die von einer höheren Warte aus betrachtet als weniger ideal erscheinen.

Ein Zeichen für die Krise der Literaturwissenschaft ist, daß grundlegende Fragen der Legitimation, etwa warum wir Literatur lesen sollen, großenteils ausgeblendet werden oder gar tabu sind. Sie zu beantworten setzt eine normative Ebene voraus; doch wir leben in einem Zeitalter der normativen Lähmung. Wissenschaft beschränkt sich zunehmend aufs Deskriptive, sie bewertet nicht und ist skeptisch gegenüber allen normativen Haltungen. Diese Entwicklung ist in mehrfacher Weise ironisch. Zum ersten wurden Sinn und Zweck von Literatur und Literaturwissenschaft von der Öffentlichkeit noch nie so sehr angezweifelt wie heute, so daß die Frage nach der Legitimation von zentraler Bedeutung für die Zukunft der Disziplin ist. Zweitens war die Literaturwissenschaft noch nie so selbstreflexiv wie heute – doch vor den wirklich zentralen normativen Fragen verschließt man hartnäckig die Augen. Drittens hat sich die Literaturwissenschaft zwar von der Vorstellung verabschiedet, moralische Ansprüche begründen zu können, doch gleichzeitig ist sie immer dogmatischer geworden und hat sich in verschiedene Schulen und Unterschulen aufgespalten, die ihre eigene Sprache sprechen und sich gegenseitig kritisieren, ohne dabei jedoch auf übergreifende Fragen der Legitimation einzugehen. Viertens, und hierin liegt wohl die größte Ironie, hat sich die Literaturwissenschaft in den letzten drei oder vier Jahrzehnten verzweifelt auf die Suche nach ihrer Bedeutung begeben. Diese ist in der Tat dringend nötig, aber bei dieser Suche haben außerästhetische und ideologische Erwägungen die ästhetischen so sehr überlagert, daß die Frage, warum man sich der Literatur widmen soll, gerade von denen nicht beantwortet wurde, die der Literatur und dem Studium der Literatur moralische Bedeutung zuzuschreiben versuchten.

Idealismus als Ressource

Viele, die im Bereich der Literaturwissenschaft nach Orientierung suchen, sind voller Skepsis gegenüber deren gegenwärtigem Zustand und suchen nach anderen Perspektiven. Ohne Zweifel dürften nur wenige Zeitgenossen die Erwartung hegen, in der Tradition des Objektiven Idealismus, der behauptet, daß es nicht-hypothetische apriorische Erkenntnis gibt und diese Erkenntnis ontologische Gültigkeit besitzt, brauchbare Antworten zu finden. Diese Sicht, die sich bei Platon und Hegel findet und heute in Vittorio Hösle ihren stärksten Verteidiger hat[7], besagt, daß es eine ideale Späre gibt, welche die Natur und das Bewußtsein übersteigt, und sie ist dem, was Stanley Fish die «gängige Argumentation» nennen würde, fremd, vor allem dem Gedanken, daß es keine unhintergehbaren Positionen gibt und daß die einzigen Normen, auf die man sich legitimerweise berufen kann, die professionellen Normen sind, die zu einer bestimmten Zeit praktiziert werden (68). Wenn die Unterscheidung zwischen Sein und Sollen aufgehoben wird, nimmt die Macht der Professionen zu. Professioneller Konsens läßt sich schon prinzipiell nicht mehr auf ein höheres Ziel verpflichten, und es wird immer schwieriger, ein vorherrschendes Paradigma zu kritisieren, da die Leute aus professionellen Gründen an der Erhaltung des Status quo interessiert sind, der seinerseits zur Meßlatte für Urteile wird. Doch in einem Klima, das weder Praktiker noch Beobachter sonderlich erregt, sind alternative Perspektiven willkommen und belebend.

Es gibt mindestens zwei Möglichkeiten, um die Gültigkeit einer Position zu belegen: entweder mit ersten Prinzipien zu argumentieren, die bewiesen sind, oder den heuristischen Wert einer Position deutlich zu machen. Da ich in diesem Buch nicht versuchen will, erste Prinzipien zu entwickeln, und nur wenige Zeitgenossen einen objektiv-idealistischen Rahmen als der heutigen Zeit angemessen betrachten würden, werde ich den anderen Weg wählen und ein Grundgerüst zu präsentieren versuchen, das die Sphäre der Literaturwissenschaft in einem neuen, unerwarteten Licht erscheinen läßt. Viele meiner Positionen werden im Buch selbst begründet, andere beziehen sich auf Denktraditionen, die ich voraussetze und hier nicht weiter beweise. Während alle literaturwissenschaftlichen Arbeiten auf Vorannahmen gründen, unterscheidet sich das vorliegende Buch insofern, als seine Vorannahmen nicht zum Konsens unserer Zeit gehören. Jahrhundertelang leitete sich die wirkungsvollste Verteidigung der Künste und der Geisteswissenschaften aus der idealistischen Tradition ab. Diese Tradition ist heute großteils verschwunden, und die Zeitgenossen haben beträchtliche Schwierigkeiten, andere vom Wert der Künste und der Geisteswissenschaften zu überzeugen. Mit Sicherheit lassen sich Einsichten in deren Wert aus verschiedenen komplementären Quellen gewinnen, und eine Stimme unter den anderen sollte sich auf diese Tradition beziehen.

Wenn wir also um der Argumentation willen annehmen, daß nur wenige die Prämissen des Idealismus akzeptieren würden, so wollen wir doch mit einigen seiner Positionen experimentieren und abwägen, ob er uns Werte und Perspektiven erkennen läßt, die sonst verborgen bleiben würden. Wenn ich mich auf diese Tradition beziehe, so heißt das nicht, daß ich all ihren Forderungen folge; der Leser wird spezifische Abweichungen von Platon und Hegel erkennen, die ich in meinen Überlegungen besonders betone. Dazu kommt, daß jeder Versuch, einige der vergessenen Gedanken des Objektiven Idealismus zu neuem Leben zu erwecken, die Entwicklungen berücksichtigen muß, welche die Einzelwissenschaften und die Künste seit dem letzten idealistischen System genommen haben. Hösle beispielsweise bedient sich der reichen Schätze der modernen Sozialwissenschaften, wenn er seine Argumente zu Moral und Politik entwickelt; ich selbst habe in einer früheren Untersuchung zu Hegels Theorie der Tragödie und der Komödie und ihrer Bedeutung für unsere Zeit versucht, die Entwicklungen in den Künsten seit Hegel miteinzubeziehen. Im vorliegenden Buch will ich nicht nur die Fortschritte in der Literaturwissenschaft seit den Zeiten Hegels mit in Betracht ziehen, son-

dern auch versuchen, die Tradition des Objektiven Idealismus und die
Herausforderungen des technischen Zeitalters miteinander in Dialog zu
setzen.

Derjenige idealistische Denker, der den moralischen Wert von Literatur nachdrücklicher als jeder andere propagierte, war Schiller. Seine ersten Stichworte findet er bei Kant. Dessen große Leistungen im Bereich
der Ästhetik liegen nicht nur in ausführlichen Überlegungen zum ästhetischen Urteil, sondern auch darin, daß er den inneren Wert von Kunst
und ihre Verbindung zur Moral erkannte sowie die Verbindungen zwischen Kunst und Natur aufzeigte. Schiller, sowohl Dichter als auch Kan-
tianer, stellt den Philosophen in verschiedener Hinsicht in Frage; so behauptet er beispielsweise, daß berechtigte Beweggründe für moralisches
Handeln sich nicht einzig und allein aus der Vernunft ableiten lassen.
Doch Schiller entwickelt auch eine kantianische Perspektive; seine Bedeutung für die Geschichte der Ästhetik rührt denn auch von seiner
außerordentlichen Fähigkeit her, den scheinbar widersprüchlichen Weg
zu beschreiten und Kunst sowohl als autonom wie als moralisch zu
betrachten. Schiller verbindet die Autonomie der Kunst mit ihrer Ganzheit und Harmonie als Gegenbild zur fragmentierten Wirklichkeit; die
Erfahrung der Harmonie hat demnach Auswirkungen auf unser Gemüt
und ist seiner Ansicht nach Voraussetzung für die moralische Erneuerung
der Gesellschaft. Ich nehme diesen Gedanken auf, will ihn aber gleichzeitig in verschiedener Hinsicht ergänzen. Denn erstens sind Schillers
Bemühungen, ähnlich denjenigen Kants, ausgesprochen formal, und eine
Ästhetik, die Schillers Forderungen nach dem moralischen Wert von Literatur vertiefen will, muß die historische Perspektive und den konkreten
Inhalt der Hegelschen Ästhetik berücksichtigen, auch wenn ich mich in
verschiedenen Punkten (etwa in der Frage, ob Philosophie die Kunst
überflüssig macht) gegen Hegel auf die Seite Schillers stelle. Zum zweiten
muß jeder Versuch, auf einen Denker wie Schiller zurückzugreifen, dessen Arbeiten zur Ästhetik inzwischen mehr als zweihundert Jahre alt
sind, durch Reflexionen über die Entwicklungen der Moderne ergänzt
werden – sowohl in der Objektwelt, von der Technik bis zu Politik und
Kunst, wie auch in der Gelehrtenwelt. Dabei gilt es zuallererst, das Häßliche, das die ästhetische Diskussion unmittelbar nach der idealistischen
Epoche beherrschte, vollständig in die Kunst miteinzubeziehen. Schiller
kann für die Gegenwart von Wert sein, aber wir können keine Schille-
rianer sein.

Auch wenn ich mich in den ersten Kapiteln eher traditionellen Fragen
zuwende, so lasse ich zeitgenössische Perspektiven dennoch nicht außer
acht. Jüngste Entwicklungen geben uns die Möglichkeit, Kunst in neuem
Licht zu sehen, und die wertvollen neuen Horizonte, die sich dabei eröffnen, sollte man nicht preisgeben. Es stellt sich jedoch auch die Frage,
ob einige noch heute gültige Fragen vergessen worden sind. Denn das

Historischwerden einer Theorie ist nicht das gleiche wie ihre philosophische Widerlegung. Die Rückkehr zu bestimmten Fragen, die in der Moderne vernachlässigt wurden, mag in der Tat die beste Möglichkeit bieten, um neue Sichtweisen auf die Moderne zu eröffnen. Die späteren Kapitel wenden sich mehr und mehr von den allgemeinen Prinzipien ab und beschäftigen sich unmittelbar mit dem technischen Zeitalter, seinem Einfluß auf die Ästhetik und mit verschiedenen ästhetischen Antworten auf dieses Zeitalter. Wie viele andere durchaus willkommene Entwicklungen der Moderne, unter ihnen der Kapitalismus, bedarf jedoch auch die Technik, wieviele Vorzüge sie auch immer haben mag, der Zügelung, der Kritik und der Gegenmaßnahmen.

2. Der Stellenwert der Literatur

In diesem Kapitel geht es um die Kernfragen der Kunst, vor allem um die Fragen, warum und wie künstlerische und im besonderen literarische Tätigkeit moralisch ausgezeichnet sein kann. Die Definition von Kunst, die ich im folgenden entwickle, ist nicht soziologisch, sondern normativ. Ich beschreibe nicht, wie verschiedene Personen, Institutionen oder Kulturen Kunst definieren, sondern frage danach, was Kunst sein kann und soll, wenn sie moralischen Wert hat. Um diese Frage zu beantworten, müssen zunächst zwei Probleme geklärt werden: (1) In welcher Hinsicht ist Schönheit mit Wahrheit und dem Guten kompatibel bzw. in welcher Beziehung stehen diese Bereiche zueinander? (2) Inwiefern ist Schönheit einzigartig und verschieden vom Wahren und Guten?

Das Wahrheitsmoment

Kunst befaßt sich mit den Grundstrukturen des Seins, der Natur und des Geistes. In seiner *Politeia* tut Platon den Künstler als bloßen «Nachbildner» ab, der doppelt von der Realität entfernt sei (595–608). Nach Platon ahmt der Dichter nicht eine ursprüngliche Form oder Idee nach, sonderen deren Manifestation in der Welt.[8] Auch wenn sich einige Dichter durchaus auf diese Weise charakterisieren lassen, so liegt der Kern großer Dichtung nicht in der Nachahmung einer Nachahmung. Schon Plotin behauptete, im Gegensatz zu Platon, daß das Objekt der Nachahmung nicht die Natur sei, sondern das Ideale. Der Künstler reproduziert nicht einfach, was ist, sondern geht zurück auf die «rationalen Formen, aus denen die Natur kommt» (*Enneaden* V 8,1). Schelling und Hegel betonen noch nachdrücklicher, daß die Kunst nicht einfach nachahmt, was ist, sondern eine Wirklichkeit widerspiegelt, die höher steht als die sogenannte Wirklichkeit selbst oder – mit Schellings Worten –: «das *Ideale* [ist] das Wirkliche und viel wirklicher als das sogenannte Wirkliche selbst» (35; vgl. Hegel Bd. 13, 22). Kunst ist der Alltagswirklichkeit insofern überlegen, als sie der Ausdruckswahrheit näher ist. Das, was wir Alltagswirklichkeit nennen, enthält eine ganze Reihe von Täuschungen, da sie uns – durch die Beliebigkeit von Situationen und Ereignissen, das Wirrwarr äußerlicher und oberflächlicher Objekte und die Unmittelbarkeit der Sinneseindrücke – vor einer essentielleren Bedeutung abschirmt. Die Alltagswirklichkeit enthält durchaus diesen höheren Geist und dieses absolute Sein, doch die Kunst betont und enthüllt, anders als die Alltagswirklichkeit mit ihren vielfältigen Kontingenzen, diese höhere Wirklichkeit. In diesem Sinne verfügt Kunst über eine tiefreichende metaphysische Dimension; sie ahmt nicht die äußere Welt nach, sondern läßt uns das Absolute erkennen. Treue gegenüber der äußeren Wirklichkeit ist deshalb kein Kriterium für große Kunst. Schon Aristoteles erkannte, daß Kunst eine höhere Wirklichkeit evoziert; dadurch daß sie die Grundstrukturen des Seins darstellt, ist sie der Geschichtsschreibung überlegen: «Denn der Geschichtsschreiber und der Dichter unterscheiden sich nicht dadurch voneinander, daß sich der eine in Versen und der andere in Prosa mitteilt (...); sie unterscheiden sich vielmehr dadurch, daß der eine das wirklich Geschehene mitteilt, der andere, was geschehen könnte. Daher ist Dichtung etwas Philosophischeres und Ernsthafteres als Geschichtsschreibung; denn die Dichtung teilt mehr das Allgemeine, die Geschichtsschreibung hingegen das Besondere mit» (1451b). Der Dichter sucht nach den höheren Gesetzen der Möglichkeit und der Notwendigkeit und ist dabei nicht an das gebunden, was bereits existiert. Kunst muß nicht genau sein, im Sinne einer korrekten Beschreibung einer Person oder eines Ereignisses (auch wenn natürlich historische Ereignisse die Phantasie der Dichter immer beflügelt haben), sondern sie muß wahr sein im Sinne der Enthüllung eines höheren Seins mittels ihrer Ausdruckskraft.[9] So kann denn auch Hegel überzeugend behaupten, daß eine Darstellung, die vom Kontingenten abstrahiert und den Kern des Charakters einer Person enthüllt, «dem Individuum ähnlicher [sein kann] als das wirkliche Individuum selbst» (Bd. 15, 104). Wirkliche ästhetische Begabung läßt uns somit nicht nur das Äußere, das uns ohnehin schon vor Augen steht, erkennen, sondern das Absolute hinter dem Äußeren. In diesem Sinne schreibt Paul Klee: «Kunst gibt nicht das Sichtbare wieder, sondern macht sichtbar» (118). Wenn wir Macbeth, Othello und König Lear rezipieren, so ermöglicht uns das großartige Einsichten in psychologische Wahrheiten, und auf jeden Fall mehr, als wir aus Zeitungsberichten über «wahre» Geschichten von Ehrgeiz, Eifersucht und Leid erfahren. Goethes Faust enthält mehr von dem, was Leben bedeutet, als ein «echter» Gelehrter oder Liebhaber. In einem gewissen Sinne ist er das Original, wir scheinen ihm ähnlich oder unähnlich zu sein und nicht umgekehrt.

Wenn ich behaupte, daß Kunst eine höhere Wirklichkeit zum Vorschein bringt, soll das nicht heißen, daß eine idealistische Ästhetik mit dem Wert der Alltagswirklichkeit unvereinbar sei. Erich Auerbach hat gründlich gezeigt, wie das Markusevangelium den Heiligen Petrus, einen einfachen Fischer, zu einer tragischen Gestalt macht (43–49). Die Moderne verfügte, inspiriert durch das Christentum, über ein starkes Demokratisierungspotential, das sich auf den ersten Blick mit einer idealistischen Sichtweise, die Kunst in den Bereich der Spiritualität erhebt, nicht in Einklang bringen läßt; doch das Großartige an dieser idealisti-

schen Sicht ist, daß derjenige, der das Schöne rezipiert, sich nicht einfach
über das Begrenzte und Alltägliche hinausbegibt, sondern erkennt, in
welchem Maße das Begrenzte selbst dazu imstande ist, eine höhere Wahrheit zu enthüllen und zu verkörpern. Vom Standpunkt des Schönen aus
betrachtet wird das Begrenzte in sich selbst lebendig und kann so das
Transzendente zum Vorschein bringen. Diese Verbindung ist nicht dua-
listisch, sondern dialektisch, und idealistische Kunst im höchsten Sinne
führt uns weniger aus dem Alltäglichen heraus, sondern läßt die im
Alltäglichen liegende höhere Bedeutung erstrahlen.

In diesem Zusammenhang ist es sinnvoll, zwei Typen des Idealen zu
unterscheiden. Sicherlich wird Kunst mitunter die Art von Idealen abbilden, denen Platon normativen Wert zuschreibt und die das in der Alltagswirklichkeit Gegenwärtige transzendieren, doch in vielen Fällen wird
die Kunst nicht die Wirklichkeit transzendieren, sondern sie deutlicher
sichtbar werden lassen. Nun könnten wir in diesen Fällen noch immer
sagen, daß Kunst ein Ideal abbildet, doch entspricht dies nicht dem idealen Guten bei Platon, sondern Max Webers Begriff des Idealtypen. Weber
ist der Auffassung, daß uns Idealtypen jenseits der vielfältigen Wirklich-
keitsphänomene und -variationen eine heuristische Linse und ein Vokabular zur Verfügung stellen, um die Wirklichkeit zu verstehen und zu
beschreiben. Diese Idealtypen werden nicht immer bewertend unterschieden: «Es gibt Idealtypen von Bordellen so gut wie von Religionen» (*Gesammelte Aufsätze*, 200). Auf die Literatur angewendet, können wir in
bösen Gestalten wie Edmund oder Iago bei Shakespeare so etwas wie
Idealtypen erkennen oder auf diese Weise über Gestalten nachdenken,
die weitaus schwieriger zu bewerten sind, etwa Cervantes' Don Quichote
oder Molières Alkeste. Kunst ist fähig, idealtypische Normen im Weberschen Sinne zum Vorschein zu bringen, und ermöglicht uns dadurch
Einblick in die Logik menschlichen Verhaltens und die Konsequenzen
bestimmter Haltungen. Selbstverständlich stellt Kunst diese Einsichten in
die Grundstrukturen der Wirklichkeit mittels einzelner Geschichten und
Bilder und nicht über Abstraktionen dar, sie betont stärker das komplexe
Nebeneinander der in der Wirklichkeit vorkommenden Charakteristika,
als dies in der abstrakten Reinheit der Weberschen Idealtypen möglich
wäre; dazu kommt, daß uns an der Kunst, anders als in den Sozialwissenschaften, nicht nur der Inhalt fasziniert, sondern auch die Darstel-
lungsweise, die dem Inhalt seine spezifische Prägung und Bedeutung gibt.
Gemeinsam aber ist beiden das Bemühen, die Grundstrukturen und -for-
men der Wirklichkeit deutlicher sichtbar zu machen.

Kunst enthüllt also Aspekte der Wirklichkeit (würde sie nur die sichtbare Realität widerspiegeln, gäbe es für sie keine davon unabhängige
Rechtfertigung). Die Vorstellung, daß Kunst Teile der Wirklichkeit
sichtbar macht, die uns sonst verborgen bleiben, nehmen wir besonders
in einem technischen Zeitalter gerne auf, in dem viele unserer Hand-

lungen vermittelt und zahlreiche Konsequenzen unseres Handelns kaum zu erkennen sind. Das Verhältnis von Kunst und verborgener Wirklichkeit spielt auch in den Schriften von Georg Lukács, dem wohl einflußreichsten marxistischen Literaturwissenschaftler des 20. Jahrhunderts, eine besondere Rolle; er sah im kritischen Realismus eine privilegierte Kunstform (459–603). Im Realismus von Autoren wie Balzac, Tolstoi und Thomas Mann erkannte Lukács eine kritische Darstellung der gesellschaftlichen, ökonomischen und historischen Wirklichkeit. Aus diesem Grund stellte Lukàcs eher realistische Autoren wie Mann über avantgardistische und experimentelle Künstler wie etwa Kafka. Dabei ergibt sich jedoch das Paradox, daß ein fortschrittlicher Wissenschaftler eher konservative Autoren bevorzugt; das lag zum einen daran, daß Lukács in der Lage war, die außerordentlich komplexen und oftmals unbewußt hellsichtigen Erkenntnisse, die in komplexen realistischen Texten enthalten waren, zu erkennen, zum anderen aber auch daran, daß sein Sinn für Realismus nicht ausgeprägt genug war, um auch das miteinzubeziehen, was Kafka und andere in der Wirklichkeit ihrer Zeit erkennen konnten.

Ich würde deshalb vorschlagen, daß wir, solange wir davon sprechen, daß Kunst Wirklichkeit sichtbar macht, auch Autoren wie Kafka berücksichtigen müssen. Phantastische und disharmonische Kunst macht das sichtbar, was in unserem Alltagsbezug zur Wirklichkeit oder im Alltagsgebrauch von Kategorisierungen häufig außen vor bleibt. Solche Kunst schärft unsere Sinne für das, was wir bei oberflächlicher Betrachtung übersehen; sie lenkt unsere Aufmerksamkeit auf das Randständige, weniger leicht Erkennbare und Vergessene. Diese wichtigen Aspekte der Wirklichkeit, die in der Vielschichtigkeit unseres Alltagslebens unsichtbar oder undeutlich bleiben oder auch den verschiedenen individuellen oder kollektiven Verdrängungsmechanismen zum Opfer fallen, zu erkennen, ist von großem Wert. Nicht alle Probleme lassen sich auf soziale, ökonomische oder historische Ursachen zurückführen, und nicht jede in diesem weiteren Sinne realistische Darstellung läßt sich unter einem oberflächlichen Wirklichkeitsbegriff subsumieren. Dieses Plädoyer für einen weitgefaßten Realismusbegriff ergibt sich aus einem Objektiven Idealismus, der die Vernunft in der Welt am Werke sieht und somit allen Positionen einen Sinn zuzuschreiben versucht, auch scheinbar abweichenden, wenngleich dieser Idealismus sie an einer höheren Form der Vernunft mißt.

Kunst macht also Wirklichkeit auf eine Weise sichtbar, die möglicherweise nicht offen wertend oder hochambig ist, aber deren Hauptanliegen es schlicht und einfach ist, Wirklichkeit zu enthüllen; darüber hinaus aber kann Kunst auch eine höhere Wirklichkeit zum Vorschein bringen, und zwar auf zwei Weisen. Sie kann die Wirklichkeit negieren, indem sie diese, gemessen an einem höheren moralischen Standard, für ungenügend erklärt; das gilt etwa für die Satire im Schillerschen Sinne. Indem sie zeigt, was unter dem Ideal liegt, kann Kunst die Negativität der Wirklichkeit kritisieren und dabei einen idealen Zustand implizieren. Kunst kann ein solches normatives Ideal aber auch unmittelbarer aufzeigen. In solchen Fällen ist Kunst weder eine Linse, die sich auf die verborgenen Wirklichkeitsaspekte richtet, noch eine unmittelbare Kritik an der Wirklichkeit; statt dessen skizziert sie einen idealen Zustand und setzt ihn der Wirklichkeit entgegen.

Wenn wir Literatur lesen, entdecken wir Geschichten, die von Klugheit, Gerechtigkeit, Tapferkeit oder Mäßigung handeln, von Glaube, Hoffnung und Liebe, aber auch Erzählungen von Stolz, Neid, Zorn, Trägheit, Habgier, Völlerei und Lust. Nicht nur der mittelalterliche Dichter Dante zeigt uns die Schrecken der Laster und die Freuden der Tugend. So gut wie jedes bedeutende literarische Werk befaßt sich mit moralischen Fragen, und durch die Begegnung mit fiktionalen Charakteren gewinnen wir ein tieferes Gespür für Tugend und Lasterhaftigkeit. Der Leser wird mit imaginären und bewegenden Situationen konfrontiert, die er noch nicht erfahren hat, und diese literarischen Begegnungen können ihm sowohl eine differenzierte Sicht des Lebens als auch einen größeren und feiner austarierten moralischen Kompaß verschaffen. Ironischerweise sind sogar diejenigen, die glauben, Literatur habe keine ethischen Modelle anzubieten, der Meinung, daß Literatur dadurch, daß sie ethische Modelle untergräbt, einem höheren moralischen Zweck dient.

Charakter wird nicht nur mittels philosophischer Kategorien und theoretischen Wissens entwickelt und geformt. Modelle, einschließlich der literarischen, sind ebenfalls von großer Bedeutung, ob nun als fiktionale Darstellungen historischer Gestalten oder als imaginäre Darstellungen erfundener Figuren. Es überrascht nicht, daß ein zentraler Punkt in der Entwicklung von Hölderlins Hyperion in dessen Begegnung mit Adamas liegt, der ihn auf die Vorbilder der Antike verweist und das verkörpert, was Hyperion erst werden soll. Wichtig bei der Vermittlung solcher Modelle ist die Begegnung sowohl mit Figuren, die der eigenen Tradition oder Zeit angehören, wie auch mit Personen von hohem moralischen Wert, die aus verschiedenen Traditionen, Kulturen und Epochen stammen. Solche Leseerfahrungen eröffnen uns neue moralische Perspektiven, erhöhen unsere Sensibilität und bereichern uns emotional.

Häufig erweitert die Erfahrung der ethischen Dimension eines Kunstwerks weniger unser ethisches Wissen, sondern vertieft unser Verständnis für die Implikationen unserer ethischen Haltungen. Das meint auch Noël Carroll, wenn er die «klärende Sicht» des Verhältnisses zwischen Kunst und Moral verteidigt (142). Kunst läßt, über ihre spezifischen Erzählstrategien, unsere moralischen Überzeugungen und deren Anwendbarkeit auf neue Bereiche in klarerem Licht erscheinen. Statt uns neue Thesen aufzudrängen, bietet Kunst uns die Möglichkeit, die subtileren Ver-

bindungen zwischen allgemeinen moralischen Vorschriften und bisher
übersehenen Aspekten des Lebens zu erkennen. Kunst knüpft unsere
abstrakten Begriffe spielerisch an konkrete Situationen und lebendige
Beispiele. Dieser Reichtum an Exempla ist nicht weniger bedeutsam als
die Gültigkeit unserer abstrakten moralischen Regeln. Das Ergebnis ist,
daß wir unsere Sympathien auch Personen oder Gruppen zuteil werden
lassen, deren Gerechtigkeitsansprüche uns zuvor weitgehend verborgen
waren.

Ein weiteres Moment der Kunst liegt darin, daß ein Denken, das von
der Einbildungskraft gelenkt wird, zu einer Fülle philosophischer Pro-
lepsen führt – Kunst antizipiert die Probleme der Philosophie. Im technischen Zeitalter haben wir es mit zahlreichen substantiellen Fragen zu
tun, welche die Philosophen entweder noch nicht als Probleme erkannt
oder für die sie keine Lösung haben. Kunst nimmt diese Probleme
vorweg und bietet, wie unbewußt und elliptisch auch immer, Antworten
darauf an. Der Künstler entdeckt und beschreibt Wahrheiten, ohne sich
in vollem Ausmaße bewußt zu sein, was seine Bilder und Erzählungen
alles implizieren. In dieser Hinsicht ist er schneller als der Philosoph,
auch wenn er sein Material begrifflich weniger scharf zu umreißen versteht. Darüber hinaus kann der Künstler, der sich ja mit seinem Tun
im Bereich des Möglichen befindet, mit bislang unklaren oder noch
nicht getesteten Positionen experimentieren, und zwar ohne damit unmittelbaren Schaden anzurichten. Zu dieser Möglichkeit schreibt John
Gardner: «Wahre moralische Dichtung ist ein Experiment unter Labor-
bedingungen – zu schwierig und zu gefährlich, um es draußen in der
Welt durchzuführen, aber sicher und bedeutsam als Spiegelbild der
Wirklichkeit, das der Autor im Kopf hat» (115 f.). Diese proleptische
Funktion dient sowohl der Gesellschaft als ganzer, insofern der Autor
sich mit neuen Fragen befaßt, als auch dem jüngeren Individuum, dem
sich über seine Leseerfahrungen Persönlichkeiten und Welten eröffnen,
die ihm bislang verschlossen waren.

Und schließlich trägt Kunst nicht nur zur Erbauung der Menschen bei,
sondern auch zur kollektiven Identität einer Kultur. Durch Kunst lernen
wir, unsere vergangenen und gegenwärtigen Krisen zu erkennen, uns mit
ihnen auseinanderzusetzen und sie zu überwinden. Und wir lernen, unsere Ideale für die Zukunft zu artikulieren. Vergils *Aeneis* erfüllte diese
Funktion zur Zeit des Augustus; in anderen Epochen waren es in ähnlicher Weise die Werke von Dante, Shakespeare, Schiller, Dostojewskij
und Brecht. Heute leistet der Film einen wesentlichen Beitrag zur Aus-
formung einer kollektiven kulturellen Identität. Dieser kollektive Aspekt
der Kunst führt uns zu deren zweitem Moment, nämlich ihrer Sinnlichkeit; denn die kollektive Macht der Kunst hängt von ihren sinnlichen
Aspekten ab: von ihren Geschichten, ihren Symbolen und ihrem Appell
an das Gefühl.

Das Sinnlichkeitsmoment

Schönheit enthält ein Wahrheitsmoment, aber was sie von der philosophischen Wahrheit erst wirklich unterscheidet, ist ihre Sinnlichkeit. Während Platon und Plotin die höchste Schönheit dort erkennen, wo sie frei von Sinnlichkeit ist, und Hegel der Ansicht ist, daß die Philosophie über der Kunst stehe, da sie frei von Gefühlen sei, behaupte ich – mit Schiller und Hölderlin –, daß es genau dieses sinnliche Moment ist, das die Kunst über den rein rationalen Bereich der Philosophie hinaushebt. Künstlerische Wahrheit ist in ihrer Partikularität wie in ihrer Konkretheit leichter erkennbar und zugänglich als philosophische Wahrheit.

Künstlerische Meisterwerke können von ganz unterschiedlicher Art sein und aus ganz unterschiedlichen Traditionen stammen – wo eine philosophische Wahrheit konkurrierende Wahrheiten ausschließt, ist das bei sinnlichen Darstellungen keineswegs der Fall. Es gibt unzählige Möglichkeiten, das Ideal durch einen schönen Ausdruck unmittelbar anschaulich zu machen. Eine ganze Reihe von Werken kann sich deshalb an vielfältige Bedürfnisse richten, ohne daß sie in Konkurrenz zueinander treten und sich gegenseitig einschränken. Die universellen Prinzipien der Kunst lassen sich nicht nur mit einer Ausdrucksvielfalt vereinbaren, sie werden durch diese Vielfalt sogar noch bereichert. Jede Epoche wird nach neuen, noch vielfältigeren Manifestationen des Schönen suchen, welche die universellen Prinzipien mit den spezifischen Bedürfnissen der Epoche in Einklang bringen. In ähnlicher Weise kann unsere Schönheitserfahrung analog sein zu unserer Erfahrung der Ausdrucksvielfalt in unterschiedlichen Kulturen, die auf unterschiedliche Weise einige der höchsten Menschheitsideale zu verwirklichen suchen. Literatur eröffnet uns den Wert der Vielfalt, den Reichtum unterschiedlicher Geschichten, vielfältige Traditionen und verschiedenartige Tugenden, auch wenn wir in diesen Werken bestimmte gemeinsame ästhetische Prinzipien erkennen. Durch ihre Vielfalt hat die Literatur eine ganze Reihe von Modellen zu bieten und ermöglicht einer Vielzahl von Lesern persönliche Orientierung. Damit ist ihr ein besonderer Charakterzug der Demokratie eigen; deren Bürger finden in der Literatur eine Reihe einnehmender Erfahrungen und alternativer Perspektiven, welche die Einbildungskraft erweitern und verfeinern. Diese Pluralität ist besonders attraktiv, denn je mehr Stimmen es gibt, desto größer ist die Wahrscheinlichkeit, daß die wichtigen und guten Stimmen, die ansonsten vielleicht nicht vertreten wären, Gehör und Anerkennung finden.

Ein literarisches Werk interessiert uns nicht deshalb, weil die Person X oder Y es geschrieben hat, sondern weil die Person X oder Y imstande war, etwas zu verfassen, was von allgemeinem Interesse ist und uns eine Vision, eine Kritik, eine Epiphanie, eine Stimmung oder irgendetwas, was der Bewußtseinserweiterung dient, liefert – und das alles gleichwohl in einem Stil, der einzig dieser Person X oder Y eigen ist. Die sinnliche Dimension verleiht einem Werk die einzigartige Gestalt seines Schöpfers, doch die Tatsache, daß es zum Bereich der Kunst zählt, verschafft ihm ein größeres Interesse. Von den Werken, die man objektiv betrachtet als «groß» bezeichnen kann, werden einige dem einen mehr zusagen, andere wiederum einem anderen, die einen werden in einer bestimmten Lebensphase gelesen, die anderen in einer anderen. Auch wenn es allgemeine Kategorien gibt, die uns ein Werk als ausgezeichnet bewerten lassen, so können diese doch in der Weise erfüllt sein, daß sie sich zu unterschiedlicher Zeit in unterschiedlicher Weise an verschiedene Menschen richten. Unsere Reaktion auf sinnliche Reize ist vielfältig, ebenso variiert auch unsere Fähigkeit, bestimmte Arten von anspruchsvollerer Literatur zu verarbeiten; und schließlich variieren auch unsere Bedürfnisse – je nach Zeit, Kultur, Alter, persönlicher Disposition und persönlichem Bedürfnis. Wenn wir darin übereinstimmen, daß Schönheit sich auf verschiedenartige Weise manifestiert und daß der Künstler ein Muster findet, das seinen Fähigkeiten entspricht, dann folgt daraus, daß der Leser ein Korpus von Werken vorfindet (das sich durchaus mit der Zeit verändert), das für mindestens zwei Dinge sorgt: es festigt seine Vorlieben, seinen Geschmack und seine Identität – nicht nur, was die Literatur angeht, sondern ganz allgemein; und erweitert seine Vorlieben, seinen Geschmack und seine Identität – nicht nur in der Literatur, sondern auch hier wieder ganz allgemein.

Während sich wie gezeigt aus dem Wahrheitsmoment der Kunst die Einsicht in übergreifende und spezifisch ethische Fragen ergibt, liegt die vorrangige ethische Konsequenz ihres Sinnlichkeitsmoments in ihrer Motivationskraft. Kunst richtet sich auf imaginative, emotionale und unterbewußte Teile des Selbst, welche die Seele mehr zu bewegen vermögen als bloße Argumente. Während die Vernunft bei der Motivation von Menschen oft versagt, gelingt dies der Kunst – und zwar aufgrund ihrer Beispiele und Modelle, ihrer sinnlichen Muster und ihrer Bildhaftigkeit sowie ihres daraus resultierenden Appells an die Emotionen. Kunst verschafft uns eine Intensität, die in rein begrifflicher Erfahrung oftmals fehlt. Sie erfüllt in stärkerem Maße als die Philosophie eine Brückenfunktion, vor allem deshalb, weil sie mit Hilfe bestimmter Ausdrücke, Bilder und Situationen konkrete Wahrheiten vermittelt, welche die Einbildungskraft ansprechen und die mehr sagen und größere Zuneigung wecken als jedes Argument oder das Zitieren von Statistiken. Genau deshalb wollte Platon die Dichter verbannt wissen, weil er ihre Motivationskraft erkannt hat.

Ein Grund für diese Macht der Kunst liegt darin, daß sie Universalität und Partikularität miteinander verbindet: Kunst bietet Einsichten von universeller Bedeutung über einzelne Geschichten, und das Partikulare liegt uns naturgemäß näher und kann deshalb eher unsere Sympathie gewinnen. Martha Nussbaum behauptet, daß wir beim Lesen von Literatur «die Fähigkeit erlangen, uns vorzustellen, wie es wäre, das Leben eines anderen zu leben, der man, unter anderen Umständen, selbst sein könnte oder der uns nahesteht» (5). Zu den moralischen Kategorien, die im Kantschen Denkgefüge zu kurz kommen, gehören genau diejenigen, die durch Kunst und Einbildungskraft gefördert werden – Mitgefühl mit vom Schicksal gebeutelten Menschen, Gespür für die Bedürfnisse und Probleme der anderen sowie Bewunderung für Charaktere, die Tugenden verkörpern.

In die Lektüre von Literatur bringen wir unsere moralischen Urteile ein. So mag eine Figur edel sein, eine andere feige. Umgekehrt führt unsere Erfahrung mit Literatur aber auch dazu, daß ästhetische Urteile sich auf unsere intuitiven moralischen Urteile auswirken. Mir geht es nicht darum, Kant in Frage zu stellen, indem ich die Ethik in der Kunst begründe, sondern darum, Kant durch die Erkenntnis zu ergänzen, daß ästhetische Erfahrung zu ethischem Handeln motiviert. Somit gilt es nicht nur, moralische Urteile auf die Literatur anzuwenden, sondern umgekehrt auch ästhetische Urteile in die Ethik einzubeziehen. Wir verspüren eine instinktive Abneigung, wenn Mut oder Integrität fehlt, ein instinktives Vergnügen bei guten Taten, und diese instinktiven Regungen sind willkommen; auf diese Weise erzieht Literatur zu Werten. Eine von der Antike bis zur Moderne gängige Vorstellung lautet, daß wir von der Ausstrahlung dessen, worein wir uns vertiefen, erfüllt sind, wie der Bergsteiger, der einen gelblichen Glanz zu erhalten scheint durch den Fels, in dem er sich bewegt. So ist es auch mit der Kunst. Wer in die großen Werke von Cervantes, Molière oder Lessing eintaucht, der erfährt in ihnen bestimmte Werte und wird in gewisser Weise zum Abbild dieser Werke.

Und schließlich verleiht die sinnliche Dimension – auch wenn sie begrifflich faßbar ist – der Kunst eine Vielschichtigkeit, die ähnlich wie das menschliche Subjekt mittels begrifflicher Analyse nicht auszuschöpfen ist. Diese Unausschöpflichkeit zeichnet alle großen geistigen Werke aus – etwa Platons *Politeia*, Boethius' *Trost der Philosophie* oder Max Webers *Wirtschaft und Gesellschaft*. Da sich ein literarisches Werk nicht auf eine äußere Wirklichkeit bezieht, die sich unabhängig vom Text beschreiben ließe, bedarf es unserer Einbildungskraft und unseres Einfühlungsvermögens, um versteckte Verbindungen zu erkennen, eine Bedeutung herauszulesen, Schlüsse zu ziehen und die Fülle an Implikationen zu verstehen, die ein Werk für uns Leser hat. Dazu kommt, daß sich der Autor eines literarischen Werkes, so bewußt auch immer er es gestalten mag, der ganzen Komplexität seiner Sprachschöpfungen meist nicht bewußt ist. In ihrer Sinnlichkeit sind literarische Werke häufig ambig und vieldeutig. Entscheidend ist deshalb, daß unsere begrifflichen Kategorien bei der Rezeption von Kunst, wie Kant behauptet, dem freien Spiel der Einbildungskraft weichen, die zwischen den Bereichen des Sinnlichen und des Rationalen vermittelt.

Da sich ein großes Kunstwerk nicht in unseren begrifflichen Analysen erschöpft, verbirgt und enthüllt es zugleich. Wir könnten sogar versucht sein, dieses Moment mit Walter Benjamins Begriff der «Aura» zu fassen, auf den ich weiter unten zurückkommen werde: Ganz gleich wie nahe wir der Bedeutung eines literarischen Werkes kommen – einige Momente, die uns ansprechen, verwandeln und ergreifen, entziehen sich uns gleichzeitig. Eine Aufgabe der Literaturwissenschaft besteht darin, zu zeigen, was sich in einem Kunstwerk der Entdeckung entzieht und sich nicht so einfach in einen universellen Begriff fassen läßt. Dieses Element des Widerstands bedeutet nun jedoch keineswegs, daß die Größe der Kunst in ihrer Unverständlichkeit liegt; vielmehr entzieht sich ein wichtiges Moment der Kunst begrifflichem Denken und richtet sich auf unsere Einbildungskraft, aber auch auf unser Unbewußtes. Wir können durchaus einzelne Aspekte eines Werkes aufnehmen und von ihnen beeinflußt werden, die wir aber noch nicht wirklich erkennen und aussprechen können. Dieses Moment kommt ins Spiel, wenn wir erkennen, daß uns ein Werk sogar nach mehrmaliger Lektüre und ausgiebiger Interpretation noch immer in seinen Bann zieht und zu erneutem Lesen herausfordert, das seinerseits wieder in unserem Kopf neue Assoziationen, neue Affekte und erneutes Vergnügen auslöst, und zwar auf eine Weise, die wir nicht vollständig in Worte fassen können. Eine der Aufgaben des Wissenschaftlers besteht darin, nicht nur über das nachzudenken, was er an einem Werk versteht, sondern auch darüber, was der Deutung widersteht und nicht vollständig benannt werden kann. Manchmal zieht uns Literatur gerade aus den Gründen an, die wir nicht verstehen; darin liegt nicht nur ihre Gefahr, sondern auch das Vergnügen an ihr. Indem sie einen Teil unserer Seele anspricht, der sich eindeutigem Verständnis entzieht, kann uns Literatur nicht nur in Verwirrung stürzen, sondern uns auch in Bereiche vorstoßen lassen, in die wir sonst, in unserer Beschränkung durch konventionelle Kategorien und Erwartungen, nie gelangen würden. In dieser Hinsicht ist die Wahrheit der Kunst eng mit ihrer Sinnlichkeit verbunden.

Das Kunstwerk als organisches Ganzes

Das Schöne enthält zwei Momente, Wahrheit und Sinnlichkeit, Inhalt und Form. Große Kunst verbindet diese beiden Momente auf organische Weise, d. h., die universelle Bedeutung und die konkrete Gestalt voneinander zu trennen, hieße, die Integrität des Ganzen zu verletzen. Kunst verfügt über die besondere Struktur, Universalität zu vermitteln, indem sie dieser eine sinnliche Gestalt verleiht und gleichzeitig das Partikulare vor bloßer Willkür bewahrt, indem sie es mit Bedeutung erfüllt. Jedes Werk, dem es nicht gelingt, diese beiden Momente zu integrieren, ist unvollkommen. Das soll natürlich komplexe Verbindungen nicht ausschließen. Im epischen Theater Brechts beispielsweise stehen Form und Inhalt im Widerspruch zueinander, aber dieses Gegeneinander ist ein Formelement, das einer Art Meta-Inhalt dient. Alle großen Kunstwerke weisen eine organische Verbindung dieser beiden Momente auf, sei sie nun einfach oder vielschichtig.[10] Wenn der sinnliche Aspekt eines Kunstwerks sich nicht organisch mit dessen begrifflichem Aspekt verbindet, so kann man das Kunstwerk ohne weiteres durch eine einfache philosophische Äußerung ersetzen. Das organische Kunstwerk aber leistet mehr: Es verwebt das Ideale und das Materielle ineinander, so daß deren volle Bedeutung (so interessant beide für sich genommen sind) erst in ihrer Verbindung zum Ausdruck kommt.

Ästhetische Tendenzen lassen sich auf vielfache Weise kategorisieren. Wenn wir davon ausgehen, daß Kunst zwei Momente enthält – Gedanke bzw. Inhalt und Sinnlichkeit bzw. Form –, so ergeben sich für die Ästhetik drei Möglichkeiten. Die eine isoliert den Inhalt auf Kosten der Form; die andere betont die Form auf Kosten des Inhalts, und die dritte betrachtet beide Momente in ihrer Simultaneität.[11] Betrachtet man Kunst unter dem Gesichtspunkt des Inhalts, so kann sie entweder einfache Wahrheiten affirmativ ausdrücken (beispielsweise traditionelle religiöse Kunst), falsche Positionen negieren (etwa die Satire) oder komplexe Wahrheiten in sich vereinen, indem sie widersprechenden Positionen Aufmerksamkeit schenkt und die Antithese in der Synthese überwindet. Wir können Kunst aber auch unter dem Gesichtspunkt der Form betrachten. Dann sieht der eine in der Kunst die Verwendung traditioneller Formen, der andere die Verspottung traditioneller Formen und ein dritter die Schaffung neuer Formen, die dadurch entstehen, daß der Künstler die Inadäquatheit traditioneller Formen konsequent zu Ende denkt. Man kann schließlich auch das Verhältnis von Form und Inhalt betrachten. Der eine fordert, daß beide in völligem Einklang zu stehen hätten, der andere nimmt das Bedürfnis nach Dissonanz und Aufeinanderprallen von Form und Inhalt wahr, und ein dritter sieht das komplexere Zusammenspiel der beiden Momente. Das Problem des Übersetzens, bei dem immer etwas verloren geht, unterstreicht die Notwendigkeit, daß wir unser Augenmerk auf die oftmals impliziten Verbindungen zwischen Form und Inhalt richten. Es gilt nicht nur, Einseitigkeiten zu vermeiden, sondern das komplexe Ineinander beider Momente zu reflektieren.

Ebenso wie Form und Inhalt zusammengehören, stehen auch die verschiedenen Teile in organischer Beziehung zueinander. Zunächst einmal aber besitzen alle Teile eine gewisse Autonomie, was sie für sich genommen interessant macht. Wenn wir lesen, verfügen die einzelnen Charaktere und Abschnitte eines Werks über einen Wert an sich und besitzen verschiedene Eigenschaften. Die Vorstellung, daß jedem Teil ein autonomer Wert zukommt, läßt sich voll und ganz mit der Vorstellung vereinbaren, daß einige Teile von größerem Wert sind. Der Wert der einzelnen Teile fällt unterschiedlich aus, je nach Werk, wobei die Lyrik und das Drama (und hier vor allem die Tragödie) großenteils in sich geschlossen sind, während der Roman eher das bietet, was E. M. Forster «runde» und «flache» Charaktere nennt, also solche, die uns durch ihre vielschichtige Individualität bezaubern, und solche, die stärker formelhaft oder typisiert sind (77–88). Flache Charaktere dienen oft eher der humorvollen Gestaltung oder bestimmten darstellerischen Zwecken, haben also eher unterstützende Funktion. Die Verwendung solch leicht einzuschätzender Figuren und weniger wichtiger Passagen trägt als Kontrast dazu bei, die wichtigen Teile eines Werks deutlicher hervortreten zu lassen. Doch auch wenn ein oder zwei entscheidende Charaktere oder Abschnitte den Kern eines Werks ausmachen und damit über den anderen stehen, sollte diese Vorrangstellung nicht bedeuten, daß die anderen Teile nun nicht mehr von Interesse sind; in einem großen Werk verdient jeder Teil unser Interesse. Darüber hinaus aber ist jeder Teil mit den anderen verbunden; sie passen oder gehören zusammen, so daß kein Teil nicht auch Ausdruck des Ganzen ist. Alles Notwendige ist vorhanden, alles Überflüssige fehlt, und alle Teile bilden ein Ganzes.

Schließlich aber, und das bringt die Wahrheit der beiden ersten Momente zusammen, hat das Kunstwerk mit einem technischen Mechanismus gemein, daß es sich um ein Gefüge von Beziehungen handelt, doch anders als in der Mechanik ist ein Kunstwerk mehr als die Summe seiner Teile; jeder Teil gehört zum Ganzen und trägt zum Ganzen bei, so daß sich trotz des relativen Interesses, das sie als Teile für sich beanspruchen, ihre volle Bedeutung erst aus ihrer Stellung innerhalb der Totalität des Kunstwerks ergibt und auf diese Weise langsam erkennbar wird (Hegel Bd. 13, 156 f.). Die einzelnen Dimensionen eines Kunstwerks sind für sich genommen von Interesse; sie scheinen völlig unabhängig und kontingent zu sein, doch bei eingehenderer Betrachtung und Interpretation weisen sie ein Moment der Verbindung und Notwendigkeit auf, so daß sie im Zusammenhang des Ganzen eine reichhaltigere Identität gewinnen. Für Coleridge ist ein Gedicht eine Komposition, die «für sich selbst solch Freude aus dem Ganzen bezieht, wie auch jedes einzelne Teil eine ganz spezifische Genugtuung verschafft» (Bd. 2, 13).

Die organische Beziehung zwischen Teil und Ganzem erinnert an lebendige biologische Strukturen; in dieser Hinsicht deutet die Interdependenz des Organischen auf Vitalität und Dynamik hin, auch wenn Kunstwerke anders als biologische Strukturen, deren Ziel in der Reproduktion liegt, ihren Zweck in sich haben. Die Betonung des Organischen bezieht sich aber auch auf die sequentielle Struktur eines Werks. Aristoteles etwa stellt organische Handlungen über episodische (1451b). Seine Argumentation ist einfach, aber zwingend: Das Wahrscheinliche oder Notwendige verfügt über einen privilegierteren Status als das Willkürliche, was aber keineswegs heißen soll, daß Kunst vorhersehbar sein muß. Im Gegenteil, Aristoteles bevorzugt diejenigen Handlungen, die zwar dem Gesetz von Ursache und Wirkung folgen, uns aber gleichwohl zu überraschen vermögen. Er plädiert für eine Handlung, die ein vollkommenes Ganzes bildet und «in ihrer Einheit und Ganzheit einem Lebewesen vergleichbar, das ihr eigentümliche Vergnügen bewirken kann» (1459a). Die Verwandtschaft zwischen der Kunst und dem Organischen läßt sich auch wortgeschichtlich belegen: *ars* (Kunst) steht in enger etymologischer Beziehung zu *artus* (Gelenk) und *armus* (Schulter). Der Begriff impliziert das Zusammenfügen, das Ineinandergreifen und Zusammenpassen verschiedener Teile, um ein Ganzes hervorzubringen.

In der Tragödie findet das Organische Ausdruck in der Struktur, in der Größe unaufhaltsam zum Leid führt; Größe und Leid sind nicht zufällig aufeinander bezogen. In der Moderne wird diese Verbindung häufig in dem Sinne aufgelöst, daß Leid keine innere Verbindung mehr zur Größe hat. Diese Befreiung vom Organischen führte zu einigen bemerkenswerten Neuerungen im Drama, vor allem zur Entwicklung größerer soziologischer und psychologischer Einsichten in Ursachen und Auswirkungen von Leid (Roche, *Tragedy*, 100–102). Die fehlende formale Verbindung von Größe und Leid wurde in vielen Fällen zudem durch großartige rhetorische Neuerungen kompensiert. Dennoch sind diese modernen Entwicklungen nicht in jedem Falle ein Gewinn. Die Trennnung von Größe und Leid schwächt das Organische und damit die ästhetische Dimension. Vielfach läßt sich eine Bewegung des Ästhetischen weg vom Organischen beobachten, etwa im offenen Drama, das zwar durchaus seinen Platz in der Vielfalt ästhetischer Ausdrucksformen hat, dem aber gleichwohl ein Element großer Kunst fehlt. Doch der hermeneutische Prozeß führt mitunter dazu, daß wir in den einzelnen Szenen gemeinsame Themen und Motive erkennen; das Organische ist also nach wie vor vorhanden, nur eben versteckter und letztlich in lockerer Form. Eine der Aufgaben der Literaturwissenschaft liegt darin, zu zeigen, in welcher (häufig sehr komplexen) Beziehung die einzelnen Teile eines Kunstwerks zueinander stehen. Die Arbeit des Philologen unterscheidet sich in dieser Hinsicht kaum von derjenigen des modernen Naturwissenschaftlers, der in der Natur nach einer verborgenen Ordnung und versteckten Mustern hinter dem scheinbar Willkürlichen und Chaotischen sucht.

Unser Begriff der Einheit muß jedoch komplex sein. Die Vermischung der Gattungen ist kein Argument gegen die Harmonie von Form und Inhalt, vor allem da Einheit die Differenz voraussetzt und nicht ausschließt. Eine Tragikomödie etwa kann auf angemessen vielschichtige Weise ein verwickeltes Thema ansprechen. Auch ein Element formaler Dissonanz kann einer höheren Einheit dienen. Heine etwa setzt solche Dissonanzen in seiner Lyrik höchst wirkungsvoll ein, wenn er plötzlich vom Romantischen in den Realismus und die Desillusionierung wechselt. In Schnitzlers *Anatol* verstärkt die episodische Struktur formal den Mangel an Fortschritt und Erkenntnis beim Protagonisten und ist im höheren Sinne organisch. In einen weiterreichenden, dialektischen Begriff der Einheit lassen sich auch die gerade in modernen Texten typischen «Leerstellen» (Iser) integrieren; sie können auf einer formalen Ebene den Erkenntniswert eines Textes erhöhen; ganz deutlich zeigt sich das etwa in einem Meisterwerk wie Kafkas *Der Prozeß*.

Je origineller ein Werk ist, desto schwieriger ist es, die konstitutiven Momente und deren bedeutungsvolle Beziehungen zu erkennen. Diese Schwierigkeit tritt vor allem in den nachklassischen Epochen auf, wo das Bedürfnis, innovativ zu sein, die Autoren mit Formen experimentieren läßt, die, zumindest auf den ersten Blick, unorganisch zu sein scheinen. Es ist in der Tat eine große Herausforderung, nach einer Epoche, die durch ihre große Kunst definiert war, große Kunst zu schaffen. Unsere Fähigkeit, die verborgene Logik scheinbar unorganischer Formen zu erkennen, neue und überraschende Zusammenhänge herauszuarbeiten, muß sehr ausgeprägt sein. Dennoch müssen wir nicht jedes neue Werk gutheißen. Die Bedeutung und der Vorzug des organischen Modells liegen darin, daß es zwischen dem, was man das willkürlich Mechanische nennen könnte, und dem willkürlich Autonomen vermitteln kann. Das Mechanische, das es vom Organischen zu unterscheiden gilt, schreibt für ein Kunstwerk bestimmte Formeln vor; das kann etwa die Handlung betreffen, die Diktion, die Länge, Charaktere oder die Anzahl der Akte. Vom Künstler wird erwartet, daß er diese Kriterien erfüllt, und er ist dabei der falschen Auffassung verpflichtet, daß die einzelnen Teile eines Werks dem Ganzen oder der Verwandlung dieser Teile in ein großes Ganzes überlegen sind. Ein solches Modell läßt wenig Spielraum für die Kreativität des Künstlers und sein Spiel mit den Konventionen. Der Künstler muß den konventionellen Regeln seiner Zeit nicht folgen, er sollte die Freiheit haben, sie zugunsten höherer ästhetischer Normen außer acht zu lassen. Ein zweites Modell verfällt ins genau andere Extrem: Die Autonomie jedes Werks wird absolut gesetzt, und seine Beziehung zu jeglichen ästhetischen Prinzipien wird aufgegeben. Dieses Autonomiemodell verwirft sogar die Vorstellung eines Zusammenhangs der einzelnen Teile; Kunst gilt als frei von konstitutiven Elementen und von der Integration der Teile in ein bedeutungsvolles Ganzes. Diese Theorie schließt nicht nur jede Möglichkeit der Bewertung aus, sondern sie zieht auch in Zeiten der Überproduktion unsere Aufmerksamkeit von den wirklich großen Werken ab und macht uns zu Sklaven all dessen, was produziert oder uns vorgesetzt wird. Zwar erkennt dieses Autonomiemodell zu Recht, daß gewisse poetische Beschränkungen willkürlich sind und daß man, um die Last der Tradition zu ertragen, innovativ sein muß, doch alles, was über das Willkürliche hinausgeht, bleibt ihm verborgen. Das organische Modell hingegen geht davon aus, daß die bestimmenden Elemente eines großen Kunstwerks – von der Sprache und der Manier bis zu Thema und Struktur – zwar völlig verschieden ausfallen können, ihnen allen aber gemeinsam ist, daß sie in ein bedeutungsvolles Ganzes transformiert werden. In dieser Hinsicht läßt es der Kreativität genügend Freiheiten und bewahrt gleichzeitig vor der Willkür der absolut gesetzten Autonomie.

Die Rolle des Häßlichen

Nun wäre es jedoch nicht besonders klug, einen Begriff des Organischen zu propagieren, der das Randständige, Dissonante und Häßliche nicht berücksichtigt; denn das Häßliche gehört nun einmal zu den wichtigsten Dimensionen der Wirklichkeit. Es kann sich in offenbar dreifacher Weise auf die Ästhetik beziehen.[12] Eine erste Position könnte behaupten, daß das Häßliche überhaupt nicht zur Kunst gehört und deshalb ausgeschlossen bleiben müsse. Eine zweite Ansicht könnte lauten, daß das Häßliche dem Schönen gleichgestellt, wenn nicht gar überlegen ist. Zum dritten schließlich könnte man argumentieren, daß Kunst das Häßliche berücksichtigen und sogar darstellen muß, aber es sollte dem Schönen untergeordnet bleiben; das geht jedoch nur, wenn man das Häßliche weder ignoriert noch verherrlicht, sondern integriert und überwindet. Dem Häßlichen kommt Bedeutung zu als Teil innerhalb des Ganzen eines Werks. Ich schließe mich dieser synthetischen Sichtweise an: Das Geistige ist stark genug, um ins Negative einzutauchen und darin zu überleben. Eine schlichte Verdammung des Häßlichen ist anti-intellektuell und übersieht das ästhetische Prinzip, daß jedes einzelne Teil seine Bedeutung aus dem Ganzen bezieht, woraus folgt, daß die Teile in ein Ganzes transformiert werden können. In diesem Zusammenhang muß man mindestens zwei Definitionen des Schönen unterscheiden. Die eine besagt, daß das schöne Kunstwerk an der Oberfläche harmonisch ist und unseren Sinnen gefällt. Diese ziemlich begrenzte Definition trifft zwar auf bestimmte Kunstformen zu, ist aber keineswegs erschöpfend. Sie schließt beispielsweise das Tragische und das Erhabene nicht ein. Ein Werk, das nur gefällt, kann leicht jeder substantiellen Bedeutung und jeder Herausforderung entbehren. Eine höhere Form der Schönheit hingegen läßt den Kampf, den Schmerz und die Dissonanz zu. Sie bedarf einzig der Entsprechung von Teil und Ganzem sowie von Inhalt und Form. Einige Inhalte lassen sich schlicht und einfach nicht unter die erste, eher äußerliche Definition von Schönheit subsumieren, was deutlich deren Grenzen aufzeigt.

Schönheit hat nicht nur mit dem Reinen und dem nach außen hin Harmonischen zu tun, sie muß sich auch – wenn nicht in jedem Fall, so doch zumindest potentiell – mit dem Häßlichen auseinandersetzen. Sie muß in sich das Negative widerspiegeln: das Böse, die Verachtung, den Lebensüberdruß, den Zynismus, die Einsamkeit, den Hunger, den Tod. Mit Plotin gesprochen: Die häßliche Seele ist «zuchtlos und ungerecht, voll von vielen Begierden, von vieler Wirrnis, in Ängsten aus Feigheit, in Neid aus Kleinlichkeit, all ihre Gedanken, soweit sie überhaupt denkt, sind irdisch und niedrig, verzerrt in allen Stücken, unreinen Lüsten verfallen und so lebend, daß sie das Häßliche an allem, das ihr vom Körper widerfährt, als etwas Lustvolles empfindet» (*Enneaden* I 6,5). Das ist das Häßliche – im Leben wie in der Kunst. Es kann unterschiedliche Gestalt annehmen: die des Langweiligen, des Dissonanten, des Brutalen, des Obszönen, des Selbstgefälligen, des Monotonen, des Grotesken, des Gemeinen, des Eitlen, des Neiderfüllten, des Formlosen, des Frivolen, des Abstoßenden, des Gefühllosen, des rein Negativen usw. Die Aufgabe der Kunst besteht nun unter anderem darin, sich dem Bösen zu stellen, d. h. viele Kunstwerke werden das Häßliche, das ästhetische Pendant zum Bösen, enthalten. Wir sollten dem Künstler einen großen Spielraum lassen bei seinem Ringen mit dem Bösen und dem Häßlichen, ohne sein Werk dafür zu verurteilen, daß es angeblich hinter ein ästhetisches und moralisches Ideal zurückfällt. Das gilt in ganz besonderem Maße für die Moderne, denn das Böse steht, wie Hegel gezeigt hat (Bd. 10, 316f.), in enger Beziehung zur Subjektivität bzw. zur Auflösung einer bestehenden Ordnung; im Zeitalter der Subjektivität spielt das Böse folglich eine größere Rolle, vor allem auch im Anschauungsvermögen des Künstlers. Die Rolle des Bösen in der Metaphysik und der Ethik entspricht der Rolle des Häßlichen in der Kunst, womit nicht nur das Thema gemeint ist, sondern auch die Loslösung des Künstlers von den traditionellen ästhetischen Normen. (Für Hegel hängen das Böse und der Fortschritt eng mit der Subjektivität und der Negation der Tradition zusammen.)

Die Darstellung des Häßlichen in der Kunst ist im 19. und 20. Jahrhundert nichts Neues, wie die Werke eines Hieronymus Bosch, Mathias Grünewald, Pieter Bruegel oder Francisco Goya zeigen, doch in der Moderne hat sie quantitativ zugenommen. Ein Faktor dabei ist die vor allem im 19. Jahrhundert zunehmende Faszination des Bösen. Das lag zum einen daran, daß sich die Aufmerksamkeit nun verstärkt auf das richtete, was in den idealistischen Forderungen nach einer Synthese keinen Platz gefunden hatte, und hatte zum anderen damit zu tun, daß die Soziologie und die Psychologie die Vielschichtigkeit der Menschen immer stärker ans Licht brachten. Als Folge nahmen die ästhetischen Darstellungen des Negativen und bislang Unterdrückten zu. Anmut und Harmonie wichen der Wahrheit und der Aufmerksamkeit für die Schattenseiten der Wirklichkeit. Einige dieser Darstellungen beschränkten sich auf eine – oftmals fast klinische – Beschreibung und enthielten sich jeder offenen Bewertung. Doch im allgemeinen wird der Leser durch solche Darstellungen dazu gebracht, die oftmals verborgenen Ursprünge und Folgen des Bösen zu erkennen. Wenn die Faszination des Bösen jedoch gegenüber der Bewertung die Oberhand gewinnt oder ihm kontrastierende Bilder fehlen, kann das Böse die Kunst zerstören. Das erinnert an folgende Verse von Pope: «Vice is a monster of so frightful mien, / As, to be hated, needs but to be seen; / Yet seen too oft, familiar with her face, / We must endure, then pity, then embrace» (523). Doch es lassen sich noch zwei stärkere Argumente für die Darstellung des Bösen in der Kunst finden. Das erste besagt, daß das Böse nicht ausgeschlossen bleiben kann, wenn man das Leben in seiner gesamten Breite zeigen will. Das zweite, stärker wertende, lautet, daß das wahrhaft Gute die Negation des Bösen voraussetzt, so daß das Böse dargestellt werden muß als das, was es zu überwinden gilt.

Die Gründe für eine Einbeziehung des Häßlichen lauten damit analog: Zum ersten befaßt sich Kunst mit der Gesamtheit menschlichen Daseins, und innerhalb dessen läßt sich das Häßliche nicht ausschließen; zum zweiten bedarf jede komplexe Kunst des Häßlichen als eines Moments innerhalb eines umfassenden Ganzen. Vieles, was nicht schön ist, kann und muß dargestellt werden, doch es muß zugleich im Verlauf des Werks in der einen oder anderen Weise aufgelöst werden – so wird etwa in der Komödie das Negative negiert oder in der Tragödie das Böse mit einem Moment der Größe verbunden. Noch wichtiger aber ist: Schönheit heißt, daß sich Form und Inhalt entsprechen; somit kann eine Interpretation des Lebens zwar weitreichende Asymmetrien und Verkehrungen des traditionell als schön Geltenden, erforderlich machen, doch die Meta-Symmetrie von Form und Inhalt sowie die spezifische Rhetorik, also der Stil, mögen das Werk als schön erscheinen lassen.

Nach Hegel bildet der Widerspruch einen Weg zur Wahrheit. Im Rahmen der Kunst ist der Widerspruch das Häßliche. Und in der Tat war das Häßliche in der posthegelianischen Zeit die bestimmende ästhetische Kategorie. Diese Entwicklung beginnt mit Christian Felix Weiße und findet ihre Fortsetzung vor allem bei Arnold Ruge, Friedrich Theodor Vischer und ganz besonders bei Karl Rosenkranz, der der Ästhetik des Häßlichen ein ganzes Buch gewidmet hat. Besonders häufig findet sich bei den Nachhegelianern die Verbindung des Häßlichen mit dem Komischen. So heißt es etwa bei Rosenkranz: «Das Komische ist die *Auflösung* des Häßlichen, indem es *sich selbst vernichtet*» (*System*, Abschnitt 831). Und an anderer Stelle schreibt er: «Im Komischen ist ein Häßliches als Negation des Schönen mitgesetzt, die es jedoch wiederum negirt» (*Ästhetik*, 53). Die Grundstruktur der Komödie baut darauf auf, daß sie das Unangemessene, Unhaltbare, Abweichende darstellt und gleichzeitig dessen inneren Widerspruch und Selbstentwertung zeigt, die Selbstzerstörung des Unhaltbaren.

Kunst kann das Häßliche auf unterschiedliche Weise transformieren: indem sie den Schmerz als erhaben oder edel darstellt (wie in der Tragödie); indem sie sich über die Unzulänglichkeit und den Irrtum lustig macht (wie in der Satire oder der Komödie); oder indem sie in das Böse eintaucht und es überwindet (wie in der spekulativen Kunst). Große Künstler, die das Häßliche darstellen – man denke etwa an Franz Kafka oder George Grosz –, tun dies üblicherweise, um es zu unterlaufen oder als negativ sichtbar zu machen. Oder um ein Beispiel aus der zeitgenössischen Kunst zu nehmen, die sich mit der Technik befaßt: Die Kunst eines Bernd Löbach lenkt unsere Aufmerksamkeit auf unsere gedankenlose Ausbeutung der Umwelt.[13] Seine Aufgabe ist es nicht, die Probleme zu lösen, sondern uns diese bewußt zu machen. Mit seiner Symbolsprache zielt er darauf ab, die Betrachter eine tiefere Wirklichkeit erkennen zu lassen, die hinter unserem alltäglichen Handeln verborgen ist. So zeigt er etwa ein Aquarium, in dem sich kein Wasser und keine Fische befinden, sondern das mit Batterien gefüllt ist, oder er errichtet einen Turm aus Müll, den er «Abfallwald» nennt. Löbach setzt das Häßliche nicht an die Stelle des Schönen, sondern verleiht ihm in seiner «umweltkritischen Kunst» eine Form, die uns neue Erkenntnisse gewinnen läßt. Seine auf Kritik und Didaxe angelegten Arbeiten bilden ein legitimes Element innerhalb der Vielfalt der Kunst, auch wenn ihnen Komplexität, Vieldeutigkeit und eine synthetische Struktur fehlen.

Wie Löbach zu Recht sagt, ist der Müll eines der Probleme des technischen Zeitalters. Doch gute Literatur kann unser Bewußtsein für dieses Problem auf weitaus indirektere Weise schärfen, als dies bei Löbach der Fall ist; denn in einem großen Kunstwerk ist jedes Element Ausdruck des Ganzen; jedes Teil steht in einer Beziehung und ist in gewissem Sinne notwendig. In den großen Werken von Sophokles oder Shakespeare läßt sich die Verschwendung nicht leicht finden. Große Kunst sensibilisiert uns jedoch für die Herausforderung, wie sich Vergnügen ohne die sichtbare Manifestation von Verschwendung erfahren läßt. Die Ökonomie des großen Kunstwerks wird somit zum Vorbild für die größere Ökonomie. Denn Kunst hat nicht nur formal, sondern auch thematisch mit Verschwendung zu tun. So geht es etwa, um nur ein Beispiel zu nennen, in der Tragödie um die Verschwendung von Größe, so daß die Erkenntnis dieses Verlusts unsere Wertschätzung transzendentaler Werte erhöht.[14] Und schließlich sensibilisiert uns die Kunst, in einem übergreifenden Sinne, für den Wert von Gütern, die überdauern und nicht einfach Wegwerfprodukte sind.

Die moderne Literaturwissenschaft befaßt sich vornehmlich mit negativen Kategorien. Da ist von Brüchen, Asymmetrie, Chaos, Unausgewogenheit und vor allem Dissonanz die Rede. Welche Logik liegt hinter dieser Abwendung vom Schönen? Mindestens drei mögliche Gründe lassen sich anführen: Erstens, so sagt man, solle Kunst dazu dienen,

Tradition und Stabilität zu unterhöhlen; sie soll das, was ist, in Frage stellen. Diese Ideologie bevorzugt Brüche und Störungen, eine Kunst, die vergänglich ist und nicht von Dauer, die widerständig ist und nicht harmonisch. Zum zweiten gilt diese dissonante Kunst als die unserem Zeitalter, das selbst aus dem Gleichgewicht und aus den Fugen geraten ist, angemessene Kunstform. Und drittens schließlich wird behauptet, daß jede Harmonie allenfalls vorgetäuscht und unangemessen sei.

Dem würde ich entgegenhalten: Erstens gibt es keinen Grund, warum Kunst die Tradition nicht sowohl annehmen wie auch modifizieren könnte. Künstlerische Größe hat nichts mit einer Entweder-oder-Mentalität zu tun. Denn wenn wir das Althergebrachte nur unterlaufen, ohne Neues zu schaffen und zu etablieren, fehlen uns die Alternativen, und wir können diese somit nicht verwirklichen. Zum zweiten ist die einem Zeitalter des Ungleichgewichts angemessene Kunstform (vor allem wenn Kunst eine Gegenkraft zur Wirklichkeit darstellt) möglicherweise die harmonisch-ausbalancierte. Nur nebenbei sei auf den Widerspruch zwischen der ersten (Kunst als Widerstand) und der zweiten Begründung (Kunst als Nachahmung) hingewiesen. Und drittens folgt daraus weder logisch noch durch Erfahrungen begründet, daß Werke voll Gleichgewicht und Harmonie mangelhaft und schwach sind. Oftmals konzentriert sich ein Dichter, vielleicht sogar unbewußt, auf diejenigen Elemente, denen man sich erst zuwenden muß, ehe ein größeres Ganzes als wahrhaft harmonisch betrachtet werden kann. In einem größeren Rahmen erfordert die Kohärenz des Ganzen die Aufmerksamkeit für das Fragmentarische und Dissonante. Die Hinwendung zum Häßlichen im 19. und 20. Jahrhundert mag somit als Hinweis auf eine höhere Logik erscheinen – auf den Versuch, gerade die Momente herauszugreifen, die in früheren Syntheseversuchen außen vor geblieben waren.[15]

Daß die moderne Kunst eher zur Kritik als zur Idealisierung neigt, mag vielleicht in einer Zeit, wo vieles der kritischen Reflexion bedarf, eine wichtige gesellschaftliche Funktion erfüllen; doch bloße Kritik, bloße Negation der Negativität hindert uns daran, die volle Bandbreite künstlerischer Möglichkeiten, in deren Genuß frühere Zeitgenossen weitaus reichhaltiger als wir gekommen sind, auszuschöpfen und zu erkennen. Wenn die moderne Welt dissonant ist und die vorherrschende Kunst diese Dissonanz widerspiegelt, so könnte eine nicht-mimetische, avantgardistische Kunst das darstellen, was der Dissonanz entgegengesetzt ist, nämlich eine ideale Welt. Man könnte somit in Abwandlung eines Hegelschen Satzes sagen: Kunst ist ihre Zeit in sinnliche Erscheinung erfaßt. Das würde den starken Hang zum Negativen und zum Häßlichen in der zeitgenössischen Kunst erklären. Doch schon Hegels Definition der Philosophie als ihre Zeit in Gedanken erfaßt wurde mit Recht als quietistisch kritisiert, und somit ist auch diese Definition von Kunst unangemessen. Denn es gilt auch, Alternativen aufzuzeigen, und der

Literaturwissenschaftler kann von der zeitgenössischen Kunst zu Recht zweierlei erwarten: daß sie eintaucht in das, was ist, und nachdenkt über das, was sein soll. In einer Zeit, in der es an synthetischen Manifestationen fehlt, ist diese höhere Aufgabe nicht leicht zu erfüllen, aber sie bleibt erstrebenswert. Und darüber hinaus mag es genügen, nur Spuren der Synthese darzustellen und das Ideal nur anzudeuten, indem man in einer Zeit des Fragmentarischen mögliche, aber ebenfalls fragile Lösungsversuche thematisiert.

3. Vernachlässigte Prinzipien der Literaturwissenschaft

Der Vorrang einer Ästhetik des Kunstwerks

In der Ästhetik werden traditionell drei Bereiche unterschieden: Produktionsästhetik, Ästhetik des Kunstwerks und Rezeptionsästhetik. Jede Form der Kunst läßt sich unter diesen drei Gesichtspunkten betrachten, die man sich entlang eines Spektrums aufgereiht vorstellen kann, wenngleich es natürlich in vielen Bereichen Überschneidungen gibt. In der Produktionsästhetik haben wir es mit dem zu tun, was zur Entstehung eines Werks beiträgt: mit den formalen Vorbedingungen von Künstlerschaft (u. a. dem Verhältnis zwischen *physis* und *techné* bzw. *ingenium* und *ars*); mit den in einer Epoche vorherrschenden Vorstellungen künstlerischen Schaffens (etwa dem erforderlichen oder erwarteten Ausmaß an Originalität); mit der Biographie, einschließlich familiärer und anderer Einflüsse, sowie mit Fragen, die sich auf Geschlecht, ethnische Zugehörigkeit und sexuelle Orientierung eines Autors beziehen; mit der gesellschaftlichen und ökonomischen Stellung eines Künstlers (etwa Fragen nach Mäzenatentum und Marktbedingungen); mit der Psychologie des Künstlers und des Schaffensprozesses; mit den verschiedenen Voraussetzungen für die kreative Arbeit eines bestimmten Künstlers, u. a. denjenigen, die moralische Implikationen betreffen; mit Quellenstudien, einschließlich der Ausbildung und Lektüre eines Autors sowie anderer intellektueller Einflüsse; mit dem geographischen Hintergrund eines Autors und dem Einfluß, den Region und Umfeld auf sein Schreiben haben; mit der politischen Gesinnung eines Autors; mit der Genese des Werks (dazu gehören etwa frühere Fassungen, damit in Beziehung stehende Manuskripte und vorgenommene Änderungen); mit dem größeren sozialgeschichtlichen Kontext; mit der Stellung des Künstlers innerhalb einer nationalen Literaturgeschichte oder im Dialog mit anderen Kulturen; und mit den Produktionsmitteln, die dem Autor zur Verfügung standen, von der mündlichen Tradition bis zum Computer.

Die Ästhetik des Kunstwerks analysiert und bewertet: die Form von Kunst, wobei Form einmal auf die Mikroebene bezogen ist (Rhetorik, Stilmittel, Werkstruktur) und einmal auf die Makroebene (Gattungszugehörigkeit des Werks und literarische Epoche, für die es charakteristisch ist); den Inhalt eines Werks, einschließlich der Handlung, des Themas, der Argumentation und weiterreichender Vorstellungen; sowie das Verhältnis von Form und Inhalt sowie von Teilen und Ganzem.

Die Rezeptionsästhetik befaßt sich mit der Veröffentlichungsgeschichte, einschließlich der Zensur, Vertriebsmechanismen und Verkaufszahlen; wenn nötig, mit den Aufführungen eines Werks; mit den Erwartungen des Publikums und damit, in welcher Weise ein Kunstwerk die Lesererwartungen erweitern oder verändern kann; mit den Empfindungen, die von bestimmten Gattungen und einzelnen Werken hervorgerufen werden; damit, in welcher Weise die eigene Haltung, die von den Zeitumständen, der Klassen- und Geschlechtszugehörigkeit, der ethnischen Zugehörigkeit, der Sexualität oder der ideologischen Ausrichtung bestimmt ist, die Lektüre eines Werks beeinflußt; mit der Offenheit eines Werks für unterschiedliche Deutungen; mit den Zusammenhängen zwischen allgemeinen hermeneutischen Prinzipien und der Phänomenologie des Lesens; mit kognitionspsychologischen und neurobiologischen Untersuchungen des Lesevorgangs; mit der Rezeptionsgeschichte eines Werks, einschließlich empirischer Fragen wie etwa nach der Leserschaft, nach Veränderungen bei den literaturkritischen und -wissenschaftlichen Interpretationen, nach Bewertungen und nach dem Einfluß auf andere Werke; mit den Normen und Konventionen der Interpretationsgemeinschaften sowie deren Veränderungen im Laufe der Zeit; mit dem Sozialsystem der Literatur und dabei u. a. mit den Funktionen, die Literatur für ihre Leser hat.

Zwar weist jede geistige Schöpfung eine Produktions- und Rezeptionssphäre auf, aber nicht jede geistige Schöpfung ist ein Kunstwerk. Aus dieser Unterscheidung folgt die Überlegenheit der Ästhetik des Kunstwerks, da nur hier das Kunstwerk als solches untersucht wird. Psychologische, soziologische und historische Methoden sind insofern begrenzt, als sie ihr Augenmerk auf die äußeren Dimensionen eines Kunstwerks richten, aber nicht auf dessen Kern, nicht auf das, was es zum Kunstwerk macht. Wenn es der Literaturwissenschaft um das Kunstspezifische geht, so soll sie sich nicht primär mit der Produktion oder der Rezeption beschäftigen, sondern mit der Ästhetik des Kunstwerks: mit Inhalt und Form von Kunst, mit deren Verhältnis und mit der Beziehung der einzelnen Teile zum Ganzen. Die Bedeutsamkeit eines Kunstwerks hängt von der Qualität seiner Idee und seiner Form ab, nicht davon, daß es von jemandem geschaffen wurde, der zu einer bestimmten Zeit lebte oder einen spezifischen Hintergrund vorzuweisen hat – das trifft auf viele Menschen zu, deren geistige Schöpfungen uns nicht im mindesten interessieren –, und auch nicht von der Rezeption eines Werks in einem bestimmten Kulturraum, da nicht alle Kulturen über wirklich stichhaltige Kategorien bei der Beurteilung von Kunstwerken verfügen. Die Produktion über ein Werk zu stellen liefe auf eine Argumentation hinaus, nach der ein Werk gut sei, weil es von einem Genie oder einem Menschen mit bestimmten Charakterzügen geschaffen worden ist. Und die Rezeption über das Werk zu stellen hieße, daß ein Werk deshalb gut sei, weil die

Leute sagen, daß es gut ist; dabei wäre es vernünftiger zu sagen, daß die Leute ein Werk gut finden, weil es gut ist.

Die besondere Stellung der Ästhetik des Kunstwerks läßt sich kurz am Beispiel von Tragödie und Komödie illustrieren; theoretische Betrachtungen über diese beiden dramatischen Formen krankten häufig daran, daß die Rezeption auf Kosten des Kunstwerks im Mittelpunkt stand. Während zahlreiche Tragödientheorien, unter ihnen auch die entsprechenden Teile in der *Poetik* des Aristoteles, ihr Augenmerk auf die Rezeption richten, befassen sich Schelling, Hölderlin, Hegel und Szondi mit der Struktur der Tragödie, wie sie sich im Kunstwerk zeigt, und kommen dabei zu differenzierten Beurteilungen darüber, welche tragischen Strukturen gelungen sind und welchen es nicht gelingt, die wahrhaft tragische Dimension zu verkörpern. An anderer Stelle habe ich versucht, in Anlehnung an diese Denker eine normative Theorie des Tragischen zu entwerfen, die sich aus der Vielfalt individueller Werke speist. Auch im Hinblick auf die Komödie hat man sich an verschiedenen Theorien des Lachens versucht. D. H. Monro faßt sie in den Begriffen Überlegenheit, Unangemessenheit, Freiheit von Beschränkungen und Ambivalenz zusammen. Wie Vittorio Hösle kürzlich in seinem Buch über Woody Allen (16 ff.) gezeigt hat, bezieht sich allein die Theorie der Unangemessenheit auf das Objekt, während sich die anderen Theorien auf subjektive Vorgänge beziehen. Deshalb kann einzig und allein die Unangemessenheits-Theorie, die sich mit den anderen Theorien insofern vereinbaren läßt, als sie sich auf ganz andere Dimensionen beziehen, die Grundlage einer normativen Theorie des Komischen bilden. Einzig eine Analyse des Objekts kann uns sagen, ob unser Lachen intelligent ist und ob unsere Gefühle der Überlegenheit oder Ambivalenz gerechtfertigt sind.

Die Ästhetik des Kunstwerks wurde in den letzten Jahren meist nachrangig behandelt. Diese Abwertung folgte einer gewissen geschichtlichen Logik. Die Vertreter des «New Criticism» in den USA gingen häufig von der Vorannahme aus, jedes Kunstwerk sei eine gelungene Einheit, und Aufgabe des Interpreten sei es, diese Einheit herauszuarbeiten. Dagegen wandten stärker sozialgeschichtlich ausgerichtete Literaturwissenschaftler zu Recht ein, daß die ideale Einheit eines Kunstwerks in vielen Fällen nicht ohne den Hinweis auf weiterreichende kontextuelle Bezüge des Werks zu entdecken sei; sie zeigten darüber hinaus auch – wobei sie sich zum Teil auf die historischen Bezüge in einem Werk stützten – daß diese ästhetische Einheit in vielfacher Hinsicht höchst fragil oder nur vorgetäuscht war. Leider stützte sich die berechtigte Kritik an den Schwächen einer Ästhetik des Kunstwerks oft auf eher wenig überzeugende Argumente. Denn indem sie der Autonomie eines Kunstwerks einen geringeren Stellenwert beimaßen, kamen viele Kritiker zu dem Schluß, daß ein Kunstwerk erstens notwendigerweise den Werten derer diene, für die es gemacht sei, und daß zweitens Ansichten nicht nach ihrer inneren Stimmigkeit zu beurteilen seien, sondern im Lichte ihrer Ursprünge und der Interessen, denen sie dienen. Statt sich auf das Kunstwerk zu konzentrieren, so diese Kritiker weiter, solle man sich mit dessen Entstehungsbedingungen und externen Zielsetzungen beschäftigen. Doch ob bestimmte Ideen stimmig sind oder nicht, hängt nicht von ihrer Entstehung oder ihrem Zweck ab, sondern von ihrer Kohärenz.

Die Betonung der Rezeptionsseite wurde durch die Weiterentwicklung der Hermeneutik und die berechtigte Ansicht, daß man sich der Offenheit eines Textes zu stellen habe, verstärkt. Man wollte jeden Reduktionismus vermeiden und gegenüber neuen Bedeutungsebenen aufgeschlossen sein. Zudem muß die Ästhetik des Kunstwerks im Einklang mit bestimmten Aspekten der Rezeptionsästhetik funktionieren. Einer der Grundwerte der Literaturwissenschaft wird durch eine Einsicht, die wir der Rezeptionstheorie verdanken, unterstrichen, nämlich daß die Bedeutung eines Textes von dem zu untersuchenden Objekt und dem Betrachter dieses Objekts mitbestimmt wird. Das heißt, die Bedeutung hängt nicht nur von der Qualität eines Kunstwerks ab, sondern auch von der Qualität der Vorstellungskraft, mit der man sich einem Kunstwerk nähert. Je belesener man ist, desto mehr kann man einem literarischen Werk entnehmen; je intelligenter der Leser ist, desto mehr hat ein Werk zu sagen. Die Rezeptionsästhetik lehrt uns somit, wie wichtig es ist, kluge Fragen zu stellen, was auch heißt, sich vor allem den Elementen zuzuwenden, die in der Ästhetik des Kunstwerks besonders wichtig sind. Doch wie in der Produktionsästhetik gibt es auch in der Rezeptionsästhetik leider gewisse Positionen, die entweder dem Werk nicht genügend Aufmerksamkeit schenken oder die Subjektivität des Lesevorgangs überbetonen.

In den letzten Jahren hat man sich großenteils von systematischen und normativen Kategorien verabschiedet; aus diesem Grund ist an die Stelle der suchenden Frage «Was ist Kunst?» die unbewußt dogmatische Feststellung «Wenn jemand es als Kunst bezeichnet, ist es Kunst» getreten. Der Kunstbegriff wird damit leer und bedeutungslos. Ironischerweise ist diese Feststellung zugleich eine Behauptung über die Kunst, nämlich daß an der Kunst nichts Besonderes sei. Ohne eine rationale Dimension jedoch reduzieren sich Kunst und Kunstwissenschaft auf bloße Soziologie. Die zunehmende Subjektivierung unserer Kultur spiegelt sich in der Tatsache, daß im Mittelpunkt des ästhetischen Interesses zunächst das Objekt oder das Kunstwerk stand, dann der Schöpfer dieses Objekts und heute der Rezipient. Unsere Werte haben sich vom Objekt auf den genialen, aber singulären Schöpfer und schließlich auf uns selbst verlagert. Und mit dieser Werteverschiebung vom Objekt hin zu uns selbst werden auch die spezifischen Merkmale des ästhetischen Objekts und der ästhetischen Erfahrung zunehmend in den Hintergrund gedrängt oder sogar ganz bestritten wie zum Beispiel bei Barbara Smith (34).

Wie ich bereits angedeutet habe, schließt der Vorrang einer Ästhetik des Kunstwerks die (eingeschränkte) Wertschätzung von Rezeptions- und Produktionsästhethik keineswegs aus. Schon Hegel hat in seiner großen Kunstbetrachtung die wichtigen wechselseitigen Beziehungen zwischen Kunstwerken und ihrem historischen Kontext deutlich gemacht, und verschiedene Klassiker der modernen Literaturwissenschaft haben sich mit diesem Kontext befaßt (man denke etwa an Arnold Hausers *Sozialgeschichte der Kunst und Literatur*). Die Tatsache, daß ich mich auf das technische Zeitalter konzentriere, wird im folgenden dazu führen, daß ich den historischen Kontext (Produktion und Rezeption) in meine Überlegungen miteinbeziehe. In einer Zeit, welche die Produktion und die Rezeption von Kunst ignoriert, können wir nur davon profitieren, wenn wir deren Wert erkennen. Das Pendel scheint sich jedoch in die entgegengesetzte Richtung bewegt zu haben: Heute bedarf es des verstärkten Nachdenkens über die philosophischen und sinnlichen Dimensionen von Kunstwerken. Geht man vom Vorrang einer Ästhetik des Kunstwerks aus, so erweist sich deren Nichtbeachtung als größerer Fehler denn die Vernachlässigung des Kontextes.

Universalität und Partikularität

Ein Werk läßt sich mit größerem Recht als bedeutend bezeichnen, wenn es sich nicht nur mit den spezifischen Problemen seiner Zeit befaßt, sondern auch Einsichten von allgemeiner Bedeutung erlaubt. Literatur mag verborgene Aspekte der Gegenwart sichtbar machen, sie mag die Gegenwart für ihre begrenzten Möglichkeiten tadeln oder die Chancen, die in ihr stecken, betonen. Wirklich große Werke jedoch beschäftigen sich nicht nur mit den Themen ihrer Zeit, sondern laden auch Leser aus nachfolgenden Generationen immer wieder zu neuer Lektüre ein; das aber ist nur dann möglich, wenn ihre Themen über ein universelles Moment verfügen und sich nicht in den Vorlieben und Interessen ihrer Entstehungszeit erschöpfen. Somit läßt sich der Begriff der Universalität und Partikularität von Kunst nicht nur in der Vorstellung des Aristoteles erkennen, daß Kunst eine einzelne Handlung von allgemeiner Bedeutung nachahmt, sondern auch in der Ansicht, daß große Kunst zum einen über Qualitäten, verfügt, die ihr einen überzeitlichen Wert verleihen, zum anderen aber auch über spezifische Elemente, welche die Besonderheiten ihrer Zeit aufgreifen und verkörpern.

Die Literaturwissenschaft hat nach der transhistorischen Wahrheit eines Kunstwerks zu suchen. Doch die besten Philologen erfüllen nicht nur diese auf das Universelle gerichtete Forderung, sondern berücksichtigen auch die Bedürfnisse ihrer Kultur und ihrer Zeit. Da große Kunst immer transhistorische und historische Momente in sich vereint, wird ein Lite-

raturwissenschaftler, der sich an seine Zeitgenossen wendet, auch deren
Bedürfnisse kennen sowie darüber Bescheid wissen, ob ein zeitgenössischer Autor diese Bedürfnisse berücksichtigt oder nicht. Einige Interpreten beschäftigen sich jedoch nur mit dem Universellen, so daß es ihnen
nicht gelingt, irgendeine Verbindung zu einer Öffentlichkeit herzustellen,
die mit ihren eigenen berechtigten Sorgen beschäftigt ist. Andere wiederum befassen sich nur mit den Aspekten, die sich mit der Gegenwart
verbinden lassen, oder beschäftigen sich nur mit Werken, die zeitgenössische Themen aufgreifen; sie sind deshalb nicht in der Lage, die umfassenden Bedürfnisse des Publikums anzusprechen oder wissenschaftliche
Werke zu verfassen, die ihre Zeit überdauern. Noch schlimmer aber ist
es, wenn Wissenschaftler Werke wie Museumsstücke behandeln und sie
nur im Lichte einer längst vergangenen Zeit lesen, wobei sie weder deren
universelle Dimension interessiert noch deren Relevanz für die Gegenwart (etwa als Gegenbild).

Wieviel Theorie?

Die Betonung der Theorie auf Kosten des Studiums großer literarischer
Werke ist ein Grund dafür, daß das Interesse für Literatur unter den
Studenten an amerikanischen Universitäten deutlich nachgelassen hat,
vor allem wenn man bedenkt, daß «Theorie» oftmals nicht einmal Theorie der Literatur bedeutet. Studenten, die in den Hörsälen einzig und
allein mit der ideologischen Perspektive eines Fakultätsangehörigen be-
helligt werden oder sich nur mit jargongesättigten theoretischen Werken
beschäftigen müssen, statt große literarische Werke zu interpretieren,
wenden sich anderen Fächern zu, ob nun im Bereich der Geisteswissenschaften oder nicht. Dennoch kann Theorie eine positive Wirkung auf
eine Disziplin haben, und in einer Zeit, in welcher der Wert von Literatur
nicht mehr selbstverständlich ist, ist sie sogar notwendig. Im Prinzip ist
natürlich dem Reflexionsvermögen gegenüber der Unreflektiertheit der
Vorzug zu geben, da sie uns die Gründe unseres Tuns erkennen läßt.
Reflexionsvermögen erlaubt es uns, nach dem Wie und dem Warum einer
bestimmten Aufgabe zu fragen. In diesem Sinne ist Theorie als Bestandteil jeder literaturwissenschaftlichen Arbeit zu begrüßen. Die besten Literaturwissenschaftler können so ihren Ansatz gegenüber anderen möglichen Optionen verteidigen. Freiheit besteht darin, die Alternativen zu
kennen, verschiedene Optionen gegeneinander abzuwägen und rational
aus ihnen zu wählen. Nicht über unterschiedliche Methoden zu reflektieren heißt, der Methode, die man an der Universität gelernt hat, dem
Vorgehen, das man einfach übernommen hat, oder dem Ansatz, der in
einem Fach gerade Mode ist, sklavisch ergeben zu sein. Ein wirklich guter
Philologe weiß also über die Alternativen Bescheid und bezieht das, was

ihm in anderen Methoden sinnvoll erscheint, in den eigenen Ansatz mit ein. Aus genau diesem Grund beschäftigt sich das vorliegende Buch mit den Stärken und Schwächen konkurrierender literaturwissenschaftlicher Methoden.

Eine gute Theorie lenkt unsere Aufmerksamkeit auf das, was wichtig ist, und bewahrt uns so vor einengenden oder irrigen Annahmen. Ein in sich stimmiges theoretisches Grundgerüst schützt uns davor, nachgeordnete Fragen zu stellen, die uns eher vom Kunstwerk entfernen als ihm nahebringen, und uns von Ansätzen und alternativen Lesarten vereinnahmen zu lassen, die zwar zunehmend in Publikationen zu finden sind, denen jedoch die für gute Literaturwissenschaft nötigen Prinzipien fehlen. Dieses Freiheitsmoment betrifft jedoch nicht nur die Auswahl und Anwendung bestimmter Methoden oder Interpretationsstrategien, sondern auch die grundsätzliche Frage, warum wir überhaupt Literaturwissenschaft betreiben sollen. Unreflektiertheit bedeutet dann, daß wir unseren Beruf nicht freiwillig gewählt haben.

Verständlichkeit

Große Literaturwissenschaft ist darum bemüht, verstanden zu werden; Konsens ist zwar keine Bedingung für Wahrheit, aber eine Bedingung für ihre Verwirklichung, die ja das eigentliche *telos* von Wahrheit ist. Eine unserer moralischen Aufgaben besteht darin, dem Kunstwerk gerecht zu werden, zu ermöglichen, daß seine Größe unter den Händen des Philologen, der die ästhetischen Momente eines Kunstwerks sichtbar macht, deutlich wird. Eine weitere grundsätzliche Aufgabe besteht darin, dem Leser – bzw. in vielen Fällen dem Studenten – dabei zu helfen, den Wert von Kunst zu erkennen und zu verstehen, warum und in welcher Hinsicht Werke, die ihm intuitiv etwas zu sagen haben, einer näheren Betrachtung wert sind, kurz: die charakteristischen Eigenschaften großer Werke zu erklären und sichtbar zu machen. Diese zweite Aufgabe wird jedoch nur selten als solche anerkannt. Die meisten Literaturwissenschaftler schreiben nicht für ein allgemeines gebildetes Publikum, sondern für eine Handvoll Eingeweihte. Literatur wird jedoch nicht für den Gelehrten verfaßt, sondern für ein allgemeines Publikum, und somit sollte sich der Philologe mit seiner Arbeit nicht nur an den Kollegen wenden, sondern auch an den gebildeten Laien. Doch der Großteil der Literaturwissenschaft erfüllt die Aufgabe, den Leser ein Werk besser verstehen zu lassen, nicht. Das hat sicherlich mit der Überbetonung des literaturgeschichtlichen Aspekts zu tun, der den Fachmann deutlich mehr interessiert als den Laien.

Vieles von dem, was wir lernen, lernen wir anhand von Beispielen; sicherlich glauben wir deshalb auch, wenn die Person X oder Y unverständlich schreibt, muß ich selbst das naive Ideal der Klarheit auch nicht unbedingt anstreben. Man schaue sich folgenden Satz des vielbewunderten Fredric Jameson an; das Zitat ist nicht aus dem Zusammenhang gerissen, denn es handelt sich um den ersten Satz seines Buches *Signatures of the Visible*: «Das Visuelle ist *in seinem Kern* pornographisch, d. h. es zielt auf atemlose, geistlose Faszination; über seine Eigenschaften nachzudenken wird zu einem bloßen Anhängsel dieser Frage, wenn es nicht willens ist, sein Objekt zu verraten, während die schlichtesten Filme ihre Energie notwendig aus dem Bemühen beziehen, ihre eigene Exzessivität zu unterdrücken (und weniger aus dem eher undankbaren Bemühen, den Betrachter zu disziplinieren)» (1).[16]

Verständlichkeit und Zugänglichkeit haben aber nicht nur mit Stil zu tun, sondern betreffen auch die Themenwahl. Eine Spezialuntersuchung zu einem zweit- oder gar drittklassigen Schriftsteller, der zu Recht vergessen ist, läßt sich nur schwer rechtfertigen. Wenn man sich schon dafür entscheidet, sich mit einem weniger bedeutsamen Autor zu beschäftigen, so kann mit gutem Recht erwartet werden, daß man eine solche Untersuchung argumentativ rechtfertigt. Einfach zu sagen, bis jetzt habe sich noch niemand mit diesem Autor beschäftigt, ohne gleichzeitig hinreichend deutlich zu machen, warum man sich mit diesem Autor befassen sollte, heißt nichts anderes, als einfach nach einem Thema zu greifen, für das man Originalität beanspruchen kann – wohl kaum ein ausreichendes Kriterium für eine Untersuchung oder gar eine Veröffentlichung. Wenn Literaturwissenschaftler viel Zeit auf die Suche nach Randthemen verwenden, die sich für eine originelle These eignen (da ihnen bislang kaum Aufmerksamkeit geschenkt wurde), oder sich auf die Auseinandersetzung mit anderen zeitgenössischen Philologen konzentrieren statt sich mit literarischen Werken oder faszinierenden Denkern zu beschäftigen, kann es ihnen natürlich nicht gelingen, diejenigen, die am Rande stehen, in ihren Bann zu ziehen.

Das Thema «Literatur im technischen Zeitalter» sollte anziehender wirken als solche internen Debatten, in denen erstaunlich häufig darüber diskutiert wird, was das Fach zu leisten habe, ohne eben genau das zu leisten – und das heißt mit Sicherheit nicht, endlos untereinander übereinander zu diskutieren. Gerade Seminare über Literatur im technischen Zeitalter sollten den Vorzug haben, auch Studenten anderer Fächer anzusprechen, wie ja auch die Kunstwerke, die sich mit diesem Thema befassen, nicht nur die Literaturwissenschaftler interessieren. Literaturwissenschaftler sollten über diese Literatur so schreiben, daß sich auch andere dafür begeistern können. Denn die Fragen, die sich auf diesem Gebiet ergeben, sind notwendigerweise interdisziplinär, und wo dieses interdisziplinäre Interesse besteht, sind wir moralisch verpflichtet, unsere Erkenntnisse so ökonomisch und klar wie möglich zu vermitteln.

Das existentielle Interesse

Es gibt zwei Gründe, sich mit Literatur zu beschäftigen: Zum einen stellt sie einen Wert an sich dar, und zum zweiten sind literarische Kategorien auch für das Leben von Bedeutung. Wer Literatur lehrt, sollte dazu in der Lage sein, sowohl die Wertschätzung von Literatur als Literatur wie die Bedeutung literarischer Texte für unser Weltverständnis und unsere charakterliche Entwicklung zu vermitteln. Leider neigen viele Philologen dazu, sich auf völlig antiquierte Weise mit Literatur zu beschäftigen. Man erklärt die Werke und stellt sie in einen Kontext, aber lernt nichts daraus. Eine solche historische Gelehrtheit hat nichts mit wirklicher literarischer Gelehrtheit zu tun. Der wahre Literaturkundige läßt zu, daß ihn ein literarisches Werk verstört, er denkt intensiv über dessen verschiedene Facetten nach und fragt, was ihm das Werk über das Leben zu sagen hat. Diese Hochschätzung von Verstörung und gedanklicher Durchdringung, von Einbildungskraft und Bedeutung, von Erregung und Verwunderung unterscheidet einen solchen Philologen vom antiquierten Literaturhistoriker. Der große Literaturwissenschaftler geht mit jedem Text ein Risiko ein, denn er läßt zu, daß dieser ihn beeinflußt, ja der Text soll an ihm arbeiten, denn er ist noch keineswegs «fertig» und will sich über die Beschäftigung mit Literatur geistig entwickeln. Er betrachtet sein Unterfangen als Lebensweise und nicht als bloße Erwerbsquelle. Wenn sich dieses existentielle Moment auf die Lehrveranstaltungen überträgt, so bedeutet das, daß der Lehrer, so sehr er sich auch auf eine eventuelle Diskussion vorbereiten mag, während der Diskussion absolut präsent sein muß, um sich wirklich mit den Interpretationen und Argumenten der Studenten auseinandersetzen zu können. Er verhält sich mäeutisch gegenüber dem Text wie auch gegenüber anderen Interpretationen und entdeckt in dieser intensiven Auseinandersetzung mit einem Kunstwerk oftmals selbst neue Einsichten und Vielschichtigkeiten.

Im Gegensatz zu solch kraftvoller Intensität stoßen wir jedoch häufig auf wahre Arbeitstiere, die ganze Bände mit positivistischer Information oder ideologischer Kritik füllen, aber Literatur nicht wirklich lieben.[17] Eine gute Frage an einen Literaturwissenschaftler ist diejenige nach den literarischen Werken, die ihn wirklich ergriffen haben; mit welchen Büchern er eine bewegende Leseerfahrung gemacht hat; oder welche Werke gar seine Weltsicht verändert haben. Wenn man darauf keine Antwort erhält, sollte man skeptisch sein, was die existentielle Anteilnahme auf diesem Gebiet angeht. Eine wertfreie literarische Analyse ist ebensowenig zu begrüßen wie eine Überbewertung der Gefühlsebene. Eine Aufwertung des existentiellen Aspekts sollte nicht dazu führen, die strenge Analyse von Literatur zu vernachlässigen, denn beides steht nicht im Gegensatz zueinander, sondern verstärkt sich gegenseitig.

Einige literarische Werke sind so komplex, daß der Leser dazu gezwungen ist, verschiedene Deutungsmöglichkeiten durchzuspielen. Studenten, die sich für oder gegen eine bestimmte Interpretation aussprechen, erwerben die formalen Fähigkeiten, Argumente nach ihrer Stichhaltigkeit abzuwägen und zu ordnen. Sie lernen, welche Arten von Beweisen man ins Feld führen kann und wo deren Stärken und Schwächen liegen. Das trägt zur Entwicklung des ästhetischen Gespürs und der argumentativen Fähigkeiten der Studenten bei. Es schafft zudem ein Bewußtsein dafür, daß man gegenüber neuen Gesichtspunkten und Argumenten offen sein muß. Im Idealfall sucht der Interpret sogar nach Belegen, die gegen seine eigene Interpretation sprechen, indem er sie proleptisch in seine eigene Beweisführung miteinbezieht, die Grenzen seiner eigenen Lesart erkennt oder eine komplexe Meta-Deutung entwickelt, die aus einer ganzen Reihe möglicher Interpretationen schöpft. Diese Berücksichtigung kontrastierender Momente zeichnet eine gute Interpretation aus. Sie führt zu einem aufrichtigen Verhältnis zu einem Werk und schützt uns darüber hinaus auch noch vor jeder Art von Dogmatismus. Durch einen solchen Prozeß gelangt der Student an den Punkt, wo er nicht nur die Interpretation eines bestimmten Werks lernt, sondern auch – und weitaus wichtiger – die Strategien, die er braucht, um bislang noch nicht gelesene Werke interpretieren zu können.

An den deutschen Universitäten werden die Aussichten der Studenten, heute eine Stelle als Literaturwissenschaftler zu bekommen, immer schlechter. Wenn das professionelle Interesse (Literaturunterricht als Beruf) aufgrund der Arbeitsmarktbedingungen schwindet, muß der Professor seine Studenten dazu motivieren, eine existentielle Beziehung zur Literatur aufzubauen (um ihren inneren Wert zu erkennen). Ähnlich wie eine finanzielle Krise uns dazu zwingt (und es uns in gewisser Weise ermöglicht), neue Prioritäten zu setzen, so läßt sich auch hier ein positiver Aspekt erkennen: Entweder es gelingt den Universitätslehrern, ihren Studenten den inneren Wert eines Literaturstudiums zu vermitteln, oder die Studenten, die sich für Literatur einschreiben, tun das aufgrund ihres existentiell begründeten Interesses für Literatur und nicht deswegen, weil sie Beamte werden wollen. Wo dieses existentielle Interesse nicht geweckt wird oder nicht schon vorhanden ist, werden immer mehr Studenten die Universität ohne Abschluß verlassen, und die Unterstützung für die Universitäten und die Professoren wird sich noch weiter verringern.

4. Literaturwissenschaft heute – eine Einschätzung

Dieses Kapitel widmet sich der Frage, über welche ästhetischen und hermeneutischen Leitprinzipien die Literaturwissenschaft heute verfügt, und bewertet die beiden vorherrschenden Methoden unserer Zeit – die sozialgeschichtliche und die formalistische – sowie die beiden jüngsten schulbildenden Richtungen – Culture Studies und Dekonstruktivismus. In den USA sind die Culture Studies ausgesprochen einflußreich – Marc Weiner spricht sogar vom «dominierenden Paradigma in den German Studies» (V).[18] Im weiteren Sinne, also einschließlich der Trivialliteratur und der Bereiche Medien und Populärkultur, dürfte dieser Ansatz international an zweiter Stelle stehen, hinter dem sozialgeschichtlichen Paradigma, aus dem er bekanntlich hervorgegangen ist. Der Dekonstruktivismus hat in Deutschland nie wirklich Fuß gefaßt,[19] außer in einzelnen Fällen,[20] aber in den USA gehört er nach wie vor zu den einflußreichsten Bewegungen und verfügt über hohes Prestige und institutionelle Macht (heute allerdings in etwas schwächerem Maße als noch in den 70er und 80er Jahren). Seine Nicht-Rezeption in Deutschland ist insofern positiv, als den Deutschen damit eine ganze Menge an schlechter Theorie erspart geblieben ist, hat allerdings auch den Nachteil, daß die deutschen Literaturwissenschaftler bei den kontroversesten Theoriedebatten der letzten Jahre nur Zuschauer waren.

Einige Methoden wie beispielsweise die Motivforschung lassen sich der einen oder anderen übergeordneten Richtung zuordnen, und sie sind in dem Maße erkenntnisträchtig, wie es ihnen gelingt, die Stärken der jeweiligen Richtung aufzunehmen und deren Schwächen zu vermeiden. Feministische und rezeptionsästhetische Aspekte werden im folgenden lediglich im Rahmen der größeren Strömungen Berücksichtigung finden. Diese Richtungen treten in unterschiedlicher Form auf, und eine prinzipielle Darstellung der begriffsbildenden literaturwissenschaftlichen Richtungen scheint mir gewisse Vorteile zu haben gegenüber einer eher empirischen Darlegung der vielfältigen Erscheinungsformen der einen oder anderen Subdisziplin. Dieser breiter angelegte Rahmen unterstreicht nicht nur die gemeinsamen Prinzipien, sondern belastet den Leser auch nicht mit unnötigen Wiederholungen, wenn sich die Verdienste oder Schwächen einzelner Subströmungen überlappen, und ist deshalb für einen knappen Überblick besonders geeignet. Viele Literaturwissenschaftler verfahren ohnehin eklektisch und werden sich richtigerweise die Stärken der verschiedenen Methoden zu eigen machen.

Ein hervorstechender Charakterzug der gegenwärtigen Literaturwissenschaft ist ihre Betonung von Differenz, Vielfalt und Pluralität, also von Kategorien, die Hegel mit Recht zu den Kennzeichen des antithetischen Zeitalters rechnet. Paradoxerweise ist es genau aufgrund dieser allgemeinen Hervorhebung der Differenz sinnvoll, übergreifende Ähnlichkeiten herauszuarbeiten. Gleichwohl mag der eine oder andere Vertreter des Faches angesichts eines so breit angelegten Überblicks zu Recht anmerken, ich hätte ihn bei meiner Kritik gewisser allgemeiner Merkmale zu wenig in seiner Differenz wahrgenommen. Soweit das zutrifft, spricht es für die Wissenschaftler, die dazu imstande sind, einigen meiner Kritikpunkte auszuweichen, und ich will keineswegs den Eindruck erwecken, daß jeder Literaturwissenschaftler die Stärken und Schwächen eines bestimmten Paradigmas in gleicher Weise verkörpert. Es kann sogar so sein, daß einige Wissenschaftler in einer Untersuchung mit großen Problemen zu kämpfen haben und in anderen zu glänzen verstehen. Ich habe versucht, auch die Verdienste dieser Strömungen zu betonen und mich mit ihnen in dem Bewußtsein beschäftigt, daß die Entwicklung der Literaturwissenschaft einer versteckten Logik folgt und jede dieser Strömungen Momente der Wahrheit enthält, die als integraler Bestandteil einer idealen Literaturwissenschaft betrachtet werden müssen.[21]

Das sozialgeschichtliche Paradigma

Die Betonung des historischen Kontextes – sie bestimmt die Literaturwissenschaft seit den 60er Jahren und ist heute in Deutschland wie in Amerika der *modus operandi* für einen Großteil der Philologen – besitzt mindestens vier Vorzüge.

Zum ersten hat sie uns vor Augen geführt, in welchem Maße ein Werk innerhalb seines Zeitrahmens verstanden werden muß. An einem Kunstwerk ist vieles kontextgebunden, und wir müssen diesen Kontext kennen, um die Bedeutung eines Werks erfassen zu können. Diese Kenntnis des Kontextes hilft uns, literarische Werke zu interpretieren, die komplexen Probleme und Fragen, um die es darin geht, zu verstehen und zu begreifen, in welcher Weise Literatur an den größeren Debatten ihrer Zeit teilhat. Genau darin liegt der Vorteil gegenüber einer Interpretationsstrategie, welche die Vergangenheit in ihrer spezifischen Gestalt und Einzigartigkeit nicht wahrnimmt.

Indem es Literatur in größere sozial- und geistesgeschichtliche Entwicklungen einbettet, hat das sozialgeschichtliche Paradigma zweitens den Nutzwert, den Literatur für Studenten der Geistes- und Sozialwissenschaften ganz allgemein besitzt, deutlich erhöht. Wenn sich etwa ein Geschichtsstudent oder -dozent mit der großen Literatur oder den Filmen der Weimarer Zeit befaßt, erhält er Einblick in eine ganze Reihe von Themen, die von der Krise der Autorität bis hin zur Suche nach einer kollektiven Identität reichen. Literatur erhält somit einen interdisziplinären Wert, während die sozialgeschichtliche Methode gleichzeitig der Überspezialisierung und der Verengung des Blickfeldes entgegenarbeitet. Untersuchungen, die die Literaturgeschichte mit der Geschichte verwandter Bereiche sowohl thematisch wie institutionell verknüpfen – beispielsweise Bildung, Religion, Technik oder Medien – bereichern die Wissenschaftslandschaft über die Fächergrenzen hinaus.

Zum dritten hat das sozialgeschichtliche Paradigma unser Interesse auch auf eher politisch ausgerichtete Autoren ausgedehnt und zur Entdeckung früher vernachlässigter Werke sowie zu einem besseren Verständnis der Produktions- und Rezeptionszusammenhänge von Literatur geführt. Wir wissen nun genauer darüber Bescheid, wie unterschiedliche Produktionszusammenhänge zu unterschiedlichen Arten von Werken geführt haben und in welchem Maße einzelne Werke unter veränderten historischen Bedingungen anders rezipiert werden. Im Rahmen der Rezeptionstheorie, wie sie etwa von Wolfgang Iser vertreten wird, erkennen wir, wie Literatur unsere früheren Erwartungen und Kategorien verändern kann. Damit können wir die formative und existentielle Rolle von Literatur noch weitreichender erfassen. Wir lesen Literatur nicht nur zu verschiedenen Zeiten unterschiedlich, auch die Literatur anderer Zeiten und Orte verschafft uns eine andere Perspektive.

Wenn wir die Historizität einzelner Werke in Rechnung stellen, so können wir viertens die historisch bedingten Schwächen eines bestimmten Werks erkennen – selbst große Werke bergen Spuren der Vorurteile und Beschränktheiten ihrer Zeit in sich. Vor allem in Deutschland bedeutet das einen Fortschritt gegenüber einer philologischen Tradition, die dazu neigte, kanonische Werke in den Rang einer Autorität zu erheben und über deren Schwächen hinwegzusehen.

Dennoch hat die Betonung des sozialgeschichtlichen Aspekts dazu geführt, daß die spezifisch ästhetischen Dimensionen von Literatur immer stärker in den Hintergrund traten. Eine der Aufgaben der Literaturwissenschaft besteht darin zu zeigen, was von bleibendem und was von vorübergehendem Wert ist. Eine andere ist es, unsere Wertschätzung großer Literatur zu erhöhen, d. h. unser Wissen um Werke von bleibendem Wert sowohl in der Tiefe wie auch in der Breite zu vermehren; beide Gesichtspunkte jedoch kommen zu kurz, wenn die Werke nach rein äußerlichen Gründen ausgewählt und mit Hilfe äußerlicher Methoden oder wenn sie aus rein historischem Interesse analysiert werden, das ein Werk lediglich unter Epochengesichtspunkten beurteilt und einzig etwas über die Vergangenheit erfahren, aber nicht von ihr lernen will. In sozialgeschichtlicher Perspektive lautet die entscheidende Frage, wie und warum Werke so geworden sind, wie sie sind. Die Fragen, ob es sich überhaupt lohnt, diese Werke zu lesen, oder wie man sie am besten interpretiert, werden dabei vielfach übersehen. Selbst Literaturgeschichten, die aus sozialgeschichtlicher Sicht verfaßt sind, sind oftmals keine Geschichten der *Literatur*. Die Ideologiekritik, eine Form der sozialgeschichtlichen Literaturwissenschaft, die mehr als nur deskriptiv ist, sucht nach den herrschenden Interessen, die hinter den offensichtlichen Bedeutungen literarischer Werke stehen, und interessiert sich deshalb nur wenig für Literatur als Literatur. Immer weniger literaturwissenschaftliche Arbeiten – vor allem unter Literatursoziologen und Ideologiekritikern – wenden sich ästhetischen Fragen zu. Man beschäftigt sich mit den Texten nicht deshalb, weil man über sie zu großartigen Erkenntnissen gelangen oder in ihnen Beispiele für schöpferische Formen erkennen kann. Man sucht nicht nach der Macht des Werkes als literarischem, sondern nach den Ideologien und Kräften, die es hervorgebracht haben.

Der historische Ansatz, der in Deutschland vorherrscht, ist, von einigen wenigen Ausnahmen abgesehen, weniger ideologisch motiviert als derjenige in den USA. Er ist vielmehr vor allem von philologischer Genauigkeit geprägt. Häufig liest man deshalb Untersuchungen, die uns zwar eine ganze Menge an Daten (oftmals aus entlegensten Quellen) zur Verfügung stellen, denen jedoch ein wichtiger Aspekt der Literaturwissenschaft fehlt: eine selektive Aufbereitung der Daten, so daß deren verschiedene Aspekte zu einem neuen Textverständnis beitragen. Selbst ein so faszinierendes Buch wie dasjenige von Hans-Jürgen Schings über Schillers Auseinandersetzung mit den Freimaurern, als er *Don Carlos* schrieb, sagt bei aller historischen Akribie nur sehr wenig darüber, wie wir den *Don Carlos* im Lichte dieses Wissens nun besser verstehen könnten. Ähnliches gilt für die höchst detailreichen historischen Untersuchungen, die in den letzten Jahrzehnten veröffentlicht wurden, wie etwa im *Georg Büchner Jahrbuch*. Solche Arbeiten besitzen ohne Zweifel ihren Wert und Nutzen, doch wenn sie einem als das beste, was die Literaturwissenschaft zu bieten hat oder was das Fach bestimmt, präsentiert werden, dann stimmt hier irgendetwas nicht.

Ein weiteres Problem des traditionellen sozialgeschichtlichen Modells liegt darin, daß es nicht in der Lage ist, sich bestimmten Aspekten von Literatur zuzuwenden, die sowohl von universeller wie auch von aktueller Bedeutung sind. Ich denke hier im besonderen an die weitgehende Konzentration auf nationale Traditionen und an die Vernachlässigung ökologischer Fragen. Die Bedeutung, welche das Universale und das Spezifische für die Literatur haben, sollte eigentlich dazu führen, daß eine Literaturbetrachtung aus primär nationaler Perspektive fragwürdig wird; doch die nationale Perspektive scheint so tief verwurzelt zu sein wie eh und je. Betrachtet man Literatur primär aus einem historischen Blickwinkel und aus äußeren Gründen, so rückt hauptsächlich der kulturelle Hintergrund in den Blick. Alles Wissen wird lokal, so daß sich der Wissenschaftler bevorzugt nur solchen Werken zuwendet, mit deren Epoche und Kultur er vertraut ist. Statt den Blick auf universelle Themen oder

Gattungen zu richten, beschäftigt man sich mit der Literatur einer spezifischen Kultur, und zumeist noch der eigenen. Das ist wohl kaum die geeignete Strategie, um die Verbindung des Universellen und des Spezifischen in der Literatur herauszuarbeiten. Dort, wo es zu einer Vermittlung dieser beiden Dimensionen kommt, ob nun philosophisch oder formal, leistet die Vergleichende Literaturwissenschaft oftmals mehr und Besseres als die nationalen Philologien.

Es mag überraschend klingen, daß das sozialgeschichtliche Paradigma Fragen der Technik und der Ökologie vielfach nicht aufgeschlossener gegenübersteht als formalistische Ansätze, wo man ein solches Defizit eher erwarten könnte, da letztere sich weniger für inhaltliche und historische Aspekte interessieren. In dem Maße, in dem Wissenschaftler die Charakteristika kapitalistischer Gesellschaften betonen, rücken aber Fragen der Technik und der Ökologie in den Hintergrund. Hinzu kommt, daß sich der traditionelle sozialgeschichtliche Ansatz vorwiegend mit vergangenen Epochen beschäftigt, während die Technik eher ein neueres Problem darstellt; die Folge ist, daß sich damit eher die mit zeitgenössischen Themen befaßten Kulturwissenschaftler beschäftigen. Gerade diese aber bevorzugen spezifische Probleme, mit denen sich der Wissenschaftler als Individuum identifizieren kann. Die Fragen der Technik und der Ökologie sowie, in Zusammenhang damit, die Frage nach generationenübergreifenden Verpflichtungen (Stichwort: Nachhaltigkeit) – also eher abstrakte Fragen, die von Fachgelehrten, die ihr Augenmerk auf das Persönliche und Spezifische richten, schwerlich als besonders wichtig erkannt werden – stehen bei diesen Wissenschaftlern nicht im Mittelpunkt, wie wenig formal auch immer deren Perspektive sein mag; Ausnahmen gibt es nur wenige.[22] Die ganz anders geartete politische Landschaft in Deutschland schiene dafür zu sprechen, hier eher einen ökologischen Ansatz zu übernehmen, doch die einzelnen Fächer widersetzen sich in Deutschland traditionell solchen Entwicklungen, so daß neue Impulse seltener wirksam werden.[23] Dabei ließe sich, diesem Widerstand zum Trotz, das Interesse am Phänomen der Unterdrückung, das sich bei vielen sozialgeschichtlich orientierten Literaturwissenschaftlern beobachten läßt, im Prinzip auf die Natur ausweiten. Wie Lawrence Buell gezeigt hat, wird die Natur auf zweifache Weise unterdrückt: Sie wird zugunsten kurzfristiger menschlicher Interessen instrumentalisiert und sie wird symbolisch dazu benutzt, die Unterwerfung anderer unterdrückter Gruppen (Frauen, Nicht-Weiße und Kinder) zu unterstreichen (21). Diese historische und symbolische Verbindung zwischen unterdrückten Menschen und Naturvorstellungen verdient größere Aufmerksamkeit.

Formalismus

Der Formalismus besitzt mehrere Vorzüge. Zum ersten hält er sich – als Gegenreaktion gegen die Betonung von Biographie und Psyche des Künstlers – sehr eng an das Kunstwerk. Hinzu kommt, daß er der subjektiven Rezeption von Literatur, die von Leseeindrücken und den emotionalen Wirkungen von Kunst bestimmt war, die wissenschaftliche Bemühung um Objektivität entgegensetzte, die sich vor allem in einer Beschreibung literarischer Techniken und detaillierter Textanalyse manifestierte. Gleichzeitig bildete der Formalismus auch eine Gegenbewegung zur trokkenen Anhäufung von Fakten, wie sie vor allem in den positivistischen und streng philologischen Ansätzen üblich war, die der Formalismus ebenfalls verdrängte. In gewissem Sinne versuchte der Formalismus, existentielle Fragen einer subjektiven Literaturwissenschaft und die Wissenschaftlichkeit positivistischer und textphilologischer Methoden miteinander zu verbinden; gleichzeitig aber wandte er sich auch von beiden Richtungen ab, weil er sich weigerte, das Kunstwerk zugunsten der Produktions- und Rezeptionszusammenhänge hintanzustellen. Darum überrascht es nicht, daß wir dem Formalismus die Darlegung sowohl des intentionalistischen als auch des affektiven Trugschlusses danken (Wimsatt 1-39). Indem er sich der Sprache, den Strukturen und den in einem Kunstwerk wirksamen Faktoren zuwandte, förderte er die Praxis des «close reading». Für die Formalisten existiert das Werk, einmal abgeschlossen, völlig unabhängig. Eine der wichtigen Einsichten, die wir dem amerikanischen New Criticism verdanken, ist diejenige in die «Häresie der Paraphrase» (Brooks, 192–214), d. h. daß keine paraphrasierende Wiedergabe des Inhalts eines Kunstwerks der Komplexität eines poetischen Werks gerecht wird – daher das Bedürfnis nach vollständiger Erklärung von Diktion und Rhetorik, inneren Spannungen und Vielschichtigkeiten eines Werks. In organische Begriffe gefaßt: Form und Inhalt sind derart ineinander verwoben, daß jede Veränderung des einen eine Veränderung des anderen bedeuten würde, so daß sich der Literaturwissenschaftler zwangsläufig mit jeder einzelnen Dimension in beiden Bereichen befassen muß.

Da sich die Formalisten weniger dafür interessieren, in welcher Hinsicht sich Kunstwerke unterschiedlicher Epochen voneinander unterscheiden, sondern eher für das, was sie gemeinsam haben, steht zweitens die Frage nach der universellen und nicht nur historischen Aussage eines individuellen Werks im Vordergrund. Das hat zur Folge, daß in formalistischen Untersuchungen die Frage der Bewertung weitaus häufiger gestellt wird als in sozialgeschichtlichen Arbeiten, wenngleich sich diese Bewertung in manchen Fällen eher auf die Form als auf die Bedeutung bezieht. Ein Student, der die formale Analyse beherrscht, kann überdies Möglichkeiten und Subtilität von Sprache und Wortkombinationen erheblich besser einschätzen. Diktion, Syntax, Bildlichkeit, Metaphorik, Rhythmus, Klang – diese und andere Charakteristika stehen im Mittelpunkt der wissenschaftlichen Bewertung eines Werks und sind zentral für die Entwicklung des studentischen Sprachgefühls.

Drittens hat der Formalismus ein technisches Vokabular entwickelt, das uns ein weitaus vielfältigeres Verständnis der formalen Aspekte von Literatur erlaubt. Das betrifft vor allem den Russischen Formalismus und die Prager Schule, die sich mit den Materialeigenschaften der Sprache beschäftigt haben und sich auf Sprachstrukturen sowie auf Rhythmus, Klang und Konnotationen konzentrierten. Eine Stärke dieser Schulen liegt darin, daß sie die Literarizität von Literatur im Auge hatten, also das, was Literatur von anderen Diskursformen unterscheidet (so etwa Mukarovsky). Diese wissenschaftliche Betrachtung der Form kann einen Rahmen zur Verfügung stellen – etwa in Roman Jakobsons Untersuchung der beiden Achsen Selektion und Kombination –, mit dessen Hilfe sich dichterische Werke genauer befragen lassen. Ein weiterer Schwerpunkt formalistischer Untersuchungen liegt auf der Logik der Gattungen, nach der sich Gattungen nicht nur aufgrund äußerer Umstände weiterentwickeln, sondern auch aus einer Eigendynamik der literarischen Formen heraus. Dieser formalistische Ansatz fand in den letzten Jahrzehnten vor allem in erzähltheoretischen Untersuchungen (etwa von Franz Stanzel, Gérard Genette, Seymour Chatman oder Dorrit Cohn) Niederschlag. Die genaue Kenntnis der Erzähltechniken ist oft unabdingbare Voraussetzung für die Fragen nach Interpretation und Bedeutung eines Textes – eine Einsicht, die jedoch von Literaturwissenschaftlern, die sich einer ideologischen Perspektive verschrieben haben, nicht immer geteilt wird.

Viertens schließlich kann die Betonung der Form zu einem Mittel werden, sich dem Inhalt zuzuwenden. Eine Eigenschaft von Literatur, die der Russische Formalismus und die Prager Schule besonders hervorheben, ist die der *ostranenija* oder «Verfremdung», d. h. die Vorstellung, daß Literatur uns Sichtweisen ermöglicht, die uns nicht vertraut sind. Verfremdung läßt uns Objekte auf neue, unerwartete Weise erkennen und bildet damit eine wichtige Dimension, in der sich Form und Inhalt überlappen. Diese literarische Technik macht deutlich, wie Kunst unsere üblichen Erwartungen unterläuft, und lenkt unsere Aufmerksamkeit auf das Material der Sprache selbst.

In vielen formalistischen Arbeiten läßt sich jedoch eine einseitige Betonung der Form gegenüber dem Inhalt feststellen. Dieser Kritikpunkt ist gewichtiger als die häufigeren sozialgeschichtlichen Einwände gegen den Formalismus; denn während die Sozialhistoriker von äußeren Erwägungen ausgehen, die sie zu Unrecht über die Form eines Werks stellen, erkennt unsere Argumentation zwar im Einklang mit dem Formalismus den Vorrang des Kunstwerks an, doch sie behauptet zugleich, daß sich das Wesentliche eines Werks nicht in der Form erschöpft. Den Inhalt nicht zu beachten heißt, einen wesentlichen Aspekt zu übersehen, und ist damit einseitig. Dabei gibt es mindestens zwei Möglichkeiten, die Frage nach der Bedeutung außen vor zu lassen: Man stellt die Form derart über den Inhalt, daß nur noch die Form Beachtung findet; oder man ist nicht in der Lage zu erkennen, in welcher Weise die Form Ausdruck des Inhalts ist und umgekehrt. Beides ist wenig hilfreich, doch ersteres ist schlimmer, denn wenn sich ein Dozent einzig auf die Form konzentriert, vermittelt er seinen Studenten den Eindruck, Kunst sei nur Mechanismus, Spiel und Struktur. Kunst nicht in ihrer vollen Gestalt wahrzunehmen, nämlich als Verbindung von Form und Inhalt, ist das eine, den Inhalt völlig beiseite zu lassen, ein anderes. Große Kunstwerke aber enthalten immer eine geistige Komponente. So unterschiedlich ihre Stile und Grundgedanken auch sein mögen – diese Dimension haben so unterschiedliche Autoren wie Dante, Shakespeare, Molière oder Goethe gemeinsam.

Auch zwei Spezifika des New Criticism, die im Dekonstruktivismus noch eine Zuspitzung erfahren haben, verdeutlichen die ungenügende Beachtung des Inhalts: nämlich die Tendenz, jede ästhetische Bedeutung als unbestimmt zu betrachten (daher die Betonung von Ambiguität, Ironie und Paradox, die zwar wichtige Kategorien darstellen können, in denen sich aber nicht die gesamte Literatur erschöpft und die sich bei aller Unbestimmtheit noch immer auf die Komplexität der Welt beziehen lassen), und die Neigung, Literatur als in sich geschlossen und selbstreferentiell anzusehen (was einhergeht mit großer Zurückhaltung, wenn es darum geht, Verbindungslinien zur Wirklichkeit zu ziehen). Es überrascht nicht, daß sich deshalb das Interesse eher auf Bildlichkeit, Sprache, Symbole und bestimmte Muster richtet als auf die stärker mimetischen Aspekte von Figuren und Handlung, die ebenfalls zum Ganzen eines Kunstwerks gehören.

Eine andere Schwäche zeigt sich in formalistischen Untersuchungen, die sich in ihrem Bemühen um Wissenschaftlichkeit und Genauigkeit ganz bestimmte Teile eines Werks heraussuchen und diese auf einer Mikroebene untersuchen, indem sie das Werk linguistisch, rhetorisch und stilistisch unter die Lupe nehmen und seine einzelnen Teile bis ins kleinste Detail analysieren. Diese Konzentration auf bestimmte Teile kann ohne Zweifel außerordentlich hilfreich sein, doch sie wird dort irreführend und unproduktiv, wo der Betrachter das Ganze des Kunstwerks aus dem Blick verliert; denn ein Grundprinzip der Ästhetik lautet nun einmal, daß die einzelnen Teile ihre volle Bedeutung erst im Rahmen des Ganzen erhalten. Findet diese umfassende Dimension keine Berücksichtigung, verfehlt man auch die ästhetische Bedeutung eines Werks; doch selbst die Bedeutung der Teile, die sich aus dem Ganzen ergibt, wird reduziert. Ein großes Kunstwerk ist keine mechanische Einheit, bei der man, sobald man die einzelnen Teile begreift, auch das

Ganze versteht, sondern eine organische Einheit, in der die Teile in ein Ganzes transformiert werden. Die herausragenden Formalisten – ein Leo Spitzer etwa – verbinden denn auch einen eher formalen Ansatz mit weiterreichenden Reflexionen; sie stehen häufig in einer hermeneutischen Tradition, welche die Teile eines Kunstwerks (sowohl im Hinblick auf ihren Stil wie auf ihre Bedeutung) in ein bedeutungsvolles Ganzes zu integrieren versucht (Spitzer, 7–33).

Zwei weitere Faktoren haben zwar weniger mit inneren als mit äußeren Überlegungen zu tun, doch sie bleiben gleichwohl wichtig, wenn es darum geht, die Beschäftigung mit Literatur zu rechtfertigen. Zum ersten lesen einige Formalisten die Texte in einer Art historischem Vakuum, so daß das Zusammenspiel von Form und historischem Bewußtsein, das bei Philologen, die in der Tradition Hegels stehen, sehr schön deutlich wird, verborgen bleibt. Zum zweiten tut sich ein rein formalistischer Ansatz äußerst schwer damit, das eigene Tun auf die Bedürfnisse der Zeit abzustimmen und sich mit drängenden tagesaktuellen Fragen – etwa im Zusammenhang mit technischen Veränderungen – zu beschäftigen. Formalismus kann also eine Flucht aus der Historizität des Augenblicks sein; das war zumindest im frühen Nachkriegsdeutschland teilweise der Fall, als dort die werkimmanente Interpretation das Feld beherrschte.

Culture Studies

Die Culture Studies betonen den Produktionszusammenhang und die ideologischen Dimensionen literarischer Werke, sie erweitern die thematische Bandbreite über die Literatur hinaus und wenden sich gegen vereinfachende historische Narrative, die subtile Konflikte und Spannungen übersehen. Zu den bevorzugten Schwerpunkten gehören dabei im Laufe der Geschichte an den Rand gedrängte Gruppen, so daß Fragen der Klasse, des Geschlechts, der Ethnizität, der sexuellen Orientierung und der Begriff des Anderen in den Vordergrund rücken. Indem sie den Schwerpunkt auf die Produktionssphäre legen – und zwar sowohl hinsichtlich der untersuchten Werke wie auch im Hinblick auf das eigene wissenschaftliche Tun –, neigen die Culture Studies zu der Ansicht, die traditionellen Werte der Literaturwissenschaft – ihr Kanon großer Werke und die dieser Auswahl zugrundeliegenden Prinzipien – seien von den Rahmenbedingungen bestimmt, die zur Festlegung dieser Werte geführt hätten, kurz: Es würden Werte oft weiter für gültig erachtet, die für uns keine Gültigkeit mehr besitzen. Als Alternative dazu gibt es mindestens drei Möglichkeiten: die Schwachpunkte sogenannter großer Werke deutlich zu machen; Texte von Angehörigen der Randgruppen zu lesen; und die ideologischen Verbindungen zwischen den Werken und deren größerem Kontext zu untersuchen.

Die Culture Studies haben eine Vielzahl von Vorzügen aufzuweisen. Zum ersten läßt uns ihr kritischerer Blick die Schwächen von Werken erkennen, die uns bislang verborgen geblieben waren. Das Interesse für die Geschlechterthematik und die Klassenverhältnisse, für die Stellung von Minderheiten, für Machtfragen und ideologisch bedingte Ausblendungen ist ein zu begrüßendes Korrektiv, und zwar erstens zu einem Formalismus, der die Verbindungen zwischen Literatur und Leben nicht thematisiert und somit vor der Frage nach der Rechtfertigung der Literaturwissenschaft kapituliert, und zweitens zu einer undifferenziert affirmativen Vorstellung von Literatur, welche die Schwächen von Werken, die traditionell als groß galten, zu entdecken nicht in der Lage war. Die Culture Studies bieten uns eine nüchternere (und damit auch ernüchternde) Perspektive und damit eine notwendige Ergänzung zu Ansätzen, in denen Literatur als Wertsetzungsinstanz gesehen wird. Wir müssen kritisch gegenüber literaturwissenschaftlichen Arbeiten sein, die ästhetische Schwächen überdecken und statt dessen die literarischen Werke einer ganz bestimmten Tradition herausstellen oder die blind gegenüber unhaltbaren oder suspekten Positionen sind, die in einem Werk offen oder verborgen zum Ausdruck kommen. In dieser Hinsicht gründen die Culture Studies auf einer wichtigen und wünschenswerten Einsicht, die zuerst im Rahmen des sozialgeschichtlichen Paradigmas aufgekommen ist.

Zum zweiten sind die Machtbeziehungen (wozu auch die Geschlechterproblematik gehört) in literarischen Werken und in der dazugehörigen Produktions- bzw. Rezeptionssphäre oftmals ebenso faszinierend wie bedeutsam, und die Behauptung, daß ihnen früher nicht genügend Aufmerksamkeit geschenkt wurde, ist nicht ganz unbegründet; das hat sich mit dem Aufkommen der Culture Studies und hier besonders des New Historicism geändert. Viele der intersubjektiven Beziehungen, die in literarischen Texten dargestellt werden, sind von willkürlichen gesellschaftlichen Konventionen bestimmt, die weder gefestigt noch begründet sind. Von einer kritischen Betrachtung solcher Beziehungen können wir also nur profitieren, nicht zuletzt auch deshalb, weil Geschlecht, Rasse und sexuelle Orientierung nicht nur unberücksichtigt blieben, sondern auch Bereiche großen Unrechts waren. Oft ist das, was als überzeitlich gültig angesehen wird, schlicht Ausfluß historischer Konvention; zu erkennen, in welchem Maße das der Fall ist, gehört zu den wichtigen Aspekten der Rezeption von Literatur. Die Berücksichtigung solcher Fragen in den Werken wie auch in den damit zusammenhängenden Beschreibungen und Analysen des größeren Kontextes befreit uns von einem Positivismus, wie er in allzu vielen traditionellen literaturgeschichtlichen Untersuchungen vorherrschte, und bereichert unser Verständnis von Werk und Kontext. Der Blick auf die Konventionen bildet darüber hinaus ein Gegengewicht zu einer Literaturgeschichte, die sich nur für Formen und Ideen interessiert und nicht auch für weiterreichende institutionelle und ähnliche Fragen, die sich aus der Beschäftigung mit den Produktions- und Rezeptionszusammenhängen ergeben; denn gerade hier spielen Machtfragen und andere Faktoren, die nicht unmittelbar mit der ästhetischen Dimension zu tun haben, oftmals eine wichtige Rolle. Zum dritten gelangen wir durch diese innovativen Untersuchungen zu einem weiter gefaßten Begriff von Geschichte. Dem New Historicism geht es darum, vereinfachte Narrative durch eine Vielzahl oftmals sich widersprechender Stimmen zu ersetzen. Die Betonung ganz spezifischer Rahmenbedingungen und Kontexte sowie die Erkenntnis, daß viele breiter angelegte und weiter ausholende Untersuchungen die Vielschichtigkeit einer Epoche oder einer Bewegung – die Uneinheitlichkeit, die manchmal innerhalb einer Einheit herrscht – häufig übersehen haben, sind bedeutsame Errungenschaften. Diese Beachtung widerstreitender Stimmen ermutigt uns, schlichtere historische Darstellungen in Frage zu stellen, und verhilft uns dazu, häufig übersehene Details ebenso zu erkennen wie Verbindungen und Assoziationen zwischen den verschiedenen Bereichen (u. a. dem gesellschaftlichen, politischen, ökonomischen und allgemein kulturellen). Literarische Texte sind in komplexe Zusammenhänge eingebettet, und Geschichte bedarf der Deutung. In diesem Sinne spricht Louis Montrose von der «Historizität von Texten» und der «Textualität von Geschichte» (20). Unsere Literaturgeschichten und Begriffe verdecken zu oft diese widerstreitenden Stimmen und die Vielzahl der an den Narrativen, welche die kulturelle Entwicklung bestimmen, Beteiligten. In dem Maße, in dem wir uns den Entstehungszusammenhängen von Literatur zuwenden, ist ein Blick auf das gesamte historische Panorama sinnvoll, nicht nur auf die kohärenten Narrative, die wir uns schaffen, um die Vielzahl der Faktoren in den Griff zu bekommen, und nicht nur auf die bedeutsamen Gestalten auf der historischen Bühne, deren Geschichten vielleicht vertrauter sind. Die Betonung überraschender Koinzidenzen und der sich überlappenden Bedeutungsschichten in den verschiedenen Bereichen einer bestimmten Kultur bereichert unsere Vorstellung von einer bestimmten Epoche und vom Kontext, in dem ein bestimmtes Werk steht. Durch die Untersuchung zeitgenössischer Ereignisse und Problemzusammenhänge, vor allem solcher, die üblicherweise in den literaturgeschichtlichen Darstellungen nicht berücksichtigt werden, können wir uns literarischen Texten unter neuen und interessanten Fragestellungen nähern. Einige kulturwissenschaftlich beeinflußte Philologen suchen sogar, ähnlich wie die Dekonstruktivisten, nicht nur im historischen Kontext nach widerstreitenden Stimmen und ungelösten Spannungen, sondern auch in den literarischen Texten selbst; diese gelten ihnen eher als Dokumente widerstreitender Tendenzen einer Zeit denn als autonome Kunstwerke. Diese Suche nach ungelösten Spannungen, gestützt auf ein breiteres Verständnis des historischen Kontextes, vermag unsere Interpretation literarischer Texte zu schärfen.

Viertens ermutigen die Culture Studies dazu, die Dokumente der Vergangenheit neu zu sichten, um festzustellen, ob bestimmte Werke zu Unrecht in Vergessenheit geraten sind. Der Feminismus in den Literaturwissenschaften nahm zunächst vor allem die Darstellung von Frauen in Texten, die von Männern verfaßt worden waren, kritisch unter die Lupe; später erweiterte er seine Perspektive – ohne aber seine ursprünglichen Interessen zu vernachlässigen – und bemühte sich um die Veröffentlichung und Interpretation weiblicher Texte, die bis dahin vernachlässigt oder einfach ignoriert worden waren. Diese Bemühungen haben nicht nur unsere Sichtweise großer Werke geschärft, sondern unsere Aufmerksamkeit auch auf zuvor nicht beachtete, aber hervorragende Texte gelenkt.

Im Zusammenhang mit dieser Entdeckung vergessener Texte steht das Interesse an anderen Kulturen – womit wir beim fünften Vorzug der Culture Studies sind, nämlich ihrem Multikulturalismus, der sich nicht zuletzt in der Berücksichtigung von Werken aus anderen Kulturen manifestiert. Wenn Literaturwissenschaft, um mit Matthew Arnold zu sprechen, heißt, «das beste Wissen und Denken auf dieser Welt» zu studieren (283), so müssen wir nicht nur über England hinausblicken (in diesem Sinne war das bei Arnold gemeint), sondern auch über Europa und Nordamerika hinaus. Durch die postkolonialen Studien finden nichteuropäische Kulturen weitaus mehr Beachtung als jemals in den traditionellen komparatistischen Abteilungen. Der Multikulturalismus gehört zu den zentralen Erscheinungen unserer Zeit. Die Technik hat nicht nur das Wissen über andere Kulturen befördert, sondern auch die Mobilität, so daß wir heute in größerem Maße als in den meisten früheren Kulturen auf Menschen mit völlig unterschiedlichem Hintergrund treffen. Es nützt jedem, wenn die stärksten Elemente einer Kultur von einer anderen erkannt und angeeignet werden. Mit verschiedenen kulturellen Praktiken vertraut zu werden heißt, den Reichtum der menschlichen Gemeinschaft besser zu verstehen, selbst dann, wenn wir diese Praktiken nicht in unser eigenes Handeln integrieren. Ein ausgeprägteres Gespür für den anderen, in welcher Form auch immer, erweitert unseren Horizont und unsere Sympathie. Literatur sollte uns dabei helfen, Randgruppen und -personen sowie vernachlässigten oder unterdrückten anderen größere Achtung entgegenzubringen, und ein Vorzug der Culture Studies liegt darin, diese komplexe Dimension von Literatur und Literaturwissenschaft deutlich gemacht zu haben.

Sechstens hat der Zweig der Culture Studies, der sich mit der Gegenwart beschäftigt (und das ist quantitativ gesehen der größte), eine Leerstelle besetzt, die von der Philosophie geschaffen wurde, als sie sich immer mehr von einer umfassenderen Analyse ihrer Zeit abwandte und auf rein historische Untersuchungen oder abstrakte begriffliche Analysen zunehmend begrenzter Probleme verlegte, deren mangelnde Relevanz für die zeitgenössische Kultur die Philosophie in ähnliche Rechtfertigungsnöte brachte wie die Literaturwissenschaft. Den Culture Studies geht es darum, ihre Zeit in Gedanken zu fassen, also um das, was Hegel einst als Philosophie bezeichnete (Bd. 7, 26). Es kann deshalb nicht überraschen, daß die Culture Studies die Fächergrenzen zwanglos überschreiten und sich einer großen Bandbreite von Themen widmen.

Der siebte und letzte Vorzug der Culture Studies hängt eng damit zusammen: Die Culture Studies werden häufig von existentiellen und moralischen Erwägungen geleitet. Der Feminismus etwa, um hier das prominenteste Beispiel zu nehmen, ist stark darum bemüht, die Wissenschaft mit Leben und Moral in Beziehung zu setzen. Vertreter der Culture Studies rühmen sich häufig ihres Bestrebens, die Welt nicht nur zu verstehen, sondern sie auch zu verändern. In dieser Hinsicht bildet ihr Interesse an den konkreten Aspekten einer begrenzten Wirklichkeit (zu der auch der menschliche Körper gehört) – trotz gewisser Gemeinsamkeiten mit dem Dekonstruktivismus – einen Gegensatz zu dessen unbegrenzter Bedeutungsverschiebung.

Problematisch an den Culture Studies ist jedoch erstens, daß sie, wie auch häufig sozialgeschichtliche Ansätze, den formalen Aspekten von Literatur nicht genügend Aufmerksamkeit schenken. Sie neigen dazu, den Inhalt über die Form zu stellen und Produktion und Rezeption über das Kunstwerk; im Mittelpunkt steht die Ideologie im Kontext der ökonomischen, gesellschaftlichen, politischen und kulturellen Strukturen. Statt den Reichtum verschiedener Werke zu vermitteln, der uns die Welt auf neue Weise wahrnehmen läßt, liefert dieser Ansatz oftmals nur das, was er im voraus zu finden sucht. So bietet etwa die Diskursanalyse Einblicke in die verschiedenen, einander überlagernden kulturellen und anderen Diskurse, die in einen Text eingebettet sind, aber nur selten bezieht sie diese Diskursformen auf das Kunstwerk selbst und dessen Interpretation. Auch die Untersuchung des Kontextes, die in erster Linie synchronisch und nicht-ästhetisch angelegt ist, bezieht nur selten die Geschichte einer Gattung, eines Bildes, einer rhetorischen Figur oder eines Themas mit ein. Da sie mit den Sozialwissenschaften oft nicht vertraut sind, können solche Literaturwissenschaftler nicht deren volle Kompetenz in ihr Thema einbringen; in gleicher Weise scheitern sie als Literaturwissenschaftler, weil sie sich zu wenig mit dem Kunstwerk befassen. In der Einleitung zu dem bekannten Sammelband von Grossberg heißt es dazu: «[...] auch wenn eng am Text bleibende Lesarten in den Kulturwissenschaften nicht verboten sind, so sind sie andererseits auch nicht erforderlich» (2). Angesichts dessen werden die ontologischen Unterschiede zwischen literarischen und nichtliterarischen Texten oder die qualitativen Unterschiede zwischen einzelnen Werken verwischt, wenn nicht gar völlig ignoriert. Werbespots auf ihre Strategien und verborgenen Botschaften zu untersuchen ist schön und gut, aber man sollte doch auch anerkennen, daß Literatur einen gänzlich anderen ontologischen Status besitzt und deshalb eines anderen Zugangs bedarf. Dieser Mangel an Differenzierung gehört zu den zentralen Irrtümern eines Ansatzes, der seinerseits gerade die Kategorie der Differenz so sehr betont.

Die Vernachlässigung der ästhetischen Dimension schlägt sich auch in der Bewertung nieder, was uns zum zweiten Problem bringt. Die Culture Studies scheuen vor einer Bewertung der literarischen Werke als literarische zurück (selbst in einem bevorzugten Kontext, etwa welche Arbeiterromane besser sind als andere).[24] Die Auswahl der Werke wird durch ideologische Gesichtspunkte sowie Aspekte von Produktion und Rezeption bestimmt. Wenn wir das Prinzip, daß Literatur vor allem in ihrer gesellschaftlichen Funktion zu analysieren ist, akzeptieren, so wird wohl eher schwächere Literatur mehr Aufmerksamkeit erfahren, denn ob wir Literatur von größerem oder geringerem ästhetischen Wert untersuchen, macht in dieser Hinsicht wenig Unterschied. Da sich ein Kulturwissenschaftler seinem Thema nicht auf spezifisch literarische Weise nähert, kümmert er sich nicht um die Frage, ob sein Untersuchungsgegenstand überhaupt Literatur ist. Die Hochkultur erreiche nur ausgewählte Gruppen, und Literatur zu untersuchen heiße in Wirklichkeit, sich mit Geschichte und Gesellschaft zu befassen; daher müsse man sich einer größeren Bandbreite von Werken der Populärkultur zuwenden, u. a. Zeitschriften, Zeitungen, Tagebüchern, Rezepten, Anzeigen, Cartoons, Comics, Seifenopern, Comedysendungen usw. Man unterscheidet dabei zwischen einer Hochkultur, die sich an Intellektuelle richtet, und einer Populärkultur für die breite Masse.[25] Doch auch die Populärkultur wird, ebenso wie die Hochkultur, nicht auf ihre ästhetischen Dimensionen hin untersucht, sondern unter ideologischen und soziologischen Aspekten. Sicher, eine Kultur in ihrer ganzen Breite zu verstehen, die ideologischen Komponenten, die in Texten unterschwellig am Werk sind, zu erkennen und sie in einen historischen Kontext zu stellen ist ohne Zweifel sinnvoll. Wenn diese Gesichtspunkte jedoch an die Stelle der ästhetischen Analyse treten und die Hochkultur in gleicher Weise wie die Populärkultur betrachtet wird, geht viel verloren.

Ich würde die ganze Sache anders sehen. Hochkultur ist nicht das, was sich an Intellektuelle richtet, sondern was sich an alle wendet, die großer Kunst gegenüber aufgeschlossen sind. Die Populärkultur, die quantitativ aus den Werken besteht, die sich an große Teile der Bevölkerung richten, kann somit Teil der Hochkultur sein – beide Kulturen schließen sich nicht gegenseitig aus. Während erstere nach Qualität strebt, hat letztere die Quantität im Auge. In der Literaturgeschichte lassen sich eine ganze Reihe von Beispielen für diese Verbindung von Hoch- und Populärkultur finden. Für die Antike muß man nur Homer nennen. In der Moderne sind etwa Shakespeare, Manzoni und Dickens paradigmatisch. Heute lassen sich wohl die besten Belege im Bereich des Films finden. Künstler wie John Ford oder Alfred Hitchcock haben Kunstwerke von höchstem Kaliber geschaffen, die sich zugleich an weite Teile der Bevölkerung richten. In dieser Hinsicht ist die Untersuchung solcher Werke sowohl ästhetisch wie kulturell besonders interessant.

Das Hauptproblem ist jedoch weniger diese falsche Unterscheidung, sondern überhaupt die Abwendung von der wie auch immer definierten Hochkultur. Denn die Culture Studies heben auch die Unterscheidung zwischen hoher und niedriger Kultur auf, aber nicht dadurch, daß sie einige populäre Werke als groß bezeichnen, sondern mit ihrer Forderung, alle Werke müßten unabhängig von ästhetischen Kriterien untersucht werden. Bei den Dozenten schwindet so das Interesse, sich im Unterricht mit den Meisterwerken zu befassen, was wiederum für die Studenten von Nachteil ist, da gerade diese Werke deutlich mehr interessante Eigenschaften aufweisen als Texte, die von eher mittelmäßigen Autoren stammen oder überhaupt außerhalb der Literatur angesiedelt sind. Die Culture Studies befreien den Universitätsdozenten von seiner Verantwortung für die Weitergabe großer Werke ebenso wie von einer Bewertung seiner Arbeit, da jedes Projekt seinen eigenen Wert besitzt und mit weiterreichenden Legitimationsfragen nichts zu tun hat.

Ein drittes Problem der Culture Studies liegt darin, daß sie Literatur und Literaturwissenschaft auf Kritik reduzieren. Man operiert häufig mit einem negativen Kulturmodell und sucht die falschen Ideologien aufzudecken, die die Produktion und Rezeption kultureller Artefakte steuern. Insofern die Culture Studies lediglich dazu in der Lage sind, Normen zu kritisieren, nicht aber neue zu formulieren oder zu begründen, verhalten sie sich parasitär und destabilisierend. Ohne ein Verhältnis zur Kultur, das zumindest teilweise positiv ist, geraten wir überdies in Schwierigkeiten, das Studium der Kultur gegenüber Studenten zu rechtfertigen, die es nicht ohnehin schon betreiben – und deshalb nicht von seinen Problemen befreit werden müssen. Dieser negative Ansatz ignoriert die Tatsache, daß Kultur in hohem Maße auch die Quelle kollektiver Identität ist, die nicht nur Verachtung verdient. Auch hier wird wiederum ein wichtiger, diesmal weiterreichender Aspekt des ästhetischen Werts vernachlässigt. Dieses Problem verschärft sich besonders dann, wenn sich etwa die German Studies fast ausschließlich mit dem Holocaust beschäftigen. Zwar kommt den Culture Studies unzweifelhaft das Verdienst zu, dieses Tabuthema in Lehre und Forschung eingebracht zu haben, indem sie es den Studenten bewußt machten und den Holocaust in seiner ganzen Vielschichtigkeit untersuchten. Doch wenn die Studenten nicht zumindest ein teilweise positives Verhältnis zur deutschen Kultur gewinnen, haben sie darunter zu leiden: Deutsche Studenten geraten in eine Identitätskrise, denn Identität besitzt stets eine kollektive Komponente; und ausländische Studierende werden sich anderen Literaturen und Kulturen zuwenden, denn üblicherweise studiert man das, wozu man ein nicht ausschließlich negatives Verhältnis hat.

Ein viertes Problem liegt darin, daß sich die Culture Studies in eine ganze Reihe von Widersprüchen verstricken. Man denke etwa an das Thema der Pluralität (die Amerikaner sprechen von «diversity»). Die Pluralität zu beachten ist eine Stärke, denn auch wenn wir wissen, daß der Wert eines Gedankens von seiner Schlüssigkeit bestimmt wird und nicht von seiner Herkunft, so haben unterschiedliche Lebenserfahrungen doch neue und interessante Gedanken zu bieten. Dennoch verbergen sich hinter der Wertschätzung von Pluralität um der Pluralität willen mehrere Gefahren. Denn wenn Pluralität unsere höchste Kategorie darstellt, läßt sich keinerlei Wertunterscheidung treffen, mag sie nun das Gute, das Wahre oder das Schöne betreffen. Mehr noch: Die Kategorie der Pluralität läßt auch eine Haltung gelten, die diese Pluralität beseitigen will; damit entwertet sie sich potentiell selbst. Vielfalt bedarf jedoch der normativen Unterfütterung. Ohne einen solchen Maßstab bleibt sie gegenüber rein willkürlichen Positionen offen. In dem Maße, in dem eine Methode eine bestimmte Struktur auf Kosten einer anderen bevorzugt – in diesem Falle die Pluralität auf Kosten der Einheit –, ist diese Konzentration auf eine einzige Struktur alles andere als ein Beispiel für Pluralität; auch in diesem Fall widerspricht sich diese Position selbst. Und selbst wenn uns die Betonung von Pluralität oder Differenz Haltungen erkennen läßt, die bislang zu Unrecht vernachlässigt worden sind, so ist nicht jede derartige Haltung schon per se bedeutungsvoller oder den von ihr verschiedenen vorzuziehen. Hinzu kommt, daß innerhalb der Pluralität wiederum Pluralität besteht, und wenn Werke nicht aufgrund ihres individuellen Werts ausgewählt werden, sondern weil der Autor einer bestimmten Gruppe angehört, so verringert sich das Pluralitätsniveau.

Die Culture Studies betonen mit Recht, daß sich moralische und ästhetische Ansichten im Laufe der Zeit verändern, und schließen aus dieser Tatsache, daß diese Normen nicht universell gültig sind; Anerkennung und Geltung sind jedoch nicht identisch. Nicht alle geltenden Normen werden von jeder Kultur anerkannt, wie etwa die Geschichte der Sklaverei oder der Folter zeigt. Der Widerspruch vertieft sich noch, wenn Kulturtheoretiker an ihre Lektüre moralische Normen anlegen und gleichzeitig davon ausgehen, daß die Gültigkeit dieser Normen nicht zu beweisen ist: Das ist ein Freibrief für Dogmatismus und Arroganz unter dem Deckmantel des Relativismus und der Bescheidenheit. Man könnte fast Mitleid haben mit einem Literaturwissenschaftler, der einerseits keine Möglichkeit sieht, erste Prinzipien zu begründen, andererseits aber weiter danach sucht, obwohl er ahnt, daß das Problem möglicherweise nicht in der Welt, sondern in ihm selbst liegt. Es ist jedoch schwierig, Sympathie für jemanden zu empfinden, der keine Begründungen anerkennen will und dies als Katalysator dafür benutzt, um seine eigene Sicht über die anderer zu stellen.

Die Culture Studies sehen sich als Gegner einer dominanten Kultur, als notwendiges Korrektiv zu einem Mainstream-Ansatz, der lediglich die Hochkultur bestätige. Es ergibt sich jedoch eine Ironie, wenn die Culture Studies selbst dominant werden. In welcher Hinsicht kann dieser Ansatz dann noch Opposition bleiben? Hier werden die Widersprüche einer rein negativen Haltung deutlich. In anderer Hinsicht sind die Culture Studies ironischerweise alles andere als oppositionell: Die ausschließliche Beschäftigung mit Fragen der Machtverhältnisse läßt paradoxerweise vermuten, daß die Culture Studies unfähig sind zu erkennen, daß sich Wertfragen auch noch anders beantworten lassen als mit dem Hinweis darauf, wer die Macht hat. Ein zentraler Aspekt des technischen Zeitalters liegt darin, daß alle Fragen auf ihre Funktion innerhalb eines größeren Systems reduziert werden, auf eine komplexe Kausalität von Berechnung und Macht. Die Beschäftigung mit solchen Fragen auf Kosten anderer, über bloße Macht hinausgehender Aspekte des Lebens, etwa Weisheit, Mut, Opfer oder Freundschaft, macht deutlich, daß die Culture Studies mit der Gegenwart konform gehen und ihr nicht oppositionell gegenüberstehen. Für solche Literaturwissenschaftler ist Wahrheit durch Erfolg bestimmt, nicht durch Kohärenz, und damit macht die normative Sphäre der deskriptiven Platz. Eine Position als falsch bezeichnen kann man jedoch nur auf der Grundlage einer Theorie, welche die Machtfrage übersteigt und um Legitimität bemüht ist.

Schließlich läßt sich in den Culture Studies die Tendenz beobachten, daß man sich den speziellsten, obskursten und banalsten Themen zuwendet, ohne darauf Rücksicht zu nehmen, ob diese Themen denn auch allgemeinere Fragen betreffen. Die Wissenschaft befaßt sich mit dem Entlegensten, Persönlichsten und Ungewöhnlichsten, das man sich nur vorstellen kann. Die Culture Studies rennen besonders gerne gegen Hierarchien an, indem sie behaupten, daß alle Projekte, Interessen und Bedürfnisse des Wissenschaftlers, und seien sie auch noch so trivial, ihre Berechtigung besitzen.[26] Doch bei aller Interessenvielfalt in den Geisteswissenschaften bleibt es doch auch ein Ausweis von Bildung und Reife zu erkennen, daß gewisse Fragen von größerem Wert sind als andere. Das größte Problem dieser Entwicklung liegt jedoch – abgesehen von ihrer Auswirkung auf die Studenten, die orientierungslos und oftmals auch uninspiriert bleiben – darin, daß ein kulturwissenschaftlicher Theoretiker diese Problematik möglicherweise gar nicht wahrnimmt, was nicht ganz unlogisch wäre: Denn ein Problem wird nur dann bewußt, wenn man die Kluft zwischen der deskriptiven und der normativen Ebene erkennt; und der Kulturwissenschaftler weigert sich im allgemeinen, eine normative Sphäre anzuerkennen.

Trotz des kulturwissenschaftlichen Interesses für das Populäre, das, so könnte man meinen, zu einem gewissen inhaltlichen Reichtum führen müßte, wird das Populäre oft nicht zu der Reichhaltigkeit in Beziehung gesetzt, die sich bei synchroner oder diachroner Betrachtung ergibt. Die Projekte sind neu und vielfältig, doch das allein reicht nicht aus. Neues Wissen ist wichtig, doch es wird kontraproduktiv, wenn es keinen Maßstab mehr gibt, mit dessen Hilfe man seinen Wert im Vergleich zu anderen Projekten oder einem Ganzen einschätzen kann. Spezialisierung kann dazu führen, daß die Vorstellung von einem Ganzen abhanden kommt, und somit einen Orientierungsverlust zur Folge haben, den der Kulturwissenschaftler jedoch als unproblematisch abtut; denn er glaubt, daß die einzige Alternative zu dieser Partikularität darin liegt, sich an dem zu orientieren, was historisch durch die Werke weißer, männlicher Autoren definiert ist; dabei übersieht er, daß man sich auch daran orientieren kann, was systematisch durch die besten Gedanken bestimmt ist, von denen viele aus nicht-westlichen Kulturen stammen – auch wenn die Vorstellung einer universalistischen Ethik in Europa entstanden ist und daher automatisch Teil dieser Orientierung ist.

An der Universität sollten wir versuchen, Ideen und Vorstellungen ohne vorgegebenes Interesse zu behandeln, sie unabhängig von speziellen Interessen abzuwägen. Diese Hervorhebung interessenloser Wahrheit gehört zu unseren größten gesellschaftlichen Errungenschaften. Wenn man glaubt, alle Debatten seien einzig von Macht und Rhetorik bestimmt, und wenn die Vorstellung von einem interessenlosen Diskurs aufgegeben wird, befinden wir uns in einer ernsten intellektuellen Krise, zu der die beiden Strömungen der Culture Studies und der Dekonstruktion beigetragen haben. Daß der Jargon der Culture Studies nur unwesentlich hinter dem Hyperjargon des Dekonstruktivismus zurückbleibt, spricht nicht notwendigerweise für die Culture Studies, denn der Dekonstruktivismus befaßt sich konsequent mit der Sinnlosigkeit von Kommunikation, während die Culture Studies noch an der Vorstellung festhalten, daß ihre Analysen Einfluß auf die Gesellschaft haben. An Verständlichkeit mangelt es in beiden Strömungen häufig. Doch ausgerechnet in den Culture Studies schreiben viele Enthusiasten lediglich für eine kleine Gruppe von Fachkollegen und fortgeschrittenen Studenten – und das in einer Form, die nicht gerade zu einer Ausweitung der Debatte einlädt und dafür sorgt, daß die Wirkung dieser Schriften nicht über den rein akademischen Bereich hinausreicht.

Dekonstruktion

Ein dekonstruktivistischer Ansatz, der sein Augenmerk auf ungelöste Widersprüche legt, besitzt den Vorzug, daß er sich intensiv mit den Texten beschäftigt. Viele konkurrierende literaturwissenschaftliche Methoden – einschließlich der historisch ausgerichteten Ansätze – schenken den Texten weitaus weniger Aufmerksamkeit. Sozialgeschichtlich orientierte Literaturwissenschaftler haben die Dekonstruktion dafür kritisiert, daß sie Geschichte und Politik nicht miteinbeziehe; diese Kritik mag in gewisser Hinsicht zutreffen, da alle Literatur in einem historischen Kontext steht und sich in so gut wie allen Lesarten bestimmte politische Implikationen feststellen lassen. Doch wenn eine solche Kritik aus einer Richtung kommt, die literarische Texte nicht als solche betrachtet, weil ihr Schwerpunkt auf Produktion, Rezeption und Ideologie liegt, würde ich, wenn auch in Maßen, der Dekonstruktion den Vorzug geben. Denn sie erkennt, daß sich die Bedeutung eines literarischen Textes nicht auf das Bewußtsein reduzieren läßt, aus dem heraus er entstanden ist; anstatt uns mehr über die Biographie des Autors oder über die Epoche als über das Werk zu erzählen, legt der Dekonstruktivist somit in der Tat seine Betonung auf die Ästhetik des Kunstwerks.

Ein zweiter Vorzug der Dekonstruktion liegt darin, daß sie sich mit den Rändern von Texten beschäftigt und so oftmals auch in häufig interpretierten Werken unbekannte Aspekte und Spannungen ausmachen kann. Das allein ist schon bewundernswert, und kann der weiteren Forschung außerordentliche Impulse verleihen, indem es sie dazu zwingt, sich bislang vernachlässigten Fragen und Problemen zuzuwenden. Mit diesem Interesse für die Ränder hängt auch dasjenige für die Widersprüche zusammen. Die Erkenntnis der inneren Widersprüche einer Position ist eine notwendige Voraussetzung immanenter Kritik: Eine Kritik, welche auf die inneren Widersprüche in der von ihr kritisierten Position hinweist, ist deutlich stichhaltiger als eine Kritik, die einen außerhalb liegenden Maßstab anlegt, der sich schlicht in seinen Voraussetzungen unterscheidet, und so lediglich eine trockene Behauptung gegen eine andere setzt. Darüber hinaus enthüllt eine solche Beachtung der Widersprüche üblicherweise Aspekte eines Werks, die von einer Literaturwissenschaft, die allzusehr um den Nachweis bemüht ist, jedes Werk verkörpere eine klassische Ganzheit, und so Elemente der Kritik und der Offenheit nicht in ihre Überlegungen miteinbezieht, zu Unrecht vernachlässigt werden. In dieser Hinsicht haben Dekonstruktion und Culture Studies eines gemeinsam: Sie bilden ein Gegengewicht zu einem allzu affirmativen literaturwissenschaftlichen Modell. Das Bestreben, sich eingehend mit den verborgenen Aspekten eines Werks zu befassen, rückt auch die esoterischen Dimensionen von Kunst in den Vordergrund. Die Hermetik erinnert uns daran, wie schwierig, aber auch wie lohnend es sein kann, Subtilitäten, Komplexitäten und tiefere Bedeutungsschichten herauszuarbeiten. Esoterische Kunst, die ihre interessantesten Aspekte verbirgt, indem sie verwirrende Spuren legt und Rätsel aufgibt, beleidigt unsere Intelligenz nicht, sondern schmeichelt ihr. Solche Rätsel nachzuvollziehen und zu entschlüsseln ist Teil des Vergnügens, des Spaßes, der Verspieltheit von Kunst, und die Dekonstruktion rückt diese Dimension in den Vordergrund.

Der dritte Vorzug der Dekonstruktion betrifft ihre Betonung der reflexiven Strukturen literarischer Texte. Daher kann sie besonderes Augenmerk auf ein wichtiges philosophisches Charakteristikum moderner Literatur legen. Sie beschäftigt sich jedoch nicht nur mit offen selbstreflexiven Werken, sondern arbeitet auch die implizite Poetik vieler scheinbar wenig selbstreflexiver Texte heraus. In ihrem Bemühen, Grenzen zu überwinden, ist es der Dekonstruktion gelungen, nicht nur implizite philosophische Positionen in literarischen Werken deutlich zu machen, sondern auch die literarischen und rhetorischen Dimensionen philosophischer Werke.

Ein letzter Vorzug der Dekonstruktion liegt schließlich in ihrer Entzauberung von Positionen, die fälschlicherweise als absolute angesehen werden. Der Dekonstruktivist verfügt über einen ausgezeichneten Blick für solche Positionen, die angeblich überzeitlich, in Wirklichkeit aber historisch und kontingent sind. Auch in dieser Hinsicht knüpft die Dekonstruktion an eines der vorrangigen Ziele der Culture Studies an: die Entlarvung von Positionen, die fälschlicherweise für mehr als reine Konstruktionen gehalten werden. Die gegenwärtige Konzentration auf Konstruiertheit besitzt eine gewisse innere Logik: Weil man die Geschlechterrollen zu Unrecht für rein natürlich hielt und nicht auch für gesellschaftlich konstruiert und weil bestimmte Aspekte der Menschenrechtsrhetorik gegenüber Minderheiten ebenso einschränkend wie einschließend waren, wird uns das große Bedürfnis bewußt, gerade dort Kontingenzen und interessengeleitete Forderungen zu erkennen, wo man früher nur Wesenhaftes und Absolutes gesehen hat.

Die Dekonstruktion besitzt jedoch auch mehrere Nachteile. Obwohl sie in ihrer Konzentration auf das Werk an sich für eine wahrhaft ästhetische Analyse geradezu prädestiniert zu sein scheint, gelingt es der Dekonstruktion letztlich nicht, den ästhetischen Aspekten von Literatur wirklich Rechnung zu tragen; denn dazu gehören wie gesehen auch das Verhältnis der Teile zum Ganzen und unsere unterschiedlichen emotionalen Reaktionen auf verschiedene literarische Texte. Der dekonstruktivistische Ansatz aber interessiert sich generell *nur* für die Ränder des Textes. Der Dekonstruktivist meidet programmatisch alles, was mit Kohärenz, einem Zentrum oder mit Ganzheit zu tun hat, und neigt statt dessen dazu, ein begrenztes Element herauszugreifen und ein ganzes Werk auf der Grundlage von ein oder zwei marginalen Abschnitten zu interpretieren. Große Interpretationen hingegen beziehen so viele Details wie möglich ein und integrieren jeden Teil, auch noch den scheinbar nebensächlichsten, in ein Ganzes, so daß die Vernachlässigung eines Teils eine bestimmte Lesart so lange nicht widerlegt, bis eine konkurrierende

Interpretation ein Werk und seine Charakteristika mit Hilfe dieses unberücksichtigten Teils besser zu erklären vermag. Einen bestimmten Teil eines Textes einfach isoliert herauszugreifen heißt jedoch, sich um die ästhetischen Gesetze eines Werks nicht zu kümmern. Damit aber findet die ganze Komplexität eines Kunstwerks, seine kunstvoll verwobene Machart, bei Dekonstruktivisten oftmals keine Berücksichtigung.[27] Da sie dazu neigen, eine Interpretation nach der anderen zu entwickeln und sich dabei auf diejenigen Ränder konzentrieren, die eine Betonung der Aporien scheinbar stützen oder von der «Unlesbarkeit»[28] eines Textes zeugen, sagt am Ende jeder Text etwas ähnliches aus wie der nächste. Die dekonstruktivistische Erfassung des Singulären und Partikularen bleibt rein theoretisch; in der Praxis leidet dieser Ansatz unter einer Art Wiederholungszwang, der die *differentia specifica* des jeweiligen Textes ignoriert.

Zum zweiten widerspricht sich der Dekonstruktivismus selbst: Einerseits will er alle Feststellungen und Werte als bloße Konstrukte entlarven, sie als Illusionen kenntlich machen, andererseits aber hält er an bestimmten literaturwissenschaftlichen Glaubenssätzen oder Normen fest. Doch gemäß der Theorie, die sie setzt, lassen sich diese Normen gar nicht begründen, so daß sie ihren Status als Normen verlieren. Hinzu kommt, daß diese Normen etwas Emotionales und Undeutliches an sich haben. Statt von Logik oder Widerspruch, die sich zumindest theoretisch verifizieren ließen, spricht der Dekonstruktivist lieber von Rigorosität oder Raffinement. Eine Theorie wird als provokativ gepriesen oder als problematisch abgetan; für Analyse und Bewertung sind solche Begriffe nicht unbedingt geeignet. Selbstverständlich verkörpern manche literarische Werke Ambiguitäten, Aporien oder Negativität, aber solche Kategorien theoretisch an die erste Stelle zu setzen, verwickelt den Dekonstruktivisten in Widersprüche. Auch wenn Rangordnungen aufgelöst werden, bleibt eine Hierarchie von Interpretationsstrategien: Diejenigen, die Hierarchien stürzen, werden höher eingeschätzt. Darüber hinaus schätzen die Dekonstruktivisten noch immer bestimmte Autoren, die eher an ihrer eigenen Demontage interessiert sind und somit bevorzugt zu Interpretationen einladen. Einerseits gibt sich der Dekonstruktivismus mit Zweifel und Unsicherheit zufrieden; gleichzeitig aber kommt er pathetisch, selbstgewiß und mit autoritativem Gestus daher, wie Gerald Graff (4) und John Ellis (*Against Deconstruction*, 151) festgestellt haben. Eine zusätzliche Ironie ergibt sich, wenn eine kritische Strömung wie der Dekonstruktivismus, die einzig Entlarvung als Prinzip anerkennt, sich institutionalisiert und zu einer der bestimmenden Methoden in der akademischen Welt wird.

Negative Positionen heben sich im allgemeinen selbst auf, indem sie in ihrer Argumentation die positiven Vorstellungen voraussetzen, die sie zu negieren versuchen. Einige Dekonstruktivisten haben dieses Span-

nungsverhältnis erkannt, etwa Derrida, wenn er über die Dekonstruktion
schreibt: «Sie kann nicht umhin, von jenen Ressourcen zu zehren, die
die von ihr dekonstruierte Logik preisgibt» (*Grammatologie*, 538; vgl.
45) – die Konsequenzen aber werden nicht gezogen. Da positive Positionen nicht unter dieser Form des performativen Widerspruchs leiden, hat
das Positive ontologisch gesehen Priorität gegenüber dem Negativen.
Angesichts der Unhintergehbarkeit bestimmter Grundprinzipien der Diskussion überrascht es nicht, daß sich Derrida darüber beklagt, er sei
mißverstanden worden bzw. seine Intentionen seien falsch gedeutet worden («But beyond» und *Limited*, bes. 146 und 157 f.). Doch wie ge-
schickt auch immer sich jemand verstellen mag, die Behauptung, es gebe
keine begründeten Wahrheiten, erlaubt nur eines von beiden: Entweder
man will, daß diese Meta-Behauptung als begründete Wahrheit verstanden und akzeptiert wird (in diesem Fall handelt es sich um einen performativen Widerspruch, der zur Selbstaufhebung führt), oder man will,
daß man es als etwas anderes als eine begründete Wahrheit ansieht,
vielleicht als eine Form von Spiel (in diesem Falle wird die Möglichkeit
von Wahrheit nicht ernsthaft in Frage gestellt). Es ist hier nicht der Ort,
um die komplexe Frage der Letztbegründung, wie sie von Apel und Hösle
gestellt wurde, zu diskutieren; aber das transzendentalpragmatische und
das objektiv-idealistische Begründungsmodell liefern schlagkräftige Antworten auf die Widersprüche eines dekonstruktivistischen Ansatzes, der
Wahrheit zugleich behauptet und leugnet und der sich sowohl gefangen
wie auch befreit fühlt durch das Trilemma der Nichtbegründbarkeit von
Wahrheit, d.h. durch die Vorstellung, Wahrheit sei eine Fiktion, da sie
notwendigerweise von einem willkürlichen Axiom abhänge, sie sei ein
Teufelskreis oder ein infiniter Regreß.[29]
    Ein dritter Mangel des Dekonstruktivismus liegt darin, daß er der
Literatur letztlich jede Referentialität abspricht. Er wendet sich gegen die
Ansicht, «daß Literatur auf die eine oder andere Weise referentiell ist»
(Miller, *Theory*, 175; vgl. auch de Man, *Allegorien*, 222 f.); statt dessen
handle Literatur nur von sich selbst. Da der Dekonstruktivist die Vorstellung, Literatur besitze einen repräsentativen Wert, zurückweist, wird
die Verbindung zwischen Literatur und Leben uninteressant. Ohne Letztbegründung und ohne Verbindung zum Leben aber dreht sich der Dekonstruktivist im Kreis, es fehlt der umfassende Zweck, was es so schwierig macht, diesen Ansatz zu verteidigen. Sich ausschließlich auf den Text
zu konzentrieren ist also eine zweischneidige Sache.[30] Einerseits bringt
uns das wieder zum literarischen Text zurück, andererseits aber nimmt
es uns eines der Argumente dafür, sich mit einem Text zu beschäftigen –
nämlich seine Fähigkeit, engagiert über die Welt und ihre Bedeutung zu
streiten. Der Dekonstruktivist blickt immer genauer auf den Text, mit
einem immer raffinierteren Vokabular, doch ohne Sinn für einen höheren
Zweck. Dekonstruktivistische Methoden sind durchaus dazu geeignet,

bestimmte Eigenschaften selbstreflexiver Texte herauszuarbeiten, doch nicht alle Literatur hat sich selbst zum Thema, und nicht alle Literatur, die von sich selbst spricht, kommt zu dem Schluß, daß Literatur sich in ihrer Selbstreferentialität erschöpft. Ein Dekonstruktivist tut sich mit modernen Autoren, die sich ihrem Inneren zugewandt haben und von tiefer Skepsis geprägt sind, viel leichter als etwa mit einem Dickens oder einem Tolstoi, deren Werke unmittelbarer von der Welt künden. Statt nun aber auch bei selbstreflexiven modernen Autoren nach Erkenntnissen über die Welt zu suchen, neigt der Dekonstruktivist dazu, Modernisten allein wegen ihres Ästhetizismus auszuwählen und die welthaltigen Einsichten der Realisten zu ignorieren.

Für den Dekonstruktivisten haben Wirklichkeit und Literatur eines gemeinsam: ihre Konstruiertheit. Einzig die Literatur lügt nicht, da sie zugibt, fiktional zu sein (de Man, *Blindness and Insight*, 17 f.). Das Großartige an Literatur ist demnach nicht ihre Fähigkeit, uns die Welt erkennen zu lassen, sondern ihre Bereitschaft zuzugeben, daß sie dazu nicht in der Lage ist. Sowohl die Literatur wie die Welt sind unentzifferbar und ohne innere Bedeutung, so daß der Dekonstruktivist trotz der gemeinsamen Textualität von Literatur und Welt nichts Bestimmtes über die Welt sagen kann. Wie der Kulturwissenschaftler kann auch er andere Sichtweisen problematisieren, aber selbst will er sich nicht festlegen. So ist es kein Wunder, daß der Dekonstruktivismus Schwierigkeiten hat, sein Tun innerhalb der Geisteswissenschaften zu rechtfertigen.

Auch wenn es den Anschein hat, als sei der Dekonstruktivismus zum Teil von existentiellen Bestrebungen motiviert, so wird diese Motivation durch seinen Formalismus und seine Negativität geschwächt. Auch die Dürftigkeit und Einseitigkeit seines Begriffsapparats, der bewußte Verzicht auf die Suche nach einem normativen ethischen Wert und der trotz zahlreicher Jovialitätsbekenntnisse daraus resultierende Zynismus machen diesen Ansatz höchst unbefriedigend. Die Liebe zur Literatur kommt abhanden, wenn die bestimmende Interpretationsstrategie im Seminar darauf hinausläuft, alle Positionen zu relativieren, wenn man einzig und allein bestrebt ist, eine Ironie nach der anderen zu entdecken und zu beweisen, daß das Werk keine einzige Haltung als gültige anerkennt. Die existentielle Komponente bleibt auf diese Weise leer. Leider kann solches Interesse so geistvoll sein, daß es wie wirkliches Engagement erscheint und man von Literatur begeistert ist; doch diese Begeisterung überträgt sich nicht aufs Leben. Und sie bedeutet noch lange nicht Inspiration.

Ein bestimmender Charakterzug des technischen Zeitalters liegt darin, die Funktion über die Substanz zu stellen; somit läßt sich die Dekonstruktion, die das Zeichen, das einzig in seiner Funktion Bedeutung hat und in seinem Kern willkürlich ist, ins Zentrum rückt und den Wert des Symbols, das über die reine Funktion hinaus auf ein höheres Wesen

verweist, negiert, kaum als Gegenbewegung dazu bezeichnen. Wie die
Culture Studies steht auch der Dekonstruktivismus keineswegs in einer
solchen Opposition zum Zeitgeist, wie er behauptet. Indem er ein Mittel
(sei es Kritik oder Negation, Subtilität oder Raffinement) zum Zweck
erhebt, spiegelt er nur die Gegenwart wider, die ebenfalls an die Stelle
des Zwecks die Mittel setzt.

Der Dekonstruktivismus ist nicht in der Lage, der Skepsis des Sextus
Empiricus hinsichtlich der Lebensfähigkeit der Literaturwissenschaft ent-
gegenzutreten. Sextus unterteilt die Dichtung in zwei Arten: erstens gno-
mische Aussagen, die deutlich formuliert und von Nutzen für das Leben
sind, aber keiner Erklärung und keines Kommentars bedürfen; und zweitens geheimnisvolle Passagen, welche die Philologen mit eitlem Geschnat-
ter umkreisen, ohne sie jedoch klären zu können, und die deshalb letztlich nutzlos sind (*Adversus Grammaticos*, Buch 1, 278; vgl. Buch 1,
318–320). Der Dekonstruktivist täte gut daran, sich diese Erkenntnis
eines seiner skeptischen Vorläufer zu eigen zu machen, denn solange eine
Antwort auf Sextus ausbleibt, mag zwar so mancher literarische Text für
uns wertvoll bleiben, die Literaturwissenschaft jedoch nicht.

❋ ❋ ❋

In all den oben dargestellten Strömungen läßt sich eine Art Pendelbewe-
gung erkennen, so daß man von einer der Geschichte der Literaturwissenschaft innewohnenden Logik sprechen könnte. Ein Kunstwerk verlangt
nach vielfältigen Ansätzen, und jede Methode, die ein spezifisches Moment auf Kosten eines anderen herausgreift, provoziert geradezu das Aufkommen eines konkurrierenden und alternativen Modells. In dieser Hinsicht verbirgt sich in so gut wie allen neuen literaturwissenschaftlichen
Entwicklungen eine Spur von Vernunft, da unsere Aufmerksamkeit auf
immer wieder neue Themen gelenkt wird. Der Betonung der Autorität von
Tradition treten die *Culture Studies* entgegen, indem sie falsche Autori-
tätsansprüche aufdecken. Der Betonung der Kohärenz jedes literarischen
Textes setzt der Dekonstruktivismus seine Aufmerksamkeit für Widersprüche und unaufgelöste Ambiguitäten entgegen. Indem jede Bewegung
ein Wahrheitsmoment erkennt, bringt sie unser Verständnis von Literatur
voran, doch wenn diese Strömungen nicht auch jeweils das aufnehmen,
was in den Gegenmodellen brauchbar ist, bedeuten sie eher einen Rückschritt und eine Herausforderung für die nächste Generation. Bei dieser
Ersetzung früherer Modelle geht vieles verloren, und so kehrt man fast
regelmäßig wieder zu den Einsichten zurück, die zuvor verworfen worden
waren. Jede neue Bewegung rückt Aspekte in den Vordergrund, die es in
angemessener Weise zu integrieren gilt, nämlich in eine umfassendere und
kohärentere Theorie und Praxis der Literaturwissenschaft.

❋ ❋ ❋

Eine brauchbare Literaturwissenschaft erfüllt folgende Voraussetzungen: Sie befaßt sich mit Werken, die aufgrund ihrer universellen oder aktuellen Bedeutung (oder beidem) unsere Aufmerksamkeit verdienen; sie hebt die ästhetischen Dimensionen des Werks, also u. a. das Wahrheitsmoment, das Sinnlichkeitsmoment und deren Verknüpfung hervor; sie sucht die Beziehungen zwischen Teil und Ganzem deutlich zu machen und dabei beiden in ihrer ganzen Vielschichtigkeit gerecht zu werden; sie verzichtet nicht auf die Frage nach der Bewertung, welche die Kenntnis grundlegender ästhetischer Prinzipien, ein hermeneutisches Verständnis des jeweiligen Texts und die Vertrautheit mit anderen, vergleichbaren Texten voraussetzt; sie bezieht ihre Motivation sowohl aus einem objektiven Wissenschaftsideal als auch aus einem existentiellen Bewußtsein für den Wert des Untersuchungsgegenstandes, das von der Erkenntnis geleitet wird, daß Literatur einen Wert für das Leben besitzt; sie verwendet eine Methode, die sie nach sorgfältiger Überlegung und unter Berücksichtigung anderer Möglichkeiten sowie der Idiosynkrasien des Textes ausgewählt hat; die Interpretation wird verständlich und jargonfrei dargeboten; sie muß widerspruchsfrei sein, und zwar sowohl in Bezug auf die theoretische Grundlegung als auch auf das Verhältnis zwischen der Interpretation und den verschiedenen Aspekten des Textes (nicht nur denen, von denen man sich angezogen fühlt); sie muß die gültigen Erkenntnisse anderer Interpreten berücksichtigen und darf keinen überflüssigen Beitrag zur Überproduktion von Information leisten, so daß sie keine Interpretation präsentieren wird, die nichts Wichtiges zu sagen hat, was nicht schon früher gesagt worden wäre (mit anderen Worten: wir sollten ein Werk nicht deshalb neu interpretieren, weil wir über eine neue Theorie verfügen, die wir ungeachtet ihres heuristischen Werts auf bestimmte Werke einfach anwenden wollen).

5. Ästhetik im technischen Zeitalter

Jeder Bereich der Ästhetik läßt sich unter dem Gesichtspunkt der Technik betrachten. Auch wenn ich im folgenden die drei Bereiche Produktionsästhetik, Ästhetik des Kunstwerks und Rezeptionsästhetik getrennt behandle, so kann sich jeder dieser Bereiche auf die beiden jeweils anderen auswirken. So ist etwa die Photographie nicht nur ein neuer Produktionsmodus, sondern beeinflußt sowohl die thematische Ausrichtung von Kunst (insofern sich eine neue Kunstform den Themen widmet, für die sie am besten geeignet ist) sowie ihre Rezeption (nach Walter Benjamin fällt unsere Reaktion ganz unterschiedlich aus, je nachdem, ob wir ein Unikat betrachten – etwa ein Gemälde – oder ein in Massen produziertes Artefakt – beispielsweise eine Photographie oder die Reproduktion eines Gemäldes).

Produktionsästhetik

Schon Vico und Hegel erkannten, daß bestimmte geistes- und sozialgeschichtliche Rahmenbedingungen notwendige Voraussetzung für die Produktion unterschiedlicher Arten von Kunstwerken sind. Vico benennt die Bedingungen, welche für die mündliche Überlieferung Homers nötig waren. Hegel erkennt, daß unterschiedliche Weltsichten symbolische, klassische und romantische Kunstwerke hervorbrachten und mit ihnen eine unterschiedliche Bewertung der verschiedenen Kunstformen. Beide waren der Meinung, die epische Dichtung und die Tragödie seien die einem heroischen Zeitalter angemessenen Gattungen; mit der Heraufkunft der modernen Gesellschaft, in der der Einzelne die Welt nicht mehr so einfach verändern könne wie im Zeitalter der Helden, verschwinde die Epik, während die Tragödie einen grundlegenden Wandel erfahre. Marx bekräftigt diesen Standpunkt mit folgenden Fragen: «Ist Achilles möglich mit Pulver und Blei? Oder überhaupt die Iliade mit der Drukkerpresse, und gar Druckmaschine? Hört das Singen und Sagen und die Muse mit dem Preßbengel nicht notwendig auf, also verschwinden nicht notwendige Bedingungen der epischen Poesie?» (31) Auch Lukács fragt nach dem Verhältnis zwischen Geschichte und Gattung und untersucht in seiner *Theorie des Romans* die gesellschaftlichen und geistigen Bedingungen, die zur Auflösung des Epischen und zur Entstehung des Romans führten. Bei solchen Entwicklungen spielt die Technik eine Rolle, und zwar im wörtlichen Sinne (etwa durch die Erfindung des Schießpulvers oder durch die Druckerpresse und deren Folgen) wie auch in allgemeinerer Weise (etwa durch die Organisationsstruktur des modernen Staates und die Wechselwirkungen zwischen der Technik und Wertesubsystemen, die beide das Ausmaß, in dem ein Einzelner Motor des Wandels sein kann, beschränken).

Innerhalb der Produktionsästhetik lassen sich spezifische Schaffensmodi ausmachen. Vicos Betrachtung der Kunst als eine präreflexive ermöglicht uns neue Einsichten in die mündliche Überlieferung. Vico macht deutlich, wie sich Dichtung über einen längeren Zeitraum hinweg entwickeln kann, ohne ihre ästhetische Einheit zu verlieren. So finden wir etwa in den Homerischen Epen keine bewußte Schöpfung einer einzelnen Person, sondern eine nationale Dichtung, die sich über Jahrhunderte herausgebildet hat (873–904).[31] Mit der Schriftlichkeit ändert sich dieses präreflexive und kollektive Unterfangen. Statt einiger weniger Werke, die kollektiv entwickelt und bewahrt wurden, gibt es nun eine ganze Fülle von Texten, die individuell von den verschiedensten großen und kleinen Geistern geschaffen worden sind. Die Technik führt dabei nicht nur zu neuen Kunstformen, sondern auch zur Auflösung traditionellerer Formen. Walter Benjamin behauptet in *Der Erzähler*, daß die Entwicklung der Druckerpresse eine der Bedingungen für die Entstehung des Romans war, der von einem Individuum in seiner Einsamkeit verfaßt wird. Im Gegensatz dazu ist die Erzählung von einer lebendigen mündlichen Tradition abhängig: «Erfahrung, die von Mund zu Mund geht, ist die Quelle, aus der alle Erzähler geschöpft haben» (386). Mit dem Aufkommen des Romans und der modernen Medien verliert die Erzählung ihre zentrale Stellung. Daß man sich gegenseitig Geschichten erzählt und das auf meisterhafte Weise tut, daß man gemeinsam zuhört, daß man sich vom Geheimnis ferner Orte und Handlungen bezaubern läßt, daß man vom Reichtum der eigenen Vergangenheit fasziniert ist, daß Weisheit, Welterfahrenheit und Erinnerung eine zentrale Rolle spielen – all das fällt dem technischen Fortschritt zum Opfer, und das Erzählen verliert seine Bedeutung.

Marshall McLuhan behauptet von einem komplementären Standpunkt aus, daß nicht unsere Gewohnheiten und unsere Lebenswelt unsere Ausdruckstechniken verändert haben, sondern daß umgekehrt unsere Ausdruckstechniken unsere Gewohnheiten und unser Verhalten modifiziert haben. Laut McLuhan trug die Drucktechnik, die beherrschende Kraft des Wandels in der modernen Kultur, dazu bei, daß sich Gespräch und Kontakt von Angesicht zu Angesicht verringerten und gleichzeitig Distanz und Selbstreflexion größeren Spielraum bekamen. Das Lesen begünstigte – im Gegensatz zum Dialog eines gemeinsamen Gesprächs und zum öffentlichen Leben, die beide auf der Mündlichkeit beruhen – die Herausbildung privater, introspektiver Individuen (223). Gleichzeitig führten sowohl die Veränderung im Niveau der Selbstreflexion als auch

die neue Gattung des Romans zu neuen Kunstinhalten, u. a. zu einer
größeren Betonung der Psychologie, was wiederum neue Erzähltechniken
wie etwa die erlebte Rede nach sich zog, mit deren Hilfe man die neue
inhaltliche Ausrichtung der Kunst angemessener ausdrücken konnte.
Die Technik hat schon immer die Schaffensmodi beeinflußt: Man
schreibt anders, wenn man sich seine Worte merken muß, wenn man sie
zu Papier bringt oder wenn man sie ständig verändern kann wie etwa
seit dem Aufkommen des Computers. Ein für den Computer verfaßter
Text läßt sich mühelos ändern, während ein Text, der für die Dauerhaf-
tigkeit des Buches gedacht ist, eine gewisse Endgültigkeit besitzt, was
wiederum die Perspektive des Verfassers verändert. Die Technik beeinflußt aber auch das Leben von Autoren und deren Bewußtsein. Die ver-
breitetsten Neurosen eines Zeitalters finden ihren Niederschlag in literarischen Themen und Formen. In verschiedenen Epochen tauchen unterschiedliche psychologische Probleme auf, wie die Analysen von Freud
und Heidegger belegen (die weniger universell und stärker historisch sind
als allgemein angenommen). Eine der spezifischen Krankheiten oder Störungen unserer Zeit ist die Aufmerksamkeitsstörung bzw. Hyperactivity
Disorder, ein Zustand der Unaufmerksamkeit oder Hyperaktivität, der
vermutlich durch eine intensive Reizwahrnehmung ausgelöst wird, die
zu einer gedrängten Zeiterfahrung und erhöhten Reizerwartungen führt
(DeGrandpre). Reizsüchtige Menschen fühlen sich, was Rezeption wie
Produktion angeht, zu bestimmten Kunstformen ebenso hingezogen, wie
sie von bestimmten Aktivitäten angezogen werden, die sich mehr durch
Handlung als durch Kontemplation, mehr durch Geschwindigkeit als
durch Langsamkeit auszeichnen.

Künstler lassen sich oftmals auch darüber verstehen, wie sie in ihrem
Leben mit Technik in Berührung kamen und umgingen. Lichtenbergs
Kenntnis des Experiments als des neuen Wissenschaftsparadigmas, wie
sie sich in seinen Vorlesungen zur Experimentalphysik manifestiert hat,
spiegelt sich in seinen sprachlichen Experimenten wider, u. a. in seinem
ausgiebigen und phantasievollen Gebrauch des Konjunktivs (Schöne,
Aufklärung). Die Tatsache, daß sich viele deutsche Romantiker, unter
ihnen Novalis, mit Theorie und Praxis des Bergbaus beschäftigten, beeinflußte zahlreiche ihrer Schriften, etwa im Hinblick auf Handlungsent-
wicklung, Thematik und Symbolik (Ziolkowski, 29–81). Als Antwort
auf die frühen photographischen Bilder, die Heine als leblos kritisierte
(Bd. 6.1, 486 und 665), betonten er und Zeitgenossen wie Theodor
Mundt sowohl in der Theorie wie auch in der Praxis die Möglichkeiten,
wie Literatur Bewegung und Dynamik des Lebens darstellen konnte
(etwa *Madonna*, 3–6 und 434 sowie «Bewegungsparteien»). Broch und
Musil integrieren indirekt ihre Kenntnisse des Ingenieurwesens in ihre
experimentellen Romane, wo sie mit den Grenzen des technischen Wissens
und dem Bedürfnis nach dem Mythos ringen. Tschechow, Benn und Döblin

betrachten das moderne Leben aus ärztlicher Sicht, was nicht ohne Einfluß auf ihr Schreiben bleibt. Benn etwa seziert systematisch das Leben und macht den menschlichen Körper vor allem in seinem Verfall zum Thema, er verwendet medizinisches und naturwissenschaftliches Vokabular auf innovative Weise und ist zeit seines Lebens vom Verhältnis von Körper und Geist fasziniert. Doch nicht nur die eigene Zeit, der Beruf und die intellektuelle Biographie beeinflussen das Werk eines Autors, sondern auch seine Ortswahrnehmung. Die Produktionsästhetik interessiert sich für die räumlichen Bedingungen, unter denen ein Autor schreibt, dafür, wo er aufwächst, wo er seine Jugendzeit verbringt, welche Reisen er unternimmt – allesamt Faktoren, die zunehmend vom Einfluß der Technik auf die Mobilität und unsere Ortswahrnehmung geprägt sind.

Georg Simmel hat in seinem Essay «Die Großstädte und das Geistesleben» deutlich gemacht, auf welche Weise das moderne Großstadtleben unser Bewußtsein beeinflußt. Auf der einen Seite erkennt er «die *Steigerung des Nervenlebens*, die aus dem raschen und ununterbrochenen Wechsel äußerer und innerer Eindrücke hervorgeht» (Bd. 7, 116). Simmel vergleicht die gemächliche Gangart und die Eindrücke ländlichen Lebens mit den überströmenden und sich laufend verändernden Eindrücken des Stadtlebens, die, so behauptet er, zu unterschiedlichen Bewertungen der geistigen und emotionalen Sphäre führen. Die Stadt, die bestimmt wird von der Marktwirtschaft und unpersönlichen Beziehungen, erzeugt eine eher berechnende Mentalität und eine nüchternere Haltung gegenüber Personen und Dingen, «eine unbarmherzige Sachlichkeit» (Bd. 7, 119). Allein die Vielschichtigkeit der miteinander verwobenen Beziehungen in einer Großstadt erfordert einen kühl kalkulierenden Geist, der frei von Emotionen ist: «Die Pünktlichkeit, Berechenbarkeit, Exaktheit, die die Komplikationen und Ausgedehntheiten des großstädtischen Lebens ihm aufzwingen, steht nicht nur in engstem Zusammenhange mit ihrem geldwirtschaftlichen und ihrem intellektualistischen Charakter, sondern muß auch die Inhalte des Lebens färben und den Ausschluß jener irrationalen, instinktiven, souveränen Wesenszüge und Impulse begünstigen, die von sich aus die Lebensform bestimmen wollen, statt sie als eine allgemeine, schematisch präzisierte von außen zu empfangen» (Bd. 7, 120). Ein beherrschender Charakterzug eines solchen Lebens ist die Indifferenz gegenüber allen Dingen, welche die Unterschiede einebnet: «Die so entstehende Unfähigkeit, auf neue Reize mit der ihnen angemessenen Energie zu reagieren, ist eben jene Blasiertheit, die eigentlich schon jedes Kind der Großstadt im Vergleich mit Kindern ruhigerer und abwechslungsloserer Milieus zeigt (...). Das Wesen der Blasiertheit ist die Abstumpfung gegen die Unterschiede der Dinge, nicht in dem Sinne, daß sie nicht wahrgenommen würden, wie von dem Stumpfsinnigen, sondern so, daß die Bedeutung und der Wert der Unterschiede der Dinge und damit der Dinge selbst als nichtig empfunden wird. Sie erscheinen dem Blasierten in einer gleichmäßig matten und grauen Tönung, keines wert, dem anderen vorgezogen zu werden» (Bd. 7, 121). Die Vorstellung von Einzigartigkeit läßt sich mit einem solchen Großstadtleben kaum in Einklang bringen, weder im Hinblick auf das Subjekt, das sich der erforderlichen Berechnendheit und Reserviertheit anpassen muß, noch hinsichtlich des Objekts, dessen einzigartiger und unvergleichlicher Wert sich im großen Strom der Eindrücke und der damit einhergehenden Gleichgültigkeit nicht gerade leicht erkennen läßt. Der Einzelne muß kaum selbst handeln, um an der unglaublichen Dynamik des Großstadtlebens teilzuhaben, doch geht mit dieser Zunahme unpersönlichen Handelns leicht auch die Einzigartigkeit der eigenen Person verloren. Auf der anderen Seite erkennt Simmel im Großstadtleben gerade wegen dessen Anonymität eine Freiheit von Erwartungen und Vorurteilen, die man in den eher geschlossenen Gemeinschaften auf dem Land häufig findet, und diese Freiheit befördert wiederum Vielfalt und Einzigartigkeit. In beiden Fällen beeinflußt die Quantität Qualität und Charakter (Bd. 7, 126).

Schriftsteller, die in den großen Städten arbeiten, wie sie von Simmel beschrieben wurden, oder irgendwo in der heutigen Welt, wo es Parallelen zu diesen Städten des frühen 20. Jahrhunderts gibt (vor allem was den Überfluß an unerwünschten Reizen anbelangt), haben einerseits mit einer Art zynischer Distanz zu Emotionen und Einzigartigkeit zu kämpfen, andererseits mit der Freiheit von allen Beschränkungen. Ein Ergebnis dieser Sinnesdissoziation ist die Dichtung des *stream of consciousness*. Vor diesem Hintergrund lassen sich auch der häufig zynische Zug und die Kälte in der modernen Kunst ebenso erklären wie das Streben nach einem unverwechselbaren Stil, das von der Sehnsucht danach getrieben wird, als anders wahrgenommen zu werden, selbst wenn es auf Kosten der inhaltlichen Substanz geht. Zudem lassen sich eine Zunahme diskontinuierlicher Bilder und, eng damit verbunden, der Montagetechnik beobachten, die die Überfrachtung mit heterogenen Eindrücken einzufangen versuchen, die das Großstadtleben und zunehmend auch das moderne Leben ganz allgemein prägt. Auch wenn das Kunstwerk, anders als das individuelle technische Produkt, nicht immer funktional und statt dessen irritierend oder sogar schockierend sein mag, so spiegelt sein Status als unorganische Ansammlung von Teilen doch das technische Zeitalter als ganzes wider.

Die Drucktechnik und die Photographie als Produktionsweisen, welche die Ästhetik beeinflussen, haben bis heute die größte Aufmerksamkeit bei Literaturwissenschaftlern gefunden, die sich für Technik und Produktionsästhetik interessieren, was zu einem Großteil dem bahnbrechenden Werk von Walter Benjamin zu verdanken ist. Benjamin zeigt, daß – obwohl es schon immer Reproduktion in Form von Kopien frü-

herer Meisterwerke gab, oft als Teil der künstlerischen Ausbildung –
die technische Reproduktion von Kunst ein modernes Phänomen ist,
das mit zunehmender Intensität betrieben wird. Während früher jedes
Kunstwerk «einmalig» (10) war, schaffen Holzschnittechnik, Druckerpresse, Lithographie, Photographie, Film und andere Formen mehrere
Produkte, die zunehmend leicht zugänglich sind. So macht etwa die
Photographie, um nur ein Beispiel zu nehmen, die Frage nach dem
Original überflüssig; ein Photo läßt sich massenhaft reproduzieren und
verliert die Einzigartigkeit, die sich traditionell mit dem Gemälde verbindet. Darüber hinaus gewährt uns ein Photo Einblicke in die Realität,
die es vorher nicht gab; sie vertieft unser Bewußtsein für das, was ist,
indem sie das Detail und die schnelle Bewegung erfaßt, die für das
bloße Auge unsichtbar bleiben. Auf der einen Seite hat uns Kunst schon
immer eine tiefere Realität gezeigt; auf der anderen Seite wird sie hier
mittels Technik perfektioniert, und zwar derart, daß das Geheimnis, das
üblicherweise große Kunst umgibt, fehlt. Hinzu kommt, daß die Geschwindigkeit, mit der Produktion und Reproduktion dabei vonstatten
gehen, uns dazu verleitet, nur auf das Alleraktuellste statt auf das Zeit-
lose zu achten. Die traditionelle Wertschätzung des Originals als dem
einzig echten und gültigen weicht dem Wert der Modifikation: Eine
vergrößerte Photographie kann insofern wertvoller als das Original
sein, als sie mehr als das Original enthüllt; die Aufnahme eines Konzerts
kann wertvoller sein als die Originaldarbietung, da sie deren Reichweite
vergrößert. Diese Usurpation des Originals und des Einzigartigen führt
laut Benjamin «zu einer gewaltigen Erschütterung des Tradierten» (13).
Der Film, der sich an die Massen wendet, ist eines der deutlichsten
Symbole für diese Verschiebung von der einzigartigen Aura des einzelnen Kunstwerks hin zu seiner Reproduzierbarkeit und allgemeinen Zugänglichkeit. Damit beeinflußt die Produktion den Inhalt von Kunst (es
besteht größeres Interesse daran, Themen zu finden, die bei einem breiteren und zeitgenössischen Publikum Anklang finden), die Form von
Kunst (insofern neue Formen verfügbar werden) und die Rezeption von
Kunst (Kunst gilt nicht mehr als etwas, das über uns steht: sie ist immer
da, leicht reproduzierbar und problemlos zugänglich). Diese Transformation der Kunst und ihrer Wahrnehmung geht, so Benjamin, einher
mit der modernen Erfahrung der engen menschlichen Nähe zueinander
(der Masse) und der theoretischen Betonung der Statistik anstelle des
Einzigartigen und Anekdotischen (16). Diese ästhetische Transformation verläuft über einen längeren Zeitraum hinweg: So enthält etwa die
Porträtphotographie, vor allem wenn sie an bereits verstorbene Personen erinnert, noch immer Spuren von Aura.

Die verborgenen Elemente von Kunst verwandeln sich in offen und
öffentlich zugängliche. Und wie die einzigartige Kunst löst sich auch
deren Stellung innerhalb einer ritualisierten Erfahrung auf, mag diese

nun magisch oder religiös sein. Benjamin sieht in dieser Zerstörung der Tradition das revolutionäre Potential der technischen Kunst und hier vor allem des Films. Kunst wird nun einem größeren Publikum und damit politischen Zwecksetzungen zugänglich: «*In dem Augenblick aber, da der Maßstab der Echtheit an der Kunstproduktion versagt, hat sich auch die gesamte soziale Funktion der Kunst umgewälzt. An die Stelle ihrer Fundierung aufs Ritual tritt ihre Fundierung auf eine andere Praxis: nämlich ihre Fundierung auf Politik*» (18). Der «Kultwert» von Kunst, den sie aus ihrer Unzugänglichkeit und Autonomie bezog, wird durch den «Ausstellungswert» (18) ersetzt, die gleichzeitige und kollektive Rezeption von Kunst. Die beinahe magische ästhetische Dimension weicht der politischen Funktion, der «Politisierung der Kunst» (44) – mit diesen Worten endet Benjamins Essay, und ich werde weiter unten auf dieses Thema zurückkommen.

Im Einklang mit den von Benjamin beschriebenen technischen Umwälzungen entstehen neue Formen der Realitätswahrnehmung und -darstellung. Unser Verhältnis zur Wirklichkeit, zum Kunstwerk und zu den traditionellen Standards großer Kunst verändert sich. Die letztgenannte Veränderung führt zu einer Neuformulierung und Auflösung des traditionellen Kanons großer Kunst. Innerhalb dieses Kontextes lassen sich die wechselseitige Beeinflussung von Kunst und Technik und das Verschwinden nicht nur der Aura, sondern auch von ästhetischen Normen und Erwartungen beobachten, etwa in Marcel Duchamps Readymades, die aus industriell gefertigten Objekten bestehen, welche vom Künstler signiert und im Museum ausgestellt wurden. Die dadaistische Vision von Kunst, die zum Teil durch die Technik motiviert war, bestand darin, industriell gefertigte Objekte, etwa eine Schneeschaufel, ein Urinal oder einen metallenen Siphon, als Kunst zu präsentieren. Der Konzeptaspekt von Kunst wird betont, was jedoch zur Folge hat, daß das erste dieser Kunstobjekte als genial, deren Wiederholung jedoch als eher trivial erscheint. Die Ernüchterung gegenüber solcher Kunst rührt ohne Zweifel daher, daß die ästhetische Dimension vom Werk auf den Betrachter verschoben wird. Benjamin erblickt im Dadaismus «eine rücksichtslose Vernichtung der Aura» (38), womit er sicher recht hat, wenngleich sich die Frage stellt, ob in dieser Zerstörung der Aura nun die Größe der Dada-Bewegung liegt oder eine ihrer Schwächen.

Zum Experiment gehört auch die Vermischung der Kunstformen. Der einzelne Photograph wendet sich der technischen Manipulation zu. John Heartfields Photomontagen etwa kombinieren die realistische, dokumentarische Dimension der Photographie mit Karikatur, Verfremdung und ironischen Bildunterschriften. Heute ermöglicht es die digitale Photographie den Künstlern, mit Photos mittels der Computertechnik so kreativ zu arbeiten, daß ihr Werk mit der Malerei fast so viel gemein hat wie mit der traditionellen Photographie. Wenn der Videotanz den Bühnen-

tanz ersetzt, verändert sich auch der Produktionskontext, da eine Cho-
reographie speziell für die Kamera entwickelt wird. Neue Technologien
führen zu neuen Kunstformen, etwa beim Hörspiel, das in der kurzen
Zeit, als die meisten Menschen über ein Radiogerät und noch keinen
Fernseher verfügten, seine Blüte erlebte, und natürlich beim Film, der
sich von der Literatur unter anderem darin unterscheidet, daß er notwendigerweise in kollektiver Zusammenarbeit entsteht. Ferner ist ein
Film in der Produktion weitaus kostspieliger, so daß er einer größeren
Publikumsresonanz bedarf. Während die Literatur es sich leisten kann,
zeitlos zu sein, steht der Film unter dem ökonomischen Imperativ, zeitgemäß zu sein; darin liegt ein Vorteil (der Film sollte in der Lage sein,
sich den Bedürfnissen der Zeit zuzuwenden), aber auch ein Nachteil (ein
Film kann leicht zu bloßer Unterhaltung verkommen oder seiner Zeit
verhaftet sein statt eine gewisse universelle Ebene zu erreichen). Potentiell
ist der Film ästhetischer als die Literatur, da er in größerem Maße mit
Raum und Zeit spielt und sich auf mehr Sinne richtet, indem er architektonische Formen, die Farben der Malerei, Musik, photographische
Bilder sowie Bühne, Licht, Worte und die schauspielerische Darbietung
des Theaters in sich vereint. Über diese Kombination von Effekten hinaus
verfügt der Film noch über seine ihm eigenen Mittel: Einstellungen, Ka-
meraperspektiven, Blenden, Schärfe, Farbwerte und Schnitt. In dieser
Hinsicht kann sich Technik ausgesprochen günstig auf die Kunst auswirken. Sie signalisiert also nicht den Tod der Kunst, sondern die Schaffung
neuer Formen. Für den Künstler, der in einem neuen Medium kreativ
sein will, liegt ein offensichtlicher Vorteil in der Freiheit von der Last der
Tradition, die mitunter die Autoren literarischer Werke in ihrem Schaffen
hemmt.

  Benjamin erkennt nun zwar zu Recht einen Zusammenhang zwischen
künstlerischer Produktion und der sinnlichen Wahrnehmung der Wirklichkeit, unterliegt jedoch in seiner Analyse moderner Kunst zahlreichen
Irrtümern, auf die ich weiter unten eingehen werde; dennoch möchte ich
Benjamins grundlegende Einsicht, daß unsere Sicht der Produktion und
unsere Einschätzung von Wert und Funktion von Kunst miteinander
zusammenhängen, unterstreichen und bekräftigen. Man denke nur an
die Bauhaus-Bewegung, die in mehrfacher Hinsicht revolutionär war. In
Deutschland sah man erstens bis dahin den Künstler vor allem als das
einsame Genie, das der Gesellschaft fernsteht und sie oftmals kritisch
betrachtet. Und zweitens hatte die geistige und ästhetische Bewegung,
die in Deutschland dem Bauhaus unmittelbar voranging, nämlich der
Expressionismus, nur vage Lösungen für schwierige Probleme zu bieten
und stand der Technik großenteils kritisch, wenn nicht gar feindselig
gegenüber. Das Bauhaus lieferte nun sowohl eine neue Vorstellung vom
Künstler als auch ein neues Verhältnis zur Technik. Der Künstler sollte
konkrete Lösungen anbieten, und Technik sollte zur Lösung von Proble-

men genutzt werden. Eine Parole der Bauhaus-Bewegung forderte die Einheit von Kunst und Technik. In Opposition zum hinfälligen *l'art pour l'art* suchte das Bauhaus nach einem ganzheitlicheren Ansatz, bei dem Handwerker und Künstler zusammen auf ein gemeinsames Ziel hinarbeiten sollten. Das Bauhaus befaßte sich nicht nur mit der Integration der geistigen und materiellen Elemente von Kunst, sondern auch mit deren ökonomischen Aspekten; man wollte billig produzieren, so daß jedermann die Produkte erwerben konnte. Die Technik sollte nicht nur der Kunst nützen, sondern die Kunst sollte auch mehr Menschen erreichen. Gute Kunst müsse nicht rar, exklusiv und elitär sein, sondern könne populär, billig und praktisch sein. Diese neue Produktionsweise war mit einer neuartigen Vorstellung vom Kunstwerk verbunden, welche die Einheit von Form und Funktion in den Vordergrund stellte. Für die Nationalsozialisten jedoch war das Bauhaus zu international und zu demokratisch, so daß seine Vertreter vertrieben wurden, als die neue «germanische» Ästhetik dominierte.

Mit Hilfe der Technik läßt sich jedoch nicht nur visuelle Kunst, sondern auch Literatur produzieren. Die heutige Technik ermöglicht es, daß sich Buchstaben bewegen, so daß man Gedichte verfassen kann, deren Worte sich auf dem Bildschirm bewegen und wieder verschwinden; den Autoren bieten sich damit ganz neue Möglichkeiten der Kreativität.[32] Eine große Neugestaltungsmöglichkeit des literarischen Textes ergibt sich aus der Computertechnik und dem Begriff des Hypertextes, der für eine ganz spezielle Vereinigung von Kunst und Computerwissenschaft steht. Ein einzelner Hypertext besteht aus individuellen Textblöcken oder Informationsknoten und den dazugehörigen elektronischen Links, die dem Leser eine Vielzahl von Lese- und Betrachtungsmöglichkeiten verschaffen.[33] Hypertexte sind das Ergebnis virtueller Texte, die aus elektronisch verschlüsselter Information bestehen, und nicht taktiler Texte aus Zeichen auf einer physischen Oberfläche. In einem Hypertext lassen sich Verknüpfungen von einem bestimmten Punkt des Textes zu anderen Punkten sowie zu anderen, scheinbar ganz andersartigen Texten, die ein größeres Netzwerk bilden, herstellen. Wir haben es somit nicht mit einem linearen Werk zu tun; man kann sich zwischen Randbemerkungen und Sekundärtexten, die selbst wieder bestimmte Links aufweisen und damit ihrerseits als Primärtexte gelten können, lesend vorwärts oder rückwärts bewegen. Der Unterschied zwischen Primär- und Sekundärtexten kann sich sogar ganz auflösen, so daß man die Orientierung verliert und jedes Gefühl des Beginnens und Endens ebenso schwindet wie jegliche Bedeutungshierarchie.

Ein Text, der von vornherein im elektronischen Medium konzipiert und entwickelt wird – Moulthrop nennt das einen «native hypertext» («Traveling», 60) –, hat zumeist nichtlinearen Charakter. Wir schreiten nicht einfach im Text voran, sondern machen Umwege und können umkehren (oder auch nicht). In vielen Fällen wird man auf bestimmte Abschnitte zurückkommen, ohne andere Abschnitte gelesen zu haben. Die Möglichkeit der Hyperlinks scheint die Willkürlichkeit, Diskontinuität und das Mäandernde zu betonen. Man kann Hyperliteratur wie eine Zeitung lesen, doch mit noch weniger Sinn für das Ganze: Man beginnt hier, wandert zurück, wirft einen Blick dorthin usw. Die Texterfahrung ist eine gänzlich andere als die bei der Lektüre eines linearen literarischen Textes, da sich die Lesefolge von einem Leser zum nächsten grundlegend unterscheiden kann. Es muß dabei jedoch zu keiner Auflösung des Organischen und der Hierarchie kommen. Es kann sein, daß Hyperlinks auf höchst subtile und raffinierte Weise organisch und systematisch miteinander verbunden sind. Darüber hinaus erlaubt es eines der Schreibwerkzeuge, die am häufigsten für die Erstellung von Hypertexten verwendet werden, nämlich Storyspace (Bolter u. a.), dem Autor, festzulegen, daß man nicht von Link a zu Link f gehen kann, ohne Text c gelesen zu haben, der eine Voraussetzung für f bildet; dadurch bleibt ein Moment von Linearität erhalten. Es ist jedoch nicht immer einfach, die Logik, die hinter diesen Links steht, herauszufinden, ja, es kann sogar sein, daß es überhaupt keine logische Verknüpfung gibt, vor allem dann, wenn Autoren von «native hypertexts» das Medium gerade deswegen bevorzugen, weil sich Hierarchie und Ordnung damit auflösen lassen.

Hypertexte laden nicht nur zu ausschweifendem Denken ein, sondern auch zu Vielstimmigkeit und Polyperspektivität. Neben dem geschriebenen Wort lassen sich auch Graphiken, Datenbanken, digitaler Sound, Animationen und Videosequenzen in Hypertexte oder Hypermedien einbauen, so daß sich die Frage stellt, ob Hypermedien die literarische Kunstform erweitern oder überschreiten. Hypertexte scheinen zudem stärker zur Zusammenarbeit von Autoren einzuladen, was zum Teil mit der fehlenden organischen Verknüpfung der einzelnen Teile zu tun hat; das ist jedoch nicht immer von Vorteil und schon gar nicht bei einem Kunstwerk.

Die Vielfältigkeit solcher Hypertexte ergibt sich jedoch nicht nur aus der Produktionsweise, sondern auch aus der Rezeption. Die Auswahl, die ein Leser während seiner Lektüre trifft, unterscheidet sich von der Auswahl eines anderen Lesers oder von der Auswahl, die der gleiche Leser bei einer zweiten Lektüre trifft; das Ergebnis ist jeweils ein völlig anderer Text. Darüber hinaus ist der Leser in vielen Fällen gezwungen, das Gelesene mühsam zu entziffern, was eine äußerst verwirrende, weil ungeordnete Leseerfahrung sein kann, und diese Vielfalt sowie die verstärkte Einbeziehung des Lesers machen diesen zum Mitschöpfer der Bedeutung des Werks. In dieser Hinsicht verstärkt die neue Technik die theoretische Betonung der Leserrolle. Viele «native hypertexts» sind geradezu Demonstrationen dieser Prinzipien, etwa Michael Joyces *afternoon*, Deena Larsens *Samplers* oder Stuart Moulthrops *Victory Garden*.

Einige Hypertexte sind nicht nur reine Lesetexte, sondern auch Lese-
und-Schreibtexte, d. h. der Leser kann einen Text lesen, ihn kommentieren, neues Material und neue Links hinzufügen; diese Veränderungen
werden Teil des erweiterten Textes, den nun wieder andere lesen können.
Wir können demnach Hypertexte, die es dem Leser ermöglichen, sich
durch feststehende Einheiten miteinander verknüpften Materials zu bewegen, das jedoch nicht-sequentiell und höchst komplex angeordnet ist,
als «exploratorische Hypertexte» bezeichnen, während wir diejenigen,
die keinen bestimmten Autor mehr aufweisen, da sie gegenüber ständiger Revision durch die «Leser» offen sind, «konstruktive Hypertexte»
nennen können (Joyce, 41–43 und 177–180). Konstruktive Hypertexte
verstärken das nicht-organische Schreiben, da die Neuordnung des Textes, die Hinzufügung neuen Materials oder die Möglichkeit, andere Kommentare selbst wieder zu kommentieren, oftmals als willkürlich erscheinen. *Die Säulen von Llacaan* wäre ein Beispiel für einen solchen Hypertext, der mittels dieser interaktiven und kollaborativen Methode
entstanden ist. Hypertexte scheuen wie viele andere zeitgenössische
Kunstformen auch jegliche Idealisierung. Sie bieten uns das Chaos und
das Unerwartete des Lebens, das sie mimetisch abbilden statt eine Alternative zur Willkür des Alltags aufzuzeigen. Konstruktive Hypertexte fördern jedoch die kollektive Autorschaft sowie die Veränderlichkeit von
Texten und nehmen damit bestimmte Eigenschaften der mündlichen
Überlieferung wieder auf. In dieser Hinsicht stimmt McLuhans Behauptung, daß die modernen Medien bestimmte Aspekte der Kultur vor Erfindung des Buchdrucks zu neuem Leben erwecken.
  Die Betonung der Form in der modernen Kunst resultiert aus mehreren
Produktionsfaktoren. Zum ersten schafft die Technik neue Formen, die
zu Experimenten einladen; so haben etwa Neuerungen in der Filmtechnik
mehr Spezialeffekte zur Folge, Fortschritte in der Computertechnologie
und erweiterte Kapazitäten für Hyperlinks erzeugen mehr nicht-lineares
Schreiben, aber auch Kunstformen, die sich allein im neuen Medium des
Computers produzieren und rezipieren lassen. Zum zweiten entsteht in
einer Gesellschaft, die von der Technik bestimmt ist und schwer an der
Last der Tradition zu tragen hat (die mittels Technik ihrerseits immer
besser bewahrt wird), ein gewisses Gefühl der Ohnmacht und der bloßen
Imitation des bereits Vorhandenen, so daß die Künstler sich eher formalen Innovationen denn substantiellen Themen zuwenden. So können sie,
zumindest was die Neuartigkeit der Form angeht, mithalten.
  Zum dritten muß sich jede Kunstform auf ihre eigenen formalen Möglichkeiten konzentrieren, um erfolgreich mit den neueren Medien konkurrieren zu können. Die Entwicklung hin zur Autonomie und Isolation
der Künste setzt unabhängig von den technischen Herausforderungen ein
(Sedlmayr, 80–93). Schon bei J. M. W. Turner läßt sich die schwindende
Bedeutung der Linie beobachten, die nunmehr der Bildhauerei überlassen

wird, und bei Paul Cézanne die Betonung der Farbe, die aus der Bildhauerei und Architektur zumindest teilweise verschwindet. Die Technik verstärkt die Autonomie der Künste, indem sie neue, jeweils ganz einzigartige Möglichkeiten schafft und die Kunstformen dazu herausfordert und ermutigt, ihre Einzigartigkeit deutlicher zu entwickeln. Die Architektur etwa betont die neuen Techniken, die neue architektonische Strukturen ermöglichen, und vielfach bleiben nunmehr Ornament und Farbe der Bildhauerei bzw. der Malerei überlassen. (Farbe wird in die moderne Architektur vor allem durch Glas wieder eingeführt, das in seinen vielfältigen Nuancen einen starken ästhetischen Eindruck verschafft und uns wieder zur Einheit der Künste zurückführt.)

Da die Malerei mit der Photographie nicht konkurrieren kann, konzentriert sie sich zunehmend auf die Autonomie ihrer Form und wird dabei indirekt von der Technik beeinflußt, indem sie ganz eigene Verfahren entwickelt. Eine illusionistische Malerei verbirgt das, was die Malerei auszeichnet, und hinkt damit der Photographie hinterher; als Konsequenz ergibt sich daraus erstens eine Hinwendung zu mehr Subjektivität, da die Malerei mit der Photographie nicht konkurrieren kann, welche die äußere Welt genauer abbildet, aber gleichzeitig durch diese äußere Welt beschränkt ist, und zweitens eine Betonung der Form, die es dem Maler erlaubt, mit Farbe, Linien, Pinselstrich und Material zu experimentieren. In dieser Abwendung von der mimetischen Darstellung spiegelt sich eine weitere vorherrschende Tendenz in der modernen Kunst, nämlich die Selbstreflexion: Mittel und Zweck sind ein und dasselbe; damit aber nähern sich beide revolutionären Tendenzen überraschenderweise wieder dem Gedanken des Organischen an.

Als Folge der Entwicklung der Photographie erfährt die Literatur eine neue Freiheit von der Tyrannei der Wirklichkeit und verspürt eine größere Neigung zum sprachlichen Experiment; das zeigt sich ganz deutlich im modernen Roman, im experimentellen Drama und in der Konkreten Poesie. Gleichzeitig experimentiert die Photographie, die häufig nicht als wirkliche Kunstform anerkannt wird, mit der Montage. Dieser vielschichtige Produktionskontext treibt die Betonung der Form voran. Im technischen Zeitalter läßt sich eine erneute Begeisterung für die Produktionsmaterialien feststellen, was häufig auf Kosten der eher traditionellen Betonung des Inhalts geht; die Entwicklung wird durch die Offenheit der weltlichen Kunst und die Betonung der Autonomie verstärkt. Die Titel von Gemälden beispielsweise beziehen sich immer seltener auf das dargestellte Objekt und immer öfter auf die Produktionsmittel, etwa in Piet Mondrians *Komposition mit Rot, Gelb und Blau* (1935). Die Faszination, die von neuen Produktionsweisen wie etwa der Photographie ausgeht, verleitet dazu, moralische Fragen auszuklammern. In Antonionis Meisterwerk über die Photographie, seinem Film *Blowup*, entspringt das Interesse des Künstlers an einem Mord und einer Leiche bloßer Neugier

und ästhetischen Erwägungen, während moralische Gründe völlig ausgeklammert bleiben, auch wenn ihn seine Kunst das erkennen läßt, was
sonst verborgen bleibt.

Ein solcher wohltuender Wettbewerb zwischen den Kunstformen findet auch im Bereich des Theaters statt, das unter dem Eindruck der
Entwicklung des Films mehr und mehr seine spezifischen Eigenschaften
betont. Wie das Kino vereint auch das Theater in sich Stimme, Musik
sowie die Präsenz von Körpern in Raum und Zeit, doch es unterscheidet
sich zugleich auch vom Kino: Theater findet live statt, d. h. jede Aufführung ist einzigartig, es kommt zu einer Wechselbeziehung mit einem
kollektiven Publikum, das ebenfalls leibhaftig anwesend ist, und es erfordert in vielen Fällen eine größere Vorstellungskraft auf seiten der Rezipienten (im Gegensatz zum Film, der an verschiedenen konkreten
Schauplätzen gedreht wird, simuliert das Theater fast immer seine Umwelt). Es ist kein Wunder, daß sich Aufführungsstudien («Performance
Studies») als eigenständiges Fach erst nach der Herausforderung durch
das Kino und andere elektronische Medien etablierten. Und auch wenn
das zeitgenössische Theater sich hochentwickelter Technik bedient, so
betont es doch per se seinen Unterschied zu Video und Film.

So wie sich Hypertexte auf Aspekte der Form konzentrieren, die sich
vom Buch unterscheiden, etwa die Hyperlinks, und so wie die Malerei
im Wettbewerb mit der Photographie neue Möglichkeiten entwickelt hat,
so könnten auch die Formen von Literatur, die es noch immer als Buch
gibt, in stärkerem Maße das herausarbeiten, was das Buch einzigartig
macht, etwa daß es uns dazu ermutigt, jenseits einer sich immer weiter
zerstreuenden Welt in einen anderen Bereich intensiv einzutauchen, der
von einer einzigen Stimme geschaffen und zusammengehalten wird; daß
es geduldig und langsam eine Erzählung entwickelt und auf die Stimmigkeit der dargestellten Biographien achtet; daß seine innere Vielschichtigkeit beim Wiederlesen neue Bedeutungen sichtbar werden läßt, obwohl
seine Form und Gestalt immer gleich bleiben. *Auch wenn uns Hypertexte
neue Möglichkeiten eröffnen, so wird das Buch dennoch nicht obsolet
werden, es wird in zunehmendem Maße die ausschließlich ihm eigenen
Fähigkeiten entwickeln und uns damit daran erinnern, daß neue Kunstformen weniger an die Stelle alter treten, als vielmehr eine größere Vielfalt hervorbringen.*

Die Massenkommunikation, zu der auch das gehört, was die Frankfurter Schule «Kulturindustrie» genannt hat, ist ein Aspekt der modernen
Gesellschaft, der die Rolle der instrumentellen Vernunft und ihre Auswirkungen auf die Kultur und damit auch auf die Produktion von Kunstwerken unterstreicht: Der Begriff «Kulturindustrie» bezieht sich auf die Ökonomisierung und Standardisierung der Kultur durch die Unterhaltungsindustrie. Innerhalb dieser Kulturindustrie bemißt sich der Wert eines Werks
nach seiner Marktgängigkeit, nicht nach seiner künstlerischen Qualität.

Diese Ausrichtung auf den Konsumenten enthält zwar auch Elemente von Individualität – etwa ein Film oder ein Produkt, die mit einem Star in Zusammenhang gebracht werden –, doch in Wirklichkeit verläuft alles nach festgelegten Mustern. Diese Ökonomisierung der Kunst macht es zusammen mit dem Verschwinden des Kunstmäzenatentums für die Künstler zunehmend schwierig, ihre Autonomie und ihr kritisches Potential zu wahren. Wenn Kunst auf ihren Nutzen für den Markt reduziert wird, verkehrt sich ihr ursprüngliches Selbstverständnis, zweckfrei zu sein, ins genaue Gegenteil, und an die Stelle des inneren Werts tritt ihr Tauschwert. Dennoch stehen Populärkultur und Hochkultur nicht notwendigerweise in einem Spannungsverhältnis zueinander, wie ich oben bereits angedeutet habe. Populärkultur nämlich ist ein quantitativer Begriff, Hochkultur hingegen ein qualitativer. Zu behaupten, ein Kunstwerk, das auf dem Markt Erfolg hat, weiche zwangsläufig von den wie auch immer gearteten Standards der Hochkultur ab und schwäche die Vorstellungskraft und das kritische Bewußtsein des Rezipienten, heißt, im Bereich der Ästhetik des Kunstwerks falsche Schlüsse zu ziehen, die auf einer Überbewertung von Produktion und Rezeption sowie der eigenen Person als Wissenschaftler, der sich in Gegensatz zur Mehrheit stellt, gründet.

Die Medien werden aufgrund großer industrieller Veränderungen (u. a. Kabel- und vor allem Satellitentechnik) immer globaler und pluralistischer. Während einerseits Unternehmensfusionen und -konsolidierungen die Massenkommunikation tendenziell homogener werden lassen, zeigt sich als gleich starke Gegenbewegung eine zunehmende Diversifikation und Vielfalt, da selbst größere Unternehmen unterschiedliche Produkte erzeugen, um in Nischenmärkte vorzudringen. Das Ergebnis sind Segmentierung und Orientierung an den Bedürfnissen des einzelnen Konsumenten. Castells meint dazu im Gegensatz zu McLuhan: «Obwohl die Medien in der Tat global miteinander vernetzt sind und Programme und Nachrichten in diesem globalen Netzwerk zirkulieren, *leben wir keineswegs in einem globalen Dorf, sondern in individuell angefertigten Hütten, die global produziert und lokal vertrieben werden*» (Bd. 1, 341).

In seiner Studie zur modernen Malerei hat Arnold Gehlen gezeigt, daß die moderne Kunst von der Vorherrschaft der Technik beeinflußt ist und diese in gewisser Weise widerspiegelt. Das läßt sich besonders gut an der abstrakten Kunst erkennen: Die Loslösung von der Tradition, die Autonomie der Mittel, die Bedeutung des Experiments, die Betonung des Schaffensprozesses, die Ausweitung der Grenzen, die Beschäftigung mit Effekten und natürlich die moralische Neutralität solcher Kunst sind Charakteristika, die nach Gehlen die Technik widerspiegeln (16, 189–201). Was dabei als revolutionär erscheint, ist in der Tat revolutionär gegenüber der Tradition, aber es ist nicht notwendig revolutionär gegenüber den treibenden Kräften der Epoche. Kunst spiegelt demnach vielleicht die Technik in höherem Maße wider, als es auf den ersten Blick den Anschein hat. Diese Frage läßt sich im Zusammenhang mit Inhalt und Form von Kunst weiter vertiefen.

Die Ästhetik des Kunstwerks

Die ursprüngliche Bedeutung von *techné* umfaßt auch die Rhetorik. Es überrascht somit nicht, daß das Verfertigen von Kunst oftmals technische Motive widerspiegelt. Der moderne Verlust übergreifender Sinnbeziehungen drückt sich stilistisch beispielsweise in der Parataxe und im Reihungsstil der frühexpressionistischen Dichtung aus, in der Fülle unverbundener und wahlloser Bilder, wie sich etwa ganz deutlich in Jakob van Hoddis' *Weltende* und in Alfred Lichtensteins *Die Dämmerung* zeigt.[34] Einige zeitgenössische Dichter haben diese Erfahrung der Diskontinuität noch weiter radikalisiert. Rolf Dieter Brinkmann etwa läßt in seinem Gedicht *Westwärts* horizontale und vertikale Lücken zwischen den Wörtern, so daß sich viel Leerraum ergibt. Diese stilistischen Brüche versuchen die Geschwindigkeit und Bruchstückhaftigkeit der Eindrücke im technischen Zeitalter sichtbar zu machen. Ironischerweise führt die gedrängte Raum- und Zeiterfahrung zu Bedeutungslücken.

Georg Kaiser befaßt sich nicht nur thematisch mit der Technik, sondern er nutzt in seinem Drama *Gas* auch die Möglichkeiten der Sprache, um technische Strukturen und Themen mimetisch abzubilden: die Charakterzeichnung über Rollen oder Berufe der Figuren; die einzelnen Gedanken oder Sätze, die von unterschiedlichen Personen nach und nach vervollständigt werden, was den allgemeinen Mangel an Individualität unterstreicht (35 f.); die stilisierte Anordnung und mechanische Wiederholung von Sprachmustern im vierten Akt, die in ihrem Rhythmus einer Maschine gleichen und sowohl für die mangelnde Ganzheit der beschriebenen Personen stehen, die auf die Verwendung ihrer Gliedmaßen – eine Hand, zwei Augen bzw. ein Fuß – reduziert sind, wie für den selbstzerstörerischen Mangel an Visionen beim jeweiligen Sprecher, der einzig einen Sündenbock sucht (39–42); und immer wieder tauchen Personen auf, die auf Krisen und Herausforderungen lediglich mit einer Bekräftigung ihrer jeweiligen Rolle reagieren (45).

Unterschiedliche zeitbedingte Ausdrucksstile und verschiedene historische Veränderungen der Form spiegeln also häufig ein spezielles Verhältnis zur Technik wider; in Deutschland können dabei der Expressionismus und die Neue Sachlichkeit als paradigmatisch gelten. Oder wenn man allgemeiner auf die europäische Literatur blickt, so erkennt man im Naturalismus die Einbeziehung einer stärker naturwissenschaftlichen Sicht des Lebens. Emile Zola nähert sich seinen Figuren mit der Neugier des Wissenschaftlers. Im Vorwort zu *Thérèse Raquin* schreibt er: «Ich habe ganz einfach die analytische Arbeit an zwei lebenden Körpern vorgenommen, wie sie Chirurgen an Leichen vornehmen» (6). Und in seinem berühmten Aufsatz *Le roman expérimental* heißt es: «Der experimentelle Roman ist eine Konsequenz der wissenschaftlichen Entwicklung dieses Jahrhunderts» (74). In einem solchen Roman zeigt man mittels Experiment, «wie sich eine Leidenschaft in einem bestimmten sozialen Milieu äußert» (76). Während sich für Zola und seinen deutschen Bewunderer Wilhelm Bölsche, in dessen Augen der Dichter «in seiner Weise ein Experimentator, wie der Chemiker» (7) ist, die naturwissenschaftliche Dimension eines Kunstwerks vor allem auf dessen Inhalt, auf die Charaktere bezieht, verwenden viele spätere Autoren die Analogie zur Naturwissenschaft, um damit formale Experimente zu beschreiben, wie Hans Schwerte umfassend gezeigt hat. In solchen Experimenten erkennen wir die Wiedergeburt der antiken Vorstellung, daß Kunst mit Fertigkeiten zu tun hat.

Mit dem Übergang von der durch den Buchdruck bestimmten Kultur zur elektronischen Kultur treten neue literarische Stilformen hervor, etwa die Nicht-Linearität bei James Joyce und Ezra Pound. Wie McLuhan behauptet, liegt die Botschaft solcher Werke im Medium selbst. Selbst die Montage ist zum Teil vom Fließband inspiriert und deshalb in diesem weiter gefaßten Rahmen zu sehen. Andere Künstler beziehen die Technik mit ein, indem sie in ihren Werken unmittelbar technisches Vokabular verwenden, wie etwa Gottfried Benn und Volker Braun in ihren Gedichten. Da uns die Technik neue Wahlmöglichkeiten eröffnet, wenden sich Künstler stärker der Produktionsweise zu, so etwa Stéphane Mallarmé und Stefan George, für die die Typographie einen essentiellen Beitrag zur Intention, Bedeutung und Wirkung ihrer Gedichte leistet. Der Formalismus wird aber nicht nur duch die technischen Möglichkeiten befördert, sondern auch durch das Verschwinden einer umfassenden Weltsicht. Dabei können wir schon im dritten Jahrhundert v. Chr. einen Vorläufer der Konkreten Poesie ausmachen. *Technopaegnia* lautet die moderne Bezeichnung für Gedichte, deren Thema sich mittels verschiedener Versmaße und variierender Verslängen in ihrer äußerlichen Gestalt manifestiert. Fünf solcher Figurengedichte sind uns überliefert: Von Simmias von Rhodos, der als Erfinder dieser Form gelten kann, stammen Gedichte in Form einer Axt, eines Flügelpaares und eines Eis. Theokrit wird ein Gedicht in Form einer Hirtenpfeife zugeschrieben, und ein Gedicht in Form eines Altars stammt von Dosiadas von Kreta. Solche Dichtung kann selbstverständlich erst dann entstehen, wenn Gedichte primär gelesen und nicht zu Gehör gebracht werden.

Dieses Empfinden rasch wechselnder Paradigmen und der Desorientierung im technischen Zeitalter zeigt sich in modernen Erzählungen auch im schnellen Perspektivenwechsel, ganz im Gegensatz etwa zu Adalbert Stifters Versuchen, durch eine Verlangsamung des Erzählvorgangs die Stabilität zu wahren, wie vor allem *Der Nachsommer* mit seiner Technik der Abschweifung und der zyklischen Rückkehr zum Immergleichen zeigt. Im Drama läßt sich eine immer stärkere Auflösung der drei Einheiten beobachten, bis zu dem Punkt, wo die Einheit von Teil und Ganzem und jede Vorstellung von einer kohärenten Bedeutung obsolet werden: Die Kunst spiegelt damit die rapiden Veränderungen unserer Zeit sowie die unablässige Bewegung und Desorientierung. In einigen Fällen thematisiert die formale Widerspiegelung einer technischen Errungenschaft in der Literatur indirekt den Einfluß der Technik auf das dargestellte Leben. So dient etwa die Verwendung eines bestimmten Rahmens oder Horizonts, von Detailgenauigkeit sowie von Hell und Dunkel (und zwar unabhängig von irgendwelchen Farben und damit nach Art der Photographie) auf den ersten Seiten von Fontanes *Effi Briest* (Koppen, 68–70) dazu, über formale Assoziation und Vorausweisung eine Verbindung zu den Normen des technischen Zeitalters herzustellen, d. h. aufzuzeigen, auf welche Weise diese Normen Effis Leben beeinflussen werden. In Storms *Der Schimmelreiter* erwächst der zentrale Konflikt aus den Veränderungen, welche die Technik und ihr führender Vertreter in einer Gemeinschaft bewirken, deren Werte, so begrenzt sie auch sein mögen, dabei weitgehend mißachtet werden; dieser historische Übergang spiegelt sich auf der Ebene der Textstruktur in einer Rahmenerzählung, die von der mündlichen Überlieferung in einen schriftlichen Text übergeht. Besonderes Augenmerk hat die Literaturwissenschaft auch der Frage gewidmet, wie im technischen Zeitalter Muster und Rhythmen der Natur Eingang in literarische Formen finden; so zeigt etwa Northrop Frye in seiner *Analyse der Literaturkritik*, wie Literatur auf mythologische Vorstellungen von den Jahreszeiten zurückgreift und welche Rolle beispielsweise der Frühling und der damit verbundene Gedanke der Erneuerung für die Struktur der Komödie spielen (165–188).

Das größte Verdienst der futuristischen Bewegung liegt in deren Erkenntnis, daß Veränderungen der Kommunikation und des Reisens Auswirkungen auf die moderne Psyche hatten und daß diese Veränderungen nach formalen Veränderungen in der Kunst verlangten. Marinettis futuristische Manifeste sprechen davon, daß die Welt eine zusammenhanglose Ansammlung von Informationen und Ereignissen sei, die von Zeitungen, dem Kino, Telephonen, Flugzeugen und Phonographen erzeugt werde. Eine solche Welt verlangt nach neuen Formen, vor allem nach der Collage. Adjektive und Adverbien müssen demnach ebenso verschwinden wie Personalpronomen, finite Verben und ein Großteil der Interpunktion. Der wohlgeformte Satz nach dem Vorbild des Lateinischen wird verworfen und durch eine Art Telegrammstil ersetzt, der technische Fortschritte und die damit verbundene Schnelligkeit formal evoziert. Ein solcher Stil verwendet häufig Infinitive, zusammengesetzte Substantive, phonetische Schreibung und onomatopoetische Formen, die das unablässige Rauschen des Lebens verdeutlichen; dazu kommen eine Reihe typographischer Formen, die das noch unterstreichen. Ein Beispiel dafür ist etwa Marinettis *Zang Tumb Tuuum*, ein Bericht über die bulgarische Belagerung von Adrianopolis während des Balkankriegs, deren Zeuge Marinetti im Zuge seiner Tätigkeit als Kriegsberichterstatter 1912 wurde. In Deutschland findet sich dieser Stil am deutlichsten in den Gedichten August Stramms, etwa in *Patrouille*: «Die Steine feinden / Fenster grinst Verrat / Äste würgen / Berge Sträucher blättern raschlig / Gellen / Tod» (70). Der Telegrammstil und die Collagetechnik verdeutlichen die Fragmentierung und Entpersonalisierung. Gedankliche Unterordnung und Individualität verschwinden in einer solcherart mimetischen Kunst, die gleichwohl eine neue Form der Totalität anstrebt.

Die Verbindung von Form und Funktion läßt sich auch in den technisch avancierteren Künsten erkennen. So beruhen etwa die Spezialeffekte im Kino auf ständigen technischen Neuerungen. Die technischen Möglichkeiten des Films – etwa die Kameraarbeit oder der Schnitt – schaffen einen Illusionsraum, der alle Spuren dieser Illusion in der Darstellung verbirgt. Auch die Rasanz des Mediums Film, das mit seiner Action, Montage, bewegten Kamera und Totalen nur selten ruhige Betrachtung erlaubt und in seiner Frühzeit auf den literaturgewohnten Betrachter wohl ziemlich furchterregend wirkte, spiegelt die Geschwindigkeit und die Überfülle von Assoziationen des Alltagslebens; seit den Zeiten Walter Benjamins, der diese Verbindung als erster erkannte (39), ist das noch viel deutlicher geworden. Walter Ruttmanns Film *Berlin, die Sinfonie der Großstadt* verwendet ganz schnelle Schnitte, um die Energie der großen Stadt auf eine Weise darzustellen, welche die Möglichkeiten der Literatur, die Dynamik des modernen Lebens abzubilden, herausfordert, wenn nicht gar übersteigt.

Auch die literarischen Gattungen sind von der technischen Entwicklung beeinflußt. Das zeigt sich vor allem am Einfluß der modernen Subjektivität auf die Entwicklung der Komödie, an der Popularität des Western während der amerikanischen Expansionspolitik und am Verschwinden utopischer Kunst in Zeiten des Zynismus und der Verzweiflung. Im Falle der Komödie können wir die allmähliche Auflösung des Helden, der die Welt noch viel leichter verändern konnte, als das im modernen Zeitalter der Rationalisierung und Bürokratie möglich ist, beobachten; Cervantes' *Don Quixote* ist das Paradebeispiel dafür. In dieser Gattung zeigt sich ebenso die zunehmende Überbewertung des Selbst und seiner privaten Identität, über die sich der Komiker lustig macht. Darüber hinaus können wir mit Bergson eine Reihe moderner Komödien ausmachen, in denen die gesellschaftliche Reduzierung des Selbst auf rein mechanische Vorgänge lächerlich gemacht wird (nach Bergson nämlich lachen wir, wenn etwas Lebendiges auf Mechanisches reduziert wird), etwa in Charlie Chaplins *Modern Times*. In diesem Film, der das Mechanische zur autonomen Struktur werden läßt, wird deutlich, wie das Organische verlorengeht und die lebendigen, menschlichen Elemente geopfert werden. Wir erkennen auch, daß der Briefroman, um ein spezielles Beispiel zu nehmen, mit dem Aufkommen neuer Techniken an Bedeutung verliert – das Schreiben von Briefen ist nicht mehr zentraler Bestandteil unserer Kultur. (In einem Hypertext wie etwa Carolyn Guyers *Quibbling* finden sich statt dessen eingefügte E-Mails.) Die großen philosophischen Romane von Thomas Mann, Robert Musil und Hermann Broch können mit ihren essayistischen Elementen als Versuche gelten, mit Hilfe der Literatur auf die Herausforderungen der Zeit zu antworten, die nach einer neuartigen, stärker intellektuell geprägten Poetik verlangten, und literarische Experimente zu bieten, die man als ästhetisches Äquivalent zur modernen Wissenschaftskultur des Experiments betrachten könnte. In diesen Werken läßt sich das heldenhafte Bemühen erkennen, mit der schieren Zahl der Kräfte, die in der Moderne am Werk sind, fertig zu werden, indem man die Kunstwerke über die traditionellen Formen und ein vernünftiges Maß hinaustrieb. Und auch wenn wir in solchen Werken gewisse Schwächen feststellen, so müssen wir doch die quantitative Leistung bewundern, die vom Streben nach Qualität und Verstehen bestimmt ist. Auch die Konkrete Poesie mit ihren experimentellen und materiellen Dimensionen kann als Reflex auf das technische Zeitalter gelten, wenngleich es schon in früheren Epochen Beispiele für solche Dichtung gibt. Eugen Gomringer spricht denn auch konsequenterweise von «gedichttechnik» (19). In seinen Gedichten bestimmt die visuelle Anordnung deren Bedeutung. Man denke an Ideogramme, visuelle Texte, in denen ein bestimmter Begriff entsprechend visuell dargestellt wird, so daß Signifikant und Signifikat zusammenfallen, so etwa in einem Gedicht, in dem die Buchstaben des Wortes «wind» selbst eine «windrose» (119) bilden. In Gomringers Konstellationen – benannt nach den Konstellationen von Sternen – sind die semantischen Beziehungen der Wörter nicht grammatikalisch oder syntaktisch bestimmt, sondern rein physikalisch oder räumlich, etwa wenn er schreibt:

baum
baum kind (120).

Brechts Vorstellung von einem «Theater des wissenschaftlichen Zeitalters» (Bd. 23, 74), das nicht in erster Linie dem Vergnügen oder der Unterhaltung dienen soll, sondern als Möglichkeit der Reflexion und Instrument des Fortschritts, hat ebenfalls viel mit dem technischen «Zeitgeist» zu tun. In Brechts Augen sollte ein der Moderne angemessenes Theater skeptisch und kritisch gegenüber dem Status quo sein, sich an den Verstand des Publikums richten und Möglichkeiten der Gesellschaftsveränderung aufzeigen. Auch Dürrenmatts Verständnis des Thea-

ters als «Gedankenexperiment», in dem der Autor eine Alternative zur
Wirklichkeit schafft, die gleichwohl ein Licht auf die Wirklichkeit wirft,
steht, wenn auch auf andere Weise, in Beziehung zum modernen wissenschaftlichen Paradigma (Bd. 27, 91).
Auch der Inhalt von Kunst wird von der Technik beeinflußt. Neue
Themen entstehen und finden in größerem oder kleinerem Maße Eingang
in die Kunst. Viele davon befassen sich mit der Technik in ihren allgemeinsten Dimensionen: Technik als Verkörperung von Geschwindigkeit,
Kraft und Intensität, aber auch als Katalysator für apokalyptische Visionen (besonders auffällig im Expressionismus und im Futurismus); die
Komplexitäten und Ambiguitäten der Fortschrittsdoktrin, die in der Thematisierung der Unbehaustheit im modernen Roman eine große Rolle
spielen; die Übertragung religiösen Vokabulars auf den Bereich der Technik, der Produktion und des Großstadtlebens (etwa in den Gedichten
Georg Heyms); Technik als Geist des Wandels in seinen positiven wie
negativen Aspekten, ein Thema, das vor allem in der Weimarer Zeit und
allgemein in der Großstadtdichtung, die die Ambivalenz der Metropolen
– ihre Dynamik wie ihr Chaos – thematisiert, ebenso Beachtung findet
wie in modernen Romanen; die Betonung des Vitalen als Reaktion auf
die rein mechanische Technik, was sich vor allem in der modernen
Komödie und in einzelnen modernen Gedichten zeigt; die Vorliebe für
technische und poetische Erfindungen, die jedoch auch zur Mißachtung
des Bestehenden führen kann, ein Thema, das sich in vielen Kunstwerken
finden läßt, die in selbstreflexiver Weise die Grenzen der *poiesis* thematisieren; eine Zunahme der Literatur, die sich der Welt der Industrie-
arbeiter zuwendet und vom Bergbau (etwa bei Max von der Grün) bis
zur Fließbandarbeit (etwa bei Günter Wallraff) reicht; ein zunehmendes
Gefühl der Angst in modernen Erzählungen, das ohne Zweifel mit den
weitreichenden Auswirkungen des technischen Wandels zu tun hat; Veränderungen in unserem Identitätsempfinden, da wir immer weniger einer
organischen Gemeinschaft angehören und immer mehr Teil einer anony-
men Masse werden, ein Thema, das sich vor allem in den Werken der
Weimarer Zeit etwa bei Kaiser und Toller findet und von Heidegger in
den Begriff des «Man» gefaßt wird; die Spannung zwischen den Fortschritten in den Naturwissenschaften und in der Ingenieurtechnik einerseits und einem Orientierungsverlust in ethischen Fragen andererseits,
die etwa Dürrenmatt und Kipphardt in einigen Werken thematisieren,
sowie das eng damit zusammenhängende Thema der neuen Verantwortung des Wissenschaftlers in einer Zeit, in der die Technik die Menschheit
nicht nur verändert, sondern auch zu zerstören droht;[35] und schließlich
unsere veränderten Vorstellungen von Wahrnehmung, die durch neue
Sehweisen und einen stärker mediatisierten Zugang zur Welt geprägt sind
und besonders in die moderne österreichische Literatur Eingang gefunden haben.

Viele Texte beschäftigen sich mit speziellen Themen, die vor allem mit den Fortschritten in Wissenschaft und Technik zu tun haben: die Frage unserer zunehmenden Abhängigkeit von Maschinen wie etwa in Samuel Butlers *Erewhon*; das Thema der Automaten, das die Menschheit beschäftigt, weil sie ironischerweise unsere Kontrolle über die Welt bedrohen und uns Menschen zugleich überflüssig zu machen scheinen, ein Thema, das schon in einigen Erzählungen E. T. A. Hoffmanns auftaucht; die geographischen (und kulturellen) Spannungen zwischen Land und Stadt, die einen alten Topos in neuer Weise wieder aufnehmen; das Interesse an bewußt gewählter Einfachheit, etwa bei Thoreau, die im Gegensatz zur Rastlosigkeit der modernen Welt steht; der Einfluß der Maschine auf die Seele und darauf, daß der Mensch – vielleicht im Gefolge unserer von Maschinen geprägten Welt – selbst wie eine Maschine handelt, ein Thema, das schon Büchner in seinem Drama *Leonce und Lena* beschäftigt hat und vor allem in der modernen Literatur sowie im Film (etwa in Fritz Langs *Metropolis*) häufig auftaucht; das Vordringen der Technik in die Natur, was nicht nur einen ästhetischen Bruch bedeutet, sondern auch eine Transformation des Geheiligten wie beispielsweise in Lenaus Gedicht *An den Frühling 1838*; die Zerstörung der Landschaft durch industrielle Verschmutzung, ein Thema, das sich schon in Raabes Roman *Pfisters Mühle* findet, der in der damaligen Zeit eine Ausnahme bildet, während diese Thematik heute etwa in zahlreichen modernen amerikanischen Erzählungen breiten Raum einnimmt, u. a. in John Cheevers letzter Novelle *Oh What a Paradise It Seems*; die Eisenbahn und das Auto als Symbole des technischen Zeitalters, die so unterschiedliche Autoren wie Fontane, Hauptmann, Kästner und Brecht zu literarischen Texten animierten;[36] die Gefahren der gesellschaftlichen Bürokratie, die sich jeder Selbstbegründung verweigert und nur die Fragen nach dem *Was* und *Wie*, nicht aber nach dem *Warum* beantwortet, wie etwa in Kafkas *Der Prozeß*; die Ersetzung des Arbeiters durch neue Technologien, die zahlreiche sozialistisch eingestellte Autoren der Moderne beschäftigte, aber auch heute noch von enormer Bedeutung ist; und schließlich die oftmals unbeachteten Spannungen zwischen scheinbar traditionellen Lebensformen und den Auswirkungen der Technik darauf, wie etwa in Don DeLillos *White Noise* und Douglas Couplands *Generation X: Tales for an Accelerated Culture.*

Darüber hinaus führt die Technik zu einem ihr kontrastierenden Interesse an Eden und Arkadien, der Wildnis und der Grenze. Möglicherweise als Folge des Spannungsverhältnisses zwischen Natur und der technischen Entwicklung läßt sich auch beobachten, daß Landschaft in der Literatur außerordentlich häufig dazu verwendet wird, um menschliche Charakterzüge zu evozieren, etwa bei Thomas Hardy oder Willa Cather. Selbst im antiken Griechenland taucht die Landschaft als zentraler ästhetischer Ort des Tempels erst im 3. Jahrhundert v. Chr. auf, nachdem die kosmische Ordnung einem stärkeren Bewußtsein von Individualität gewichen war und die Entwicklung städtischen Lebens und eines stärker reflexiven Bewußtseins ein Verlangen nach Arkadien wachgerufen hatte (Gruben 401 f., 414–418).

Auch die jüngeren Erfindungen und Entwicklungen beeinflussen Themen und Formen der Literatur: die außerordentliche Vervielfachung von Gütern und deren Auswirkung auf unser Selbstgefühl, die schon Adalbert Stifter in seinem *Wien und die Wiener*[37] erkannte, die aber erst im 20. Jahrhundert voll zur Geltung kommt; die Auswirkungen der Mobilität auf die Familie und das Verhältnis zwischen den Generationen, die in vielen modernen Dramen und Erzählungen eine zumindest untergeordnete Rolle spielen; die technische Kriegsführung, von der die Romane der «verlorenen Generation» des Ersten Weltkriegs geprägt sind; die Entstehung neuer Berufe wie etwa des Photographen, die in literarischen Texten oftmals symbolische Bedeutung erhalten, etwa in Ibsens *Wildente* oder in Sternheims *Die Kassette*; die Anforderungen, die neue Medien an unsere Aufmerksamkeit und Zeit stellen und die die Hinwendung zur Collage und zu chaotischen Strukturen in der modernen Kunst und im Drama noch verstärkt haben; die Symbolkraft neuer Techniken, zum Beispiel versteckter Höranweisungen, und der Übergang von Religion und Gott zu Technik und Macht wie etwa in Arthur Millers *The Archbishop's Ceiling*; neue Objekte, die unsere Lebensgewohnheiten beeinflussen, beispielsweise das Fernsehen, das vor allem im modernen Kino – und in etwas geringerem Maße in der Literatur – zum Thema wird; die unterschiedlichen Beziehungen zu Zeugung und Geburt, die, wenn auch oft aus ehrbaren Motiven, zunehmend von Technik und Künstlichkeit geprägt sind; die Verlängerung menschlichen Lebens, die zwar einerseits ein Segen ist, andererseits aber bedeutet, daß sich Sterben und Tod heute häufiger in Krankenhäusern als zu Hause abspielen; und schließlich die Art und Weise, in der die Telekommunikation und Fortschritte beim Reisen die menschlichen Beziehungen und unsere Raumwahrnehmung beeinflussen.

Auch die Thematisierung der verschiedenen gesellschaftlichen und institutionellen Aspekte der Zeit wird von der Technik bestimmt: die Auswirkungen der Spezialisierung auf die menschliche Psyche und die Organisation der Gesellschaft, die Schiller und Hölderlin schon am Ende des 18. Jahrhunderts erkannten; die Spannungen, die sich aus dem Aufkommen einer Industriellenschicht und der Schwächung des Adels ergeben, etwa in Immermanns *Die Epigonen*; die Industrie- und Finanzbosse, die in zahlreichen Romanen der Zeit, von Heinrich Mann bis Hermann Broch, eine Rolle spielen; das Phänomen des Self-made man, das Kulturen, die nicht mit dem technischen Paradigma vertraut sind, fremd ist und das vor allem in den Werken von Carl Sternheim immer wieder auftaucht, die zeigen, daß moderne Identitäten nicht mehr in der Tradi-

tion wurzeln, sondern erfunden werden, und die diesen Wandel in seiner
ganzen Ambiguität darstellen; unsere Loslösung von der Tradition und
unsere Reflexion über ein fragmentiertes Selbst, das nicht länger in einen
ganzheitlichen Kosmos eingebettet ist, ein Thema, das in enger Beziehung
zur modernen Identitätskrise steht und unter anderem von Kafka ausführlich behandelt wird; die Reglementierung von Zeit in der modernen
Gesellschaft und die Art und Weise, in der sich die Beschleunigung der
Moderne auf die menschliche Psyche auswirkt, wie sich beispielsweise
ganz deutlich in Rilkes *Die Aufzeichnungen des Malte Laurids Brigge*
zeigt; die unterschiedlichen Formen, in denen man seine Freizeit nutzt,
besonders in einer Zeit, die mit materiellem Wohlstand und Unterhal-
tungsmöglichkeiten gesättigt zu sein scheint, ein Thema, das sich im
modernen Roman und im Drama immer häufiger finden läßt; futuristische Horrorszenarien und Utopien, von Jewgenij Samjatin bis Ernest
Callenbach, die von den Bedrohungen durch die Technik und von potentiellen technischen Fortschritten bestimmt sind; das Schreckgespenst
eines Atomkriegs, das in der zweiten Hälfte des 20. Jahrhunderts eine
ganze Reihe von Werken bestimmte; und schließlich die Angst vor der
Atomkraft, die Christa Wolf dazu veranlaßte, das Buch *Störfall* zu schreiben. All diese Themen sind zu neuem Material ästhetischer Reflexion
geworden.

Besonders interessant ist, auf welche Weise die Technik das Nachdenken über Kunst in den Kunstwerken selbst beeinflußt (ob nun über die
Form oder das Thema oder beides): etwa die sich verändernde Rolle von
Autor und Leser in einer Zeit zunehmender Massenproduktion und
-distribution; der Begriff der Serienproduktion und sein Verhältnis zur
Vorstellung vom einzigartigen Kunstwerk; das Spannungsverhältnis zwischen den rapiden technischen Veränderungen und der Art und Weise,
in der Kunst an Traditionen festhält oder sich von ihnen löst, ob nun
thematisch oder formal; die Ähnlichkeiten und Unterschiede zwischen
dem Künstler und dem Ingenieur, die ja beide Neues erfinden; die Rolle
der Dichtung in einer zunehmend instrumentellen Welt; die Entstehung
einer hermetischen Literatur als Antwort auf die Massenkultur, eine Li-
teraturform, die vor allem Theodor W. Adorno hervorgehoben hat. Eine
wichtige Rolle spielte im technischen Zeitalter die Einbeziehung von
Filmtechniken in die Literatur, wie Montage oder schnelle Schnitte, sowie die Rolle des Films bei der Entwicklung der Erzähltechnik des *stream
of consciousness*. Alfred Döblin plädierte ganz offen für einen «Kinostil»
(121), in dem Schnelligkeit und Dynamik dominieren sollten.

Ganz unabhängig von neuen Themen und Formen läßt sich eine ver-
änderte Bewertung erkennen. Während in der klassischen Kunst der Still-
stand im Mittelpunkt steht, rückt in der Moderne, wie bei Döblin, die
Bewegung ins Zentrum. Dieser Übergang setzt in der Romantik ein und
wird im «Kunstgespräch» in Büchners *Lenz* ausdrücklich thematisiert.

Die Futuristen, die für die Technik schwärmten, beförderten diese Entwicklung durch ihre Betonung der Energie und «la belleza della velocità» (Marinetti, 10) nachhaltig. Die geliebte Maschine verkörperte für sie Dynamik und Vitalität; die Geschwindigkeit ist Thema zahlreicher futuristischer Gemälde in den ersten Jahrzehnten des 20. Jahrhunderts, etwa bei Giacomo Balla («Velocità d'automobile», «Plasticità di luci + velocità», «Velocità d'automobile + luci + rumori»), Luigi Russolo («Dinamismo di un'automobile») und Gerardo Dottori («Velocità (Tre tempi)»). Die rasanten Veränderungen des Lebens spiegeln sich auch formal wider, beispielsweise in der Vorstellung von Kunst als Happening, bei dem Kunst nicht nur in ständigem Fluß ist, sondern wo sich auch die Grenzen zwischen Kunst und Leben auflösen. In der Antike stand das Dauerhafte und Bleibende im Mittelpunkt; in der Moderne mit ihrer technischen Transformation der Welt wendet sich die Aufmerksamkeit dem zu, was sich ändert und was noch verändert werden kann.

Was die moderne Betonung der Selbstreflexion betrifft, so läßt sich dabei nicht nur der Einfluß der Technik auf Formen und Themen der Kunst erkennen, sondern auch die kunstimmanente Behandlung der Frage, welche Rolle die Kunst im technischen Zeitalter spielen soll, d. h. nach dem potentiellen Einfluß der Kunst auf die Technik. In einigen Werken finden wir sogar Reflexionen über beide dieser Themen, etwa in Giuseppe Tornatores Film *Cinema Paradiso*. Weiter unten werde ich Storms *Schimmelreiter* unter diesem Gesichtspunkt interpretieren.

Und schließlich lösen sich Hypertexte, die jüngste technische Entwicklung im Bereich der Literatur, häufig von den Strukturen, die in traditionellen Werken bestimmend waren. So verfügt etwa eine Hypertexterzählung nicht über einen Anfang, sondern über verschiedene Ausgangsoptionen, so daß der Leser verschiedene Wege einschlagen kann. Und ein Hypertext endet höchstens insofern, als er bis zu dem Punkt gelesen oder wiedergelesen wird, an dem der Leser das Interesse verliert. Diese neue Technik hat Auswirkungen auf Grundfragen von Struktur und Form und bezieht sich vor allem auf Theorien, die besonders komplex sind oder die Rolle des Zufalls betonen. Nicht zufällig werden Hypertexte genau zu dem Zeitpunkt möglich, an dem sich die Gesellschaft zunehmend über Netzwerke definiert. Dazu schreibt Castells: «Netzwerke bilden die neue soziale Morphologie unserer Gesellschaften, und die Ausbreitung dieser Logik des Netzwerks verändert Ablauf und Ergebnisse von Produktions-, Erfahrungs-, Macht- und Kulturprozessen grundlegend (...). Die Topologie, die über Netzwerke definiert wird, führt dazu, daß der Abstand (oder die Intensität und Häufigkeit von Interaktion) zwischen zwei Punkten (oder sozialen Positionen) geringer ist (oder häufiger oder intensiver), wenn beide Punkte Knoten in einem Netzwerk sind, als wenn sie nicht zum gleichen Netzwerk gehören» (Bd. 1, 469 f.). Unsere Verbindung zu Punkten in einem Netzwerk wird immer weniger von den traditionellen räumlichen und zeitlichen Beschränkungen bestimmt, sondern zunehmend von über die Technik vermittelten Assoziationen. In dieser Hinsicht spiegelt der Hypertext die Netzwerkgesellschaft wider und besitzt somit ein großes mimetisches Potential. Im Gegensatz dazu hat das traditionelle literarische Werk größere Widerstandskraft zu bieten.

Rezeptionsästhetik

Auch die Rezeption wird von der Technik beeinflußt. Das offensichtlichste Beispiel dafür ist der Übergang vom intensiven Lesen, bei dem die Menschen nur wenige Texte immer wieder lesen, zum extensiven Lesen, eine Entwicklung, die vor allem durch die Quantität an Werken bestimmt wurde, die im 18. Jahrhundert durch die Druckerpresse und deren technische Weiterentwicklung möglich wurde. Diese Veränderung kündigte uns damals schon an, daß die Vorstellung, eine kleine Zahl kanonischer Werke bestimme unser literarisches Erbe und die Rezeption dieser Werke führe zum Empfinden eines Zusammenhangs und einem gemeinsamen Diskurs, durch immer unterschiedlichere Leseerfahrungen und Bezugspunkten selbst für Menschen mit ähnlichem intellektuellen Hintergrund ersetzt wird. Die gesunkenen Druckkosten, die deutlich mehr literarische Werke ermöglichen, beeinflussen jedoch nicht nur die Produktion, sondern auch die Rezeption; Anzahl und Qualität der verfügbaren Texte wirken sich auch auf unser Leseverhalten aus. Waren in den USA 1948, als das Verzeichnis der *Books in Print* zum ersten Mal erschien, lediglich 85 000 Bücher aus 357 Verlagen dort verzeichnet, so waren 1999 mehr als 1,5 Millionen Werke von 64 000 verschiedenen Verlagen aufgeführt (1, viif.). Darüber hinaus lassen Forschungsergebnisse vermuten, daß das Fernsehen zu einem Rückgang des Lesens geführt hat, was die Rezipienten in mehrfacher Weise beeinflußt: Im Gegensatz zum Fernsehen fördert das Lesen die Kreativität und Phantasie, es führt zu besserer Sprachbeherrschung und bietet mehr Zeit zum Nachdenken (van der Voort).

Andere Beispiele einer durch die Technik veränderten Rezeption sind: die Art und Weise, wie wir auf ein Video im privaten Umfeld und auf einem kleinen Bildschirm im Vergleich zu einem Film in einem öffentlichen Raum und auf großer Leinwand reagieren; die Möglichkeit, Gedichte in einem autoritären politischen System über Faxgeräte zu verbreiten, womit diese Gattung mehr Leser erreicht und die politische Szenerie beeinflußt; schließlich die neuen technischen Möglichkeiten im Theater, die sowohl Aufführungspraxis wie Interpretation prägen. Die Möglichkeit, einen literarischen Text am Computer zu lesen und mit diesem Text (als Hypertext oder unvollendetem Text) zu spielen, verändert unsere Beziehung zum Kunstwerk. Hinzu kommt, daß Emotionen zu unterschiedlichen Zeiten unterschiedliche Rollen spielen, u. a. auch im technischen Zeitalter. McLuhan ist der Ansicht, daß bestimmte Kunstformen Bewußtsein und Verhalten beeinflussen. So habe etwa der Film über seine Fähigkeit, unmittelbar Träume zu evozieren, armen Menschen die verführerische Möglichkeit geboten, sich mit den Rollen der Reichen und Mächtigen zu identifizieren; und die Pressephotographie habe über ihren dokumentarischen Charakter und die daraus resultierende öffentliche Erregung dafür gesorgt, daß die Wohlhabenden vor einer allzu offenen Zurschaustellung ihres Reichtums zurückschreckten (*Die magischen Kanäle*, 321 f.). Paradoxerweise ermöglichte es die öffentliche Akzeptanz der Phantasiewelt im Film der Unterhaltungsindustrie, den Reichtum dermaßen offen zu präsentieren, daß er auf das Publikum eher traumhaft als empörend wirkte. Auch die Interessen verändern sich mit der Zeit. Die außerordentliche Aufmerksamkeit, die jüngst vor allem von seiten englischer und amerikanischer Literaturwissenschaftler Texten zuteil wurde, die sich mit Natur befassen (wovon auch eine bemerkenswerte Zunahme entsprechender Textsammlungen zeugt), zeugt von einem allgemeinen gegenwärtigen Interesse, das zumindest teilweise durch die Auswirkungen des technischen Zeitalters bedingt ist: Man sehnt sich danach, in Werke einzutauchen, in denen die Welt der Natur größere Wertschätzung genießt.[38]

Eine der interessantesten Betrachtungen zur Rezeptionsästhetik im technischen Zeitalter stammt nicht von einem Literaturwissenschaftler, sondern von dem Komponisten Benjamin Britten. In seiner Rede zur Verleihung des Aspen Award 1964 plädiert er für eine Kunst, die nicht in erster Linie auf Erfolg abzielt, sondern die spezifischen Bedürfnisse ihrer Zeit erfüllt und sich an ein bestimmtes Publikum richtet. Dabei hat Britten vor allem im Auge, auf welche Weise die ursprünglichen Rezeptionszusammenhänge früherer kreativer Anstrengungen heute Vergangenheit sind. So sei es etwa eine grundlegend andere Erfahrung, Bachs Matthäus-Passion «nur an einem Tag des Jahres zu hören – nämlich an dem Tag, der für die christliche Kirche den Höhepunkt des Jahres darstellte und auf den hin alle Glaubensbemühungen des Jahres sich richteten» (17). Bachs Werk wurde «am Karfreitag in einer Kirche vor einer christlichen Gemeinde aufgeführt» (19). Dieser Kontext verlieh dem Werk eine einzigartige, ganz spezifische Rezeption. Heute dagegen, so Britten, werde dieses «einzigartige Werk» im Zuge technischer Entwicklung «auf einen Knopfdruck hin vor einer lärmenden Ansammlung von Cocktailtrinkern gespielt – man kann zuhören oder es auch wieder abstellen, das Ganze hat keinerlei feierlichen Charakter und bedarf keines speziellen Anlasses» (17). Einem solchen Werk nach vierzigtägiger Fastenzeit in einer Kirche zu lauschen oder es als Hintergrundmusik beim Rasieren, beim Zeitunglesen oder als Unterhaltung zu hören – darin zeigt sich, welchen Nachteilen und Trivialisierungen die ästhetische Rezeption im technischen Zeitalter unterworfen ist. Wenn Fragen nach Angemessenheit und Verständlichkeit keine Rolle mehr spielen, reduziert sich die ästhetische Erfahrung und verkommt zur bloßen Ablenkung. Britten fährt fort: «Musik verlangt von einem Zuhörer mehr als nur den Besitz eines Kassettenrecorders oder eines Radios. Sie erfordert eine gewisse Vorbereitung, eine gewisse Anstrengung, eine Fahrt an einen bestimmten Ort, das Sparen für eine Eintrittskarte, vielleicht die vorherige Beschäftigung zu Hause mit dem Aufführungsprogramm, eine gewisse Reinigung der Ohren und eine Schärfung der Sinne. Sie verlangt vom Zuhörer ebenso viel Anstrengung wie von den beiden anderen Ecken des Dreiecks, diesem heiligen Dreieck aus Komponist, Musiker und Zuhörer.» (21)

Auch Hörbücher erzeugen einen anderen Rezeptionszusammenhang und können unser Leseverhalten auf unterschiedliche Weise beeinflussen. Während das Video heute die private Rezeption von Filmen ermöglicht oder sogar verstärkt, scheinen Hörbücher eher die kollektive Rezeption von Literatur zu befördern. Das laute Lesen ist großteils aus unserer Kultur verschwunden; einzig Kindern liest man noch vor. Hörbücher, bei denen Tonlage und Betonung in der mündlichen Darbietungsform transparent sind, könnten zu einem Wiederaufleben solch kollektiver Leseerfahrungen führen und damit zu einer gemeinschaftlichen Rezeption von Kunst und zu vermehrten Diskussionen über Literatur im kleinen Kreis. Das ließ sich für kurze Zeit schon im Zeitalter des Radios erkennen, das eine breitere und gemeinschaftlichere Rezeption von Literatur ermöglichte. Hörbücher sind zweifellos für die Rezeption solcher literarischer Werke von großem Nutzen, die ausgesprochen stark von Mündlichkeit geprägt sind wie etwa Storms *Der Schimmelreiter*. Seit den 5oer Jahren haben manche Autoren ihre eigenen Texte ganz oder teilweise auf Tonträger gelesen. Diese Aufnahmen können nicht nur das emotionale Verhältnis des Rezipienten zu einem Werk beeinflussen, sondern auch die Interpretation, und zwar dort, wo etwa ironische Momente, die vielleicht nicht unmittelbar zu erkennen sind, nunmehr deutlicher werden. Kommentare des Autors haben zwar schon immer eine Rolle beim Rezeptionsprozeß gespielt, und Lesungen waren auch ohne moderne Technik möglich, doch bewahren solche Aufnahmen die Lesung eines Autors für spätere Generationen.

Hörbücher haben jedoch auch Nachteile, vor allem angesichts der Tatsache, daß sie offenbar am häufigsten beim Autofahren Verwendung finden. Wenn wir einen Roman hören, so haben wir Schwierigkeiten damit, den Lesevorgang an unsere persönliche Verarbeitung des Textes anzupassen. Statt dessen schreitet das Werk mit der Geschwindigkeit voran, die der Lesende vorgibt, ohne Rücksicht darauf, wie wir über einen Text reflektieren und welche Stimmungen und Gedanken er in uns weckt. Sich beim Hören an das Lesetempo eines anderen anzupassen

erfordert ein Höchstmaß an Konzentration, was beim Autofahren naturgemäß schwierig ist. Die Folge ist, daß die Rezeption der unausschöpflichen Bedeutung eines Textes schwächer ausfällt und man deshalb ge-
neigt ist, solche Werke auszuwählen, die weniger symbolgeladen sind
oder geistig herausfordern, sondern ereignisreicher und unterhaltender
sind. Noch schlimmer ist die Tendenz, Werke in gekürzter Form zu ver-
öffentlichen; das mag zwar dem Medium angemessen erscheinen, es
nimmt dem Original jedoch eine ganze Menge an Nuancen, Strukturen
und Bedeutung. Alfred Döblin hat mit guten Gründen behauptet, daß
sich zwar der Essay und lyrische Dichtung ausgesprochen gut für die
gesprochene Rezeption eignen, daß aber Rundfunklesungen (und man
könnte hinzufügen: Hörbuchfassungen) von Romanen kaum gelingen
können (251–261). Döblin weist dabei zum einen auf die Länge solcher
Texte hin: «Romanen und epischen Werken ist Breite, Ausdehnung und
Fluß wesentlich. Für diese Breite, diese Ausdehnung und den Fluß haben
wir zur Verfügung die Augen, die über die Seiten weggleiten und die es
ermöglichen, innerhalb weniger Stunden zu passieren, wofür ein eventu-
eller Hörer viele Tage braucht, wenn er es überhaupt aushalten kann»
(258). Die Augen vermögen die Spannung eines Textes also besser zu
erfassen als das gleichmäßige Tempo einer Lesung; darüber hinaus bemerkt Döblin, daß das gesprochene Wort auch die Phantasie und Einbildungskraft des Rezipienten einschränkt: «Der eigentliche Ort des Romans ist unstreitig die Phantasie, das geistig sinnlich Mitphantasieren,
und dahin führt unendlich besser das Lesen; die Konzentration wird hier
tiefer, die Ablenkung ist geringer, es erfolgt leichter die notwendige
Selbsthypnose, die unter Anleitung des Autors des Romans geschieht»
(259).

Das Aufkommen von Fernsehen und Film hat die Rezeption von Literatur in mehrfacher Hinsicht beeinflußt. Am offenkundigsten zeigt sich
das bei den Literaturverfilmungen klassischer und moderner Werke. In
einigen Fällen liefert die Verfilmung mit ihren eigenen Mitteln eine Interpretation und Bearbeitung des literarischen Textes, die dem Original
gerecht wird, es aber auch weiterentwickelt. Oftmals steigen die Verkaufszahlen des Buches im Zuge einer solchen Verfilmung, und wir können das interessante Phänomen beobachten, daß unsere ursprüngliche
Lektüre des Buches durch die Filmfassung gleichsam gefiltert wird,
wenngleich bei einigen Rezipienten der Film den Roman, der ungelesen
bleibt, ersetzt. Dennoch erreicht der Film eine Breitenwirkung, die von
Werken, die man sonst nur liest oder im Theater sieht, niemals erreicht
wird. Aufgrund der Tatsache, daß zeitgenössische Autoren durch die
breit rezipierten und erfolgreichen Verfilmungen ihrer Werke beträchtliche Einnahmen erzielen, läßt sich die zunehmende Tendenz beobachten,
daß Autoren ihre Romane bewußt so anlegen, daß sie sich problemlos
für eine Drehbuchfassung eignen. Konkret heißt das: Man achtet auf

einen bestimmten Umfang des Textes, man setzt stärker auf Dialoge, szenische Passagen und Perspektive. In diesen Fällen beeinflußt die Rezeption die Produktion ebenso wie die Ästhetik des Kunstwerks. Und mitunter entsteht aus einem Film, der auf einem Originaldrehbuch beruht, sogar ein Roman auf der Grundlage des Films.

Wie wir gesehen haben, lassen sich, was die Schöpfungen neuer Medien angeht, Fragen der Produktion und der Rezeption oft nur schwer unterscheiden. Das Internet beispielsweise ermöglicht es den Künstlern, Texte zu schreiben und sie für jedermann sichtbar auf einer Homepage zu plazieren. Das bringt zwei Vorteile mit sich: Zum ersten hat jedermann Zugang zu dieser Veröffentlichung; und zum zweiten ist die Veröffentlichung von Texten im Internet aus ökologischer Sicht zu begrüßen, da weniger Papier verbraucht wird. Von Nachteil ist es jedoch insofern, als dabei jedes Lektorat oder kritische Rezensionen fehlen und es somit zu einer wahren Informationsflut kommt. Mit der steigenden Zahl von Veröffentlichungsmöglichkeiten und dem Verlust an ästhetischer Bewertung sind wir mit mehr Kunst von geringerer Qualität konfrontiert. Der neue Verbreitungsmodus erleichtert und erschwert die Rezeption zugleich. Für das Internet verfaßte literarische Texte sind häufig verknappt – eine Folge der Rezeptionsbedingungen, welche die Produktion beeinflussen. Denn erstens sind die meisten von uns es nicht gewohnt, längere Texte auf dem Bildschirm zu lesen. Zum zweiten ist das Internet zunehmend von Bildern geprägt, so daß wir versucht sind, von einer bunten Seite zur nächsten zu gehen, ohne innezuhalten und ein längeres Prosastück zu lesen. Zum dritten müssen wir in den meisten Fällen fürs Surfen pro Minute bezahlen; auch das wird viele davon abhalten, sich mit einem längeren Prosatext zu beschäftigen, vor allem wenn sie nicht darin geübt sind, einen Text auf die eigene Festplatte herunterzuladen – all das wird die Produktion und Rezeption längerer Texte fürs und im Internet nicht gerade beflügeln. Ob diese Tendenz zur Verknappung eine größere Sprachökonomie oder einen Mangel an Tiefgang zu bedeuten hat, müßte jeweils im Einzelfall überprüft werden, möglich ist beides. Mit Sicherheit aber besitzen diese Bevorzugung kürzerer Texte und die Verwendung elektronischer Links das Potential, die Bedeutung des Romans, der zur Langsamkeit und Dauer neigt und Nachdenken und Phantasie erfordert, deutlich zu verringern. Er gibt seinen Sinn erst nach und nach preis, statt ihn sogleich deutlich zu machen, und fordert zur Kontemplation statt zum schnellen Konsum heraus.

Das Gegenteil ist bei bestimmten Hypertexten der Fall, deren Unausschöpflichkeit allein auf ihrer Quantität beruht. Die Links sorgen für eine ungeahnte Vielfalt, sie überkreuzen sich und dehnen den Text ins Unendliche aus. Einerseits also findet sich in solchen Links ein Moment der Literatur, nämlich ihre unausschöpfliche Bedeutung, andererseits aber spielt die Qualität dabei keinerlei Rolle. Einen Text zu verfassen, der gleichzeitig begrenzt und in seiner Bedeutung unausschöpflich ist, stellt eine weitaus größere Herausforderung dar als einen Text zu produzieren, der allein aufgrund der technischen Möglichkeiten unausschöpflich ist. Während Hypertexte somit in einigen Fällen lang und komplex sind, fallen die einzelnen Seiten sehr kurz aus. Das spiegelt wider, was oben über literarische Texte im Internet gesagt wurde, und mag mit der Befürchtung zu tun haben, daß die Leser möglicherweise längere Texte auf dem Bildschirm nicht lesen. Aus diesem Grund scheint man sich heute eher auf die Lyrik zu verlegen und weniger auf die Art der philosophischen Prosa, die viele der großen modernen Dichtungen auszeichnete. Die Tatsache, daß man sich stärker auf Links und andere technische Möglichkeiten des Mediums Hypertext konzentriert, kann überdies dazu führen, daß man von eher traditionellen stilistischen Elementen absieht.

Wenngleich Hypertexte oftmals dafür gelobt werden, daß sie den Leser auf vielfache Weise einbeziehen, so kann diese Hinwendung zum Leser auch auf einen Mangel an Vision von seiten des Autors hindeuten. Traditionelle Bücher wollten üblicherweise Kohärenz und Einheit verkörpern, eine Vision oder eine Auffassung von der Welt vermitteln. Dem Leser wird diese Vision dabei nicht einfach vorgesetzt, er muß sie vielmehr entziffern und in ihrer Andersheit verstehen. Wenn der Leser eines Hypertexts nun in die Rolle des Autors schlüpft, so geht möglicherweise die Begegnung mit der großen Vision eines anderen, die Erfahrung eines kohärenten Ganzen, das sich in oftmals unerwarteter Weise eröffnet, verloren, was nicht unbedingt zum Vorteil des Lesers ist. Sven Birkerts schreibt dazu: «Prämisse für diese Begegnung im Medium Text ist, daß der Autor das an Weisheit, Einsicht und Perspektive auf die Lebenserfahrung besitzt, woran es dem Leser fehlt» (221). Ein Hypertext kann also nicht nur das Verstummen einer auktorialen Stimme zur Folge haben, sondern auch eine Herabstufung der Leserrolle. Viele glauben, Hypertexte seien von Natur aus hochgradig interaktiv, doch wenn der Rezipient verschiedene Wahlmöglichkeiten hat, um mehr Informationen zu erhalten, so verhält er sich wohl stärker passiv und eher wie ein Konsument, als wenn er bei der Lektüre eines Buches aktiv nachdenkt und seine Phantasie spielen läßt. Der Hypertext ähnelt damit in gewisser Weise der «kulinarischen» Kunst, die Brecht so scharf kritisiert hat.[39]

Ein Hypertext, ob auf CD-ROM, DVD oder im Internet, kann uns Texte, Bilder und Ton bieten. Traditionelle Werke werden heute zunehmend auf diesem Wege zugänglich gemacht, so daß man etwa Storms *Der Schimmelreiter* und Kafkas *Die Verwandlung* mit den üblichen Kommentaren und Apparaten, aber auch mit dem Text, Hyperlinks zu Anmerkungen, der Möglichkeit, nach Schlüsselwörtern zu suchen, und einer gesprochenen Fassung des Textes geboten bekommt. Neben solchen einzelnen Werken auf CD-ROM hat man über das Internet auch

Zugriff auf das Gesamtwerk großer Autoren wie Shakespeare, Goethe, Schiller und Kafka oder auf Sammlungen deutscher Dichtung sowie auf eine Fülle von ergänzenden Materialien.[40] Darüber hinaus sind die gesammelten Werke von Lessing, Goethe, E. T. A. Hoffmann, Heine, Fontane und anderen auf CD-ROM erhältlich, ebenso CD-Versionen verschiedener Referenzwerke. Aufgrund der Möglichkeiten zur Volltextsuche wird jedes Werkkorpus auf CD-ROM zu einer Art Werkkonkordanz. Der *Thesaurus Linguae Graecae*, der so gut wie alle erhaltenen griechischen Texte von Homer bis zum Ende des 6. Jahrhunderts v. Chr. enthält, dient so etwa als Konkordanz zur klassischen griechischen Literatur.

Das elektronische Medium mit seinen zusätzlichen Materialien wirkt sich nicht nur auf das Ausmaß aus, in dem ein Text verständlich wird, sondern auch darauf, wie ein Text im Kopf des Lesers oder Studenten verarbeitet wird. Gute Literaturwissenschaftler werden sich zunehmend der Produktion dieser wichtigen Ressourcen widmen, um sicherzustellen, daß diese potentiell einflußreichen Werke von höchster Qualität sind. Diese Texte werden über Links verfügen, so daß man ein Werk auf alle möglichen Aspekte hin befragen kann: auf produktionsästhetische (etwa Textvarianten sowie historische und intertextuelle Anspielungen), werkästhetische (etwa Gattungs-, Stil- und Strukturfragen, Leitmotive und Parallelstellen) und rezeptionsästhetische (z. B. bisherige Rezensionen und Informationen zur Veröffentlichungsgeschichte). Die Zusatzmaterialien können etymologische Erklärungen, Karten, Lexikoneinträge und historische Hintergrundinformationen umfassen. Hinzu kommt, daß solche Texte nicht mehr einfach auf Quellen verweisen, sondern diese Quellen selbst enthalten, daß sie Theateraufführungen nicht einfach beschreiben, sondern diese Aufführungen ausschnittweise oder ganz als Video enthalten. Aufgrund der rasanten technischen Veränderungen wird noch viel mehr möglich sein; die Qualität der Präsentation auf dem Bildschirm wird sich ebenso verbessern wie sich die Menge des auf einem PC speicherbaren Materials erhöhen wird. Auch literaturwissenschaftliche Arbeiten werden online publiziert werden, womit die Autoren zumindest einen Teil der Fußnoten durch Links zu Volltexten und Aufführungen ersetzen können. Durch Online-Publikationen können Wissenschaftler zudem ein größeres Publikum erreichen, womit auch der Bedarf an lesbareren Untersuchungen zunehmen dürfte. Durch solche Hypertexte, die aus traditionellen Texten und Zusatzmaterialien bestehen und die wir im Gegensatz zu den «native hypertexts» als «bearbeitete Hypertexte» bezeichnen können, wird auch die Lektüre fremdsprachiger Texte zunehmen; denn es erleichtert und beschleunigt die Lektüre doch sehr, wenn man auf ein Wort, das man nicht versteht, klicken kann und sogleich lexikalische und grammatikalische Hilfe erhält, anstatt erst im Wörterbuch oder im Register einer Grammatik nachzuschlagen (wenn man überhaupt weiß, wo man nachschlagen soll). Auch ältere Texte mit zeitgebundenen Wörtern und Wendungen werden von dieser neuen Publikationsform profitieren. Darüber hinaus kann ein Hypertext zwei Texte parallel anbieten, den einen in der Originalsprache, den anderen in einer dem Leser verständlichen Sprache. Darüber hinaus erleichtern es die Möglichkeiten des Hypertexts, Werke zu schaffen, die Interpretationshilfen, Sozialgeschichte sowie sprachliche und geistesgeschichtliche Zusammenhänge miteinander verbinden. Die Möglichkeit, daß Leser während der Lektüre zwischen verschiedenen Arten von Kommentar wählen können, versetzt den Philologen in die Lage, Studenten und Leser mit unterschiedlichem Hintergrund und unterschiedlichen Bedürfnissen in gleicher Weise anzusprechen. Eine vorzügliche elektronische Edition wird nicht nur Anmerkungen zu bieten haben, die nach Informationstypus aufgeschlüsselt sind; sie wird sich auch dem Niveau des Benutzers anpassen können und über Kommentare für den allgemeinen Leser, für Studenten verschiedener Stufen sowie für Fachkollegen verfügen.[41]

In ähnlicher Weise ermöglichen es Literaturgeschichten auf CD-ROM (wie etwa diejenige von Baasner und Reichard) dem Rezipienten, die Links sehr effektiv zu nutzen; sie sind damit vor allem auf die Bedürfnisse der Studenten ausgerichtet, die ein Nachschlagewerk benutzen, um sich einen schnellen Überblick über eine Epoche, einen Autor, ein Werk oder bestimmte Themen zu verschaffen. Die Technik der Links betont die Beziehungen zwischen den verschiedenen Aspekten einer Epoche, von den Autoren und Werken bis hin zu Fragen der Poetik, historischen Begriffen und allgemeineren Entwicklungen. Auf die Pädagogik wirkt sich das in dreifacher Weise aus. Zum ersten verfügen Autodidakten über mehr praktische Ressourcen als jemals zuvor. Zum zweiten fördern Hyperlinks unsere Bereitschaft, Texte innerhalb eines weitergefaßten Rahmens anderer Texte zu sehen und weniger als isolierte Objekte (einen Eindruck, den das Buch allein von seinem physischen Wesen her nahelegt). Indem ein Text in einem digitalen Apparat mit Links zu anderen Texten (u. a. intertextuelle Links, Rezensionen usw.) versehen wird, verwandelt sich die Isolation des Textes notwendigerweise in einen Dialog. Zum dritten schließlich erlauben es die nützlichen Einführungsmaterialien, die sich in gewisser Weise auf Einzelne oder Gruppen zuschneiden lassen, daß man in den Lehrveranstaltungen weniger vortragen muß und statt dessen mehr Zeit für Diskussionen hat.

Die Möglichkeit, ältere Texte zu digitalisieren und in einer einzigen Datenbank zu erfassen, kann bei der Datierung und Zuschreibung von Texten helfen sowie Stilanalysen und Übersetzungen zur Verfügung stellen. Und über Parallelstellen kann sie für die Interpretation hilfreich sein. Auch das Verständnis des Kontexts wird befördert. Hinzu kommt, daß verschiedene Fassungen eines Textes miteinander verglichen werden können. Die *Perseus Digital Library* etwa, eine Datenbank zur griechischen Kultur, umfaßt literarische Texte im Original und in Übersetzung,

Wörterbücher, enzyklopädische Informationen, geschichtliche Daten, Karten und anderes Bildmaterial (u. a. Münzen, Vasen und Statuen). Die Hyperlinks erleichtern das Auffinden von historischer Hintergrundinformation, was einerseits zu stärker positivistischen und kontextuellen Interpretationen beitragen könnte, während andererseits die Möglichkeit, nach einzelnen Wörtern zu suchen und Strukturen zu analysieren, die Aufmerksamkeit stärker auf Sprachduktus und Stil richten könnte.

Hypertexte lassen sich, anders als gedruckte Texte, relativ problemlos bearbeiten; die Aktualisierung früherer Kommentare wird somit deutlich erleichtert. Traditionelles und älteres Wissen muß also nicht verloren gehen. Die Möglichkeiten der Hyperlinks lassen darüber hinaus vermuten, daß sich gemeinsame Forschung in Zukunft einfacher und damit häufiger betreiben läßt, da jeder einzelne Mitarbeiter zu einem anderen Bereich beitragen kann und die Technik die Zusammenarbeit unabhängig von der physischen Anwesenheit der anderen ermöglicht. Hypertexte könnten darüber hinaus nicht nur für eine stärker gruppenorientierte, sondern auch für eine vielfältigere Literaturwissenschaft sorgen, da sich in einem Hypertext verschiedene Interpretationsstrategien, die eine ganze Reihe von Möglichkeiten abdecken, über Links miteinander verknüpfen lassen. Ein Unterschied zwischen der Rezeption eines Werks mittels Hypertext und der Rezeption über die gedruckte Seite liegt darin, daß das spezifische Alter eines Buches, wozu auch so periphere Aspekte wie die Typographie gehören, nun keine Rolle mehr spielt. Ein seltenes Buch oder ein Buch zu lesen, das noch die Spuren früherer Zeiten trägt, enthält jedoch durchaus eine ästhetische und evokative Dimension. Man gewinnt dabei eine ganz andere emotionale Beziehung zur Vergangenheit und ein ganz anderes Verständnis einer Epoche; beides geht verloren, wenn man einen Text am Bildschirm liest.

Eine Schwierigkeit bei Hypertexten als Interpretationsmodellen liegt darin, daß sie nicht nur nicht-sequentielles, sondern auch nicht-hierarchisches und nicht-organisches Schreiben bevorzugen, so daß die Links häufig willkürlich sind und nur locker miteinander in Beziehung stehen. Roland Barthes' Unterteilung von Texten in unterschiedliche Blöcke und seine Anwendung unterschiedlicher Codes sind, in seinen eigenen Worten, «arbiträr» (563). Unter dem Einfluß solchen Denkens können Philologen Hypertexte kreieren, die aus unterschiedlichen Beobachtungen bestehen, die ohne Sinn für ein bedeutungsvolles Ganzes und ohne Unterscheidung wichtiger und weniger wichtiger Kommentare einfach nebeneinandergestellt werden; in einer Zeit der Überinformation und in einem Medium, das endlose Kommentare erlaubt, wäre das nicht unbedingt ein Vorteil. Ein derartiges Vorgehen könnte schlicht eine bereits bestehende unglückselige Neigung der Diskursanalyse noch verstärken, nämlich das Zusammentragen von Kontextbezügen, ohne diese mit der umfassenden Bedeutung und den organischen Strukturen des Textes in

Beziehung zu setzen. Es geht nicht nur darum, Assoziationen zu erzeugen, sondern auch darum, den unterschiedlichen Wert solcher Assoziationen zu erkennen.

Doch trotz der Verbindungen zwischen Hypertext und zeitgenössischen Literaturtheorien, auf die Landow und andere hingewiesen haben,[42] ist die Vorstellung von nicht-sequentiellen Links nicht grundsätzlich unvereinbar mit organisch oder systematisch ausgerichteten Interpretationen; man muß nur die traditionelle Fußnote als einfache Form
eines potentiellen Netzwerks bedeutungsvoller Links betrachten oder davon ausgehen, daß jedes kohärente System nicht nur vom Prinzip der
Einheit bestimmt ist, sondern auch von einer komplexen Vielfalt innerhalb einer übergreifenden Einheit, was sich ebenfalls im Modell des Hypertexts erfassen ließe. Je nach Gebrauch kann das Medium Hypertext
beides verkörpern: ein postmodernes Modell, wonach alles Wissen diskontinuierlich und nicht-hierarchisch ist, oder ein komplexes und syste-
matisches Modell der Einheit allen Wissens über die Fächergrenzen hinaus. *Poststrukturalistisch gesprochen: Die Verbindung zwischen Hypertext und der Ideologie des Poststrukturalismus ist nicht natürlich oder
zwangsläufig, sondern konstruiert.*

Ein «native hypertext» ist nur über den Computer verfügbar und
durch seine assoziativen Links charakterisiert; wie ich oben bereits aus-
geführt habe, kann man bestimmte Icons anklicken und zu verwandten
Themen gehen, dann wieder zurückgehen usw., wie man gerade will.
Dabei wird zumindest ein Moment des Organischen betont: Die Verbindungen zwischen den einzelnen Teilen von Texten werden bis an die
Grenze des Möglichen ausgedehnt. In diesem Zusammenhang zeigen sich
jedoch mindestens zwei Nachteile des Hypertexts. So kann unsere *forma
mentis* von einer Art Konsumneugier bestimmt werden, mit der wir uns
von einem beglückenden Moment zum nächsten bewegen und dabei die
Fähigkeit verlieren, einen Gedanken zu Ende zu denken oder unsere
Argumentation zuzuspitzen und auf den Punkt zu bringen. Zum zweiten
erkennen wir, wenn wir uns von Teil zu Teil bewegen, möglicherweise
nur die losen Verbindungen zwischen den Teilen, während das dahinter-
stehende Ganze, die Substanz, welche die Funktion überhaupt erst sinnvoll macht, verborgen bleibt oder ganz verloren geht. Da wir nicht wie
beim Buch das ganze Werk auf einmal in den Blick nehmen können,
verliert die Einheit auch symbolisch an Kraft. Dies alles muß nicht notwendigerweise eine Konsequenz der neuen Technik sein, aber es sind
zumindest potentielle Probleme.

Doch nicht nur Hypertexte, sondern auch das Fernsehen beeinflußt
die Literaturwissenschaft und hier besonders die Literaturkritik. Hubert
Winkels hat gezeigt, wie sich das Fernsehen auf unseren Diskurs über
Literatur auswirkt (29–59). In einem Buch oder einem Aufsatz einigermaßen detailliert über einen literarischen Text zu schreiben unterscheidet

sich in Form und Inhalt grundlegend von der Art der Präsentation bei Fernsehdiskussionen über Literatur; dort muß man unmittelbar und spontan auf andere Kritiker antworten und sich eher mit Fragen der Bewertung als der Interpretation befassen. In den USA etwa ist es so, daß die Ankündigung, ein Buch werde in der populären Fernsehsendung von Oprah Winfrey besprochen, die Verkaufszahlen sofort in die Höhe schnellen läßt. Professionelle Literaturwissenschaftler, die an die Institutionalisierung der Literaturwissenschaft über Bücher und Aufsätze gewöhnt sind und diese Wege als primär für Fortschritte im Fach ansehen, haben noch nicht einmal in Ansätzen die ungenutzten Möglichkeiten der Literaturwissenschaft in diesen neuen Medien erkannt.

Eine traditionelle Wirkung von Kunst war ihre Fähigkeit, eine kollektive Identität zu schaffen, d. h. eine Reihe gemeinsamer Erfahrungen, Ziele und Ideale. Die technische Entwicklung hat sich darauf sowohl negativ wie auch positiv ausgewirkt. Auf einer Mikroebene hat es uns die Technik ermöglicht, Kunst in einem weniger gemeinschaftlichen Rahmen zu erfahren – Symphonien hört man auf CD, Kinofilme sieht man im Fernsehen, Bühnenstücke schaut man sich auf Video an. Diese Isolation hat eine wichtige intersubjektive Erfahrung deutlich geschwächt: Selbst in begrenztem Rahmen hat sich unsere Rezeption dieser Werke verändert; das Lachen etwa ist eine ansteckende Erfahrung. Gleichzeitig hat die globale Technik es jedoch möglich gemacht, daß verschiedene Teile der Welt ästhetische und andere Ereignisse gleichzeitig erfahren. Darüber hinaus ermöglicht uns diese Technik der globalen Rezeption mehr Optionen, was allerdings zugleich heißt, daß die Zahl der gemeinsamen Erfahrungen potentiell wieder abnimmt. Wir können diese Frage der globalen Rezeption noch ein Stück weiter verfolgen. Auf der einen Seite haben verschiedene Kulturen heute mehr Einblick in die Werke anderer Kulturen, da es beispielsweise immer einfacher wird, sich ein Video aus Brasilien, Rußland oder Indien auszuleihen; auf der anderen Seite erkennen wir jenseits dieses zersplitterten Musters einer kulturübergreifenden Rezeption die Hegemonie bestimmter kultureller Produkte. Amerikanische Filme dominieren auch weiterhin weltweit, so daß Hollywood eine moralische Verantwortung zukommt, die weit über seine rein finanziellen Zielsetzungen hinausgeht; denn das Bewußtsein der Welt wird zu einem Gutteil durch diese amerikanischen Produkte bestimmt, die Kunst und Technik miteinander verbinden und beinahe auf der ganzen Welt rezipiert werden. Immer dann, wenn dieser moralische Anspruch verfehlt wird, und selbst dann, wenn man ihm gerecht wird, kommt der Literatur (und dabei vor allem der Weltliteratur) eine wichtige Rolle zu – denn es kann einfach nicht wünschenswert sein, daß eine Kultur andere Kulturen verdrängt. Wenn die Literatur ein Moment des Widerstands gegen die herrschende Kultur enthält, wie manchmal behauptet wird, dann muß sie in einer Zeit, in der andere

Kunstformen immer stärker von der Technik bestimmt werden, eine besondere Rolle spielen.

Wie ich oben bereits angedeutet habe, hat die Technik essentielle Aspekte des Lebensstandards verbessert: Wir leben länger, wir müssen weniger physische Beschwerden ertragen, wir verfügen über mehr Freizeit. Diese technischen Fortschritte lassen uns mehr Raum, um uns der Literatur zu widmen; damit hat die Literatur nicht nur mehr Platz, um zu gedeihen, auch ihr Auftrag und ihre Verantwortung nehmen zu, da Literatur zu einer zentraleren Dimension in unserem Leben werden kann. Und in der Tat zeugt es von Klugheit, wenn man sich in der Freizeit mit Literatur beschäftigt. Sie bietet uns etwas, was wir in unserem alltäglichen, fragmentierten Leben selten bekommen und auf andere Weise nur unter Mühen finden können. Wir werden niemals hinter die arbeitsteilige Gesellschaft zurückfallen, weil sie einfach zu effizient ist, aber eine Möglichkeit, um das Gefühl, das gesamte Leben bestehe nur aus der Berufstätigkeit, zu korrigieren, besteht darin, unserer freien Zeit mittels Kunst Bedeutung zu verleihen. Paradoxerweise jedoch haben die technischen Fortschritte die Rolle der Kunst auch reduziert, und zwar aus mindestens drei Gründen. Zum ersten bietet uns die Technik mehr Möglichkeiten, unser Leben zu konstruieren und zu organisieren; wir verfügen über ein Mehr an Optionen, von denen viele mit Kunst überhaupt nichts zu tun haben. Zum zweiten führt die wechselseitige Entwicklung von Technik und Kapitalismus zu einem immer größeren Wettbewerb und in vielen Fällen zu in hohem Maße von Streß geprägten Arbeitsbedingungen, so daß man heute am Ende des Tages oftmals so erschöpft ist, daß selbst das Unterhaltsame an großer Literatur die Konzentrationsfähigkeit übersteigt, besonders da das Fernsehen eine weniger anstrengende Alternative bildet. Zum dritten hängt eine technisch bestimmte Volkswirtschaft stark von der Werbung ab, die zwar Kunstelemente enthält, aber selbst keine Kunst ist – damit fließen (produktive und rezeptive) Energien in diese Unternehmen, die ansonsten möglicherweise der Kunst zugute gekommen wären. Da man nicht immer sofort weiß, was man am besten mit seiner Freizeit anfängt, gilt es, sich verschiedene Optionen zu schaffen; darin liegen ganz neue Chancen für die Literaturwissenschaft. In einer Zeit, in der es für die ausgebildeten Literaturwissenschaftler nicht ausreichend Stellen an den Universitäten gibt, könnte sich ein Markt für Philologen entwickeln, die Diskussionsgruppen für Menschen leiten, die ihre Freizeit sinnvoll nutzen wollen. Das dürften wohl vor allem ältere und bereits im Ruhestand befindliche Leser sein, die nicht unmittelbar unter der beruflichen Überbelastung zu leiden haben.

Die Bewertung von Kunst, die ja einen Aspekt der Rezeption darstellt, wird heute jenseits ihrer inneren Schwierigkeiten auf dreifache Weise erschwert. Zum ersten hat die technische Transformation der Wirtschaft und mit ihr der Gesellschaft dazu geführt, daß eine adlige und bildungsbürgerliche Schicht, deren Kinder über Erziehung und Reisen für ästhetische Aspekte besonders sensibilisiert waren, heute kaum mehr existiert. An die Stelle dieser Schicht ist zweitens der Markt getreten, so daß Menschen ohne jedes ästhetische Empfinden darüber bestimmen können, welche Werke gekauft werden (bei Auktionen oder in den Verlagen); und das Profitstreben verringert die Bereitschaft, ein Risiko mit Werken einzugehen, die inhaltlich oder formal gegen den Strom des «Zeitgeistes» schwimmen, was wiederum nicht ohne Einfluß auf die Produktion bleibt. In vielen Ländern sind zudem an die Stelle von Kulturmäzenen Regierungsbeamte getreten, deren Haltung von politischen Erwägungen oder Aufstiegsambitionen bestimmt ist und die in Fragen der ästhetischen Bewertung nicht besser als andere Bescheid wissen. Zum dritten steht die vorherrschende Ideologie unserer Zeit einer Bewertung von Kunst, die eher auf inneren denn äußeren Kriterien gründet, entgegen. Angesichts dieser drei Faktoren gewinnt die Rolle des Kunst- und Literaturwissenschaftlers noch an Bedeutung, und um so wichtiger ist es, daß in diesen Disziplinen brauchbare Kategorien verwendet werden.

6. Der Stellenwert von Literatur im technischen Zeitalter

In diesem Kapitel geht es um die Frage, in welchem Maße sich Kunst, sowohl in ihren überzeitlichen Dimensionen wie auch hinsichtlich ihrer Entwicklung in der heutigen Zeit, mit der Technik und deren Folgen befassen kann. Ich will zeigen, auf welche Weise die ästhetische Erfahrung ein Gegengewicht zu den bestimmenden Charakteristika des technischen Zeitalters bilden kann. In dieser Hinsicht nimmt meine Analyse eine zentrale Vorstellung von Theodor W. Adorno auf. Zwar teile ich Adornos extreme Betonung des Dissonanten und Unbegreiflichen nicht, doch mit Adorno bin ich der Ansicht, daß der Kunst eine Rolle als Gegenkultur zukommt, eine Haltung, die Adorno, bei allen Unterschieden, mit Schiller gemeinsam hat, der in der Harmonie der Kunst ein Gegengewicht zur Dissonanz der modernen Welt sah.

Der Eigenwert von Literatur

Technik in einem weiteren Sinne heißt Betonung der technischen Vernunft; eine Überbetonung des Technischen und Instrumentellen führt nicht nur zu einem Ungleichgewicht im Hinblick auf andere Werte, vielmehr betrifft die Ausweitung des Instrumentellen bis an seine Grenzen auch unser Verhältnis zu anderen Menschen. Darin liegt der Grund, gegen alle Versuche, Kunst auf ihre gesellschaftspolitischen und ideologischen Aspekte zu reduzieren, an der «Absichtslosigkeit» von Kunst festzuhalten. In seiner *Kritik der Urteilskraft* spricht Kant davon, daß ästhetisches Wohlgefallen von Interesselosigkeit geprägt sei (Abschnitt 5). Wenn wir auf einem Gemälde einen Gebirgsbach betrachten, so befällt uns kein Gefühl des Durstes. Wenn wir die Skulptur eines wunderschönen Körpers betrachten, so verlangen wir nicht danach, ihn zu besitzen; wir belassen ihn in seiner Freiheit. Und auch wenn wir das Objekt in abstrakte theoretische Begriffe verwandeln, so interessieren wir uns weiterhin für das Objekt. Als ästhetisches ist das Objekt eine Kombination aus Sinnlichem und Geistigem, es ist weder nur sinnlich (was dem Verlangen entspricht) noch nur geistig (was dem Denken entspricht). Santayana hat, an Kants Überlegungen anschließend, die Vermutung geäußert, daß über die unmittelbare Hintanstellung der Nützlichkeitserwägung hinaus auch andere «Freuden» suspendiert werden: «Wir bringen die Befriedigung der Eitelkeit und des Besitzstrebens und das Entzücken

bei der Betrachtung nicht durcheinander» (25). In diesem Sinne führt
uns Kunst über unser unmittelbares Selbst hinaus, über die bloße Berechnung und andere Hintergedanken. Ironischerweise ist es genau diese
Bewahrung des Ästhetischen, also des Eigenwertes, der sich weder
konsumieren noch ignorieren läßt, die das Kunstwerk nach außen hin
wertvoll macht als Gegenkraft gegen das rein Instrumentelle; damit
kommt dem Ästhetischen innerhalb des organischen Bereichs menschlicher Aktivität im allgemeinen und ganz besonders heute eine herausragende Stellung zu.

Auch verschiedene andere Aspekte der Literatur haben mit der Instrumentalisierung des Lebens zu tun. Man denke nur an ihre Nähe zum
Spiel. Das Spielen ist wie die Rezeption von Literatur keine nutzlose
Tätigkeit, sondern hochgradig mit Bedeutung aufgeladen. So spricht
denn auch Johan Huizinga in seiner klassischen Untersuchung davon,
daß das Spiel zusammen mit der Vernunft und dem Tun in unserem
Dasein eine zentrale Stellung einnehme. Deshalb setzt er den *homo
ludens* komplementär neben die populäreren *homo sapiens* und *homo fa-
ber*. Das Spiel dient zahlreichen verborgenen Zwecken: Es erlaubt uns,
uns unseren vitalen Neigungen hinzugeben; es erweitert unsere Vorstellungskraft; es bildet mit seiner Zwanglosigkeit, Interesselosigkeit und
Außerordentlichkeit ein Gegengewicht zum eher instrumentellen und ge-
wöhnlichen Bereich der Arbeit; es ermöglicht neue Arten des Sehens und
In-Beziehung-Setzens; und es verschafft uns die Erfahrung des Rituellen.
Schiller wendet das traditionelle Klischee, wonach wir dazu neigen, bloßes Spiel herabzusetzen, ins Gegenteil: «mit dem Angenehmen, mit dem
Guten, mit dem Vollkommenen ist es dem Menschen *nur* ernst, aber mit
der Schönheit spielt er» (Bd. 8, 612 f.). Man spielt um des Spieles willen,
es hat seinen Zweck in sich, und doch macht uns diese Erfahrung nicht
ärmer, sondern bereichert uns. Santayana spricht davon, Spielen sei nicht
das, «was ohne Ertrag bleibt, sondern das, was man spontan und um
seiner selbst willen tut, ob dahinter nun ein Nutzen steckt oder nicht»
(19). Spielen ist in erster Linie Selbstzweck und als solches wird es Mittel
zum Zweck – es schärft unseren Sinn für den Wert dessen, was um seiner
selbst willen getan wird. Ein Gespür für den Eigenwert einer Sache zu
bekommen ist somit paradoxerweise von Nutzen.

Ironischerweise führt die Betonung der instrumentellen Vernunft nun
jedoch nicht zu einem Zustand des Glücks, und zwar aus mindestens
drei Gründen. Erstens kann man Glück nicht kaufen, verkaufen oder
suchen; es fällt einem mit den richtigen Werten als eine Art Geschenk
zu. Zum zweiten werden die Elemente des Spiels, nämlich Spontaneität,
Lebendigkeit und Anmut, die alle auch dem Glück eigen sind, in dem
Maße vernachlässigt, in dem die instrumentelle Vernunft die Oberhand
gewinnt. Wenn zum dritten die instrumentelle Vernunft in den Vordergrund tritt, zerstört sie die für das Glück unabdingbare Wertrationalität.

Die antike Philosophie empfiehlt, sich weniger mit dem Instrumentellen zu befassen, um sich um so mehr dem Genuß des schon Verfügbaren hinzugeben, Zeit in der Natur oder in kontemplativer Betrachtung zu verbringen.

In der antiken Philosophie wird das Vitale und Geistige über das Instrumentelle gestellt und eine Reihe unterschiedlicher asketischer Werte betont; das Ergebnis sind höheres Vergnügen, eine edle «innere» Haltung und eine deutlich größere Zufriedenheit. Die moderne Askese hingegen predigt, daß nützliche Arbeit höher als der Genuß des Angenehmen stehe, wie Max Scheler in *Das Ressentiment im Aufbau der Moralen* zeigt. Das Ideal ist somit nicht mehr der maximale Genuß des Angenehmen mit einem Minimum an angenehmen und nützlichen Dingen, sondern das genaue Gegenteil: «das ‹Ideal› des Minimums von Genuß bei einem Maximalmaß nützlicher und angenehmer Dinge» (96 f.). Je mehr man arbeitet und je mehr man sich von bunten, aber leeren Dingen unterhalten läßt, desto freudloser wird man. Literatur hingegen bereichert uns zum Teil durch ihren Eigenwert, zum Teil durch ihre Fähigkeit, sich mit vernachlässigten Werten zu beschäftigen, teils aber auch schlicht durch ihre Lebendigkeit. Die Tatsache, das der moderne Mensch kaum glücklicher ist als der vormoderne, läßt vermuten, daß es Sinnvolleres gibt als die Befriedigung überflüssiger materieller Bedürfnisse; Literatur ist Teil dieses höheren Sinns und dieser größeren Zufriedenheit. Literatur vermittelt uns unter anderem den Eigenwert menschlichen Lebens, und zwar unabhängig von unseren beruflichen oder finanziellen Zielen. Als Verkörperung solchen Eigenwerts kann die Literatur deshalb in einer Gesellschaft, in der der Anteil an Menschen im Ruhestand zunimmt, deren frühere Identität stark mit ihrer Arbeit verbunden war und deren Freizeitoptionen oftmals auf das Mondäne und rein Sinnliche reduziert sind, eine zunehmend bedeutungsvolle Rolle spielen.

In einer Zeit, die das Instrumentelle überbewertet, kritisiert eine der idealen künstlerischen Ausdrucksformen dieses Instrumentelle nicht offen – denn andernfalls liefe das Kunstwerk Gefahr, selbst instrumentell zu werden –, sondern es verkörpert statt dessen ganz einfach diesen inneren Wert. Kunst, die sich als Kunst ohne zeitspezifische Botschaft genießen läßt, enthält gleichwohl eine Botschaft an die Zeit: Sie demonstriert den Wert dessen, was nicht instrumentell ist. In diesem Sinne kann die Lyrik eine ganz besondere Anziehungskraft entfalten, da sie oftmals in hohem Maße auf sich selbst beschränkt bleibt und allein aufgrund ihrer Form von Wert ist. Oder man denke an den mäandernden Roman, der den Leser auf Wege mitnimmt, die scheinbar irrelevant sind, in denen jedoch, wie sich herausstellt, eine organische Bedeutung steckt, oder an die Zufallskomödie, deren höhere Bedeutung darin liegt, daß sie die bewußten Intentionen des Helden untergräbt. In diesem Zusammenhang muß man auch auf den Wert der nonverbalen Künste hinweisen, etwa der Malerei, die noch eindringlicher der idealen Verkörperung lebendiger und innerer Werte entsprechen mögen. Das bis heute anhaltende rege Interesse an den Impressionisten läßt sich teilweise in diesem Lichte verstehen.

Selbstüberschreitung

Große Literatur hilft uns dabei, unseren Blick aufs Leben zu erweitern, und bereichert unser Weltverständnis durch die Geschichten und die Sprache anderer. Literatur enthüllt neue Welten, sie steigert unsere Sensibilität wie auch unsere Sympathien und lenkt unsere Aufmerksamkeit auf alternative Lebensmodelle. Eine der besten Möglichkeiten, um über das eigene Ich und die eigene Subjektivität hinauszugelangen, liegt darin, in eine andere Kultur einzutauchen, dabei zu erkennen, welche Aspekte der eigenen Kultur nur begrenzt gültig sind, alternative Modelle zu entdecken und sich von dem narzißtischen Impuls zu befreien, ständig nur über die eigene, private Welt nachzudenken. Iris Murdoch behauptet mit Recht, daß Kunst «die selbstsüchtigen und obsessiven Beschränkungen der Persönlichkeit überschreitet und die Sensibilität des Rezipienten vergrößern kann» (87). Denis Donoghue ist der Ansicht, daß «das Vergnügen, Literatur zu lesen, daraus entsteht, daß man die eigene Vorstellungskraft schärft, indem man sich vom eigenen Selbst ab- und anderen Lebensformen zuwendet, vergangenen, gegenwärtigen und vielleicht künftigen. Darin zeigt sich die Nähe der Literatur zu Sympathie, Gemeinschaftsempfinden, Spiritualität und Moral des Menschen» (73).

Mittels dieser Selbstüberschreitung erweitern nicht nur Individuen ihren Horizont, auch Kulturen nehmen Werke aus anderen Kulturen auf und vergrößern so ihre Möglichkeiten. Hegel bezeichnet den *West-östlichen Divan* als Goethes größtes Werk: Statt sich mit der eigenen Innerlichkeit und Subjektivität zu beschäftigen, verkörpere es «objektive Heiterkeit» und vermittle dem Leser das Gefühl, «auch Werke von anderen fremden, auch entfernteren Nationen zu genießen» (unveröffentlichte *Nachschrift*, zit. n. Gethmann-Siefert, 234). Statt sich einzig mit subjektiven Reflexionen oder der unmittelbaren Umgebung zu beschäftigen, findet Goethe zu einer höheren Form der Objektivität, nämlich der Vermittlung kultureller Alternativen. Tribalismus und Nationalismus lassen sich nur überwinden, wenn wir sowohl nach dem Anderen wie auch nach dem Ganzen suchen; denn reine Pluralität ohne einen Sinn für das Ganze führt nur zu Konflikten, und ein Ganzes ohne das Andere macht den Reichtum der Vielfalt zunichte. Die Wichtigkeit, andere Kulturen kennenzulernen, ergibt sich nicht nur aus der Vorstellung, daß wir moralisch dazu verpflichtet sind, Andere ausfindig zu machen und anzuerkennen. Gerade dann, wenn die Kunstformen einer bestimmten Kultur nicht dazu in der Lage sind, sich in befriedigender Weise mit zeitgenössischen Fragen zu befassen, wenn deren Kunst sich in Wiederholungen und Narzißmus ergeht oder unfähig ist, die Probleme ihrer Zeit aufzugreifen, können Impulse aus anderen Kulturen zu ihrer Erneuerung beitragen. Ein Beispiel ist die Neubelebung der modernen Kunst durch die Einbeziehung einiger Werte des Primitivismus, u. a. seiner Unmittelbarkeit und Spontaneität. Es lohnt sich, sich mit «modernen» Autoren aus Ländern zu beschäftigen, die sich technologisch weniger rasch entwickelt haben; bei ihnen lassen sich Perspektiven, Formen intersubjektiver Erfahrung und ein emotionaler Reichtum finden, die bei uns schon längst in Vergessenheit geraten sind.

Wenn Literatur sich an viele Menschen richtet, so trägt sie, wie oben bereits erläutert, zur Ausbildung einer kollektiven Identität und gemeinsamer Werte bei. Nach Vico reicht es nicht aus, die Institutionen, die Gesellschaften und Kulturen Stabilität verleihen, philosophisch zu begründen; wir müssen auch über eine enge emotionale Bindung an diese Institutionen verfügen. In dem Maße, in dem wir uns von den Institutionen der Vergangenheit entfernen, in dem die Welt sich immer stärker rationalisiert, können Kunst und Literatur uns dabei helfen, uns der Tradition und einander wieder näherzubringen. In einem technischen Zeitalter, in dem sich kollektive Identität immer weniger über Tradition und Gemeinschaft ausbildet, besitzt Kunst um so größere Chancen wie auch Verpflichtungen. Viele Literaturwissenschaftler neigen heute dazu, die Frage der kollektiven Identität zu ignorieren oder für gering zu erachten, doch wenn Kunst und Literatur dabei keine Rolle spielen, so wird das Vakuum von einer kollektiven Identität ausgefüllt werden, die vom Markt und vom Konsumdenken bestimmt ist. Eine Ausweitung der literarischen Rezeption auf den Bereich der kollektiven Identität ist vor allem auch in einer Zeit der ökologischen Krise besonders wichtig, da die Umweltprobleme nur mittels kollektiver, ja internationaler Strategien, Perspektiven und Institutionen zu lösen sind.

Eine klassische Metapher für die Literatur ist die des Spiegels. Durch die Literatur lernen wir uns selbst auf ganz neue, bislang nicht bekannte Weise kennen. So etwa erkennt der Held in Ferdinand Raimunds *Der Alpenkönig und der Menschenfeind*, der sich dank Verzauberung (ihrerseits wiederum eine Analogie auf die Literatur) selbst zusehen kann, dadurch seine Fehler und wird zu einem besseren Menschen. Shakespeares Timon and Molières Alkeste sind nicht in der Lage, sich selbst zu durchschauen, aber ihre Leser können es. Carl Zuckmayers *Der Hauptmann von Köpenick* endet damit, daß Wilhelm Voigt, körperlich ziemlich heruntergekommen, seine Uniform noch einmal anzieht, in den Spiegel blickt und angesichts der Lächerlichkeit dieser Situation in Lachen ausbricht. Eine gelungene Aufführung dieses Stücks könnte einen riesigen Spiegel installieren, in dem sich das Publikum selbst sieht, wenn Voigt ausruft: «Unmöglich!!» (128). Dieses traditionelle Bild der Kunst als Spiegel impliziert zweierlei: zum ersten, daß wir uns selbst deutlicher erkennen, indem wir uns mit den Protagonisten eines literarischen Textes identifizieren; und zum zweiten, daß wir existentiell von dieser Rezeption betroffen sind, nämlich als Akt der Selbsterkenntnis, durch den wir eigene Schwächen überwinden können.

Indem wir Literatur lesen und die sich vor unseren Augen entfaltende Geschichte eines Menschen und die Entwicklung des Ganzen eines Kunstwerks verstehen, werden wir dazu ermutigt, ein tieferes Gespür für Kohärenz zu entwickeln, das sich dann auf das Nachdenken über uns selbst, über die geheime Logik unserer eigenen Entwicklung übertragen läßt.

Kants Behauptung, ästhetische Urteile seien universell, verleiht der Kunst noch eine weitere gesellschaftliche Dimension. Kant trifft eine wichtige Unterscheidung, nämlich zwischen dem Vergnügen, das individuell sei, und dem Schönen, das universell sei. Diese Universalität des Schönen vermag uns über das rein Sinnliche und Private hinauszubringen. Ein Kunstbegriff, der auf dieses Moment der Universalität verzichtet, wird es schwer haben, andere von seinem Wert zu überzeugen. Mehr noch: Er wird uns nicht zu einer – so paradox es klingen mag – Selbstüberschreitung und Selbsterfüllung führen, die zugleich Teil einer kollektiven Erfahrung und darüber hinaus einer kollektiven Identität ist. Der Mensch neigt gemeinhin dazu, das Schöne mit anderen zu teilen, anderen davon zu erzählen, damit auch sie es erfahren. Man erwartet, daß es auch die anderen schön finden. Schiller war einer der ersten, der den großen Wert erkannte, der potentiell in dieser gesellschaftlichen Dimension des Schönen liegt. Das Schöne fügt die einzelnen Teile des Selbst nicht nur harmonisch zusammen, es ist auch der Vorschein einer höheren Harmonie zwischen Menschen und Kulturen. Indem es seinen Zweck in sich hat, besitzt das Schöne genau diese Verbindung zum Guten.

Darüber hinaus entführt uns die Literatur in eine Sphäre, die man als das Ewige bezeichnen könnte. Die antiken Philosophen stellten das Denken, das seinen Zweck in sich habe, über das Tun, das seinen Zweck außerhalb seiner habe und niemals zur Vollendung komme. Literatur erweist sich somit als Moment der antiken *theoria* in der modernen Welt, insofern sie in sich ein Ganzes bildet. Sie gewährt uns Muße, Ruhe und Kontemplation, so daß es uns potentiell eher möglich ist, die ideale Sphäre wahrzunehmen. Wenn wir gute Literatur lesen, so nimmt uns der Text so gefangen, daß wir die Welt um uns herum vergessen. Wir verlieren uns in dem, was wir lesen. Literatur befreit uns vom täglichen Tun und von allen Ablenkungen und ermöglicht uns eine *vita contemplativa*. Literatur lehrt, Geduld zu haben, eine Tugend, die in einer Kultur, in der die Zeit streng reglementiert ist und die Technik die räumlichen Entfernungen auf dramatische Weise verringert, kaum Beachtung findet. Durch die kontemplative Betrachtung lösen wir uns vom Kontingenten und kommen dem Ewigen näher. Dazu heißt es bei Sven Birkerts: «Im Akt des Lesens gleiten wir aus unserem gewohnten, durch Zerstreutheit und Oberflächlichkeit gekennzeichneten Zeitbezug in das Reich der Dauer. Nur im Zustand der Erfahrung der Dauer erleben wir Erfahrung als Sinnerfahrung. Nur in diesem Zustand sind wir in der Lage, unser Leben, wie die Philosophen sagen würden, *sub specie aeternitatis* zu betrachten, uns die Frage nach Ursprung und Ziel unseres Seins zu stellen und uns selbst als Seele zu begreifen.» (45)

Gleichgewicht

Im Gegensatz zu einseitigen materialistischen Impulsen setzt Literatur die materielle Sphäre in eine Beziehung zur geistigen. Die Literatur lädt uns dazu ein, nicht nur das Endliche wahrzunehmen (das sinnliche Material der Sprache), sondern auch das Unendliche (insofern uns die Literatur ein Gespür für Würde und einen höheren Daseinszweck vermittelt) und die geheimnisvolle Beziehung zwischen beiden Bereichen. Große Kunst vermittelt uns einen Sinn für das, was sich nicht erkennen, nicht objektivieren, nicht messen läßt, und öffnet uns so die Augen für den Wert dessen, was oberflächlich betrachtet kaum von Wert ist. Das Vergnügen, das Literatur bereitet, ist geistiger, aber auch sinnlicher Natur, die sich mit dem Geist in Einklang bringen läßt. Damit bildet die Literatur auch ein bedeutsames Gegengewicht zur modernen Subjektivität, denn das Spezifische der Subjektivität im technischen Zeitalter liegt gerade darin, daß sie alles, auch sich selbst, zum Objekt machen kann und sich dabei in einer Weise aufspaltet, die sie noch weiter vom inneren Einklang von Bewußtsein und Natur, von Geist und Körper entfernt. Die Rezeption des Schönen bedarf nicht nur der Vermittlung über das Verstehen, das differenziert, sondern auch unserer sinnlichen Wahrnehmung der Einheit. Indem Kunst sich an unsere Sinne wendet, weckt sie darüber hinaus in uns ein Bewußtsein unseres eigenen Seins als Teil der Natur, was uns im Gegenzug unsere Abhängigkeit vom jenseits von uns liegenden Bereich der Natur deutlicher vor Augen führt. Kurz: Das Schöne verleiht dem Sinnlichen geistige Bedeutung und läßt den Geist den Wert des Sinnlichen erkennen. In seinem 18. Brief formuliert Schiller dieses Ideal so: «Durch die schmelzende Schönheit wird der sinnliche Mensch zur Form und zum Denken geleitet; durch die schmelzende Schönheit wird der geistige Mensch zur Materie zurückgeführt, und der Sinnenwelt wiedergegeben» (Bd. 8, 622).

Ein wichtiger Faktor der gegenwärtigen ökologischen Krise liegt in der Distanz zwischen Mensch und Natur; Literatur kann dazu beitragen, diese Kluft zu überwinden. Die Kunst nämlich betont den natürlichen, sinnlichen Teil des Menschen, indem sie ihre Form zum Teil aus der materiellen Welt bezieht und sich an unsere Sinnlichkeit richtet; diese

Wirkung bildet einen Ausgleich in einer Kultur, die nicht mehr intuitiv und in vielerlei Hinsicht überreflexiv ist. Hinzu kommt, daß Kunst Sprache und Material mit vielfältigem Sinn und geistigem Wert auflädt. Das gilt nicht nur für die Form, sondern häufig auch für die Thematik; man denke nur daran, wie Buntglas das scheinbar prosaische Tageslicht verwandelt oder in wie vielfältiger Weise die alten niederländischen Meister dem Alltagsleben eine geistige Dimension verliehen haben. Literatur, die wohl intellektuellste unter den Künsten, kann ein besonders wirksames ästhetisches Gegengift zu einer Kultur sein, die in zunehmendem Maße von geistig anspruchlosen Aktivitäten geprägt ist. Indem sie aus Wörtern besteht, wirkt die Literatur der Tendenz entgegen, Opfer einer gänzlich visuellen Kultur zu werden. Als intellektuellste unter den Künsten repräsentiert sie eine Form der Sinnlichkeit, die uns auf eine höhere, abstraktere Ebene zu führen vermag. Damit vermeidet die Literatur zwei Extreme der Moderne: nämlich das übermäßig «Kopflastige» und das einseitig Sinnliche. Darüber hinaus kann uns die Kunst unendlich viele Geschichten (ob aus früheren Zeiten oder der Gegenwart) liefern, die uns dabei helfen, diese beiden Bereiche, die in der modernen technisierten Gesellschaft streng voneinander getrennt sind, wieder zu einer Einheit zusammenzufügen. Viele Märchen beispielsweise, sowohl traditionelle wie auch moderne, beziehen die Natur auf eine Weise ein, daß deren geistige Dimensionen zum Vorschein kommen.

Ein klassisches Paradigma der Kunst betont deren Symmetrie. In voller Ausprägung ist Symmetrie ein Zeichen für die Ausgewogenheit der einzelnen Teile und die Konkordanz der Teile innerhalb eines größeren Ganzen; sie steht daher in enger Beziehung zum Organischen und zum Schönen. Symmetrie evoziert Ruhe; sie sorgt sogar rein physisch für eine Entspannung der Augenmuskulatur. Natürlich bleibt eine Symmetrie ohne genügend viele Einzelteile, die sich in Einklang miteinander bringen lassen, leer. Ähnlich uninteressant ist die endlose Wiederholung, die leicht zur Monotonie führt, etwa beim Städtebau oder der symmetrischen Landschaftsgestaltung in einem großen Park. Solche Wiederholungen ermüden unsere Sinne eher als daß sie uns Harmonie empfinden lassen, oder wir nehmen sie einfach nicht mehr wahr und stehen ihnen gleichgültig gegenüber. Selbst das Asymmetrische in großer Kunst, etwa in dem, was man gemeinhin das Erhabene nennt, gründet auf einer höheren Symmetrie, nämlich der zwischen seinem Wesen und der diesem Wesen angemessenen Form. So wie das Schöne durch seine Symmetrie eine besondere Ruhe ausstrahlt, so inspiriert das Erhabene aufgrund des Einklangs zwischen Form und Inhalt, auch wenn sich dieser auf einer Metaebene abspielt. Als Kategorie, die in der Mathematik und in den Naturwissenschaften eine ebenso wichtige Rolle spielt wie in der Kunst, kann die Symmetrie uns einen Weg weisen, wie sich zwei scheinbar völlig voneinander getrennte Welten miteinander verbinden lassen.[43]

Die Symmetrie, die in der Schönheit wirksam ist, findet man ebenso bei Wahrheit und Gerechtigkeit. Nach Platon definiert sich Gerechtigkeit, ob auf eine Person oder einen Staat bezogen, über ein angemessenes Verhältnis der einzelnen Teile zu einem Ganzen (*Politeia*, 433a–445e); organische Kunst setzt eine analoge Struktur voraus. Ähnlich findet sich bei Aristoteles eine Parallelsetzung von Kunst und Tugend. Für Aristoteles geht diese Gleichsetzung von der Vorstellung aus, daß das vollkommene Kunstwerk die vollkommenen Proportionen gefunden hat (etwas wegzunehmen oder etwas hinzuzufügen würde bedeuten, das richtige Maß zu verfehlen), und geht zu der Vorstellung über, daß Tugend durch ein Gleichgewicht zwischen Übermaß und Mangel sowohl bei «irrationalen Regungen» wie beim Handeln bestimmt ist (1106b). In beiden Modellen steht die Kunst als Gleichgewicht in einem Verhältnis zur Tugend als organischer Beziehung der einzelnen Teile oder als richtiges Maß. Elaine Scarry hat kürzlich die Vorstellung, daß Symmetrie bei der Schönheit wie bei der Gerechtigkeit eine analoge Rolle spielt, wieder aufgegriffen und behauptet zudem, daß uns die Rezeption des Schönen mitsamt seinen Eigenschaften der Symmetrie, des Ausgleichs und des Gleichgewichts dabei hilft, Gerechtigkeit als Ideal anzuerkennen und uns dazu zu motivieren, dort für Gerechtigkeit zu sorgen, wo sie noch nicht herrscht, und sie dort zu unterstützen, wo es sie bereits gibt. «Eine Analogie ist nur dann unbeweglich und stillgestellt, wenn beide Begriffe in der Wirklichkeit vorhanden sind; fehlt ein Begriff, so wird der andere aktiv daran arbeiten, daß der Verbannte zurückkehrt» (100f.). Und selbst wenn sowohl Schönheit wie Gerechtigkeit vorhanden sind, «kommt der Schönheit eine besondere Aufgabe zu, da sie auf eine Weise sinnlich wahrnehmbar ist, wie es die Gerechtigkeit normalerweise nicht ist (es sei denn, an seltenen Orten wie etwa einer Versammlung)» (108).

Wie die klassische Metaphysik und die klassische Ethik betont auch die klassische Ästhetik das Maßvolle und das Gleichgewicht, die Mäßigung gegenüber den Extremen. Selbstverständlich würde uns, wenn alle Literatur nur einfach maßvoll wäre, die reiche Vielfalt fehlen. Rabelais, Laurence Sterne oder Jean Paul würden aus dem Blick geraten, wenn das Maßvolle unsere einzige Norm wäre und nicht ein weiter gefaßter Begriff des Organischen. Aber mir geht es hier keineswegs darum, daß alle Kunst nun maßvoll werde, sondern darum, das Maßvolle als wichtige Dimension von Kunst wahrzunehmen, die heute zwar wenig Berücksichtigung findet, aber gleichwohl in einer Zeit, die völlig aus dem Gleichgewicht ist, besonders angemessen sein kann. Wenn wir den Gesellschaftsbildern, die von der Einheit aus Technik und Kapitalismus bestimmt sind und die Ansehen und Glück mit dem Erwerb materieller Dinge gleichsetzen, etwas entgegenhalten wollen, so brauchen wir alternative Wege, die zeigen, daß menschliche Würde und Tugend nicht an Quantität gebunden sind, sondern an Mäßigung und daß das Gegenteil zu Pöbelhaftigkeit und einem Mangel an Freiheit führt. Kann jedoch – so ist zu fragen – eine Ästhetik, die Unbegrenztheit, Offenheit und Quantität in den Mittelpunkt stellt, dem dringenden Bedürfnis danach gerecht werden, die Tugenden der Mäßigung, der Beschränkung und des Gleichgewichts und die Fähigkeit, mit weniger zufrieden zu sein, neu zu beleben? Wird uns eine Kunst, die kein Gleichgewicht und keine Harmonie der Teile mehr kennt, dafür sensibilisieren, daß wir das ökologische Gleichgewicht zerstört haben? Kunstwerke, in denen Selbstbeschränkung und die Einbettung in einen Kosmos zum Ausdruck kommen, könnten uns besser dabei helfen, ein Bewußtsein zu pflegen, das ein Gegengewicht zu einigen der vorherrschenden Kategorien des technischen Zeitalters bilden könnte.

Umfassende Sinnzusammenhänge

In seinem sechsten Brief zur ästhetischen Erziehung des Menschengeschlechts spricht Schiller von der Auflösung der Einheit und der Ausbreitung autonomer Wertesysteme in der Moderne: «Auseinandergerissen wurden jetzt der Staat und die Kirche, die Gesetze und die Sitten; der Genuß wurde von der Arbeit, das Mittel vom Zweck, die Anstrengung von der Belohnung geschieden» (Bd. 8, 572). Er beklagt nicht nur, daß diese Bereiche keine übergreifende Einheit mehr aufwiesen, sondern auch, daß das Individuum zu einem bloßen Fragment geworden sei: «Ewig nur an ein einzelnes kleines Bruchstück des Ganzen gefesselt, bildet sich der Mensch selbst nur als Bruchstück aus, ewig nur das eintönige Geräusch des Rades, das er umtreibt, im Ohre, entwickelt er nie die Harmonie seines Wesens, und anstatt die Menschheit in seiner Natur auszuprägen, wird er bloß zu einem Abdruck seines Geschäfts, seiner Wissenschaft» (Bd. 8, 572 f.).

Für Schiller ist die Kunst besonders geeignet, um sich mit der modernen Entfremdung zu befassen. Kunst vermittelt eine dialektische Ganzheit, indem sie nicht nur den Zusammenhang von Geist und Sinnlichkeit, sondern auch von Teil und Ganzem verkörpert. Ganzheit ist auch ein menschliches Ideal. Schiller spricht von der Beschränktheit des berechnenden Verstandes, der nicht dazu in der Lage ist, sich emotional mit den Sichtweisen und Bedürfnissen anderer zu identifizieren: «Der abstrakte Denker hat (...) gar oft ein *kaltes* Herz, weil er die Eindrücke zergliedert, die doch nur als ein Ganzes die Seele rühren; der Geschäftsmann hat gar oft ein *enges* Herz, weil seine Einbildungskraft, in den einförmigen Kreis seines Berufs eingeschlossen, sich zu fremder Vorstellungsart nicht erweitern kann» (Bd. 8, 575). Große literarische Werke zeigen die Defizite von Teilpositionen und evozieren dabei eine Einheit, die diese Teile übersteigt; Hölderlins *Hyperion* könnte modellhaft für eine solche Literatur stehen.

Da die Technik dem Mechanischen einen bevorzugten Rang zuweist, während die Kunst sich traditionell mit dem Organischen verbindet, kann Kunst in uns einen neuen Sinn für das Organische wecken, der andernfalls, wenn die Technik unsere Weltsicht bestimmt, verloren ginge. Im technischen Zeitalter leiden wir darunter, in einer oftmals völlig unorganischen Umwelt leben zu müssen; daher haben wir zur Kunst aufgrund deren organischen Charakters ein ganz anderes Verhältnis. Das Organische bewahrt ein Element des Wesenhaften, das viele zeitgenössische Literaturwissenschaftler am liebsten vollständig aus der Welt wie aus der Kunst verbannen würden, indem sie es ohne Vorstellung von einem Ganzen in nichts als seine Teile zerlegen. Das Organische in der Kunst bildet somit ein Gegengewicht zum mechanischen Paradigma der Technik. Aber es ist noch mehr: Es bildet nicht nur ein Gegenmodell zur Technik, sondern es ist ein Spiegel der Ökosysteme, der organischen und komplexen Strukturen, die durch die Technik bedroht sind. Die beinahe unergründliche Kohärenz und organische Komplexität eines großen Kunstwerks, die Art, in der sich seine Teile aufeinander beziehen, kann als Analogie zur unerschöpflich reichhaltigen Vernetzung des Ökosystems gelten. Durch die Aufmerksamkeit für den einen Bereich können wir die Komplexität und Schönheit, die organische Struktur des anderen Bereichs besser erkennen. Die Natur ist, von den kleinsten Zellen bis zum großen Ökosystem, organisch. Auch das Kunstwerk verfügt über eine organische Struktur und ebenso die Menschheit, die sowohl biologisch gesehen wie auch im Selbst des Menschen, wo Teil und Ganzes harmonisch miteinander in Einklang stehen, organisch ist.

In der Kunst, in der Natur und beim Menschen ist noch der kleinste Teil mit jedem anderen Teil und dem Ganzen verbunden. Das Organische verlangt von dem, der es deuten will, ob nun in der Natur, in der Kunst oder im menschlichen Subjekt, außerordentliche hermeneutische Fähigkeiten; vor allem muß er sowohl die Teile wie das Ganze im Auge behalten und sich bewußt sein, daß bei aller Interpretationsfähigkeit bestimmte Dimensionen nicht zu erfassen sind. Wenn wir aufmerksamer sind für organische Strukturen – eine Aufmerksamkeit, die durch die Literatur und die Beschäftigung damit erworben wird –, so erhöht sich die Wahrscheinlichkeit, daß wir auch die Verbindungen zwischen unserem Handeln und der Umweltzerstörung erkennen, die im technischen Zeitalter in unseren fragmentierten Lebenswelten meist verborgen bleiben. Sicher, selbst Menschen, die im literarischen Bereich äußerst sensibel sind, stehen der Schönheit und Komplexität der Natur gleichgültig, wenn nicht sogar feindlich gegenüber (man denke nur an Oscar Wilde). Doch ein Gespür für das Ganzheitliche läßt sich im Prinzip auf andere Bereiche übertragen und damit als Ideal rechtfertigen. Kant hatte recht, als er Kunst und Organismus miteinander in Beziehung setzte.

Schon Schiller erkannte, daß der Sinn für das Ganze, wie er sich in der Literatur manifestiert, einen wichtigen Gegenpol zur Betonung des Spezialwissens im technischen Zeitalter bildet; dieses Spezialwissen zeichnet sich dadurch aus, daß es sich nur Teilbereichen zuwendet, ohne einen übergreifenden Zweck zu kennen bzw. sich mit einem solchen überhaupt zu beschäftigen.

Einige Probleme verlangen durchaus nach einer technischen Lösung, andere erfordern jedoch eine weiterreichende Geisteshaltung, die auf den Werten aufbaut, die sich in der Literatur finden lassen. Literatur scheint genau deshalb irrelevant zu sein, weil wir glauben, alle Subbereiche des Lebens mittels eines schlichten Zweck-Mittel-Denkens kontrollieren zu können; ein großer Teil des Lebens jedoch bedarf eines ganzheitlicheren Zugangs. Die ungewöhnliche Fähigkeit der Literatur, sich in einer Zeit der Überspezialisierung mit dem Ganzen zu befassen, wird auch von Italo Calvino in seinen Überlegungen zur Rolle literarischer Werte im neuen Jahrtausend beschworen: «Seit die Wissenschaft den allgemeinen Erklärungen mißtraut und nur noch einzelfachliche Teillösungen duldet, besteht die große Herausforderung an die Literatur darin, die verschiedenen Arten von Wissen und die verschiedenartigen Codes in einer vielschichtigen und umfassenden Sicht der Welt vernetzen zu können» (152).

Als Folge unserer zunehmend mittelbaren Beziehung zur Welt mangelt es unserem Weltverständnis an Kohärenz bzw. an Wissen darüber, auf wie unterschiedliche Weise die Dinge miteinander in Beziehung stehen. Die Vorstellung, daß unser Verhältnis zur Welt im technischen Zeitalter zunehmend über eine Hyperrealität aus selbstreferentiellen Zeichen vermittelt ist, läßt Jean Baudrillards Begriff des «Simulacrum» zumindest teilweise als berechtigt erscheinen.[44] Dieser Mangel an Kohärenz und Wirklichkeitsbezug hat zum Teil mit der interessanten Dialektik zu tun, die Ortega y Gasset untersucht hat. Zu Anfang nämlich war die Technik weithin offensichtlich und imposant, einige Zeit später jedoch hat man sie gar nicht mehr wahrgenommen: Wir fangen an zu glauben, daß «Kraftwagen und Aspirin (...) nicht eben Industrieerzeugnisse (seien), sondern Dinge wie Stein und Pflanze, die dem Menschen ohne eigenes Bemühen geschenkt werden» (61). Wir können sogar noch weiter gehen und hinzufügen, daß wir glauben, die Äpfel würden im Hinterzimmer des Lebensmittelladens wachsen oder das Benzin komme von der Tankstelle am Ort; in Wahrheit jedoch werden diese Produkte mittels Technik oft über Tausende von Kilometern bis zu uns transportiert. Und in der Tat liegt eine der größten Gefahren der Technik darin, daß wir aufgrund der Komplexität des Vermittlungsprozesses weder erkennen, woher unser Konsum stammt, noch welche Folgen er hat. Der Fußabdruck, den wir in unserer Umwelt hinterlassen – die Fläche und das Wasser, die wir kontinuierlich verbrauchen, um all die Konsumgüter zu produzieren und den ganzen Müll, der von der Bevölkerung erzeugt wird, zu bewältigen – übersteigt bei weitem die verfügbaren Kapazitäten (Wackernagel/Rees). Die Technik beraubt uns des Wissens über und der Vertrautheit mit diesen Zusammenhängen. Die Kunst jedoch kann unsere autonomen Lebensbereiche aufbrechen und ein Bewußtsein für das wecken, was durch Gewohnheit oder Mittelbarkeit lange Zeit überdeckt worden ist.

Eine Ironie des technischen Zeitalters liegt darin, daß es uns die Technik einerseits ermöglicht, die Welt gleichzeitig in so vielfältiger Weise zu beeinflussen, daß wir uns zugleich aber in der Theorie wie in der Praxis immer weiter von dem Wissensparadigma entfernt haben, das die Einheit betont. Doch die Umweltproblematik läßt sich nicht alleine durch Spezialwissen lösen. Spezifische Erkenntnisse müssen vielmehr in Beziehung zu einem größeren Ganzen gesetzt werden, und zwar ähnlich wie in der Literatur: Einsichten in spezifische Elemente eines literarischen Textes erlangen ihre volle Bedeutung und Relevanz erst in der synthetischen Relation zueinander. Der Literaturwissenschaftler muß über ein breites Wissen verfügen, um den phänomenologischen Reichtum eines literarischen Textes erfassen zu können. In ganz ähnlicher Weise bedarf die ökologische Frage der Ressourcen und Zusammenarbeit so unterschiedlicher Disziplinen wie Theologie, Philosophie, Biologie, Chemie, Physik, Ingenieurwesen, Anthropologie, Psychologie, Wirtschaftswissenschaften und Politikwissenschaft.

Indem man den Studenten Inhalt und Form literarischer Texte nahebringt, indem man sie mit wichtigen und unterschiedlichen Traditionen konfrontiert, aber auch indem man ihnen die mit diesem Prozeß verbundene Denkweise beibringt, werden sie in die Lage versetzt, auch die Probleme der Welt genauer zu analysieren. Da wir komplexe Kunstwerke sorgfältiger und mit mehr Mühe rezipieren müssen als vieles, was uns sonst beschäftigt, schärft die Rezeption von Kunst unsere kognitiven Fähigkeiten. Wir lernen dabei, sensibler und aufgeschlossener gegenüber subtilen Unterschieden zu sein. Gleichzeitig bringt uns die Beschäftigung mit Literatur bei, den Blick auf das Ganze und nicht nur auf die Teile zu richten, die Teile in ein Ganzes einzubinden. Das läßt uns erkennen, daß sich Bedeutung oft nur langsam entfaltet und daß sich uns das Ganze erst erschließt, wenn wir die unterschiedlichen Teile zusammentragen und dabei bestimmte Muster erkennen. Die Beschäftigung mit Literatur lehrt uns darüber hinaus, die Bedeutung eines Ereignisses oder einer Begebenheit oder eines Berichts einzuschätzen und uns Alternativen vorzustellen, Aussagen zusammenzufassen, eine bestimmte Sichtweise zu artikulieren und Schlüsse zu ziehen. Sie lehrt uns, dem Leben sowohl mit Emotion und Sympathie wie auch mit analytischer Durchdringung und Urteilskraft zu begegnen, und zeigt, wie wichtig Vernunft und Evidenz in einem emotionsgeladenen Bereich sind. Immer wieder neue Facetten eines Werks zu erkennen trägt zu geistiger Flexibilität bei und macht uns bewußt, wie wichtig breites Wissen und Ausgewogenheit sind. In diesem Sinne kann die Beschäftigung mit Literatur zu dem beitragen, was Robert Lane als «geistige Klarheit» und «Bürgerbildung» (5 und 84) bezeichnet.[45] Auch einzelne Gattungen lassen sich unter dem Gesichtspunkt der Ganzheit betrachten: Die Tragödie zeigt das unausweichliche Scheitern, wenn man eine einzige Position auf Kosten anderer verficht; das zentrale Strukturmerkmal der Komödie liegt in ihrer Negation der beschränkten Partikularität; und die spekulative Kunst stellt Ganzheit als positives Ziel dar, das der Vorstellung von weiterem Fortschritt keineswegs zuwiderläuft. Die Sehnsucht nach Ganzheit nimmt genau dann zu, wenn man ihren Verlust spürt. Es überrascht deshalb nicht, daß sich das technische Zeitalter wieder dem Mythos als umfassender Erzählung zuwendet, die uns wieder ein Gefühl von Kohärenz, ein Strukturprinzip in unserem Leben vermitteln soll. Die Moderne empfindet tiefe Sehnsucht nach dem Mythos, eine Erkenntnis, die sich schon bei Nietzsche findet: In seiner *Geburt der Tragödie* spielt «der mythenlose Mensch» eine herausragende Rolle (Bd. 1, 125). Archaische Gesellschaften errichteten ihre Welt um den Mythos herum, bevor dann die Technik die Beziehung zur Welt zu bestimmen begann. Heute, in Zeiten der Technik, empfinden wir auf gewisse, noch näher zu bestimmende Weise das Bedürfnis, zum Mythos zurückzukehren; denn die Technik allein kann unsere tieferliegenden Bedürfnisse nicht befriedigen.

Hermann Brochs *Verzauberung* weist darauf hin, daß die Menschen Symbole und umfassende Sinnmuster brauchen. Neben den wirtschaftlichen Bedürfnissen gilt es auch die emotionalen und religiösen Bedürfnisse zu berücksichtigen. Ritual, Aura und Sinn haben durchaus ihren Platz in der modernen Gesellschaft. In Brochs vieldeutigem Roman erkennt der Autor, daß wir eine stärker geistig geprägte Antwort auf die Gefahren der Technik und die Hohlheit der Moderne brauchen. Um der Desorientierung der Weimarer Republik und dem Bösen des Dritten Reichs etwas entgegenzusetzen, reiche es nicht aus, die ökonomischen Bedürfnisse zu befriedigen und das Böse zu diagnostizieren; es gehe vielmehr darum, neue Strategien zu finden, um mit den Auswirkungen der Technik auf frühere, stärker organisch strukturierte Lebensweisen zurechtzukommen. Gleichzeitig macht Broch deutlich, daß sich Menschen, die nach geistiger Bedeutung und Genesung suchen, in vielfacher Weise von irreführenden und unmoralischen Entwicklungen verleiten lassen. Es bedarf einer ethischen Norm als Leitlinie für die eigene emotionale Reaktion, für die Berufung auf Ritual, Sinn und Aura, auch wenn diese Norm sich nicht so einfach formulieren läßt.[46]

Literatur vermittelt uns die Einsicht, daß es den Mythos zu erneuern gilt, und sie stellt uns die Symbole zur Verfügung, mittels derer wir eine reichere Bedeutung erkennen können als nur die, welche uns der kalte, berechnende Blick der instrumentellen Vernunft ermöglicht. Literarische Texte helfen dem Leser zu erkennen, auf welche Weise sich die verschiedenen Aspekte des Lebens als komplexe, aber bedeutungsvolle Erzählungen verstehen lassen. Mittels einer ganz konkreten Geschichte, durch ein Bild oder ein Drama enthüllt der Autor eine weiterreichende Bedeutung, die sich im Kunstwerk eingebettet findet, es aber gleichzeitig übersteigt. Diese Verbindung von Konkretem und Universellem ermöglicht es dem Leser, mittels eines einzelnen Werks nach allgemeinen Werten zu suchen. Literatur bietet eine Moral des Handelns mit all ihren Ambiguitäten, aber auch mit all ihrer inneren Logik und Kohärenz. So wie Arnold Gehlen behauptet, daß die Technik unsere physischen und intellektuellen Fähigkeiten erweitere (*Die Seele*, 7–11), so verhilft uns die Kunst dazu, mehr zu sehen und zu erkennen. Das technische Zeitalter vermittelt uns über das Internet das oberflächliche Gefühl, miteinander verbunden zu sein, aber unsere Verarbeitung dieser Informationen erfolgt unmittelbar, häufig diskontinuierlich und zusammenhanglos sowie ohne Tiefgang. Diese Art der Verarbeitung ist weit von der Erfahrung entfernt, wenn wir uns in die sich entfaltenden Komplexitäten eine literarischen Textes vertiefen, wenn wir uns mit der Welt, die der Text evoziert, verbunden fühlen, mit seinen Schwierigkeiten und mit seiner Vielfalt, wenn wir erst nach und nach die oftmals unerwarteten inneren Zusammenhänge eines Textes erkennen.

Mythologie in ihrer allgemeinsten Bedeutung ist die wichtigste Quelle umfassenden Sinns in der Kunst – nicht nur die griechische und christliche Mythologie, sondern auch moderne mythologische Gestalten wie Faust, Don Quixote und Don Juan oder auch ein zeitgenössischer Mythos von großem heuristischen Wert wie etwa Woody Allens Zelig. Schelling behauptet, die Mythologie sei «*die nothwendige Bedingung und der erste Stoff aller Kunst*» (49), und für Schelling ist Mythologie nichts anderes als das Universum in seiner höheren Manifestation. Von dieser Perspektive aus betrachtet befaßt sich die Mythologie mit mindestens drei zentralen ästhetischen Fragen: dem Bedürfnis nach einer substantiellen und bedeutsamen Geschichte; dem Bedürfnis nach heuristisch ergiebigen Bildern oder Symbolen; und dem Bedürfnis nach einer Verbindung zum Transzendenten, zu einer höheren Bedeutung oder Wirklichkeit. Diese Elemente der Kunst sind ebenso zeitlos wie von höchster Aktualität im technischen Zeitalter.

Mut, Anerkennung und Bescheidenheit

Zwei beherrschende Kategorien des technischen Zeitalters sind Hybris und Ohnmacht. Es mag paradox erscheinen, daß wir in einer Zeit, in der die Technik fester Bestandteil des Alltags geworden ist, in der wir danach streben (und es uns manchmal auch gelingt), immer mehr Bereiche des Lebens zu kontrollieren, ein Gefühl der Ohnmacht empfinden;

aber es ist in der Tat so. So oft wir das Schicksal herausfordern und glauben, alles sei kontrollierbar – jedesmal werden wir von unserer Ohnmacht überwältigt, und zwar nicht nur angesichts der Natur, sondern auch hinsichtlich der Technik. So lauten denn auch zwei in der Moderne weitverbreitete Ansichten, daß ich erstens als Individuum nichts verändern kann und daß zweitens niemand für die Veränderung verantwortlich ist; Veränderung steht für den irreversiblen Gang der Entwicklung. Erich Kästners Gedicht *Die Zeit fährt Auto*, in dem sich auch die Vorstellung eines autonomen Wertesystems findet, nimmt dieses Thema auf: «Die Zeit fährt Auto. Doch kein Mensch kann lenken. / Das Leben fliegt wie ein Gehöft vorbei. / (....) Die Käufer kaufen. Und die Händler werben. / Das Geld kursiert, als sei das seine Pflicht» (72). Es überrascht nicht, daß Kästner dieses Gedicht während der Weimarer Republik schrieb, vor allem als Reaktion auf die weltweite Finanzkrise von 1929, als allerorten von Ohnmacht die Rede war. In Wienes *Das Cabinet des Dr. Caligari* hat der Einzelne keine Kontrolle über das Geschehen in einer dunklen und zusammenhanglosen Welt, in der kaum etwas Bestand hat, nicht einmal die Legitimität von Autorität. Ein Gefühl verzweifelter Ohnmacht bestimmt auch die Erzählungen von Franz Kafka, beispielsweise *Ein Landarzt*, *Eine kaiserliche Botschaft* und *Der Kübelreiter*. In Erich Maria Remarques *Im Westen Nichts Neues* wird das Überleben zu einer Sache des Zufalls; bewußte Planung gibt es nicht mehr, ebensowenig eine Vorstellung von Vergangenheit und Zukunft; der Soldat ist Teil eines Krieges, den er nicht wollte und der keinerlei höherem Zweck zu dienen scheint. Die Ohnmacht, die dieser Roman vermittelt – das Wertevakuum, der Mangel an Orientierung, der Verlust der Macht über das eigene Schicksal, die Kritik an den Befehlshabern sowie das Gefühl, daß man der Technik ausgeliefert ist –, ist nicht nur ein Bericht über den Ersten Weltkrieg, sondern auch eine Metapher für die Nachkriegszeit, in der der Roman erschien.

Das Gefühl, keine Kontrolle mehr zu haben, hat seit der Weimarer Zeit noch zugenommen und äußert sich in unterschiedlicher Form, wobei es jedoch oft durch die Technik ausgelöst wird. So erhöht die Menge an medialer Information, die uns heute zur Verfügung steht, ironischerweise noch unser Gefühl der Ohnmacht. Obwohl wir mehr über Katastrophen auf der ganzen Welt wissen, sind wir weniger in der Lage, diese Ereignisse, von denen wir wissen, zu beeinflussen, als wir es noch in einer Kultur waren, in der sich unser Wissen auf das Lokale und Unmittelbare beschränkte. Die Dialektik von Hybris und Ohnmacht findet symbolischen Ausdruck in der Künstlichen Intelligenz, also in Maschinen, die nicht einfach das ausführen, was wir einprogrammieren, sondern selbst in der Lage sind, zu lernen und neues Wissen aufzunehmen. Die Schaffung solcher Wesen galt seit jeher als Form der Hybris – der Mensch maßt sich an, als Schöpfer an die Stelle Gottes zu treten. Gleichzeitig

scheint die Vorstellung einer Künstlichen Intelligenz die Menschen überflüssig zu machen und sie muß damit, zumindest zeitweise, wenn nicht
sogar auf Dauer, zu einem Gefühl der Ohnmacht führen. Die beiden
Momente von Hybris und Ohnmacht treffen somit in diesem Schöp-
fungsakt und in der allgemeinen Auswirkung der Technik auf die Zeit
zusammen.

Als Antwort auf diese Dialektik von Hybris und Ohnmacht bietet uns
die Literatur Einblick in die entgegengesetzten Tugenden des Mutes, der
Anerkennung und der Bescheidenheit. Mut ist eine Antwort auf die Ohnmacht, aber in einem gewissen Sinne auch auf die Hybris, insofern es
einigen Mutes bedarf, das vorherrschende Denken herauszufordern oder
sich zurückzuhalten, wenn es geboten ist. Die Anerkennung von Grenzen
scheint die angemessene Antwort auf die Hybris zu sein, mitunter aber
auch auf das Gefühl der Frustration, das aus Ohnmacht entsteht – nämlich dann, wenn sich die Geschehnisse tatsächlich unserer Kontrolle entziehen. Literatur widersetzt sich der Behauptung, der Einzelne könne auf
die Komplexität der Welt keinen Einfluß nehmen, er könne nichts verändern. Denn zum ersten sehen wir in vielen literarischen Texten auf
exemplarische und ideale Weise, wie Individuen die Welt verändern; und
das Ideal in der Kunst sollte Wirklichkeit werden. Auf diese Weise ermutigt Literatur zum Handeln. Jeder Einzelne ist Teil einer Kausalkette
und kann die Ereignisabfolge für viele andere beeinflussen, wenn auch
oft unbeabsichtigt. Die Chaostheorie untermauert diese Feststellung: Sie
zeigt, wie die Handlungen von eher «kleinen» Handlungsträgern – Ge-
nen, Tieren, Menschen – oftmals unabsichtlich zu großen Veränderungen
in der Konstellation von Ereignissen führen können.

Zum zweiten finden wir in der Literatur nicht bloß die allgemeine
Vorstellung, daß ein Einzelner die Welt verändern kann, sondern sie zeigt
auch, welche Tugenden es sind, die diese Veränderung herbeiführen.
Man denke an die vielen literarischen Texte, die den Mut in seinen
vielfältigen Formen darstellen: nicht nur den Mut des Soldaten, der sein
Leben riskiert, sondern auch die Zivilcourage, welche die eigene Identität
aufs Spiel setzt. Eines der zentralen Probleme der Moderne ist die Tragödie des Gemeinsamen, die Garrett Hardin als eine spezifische Form
des Gefangenendilemmas beschrieben hat: Jeder erkennt, daß er für ein
spezifisches Problem nicht allein verantwortlich ist, und zögert, verant-
wortungsvoll zu handeln, bis andere es tun, denn verantwortliches Handeln verlangt bestimmte Opfer; somit wird letztlich keiner verantwortlich handeln und das Problem verschlimmert sich noch. Ein weiteres
Problem ist die Angst, in einem Zeitalter der Konformität unpopuläre
Gedanken auszusprechen. Die tragische Literatur liefert eine Fülle an
Gegenmodellen, von denen viele die inspirierenden Auswirkungen der
Selbstopferung thematisieren. Eines der größten Hindernisse, um angemessen auf die ökologische Krise zu reagieren, liegt in unserem Gefühl

des Wohlbehagens und der Bequemlichkeit, um nicht zu sagen des
Luxus, der durch eine Veränderung in unserem Handeln gefährdet wäre.
In diesem Zusammenhang werden Erzählungen über Solidarität und
Opferbereitschaft, vor allem über die Generationen und die Kulturen
hinweg, immer wichtiger. Von ähnlicher Bedeutung sind Komödien, die
sich über unzureichende Bemühungen um Veränderung lustig machen,
über Haltungen, die zwar richtig sind, denen aber eine umfassende Einsicht in das Wahre und Gute fehlt. Schnitzlers Professor Bernhardi beispielsweise will sich nicht gesellschaftlich engagieren und zu Veränderungen beitragen, sondern zieht sich in eine Privatsphäre zurück und
huldigt der Selbstgerechtigkeit. Er kennt die Wahrheit, aber zögert, sie
zu verwirklichen.

Zum dritten muß man einen literarischen Text, der die vielschichtigen
Bedingungen darstellt, die dazu führen, daß ein Einzelner unfähig ist,
den Lauf der Dinge zu verändern, nicht als fatalistisch lesen. Es kann
gut sein, daß solche Kunst versucht, typische Situationen oder Gründe
für das Versagen deutlich zu machen. Durch ihre sinnliche Darstellung
besitzt sie ein reflexives Moment: Sie will in kritischer Weise die komplexen Wirkkräfte in der modernen Welt sichtbar machen. Wir sollten
deshalb nicht unbedingt eine Literatur bevorzugen, die behauptet, uns
fehle die nötige Einsicht, um unser Verhalten zu ändern, sondern solche
Texte, welche diejenige Tugend herausheben, die Hans Jonas in den Rang
eines Imperativs für unsere Zeit erhebt: nämlich die Verantwortung. Solche Werke, etwa Arthur Millers *Zwischenfall in Vichy*, gehören oft einem
Zeitalter an, das noch nicht vom Zynismus der Postmoderne geprägt ist.
In ähnlicher Weise fordert das Brechtsche Theater das Publikum dazu
heraus, gerade das zu verändern, was insgesamt zu einer Besserung der
Menschheit führt.

Mut erscheint somit als geeignete Antwort auf die Diskussionen um
die Ohnmacht; doch Mut allein reicht nicht aus. Literatur kann uns eine
Perspektive eröffnen, die uns weniger zum Handeln motiviert, sondern
eine Logik der Geschichte erkennen läßt und es uns erlaubt, uns damit
abzufinden, daß sich einige Dinge unserer Kontrolle entziehen. Indem
sie Geschichten von Anerkennung und der Rolle, die Zufall und Schicksal im Leben des Menschen spielen, präsentiert, kann Literatur uns dabei
helfen, die *amor fati* in versöhnlicherem Licht zu sehen. Doch nicht nur
Anerkennung, sondern auch Bescheidenheit ist ein geeignetes Mittel gegen die Bedrohung durch die Hybris. In einer global vernetzten technisierten Welt können wir die Auswirkungen unseres Handelns nicht vollständig abschätzen; auch darin liegt ein Grund für Bescheidenheit und
für eine Literatur, die uns diese Tugend verdeutlicht. Doch nicht nur die
Literatur, sondern auch die Literaturwissenschaft kann zu einem angemessenen Gefühl der Bescheidenheit erziehen. Insofern ein Kunstwerk
sich mit unseren begrenzten analytischen Mitteln nicht erschöpfend in-

terpretieren läßt und zugleich dank der Hilfe eines guten Interpreten reich an Bedeutung ist, vermitteln uns unsere Interpretationen ein angemessenes Gefühl dafür, inwiefern ein Kunstwerk für die heutige Zeit Bedeutung besitzt und inwiefern seine Bedeutung andererseits unsere Deutungsversuche übersteigt. Unsere Interpretation kann eine Fülle von Aspekten herausarbeiten, sie wird aber auch einige Aspekte übersehen, die uns in unserer Begrenztheit entgangen sind. In einer Zeit, in der sich so vieles ganz leicht berechnen läßt, ist es nur zu begrüßen, wenn man sich einer Sphäre bewußt wird, in der unsere Antworten nicht notwendigerweise erschöpfend sind und in der sich unsere Präferenzen – bei aller Begründetheit – nicht immer verallgemeinern lassen.

Und schließlich ergibt sich aus der weiter oben getroffenen Feststellung, daß ein großes Kunstwerk ein anderes keineswegs ausschließt, die logische Folgerung, daß sich im Bereich der Kunst nur schwer von einem Fortschritt sprechen läßt. Die Vielfalt der Kunst und die Möglichkeit unterschiedlicher Manifestationen von Schönheit bedeuten, daß neuere Werke zwar anders sind, aber nicht zwangsläufig besser. Hinzu kommt, daß wir im Bereich der Naturwissenschaften fast immer von einem Fortschritt ausgehen können, daß aber in der Kunst die stärker organischen und interessanteren Werke oft aus früheren Epochen stammen. Einige Voraussetzungen großer Kunst – emotionaler Reichtum, die Pflege bestimmter Tugenden, breites Wissen – nehmen mit der Zeit sogar ab. Sich mit einem Bereich zu beschäftigen, der in der heutigen Zeit nicht unbedingt seinen Höhepunkt erreicht hat, ist ein gutes Gegengift gegen die Hybris der Gegenwart, die sich vor allem im technischen Fortschritt manifestiert und in der Vorstellung unter den Geisteswissenschaftlern, daß wir uns erst heute aus Jahrhunderten der Illusion befreit hätten. Zwar kommt es in der Kunst zur Einführung neuer Formen (neue Kunstformen wie der Film, neue Techniken wie die erlebte Rede, neue Aufführungstechniken usw.) und neuer, aktuellerer Themen. Doch die Größe eines Kunstwerks bemißt sich nicht nach seinen formalen Innovationen oder gar nach der lokalen Aktualität seines Themas, sondern nach seiner organischen Schönheit. In diesem Sinne täten wir gut daran, andere Epochen und auch andere Kulturen mit großer Bescheidenheit zu betrachten, wenn wir uns mit deren großen Kunstwerken beschäftigen. Wenn einer der ganz besonderen Aspekte von Kunst darin liegt, daß sie unsere Einbildungskraft durch das zu fesseln vermag, was anders ist, so erfüllen viele Werke aus anderen Epochen diese Aufgabe wohl besser als die Werke unserer Zeit. Hinzu kommt, daß neuere Werke manchmal darunter leiden, bloße Nachahmung oder epigonal zu sein, oder in ihrem Bestreben, mutig zu erscheinen, einseitig werden und Idealvorstellungen von Ganzheit oder Kohärenz ignorieren. Während in den Naturwissenschaften die Halbwertszeit einer neuen Entdeckung sehr gering und die Autorität der Tradition nur schwach ausgeprägt ist, erkennen wir (oder zumindest sollten wir das erkennen) in der Kunst eine große Tradition herausragender Werke, an denen wir uns heute mit unseren Werken wie mit unseren Interpretationen messen lassen müssen. Mehr als in den anderen Bereichen, von denen das technische Zeitalter bestimmt wird, werden wir in der Kunst von der Vergangenheit und ihrer fortdauernden Wirkung auf die Gegenwart sowohl beschämt als auch inspiriert. Diese nicht-fortschrittsorientierte Sicht von Kunst sollte uns dazu ermutigen, auch andere Aspekte zeitgenössischer Kultur, bei denen wir fälschlicherweise glauben, das Neue sei zwangsläufig besser, stärker als bisher kritisch zu hinterfragen.

Unausschöpfliche Bedeutung

Walter Benjamin behauptet, wie wir oben gesehen haben, daß die moderne Technik und hier vor allem ihre Reproduktionsweisen die Kunst nicht nur an der Oberfläche verändert haben, sondern in ihrem Kern. Die moderne Kunst besitzt keine Aura mehr, die sich traditionell mit ihrer Einzigartigkeit und ihrer unausschöpflichen Bedeutung verbindet. Benjamins These ist provokativ und klingt überzeugend, doch sie ist in dreifacher Hinsicht problematisch. Erstens setzte die Auflösung der Aura lange, bevor die moderne Technik Kunst mechanisch reproduzierbar machte, ein; sie begann schon mit der Säkularisierung, welche die Kunst ihrer ursprünglichen Tiefe und Substanz beraubte. Zum zweiten wäre ein Verlust dieser Aura, wenn er denn zuträfe, nicht von vornherein zu begrüßen. Und auch die Alternative, nämlich die Politisierung der Kunst, war dem Faschismus keineswegs zuwider, wie uns Benjamin glauben machen möchte: Ein Film wie Leni Riefenstahls *Der Triumph des Willens* beweist, daß das kollektive Medium des Films alles andere als revolutionär im Benjaminschen Sinne sein kann. Dazu kommt, daß die Widerstandsliteratur der Inneren Emigration auf den Begriff des «Ewigkeitswerts» zurückgriff, der für Benjamin schlicht ein Rückschritt ist (9), und der nationalsozialistischen Einebnung von Individualität das «einmalige Dasein» entgegensetzte, das Benjamin verachtet (11) (Roche, *Gottfried Benn*, 39–55). Zum dritten sind die Kunstwerke im technischen Zeitalter nicht vollständig ohne Aura, wenn man unter Aura die unausschöpfliche Bedeutung versteht. Große Kunst bleibt uns immer ein wenig fern, wie nahe wir ihrem Kern auch gekommen zu sein glauben; und genau damit definiert Benjamin die Aura: «einmalige Erscheinung einer Ferne, so nah sie sein mag» (15). Man kann nicht behaupten, die Bedeutung eines Kunstwerks in ihrer vollen Tiefe erfaßt zu haben, ohne es gleichzeitig in seiner Bedeutung zu reduzieren.

In ähnlicher Weise wie Benjamin und dennoch ganz anders spricht auch Heidegger von der unausschöpflichen Bedeutung der Kunst. In seinem Aufsatz *Der Ursprung des Kunstwerks* hebt er zwei komplementäre Momente hervor: das Ausmaß, in welchem Kunst uns eine Wahrheit enthüllt oder eröffnet (Heidegger nennt das «Entbergung»), und das Ausmaß, in dem Kunst unseren Verstehensversuchen einen gewissen Widerstand entgegensetzt (Heidegger spricht von «Verbergung»). Ein Kunstwerk läßt sich nicht auf Kategorien reduzieren, die wir auf rein nutzenorientierte Objekte anwenden. Heidegger nennt dieses Moment des inneren Widerstands oder des unveränderlichen Stillstehens in einem Kunstwerk «das Insichstehen» (49). Das Moment der nicht ergründbaren Tiefe, die über das hinausreicht, was sich erkennen, aussprechen oder bewältigen läßt, bezeichnet er zugleich als «die Erde» (47). Das Kunstwerk eröffnet eine Welt und enthüllt doch nicht alles: «Die Erde ist das zu nichts gedrängte Hervorkommen des ständig Sichverschließenden und dergestalt Bergenden» (50). Im Gegensatz zu den zahlreichen heutigen Erben Heideggers, bei denen es jenseits des Partikularen und Pragmatischen keine Wahrheit mehr gibt, hält Heidegger an der Vorstellung fest, daß das Kunstwerk eine Welt und eine Wahrheit enthüllt und verbirgt, die jenseits von Autor und Rezipient liegen.[47] In diesem Zusammenhang ist bezeichnend, daß Heidegger den Begriff «Erde» wählt, denn damit behauptet er implizit, daß uns die Kunst mit ihrem Moment des Widerstands gegen den menschlichen Willen eine Gegen-Wahrheit zur Technik liefert, die er in anderen Zusammenhängen wegen ihrer «Verwüstung der Erde» kritisiert (Überwindung der Metaphysik, 72 und 99).

Doch nicht erst Benjamin und Heidegger haben die Unausschöpflichkeit von Kunst und Schönheit erkannt. Man denke nur an Platon, für den Schönheit und Liebe eng beieinander lagen (nach Platons Diotima ist die Schönheit sowohl Auslöser als auch letztes Ziel der Liebe) und für den Liebe eine Form des Strebens war: Wir lieben, was uns fehlt oder was wir nicht besitzen (*Gastmahl*, 200–212). Ein schönes Werk gefällt und entzückt uns auch noch nach mehrfacher Begegnung, denn unsere Gedanken und Interpretationen erschöpfen es nicht in seiner Bedeutung: Es gibt immer wieder neue, unentdeckte Nuancen, neue Teile, die es in Beziehung zum Ganzen zu setzen gilt. Dieser unerschöpfliche Reichtum weist zwei zeitliche Dimensionen auf. Zum ersten führt das Kunstwerk verschiedene Schichten historischer Bedeutung zusammen und verarbeitet sie auf neuartige Weise; um ein Werk voll auszuschöpfen, müßte man all das Vergangene, das dieses Werk enthält und in sich trägt, erkennen; in unserem beschränkten Rahmen aber ist das unmöglich. Zum zweiten ist das Kunstwerk offen gegenüber der Zukunft; es lädt zu Lesarten ein, die erst dann konkret werden, wenn sich noch zu formulierende Perspektiven eröffnen, und es ist bestrebt, als Werk, das die Zeiten überdauert, bezeichnet zu werden, eine Auszeichnung, die nur den Werken verliehen wird, die es – aufgrund ihres Reichtums, ihrer Vielschichtigkeit und ihrer Schönheit – verdient haben, daß man sie zu allen Zeiten immer wieder liest. Das Kunstwerk enthält somit in seiner Partikularität sowohl die Vergangenheit wie die Zukunft in kondensierter Form; aus diesen Gründen lädt ein Kunstwerk zu geduldiger und sorgfältiger Interpretation ein, ja, es erfordert sie, aber es belohnt sie auch.

Tiefere Bedeutung läßt sich nur in stiller Betrachtung finden, nicht indem man in Dinge eintaucht; und das Kunstwerk lädt in seiner Gleichzeitigkeit von Offenbarung und Widerstand zu solch fortgesetzter und verweilender Beschäftigung ein. In gewissem Sinne können wir sagen, daß das Kunstwerk selbst nicht nur unausschöpflich ist, sondern auch an einer idealen Sphäre teilhat und diese Sphäre sichtbar werden läßt, ohne deren Idealität auszuschöpfen – in beiden Fällen schöpft unsere Rezeption die Bedeutung von Kunst nicht aus. Goethe spielt darauf an, wenn er das hervorhebt, was er symbolisch nennt: «Die Symbolik verwandelt die Erscheinung in Idee, die Idee in ein Bild, und so, daß die Idee im Bild immer unendlich wirksam und unerreichbar bleibt und, selbst in allen Sprachen ausgesprochen, doch unaussprechlich bliebe» (Bd. 12, 470). In einer Kultur, die sich über die Quantität und die Geschwindigkeit ihrer Bilder definiert (kein Wunder, daß zwei Prinzipien den Wert eines Computers bestimmen, nämlich seine Speicherkapazität und seine Geschwindigkeit), bietet die Wertschätzung von Kunst eine andere Erfahrung, die bestimmt wird durch konzentrierte Aufmerksamkeit, durch das Verweilen bei komplexen ästhetischen Strukturen und durch Geduld bei der Deutung. Eine solche Hingabe an das Kunstwerk ist an sich ein Gewinn, eine Erfahrung, die in und an sich von großem Wert ist. Wenn wir über unterschiedliche Facetten und konkurrierende Interpretationen eines einzigen literarischen Textes diskutieren, so erörtern wir in nachhaltiger Weise Fragen und Werte von zeitloser wie zeitgebundener Relevanz, und wir tun das nicht assoziativ, sondern organisch – wenn wir dem Werk gerecht werden wollen. Einfach Informationspartikel zu sammeln reicht nicht aus; wir müssen sie in einen organischen Zusammenhang bringen.

Durch ihre sinnliche Darstellung konkreter Gestalten betont die Literatur das Individuelle. Die Sozialwissenschaften arbeiten mit Statistiken und Modellen, und selbst die Psychologie hat mit abstrakten Typen zu tun; die Geschichte jedoch und noch viel mehr die Kunst (und hier vor allem die Literatur und die Malerei) sind in der Lage, die Individualität «in voller Einmaligkeit» (Gehlen, *Die Seele*, 109) darzustellen. Wenn wir die Vorstellung übernehmen, daß die Literatur uns das in einzigartiger Weise Unausschöpfliche ebenso bietet wie in seinem Kern Ideales, so unterscheidet sie sich damit nicht nur von den Sozialwissenschaften, sondern sie geht auch weit darüber hinaus. Die Literatur kann einem Menschen Würde verleihen: indem sie erstens seine Individualität herausstellt; indem sie sich zweitens darauf konzentriert, was für das Individuum wichtig ist, nämlich bedeutsame intersubjektive Beziehungen und ein

Gespür für die Transzendenz; zum dritten, indem sie dem Individuum edle Züge verleiht oder zeigt, welche innere Leere der Verlust dieser Tugenden zur Folge hat; und schließlich, indem sie über den Titel des Werks eine Analogie zwischen dem Werk, das unausschöpflich ist, und dem Individuum, das ebenfalls unausschöpflich ist, herstellt. «Effi Briest» beispielsweise bezieht sich sowohl auf den Roman in seinem unerschöpflichen Reichtum wie auch auf die Hauptfigur, deren Komplexität sich ebenfalls nicht reduzieren läßt. Diese Reflexivität des Titels verweist auf die sich wechselseitig bedingende Tiefgründigkeit sowohl des Kunstwerks wie des einzelnen Menschen.

Kunst weckt in uns das Gefühl unersetzlicher und einzigartiger Schönheit. Ich habe weiter oben bereits auf die potentielle Überschneidung von Kunst und *techné*, von künstlerischer und wissenschaftlicher Vorstellungskraft hingewiesen. Doch es gibt auch Unterschiede. Zwar mag es möglich sein, das Drama oder den Film mit der Elektrizität oder dem Telephon zu vergleichen und daraus zu schließen, wenn ein Künstler oder Erfinder eins von ihnen nicht erfunden hätte, so hätte es ein anderer getan (das trifft auch auf die naturwissenschaftlichen Erkenntnisse zu); von einem einzelnen literarischen Werk jedoch läßt sich das unmöglich behaupten. Ein großes literarisches Werk hat teil an allgemeinen Entwicklungsgesetzen und besitzt universellen Wert, doch anders als bei einer technischen Erfindung oder einer naturwissenschaftlichen Erkenntnis verleiht die Verbindung von Universellem und Besonderem dem Individuellen größeres Gewicht. Der Erfinder einer neuen Technik oder eines neuen Produkts verschwindet hinter der Objektivität seiner Erfindung, die unter den Händen anderer ganz unterschiedliche Formen annimmt (Cassirer, Form, 207–209), während ein einzigartiges Kunstwerk an seinen Urheber gebunden bleibt. Ein einzigartiges Kunstwerk ist ein für das technische Zeitalter, in dem vieles ganz gewöhnlich ist, ungewöhnlich reiches und andersartiges Produkt. Im technischen Zeitalter erleben wir die Standardisierung und Uniformierung des Lebens, die Ähnlichkeit so vieler Aspekte von ansonsten unterschiedlichen Gesellschaften und Kulturen, die nunmehr gemeinsame Informationen, gemeinsame Technologien und gemeinsame Produkte aufweisen. Schon Walter Rathenau sprach von der «Homogenität» und der «Homogenisierung» als den spezifischen Charakteristika unserer Zeit (71). Effiziente Technik setzt Wiederholung voraus; daher rühren die Einheitlichkeit bei der Produktion von Einzelteilen, die Funktionsweise des Fließbandes sowie der ökonomische Imperativ, ein Modell in vielfacher Ausfertigung zu produzieren. Mit der zunehmenden Uniformität von Ladenketten und standardisierten Produkten verlieren wir das Empfinden für spezifische Dinge und Orte. Kunst setzt dieser Monotonie ihre Vielfalt entgegen. Unter dem Eindruck großer Kunst erkennen wir nicht nur, was einzigartig ist, sondern Kunst ist auch ein Geschenk, das sich nicht einfach herstellen läßt. Große Literatur lenkt unsere Aufmerksamkeit ab von dem, was massenweise produziert und kollektiv genutzt wird, was problemlos herzustellen und damit auch zu ersetzen ist.

John Ruskin setzte der Massenproduktion das Ideal des guten Handwerkers entgegen. Nach Ruskin sollten wir Routine, Nachahmung, Steifheit, Monotonie und Redundanz vermeiden und uns statt dessen dem Erfinderischen, dem Einzigartigen, dem Unregelmäßigen, dem Variablen und dem Ausdrucksstarken zuwenden. Ruskin, der die amerikanische «arts and crafts»-Bewegung mit ihrer Zusammenführung von schönen und angewandten Künsten beeinflußte, verteidigt sein Ideal mit einem Appell an das Prinzip der Vielfalt innerhalb des Organischen: «Nichts, was lebt, ist streng vollkommen, oder kann es überhaupt sein; ein Teil desselben vergeht, während ein anderer entsteht. Die Fingerhutblüte, – von der ein Drittel Knospe ist, ein Drittel verwelkt ist und ein Drittel in voller Blüte steht, – ist ein Sinnbild des Lebens in dieser Welt. Und bei allen lebenden Dingen findet man gewisse Unregelmäßigkeiten und Mängel, die nicht nur Zeichen von Leben sind, sondern auch Quellen von Schönheit. Kein menschliches Gesicht ist auf beiden Seiten vollkommen gleich, kein Blatt in seinen Lappungen, kein Zweig in seiner Symmetrie. Alle lassen Unregelmäßigkeit zu, wie sie auch Abwechslung einschließen; und Unvollkommenheit zu verbannen, ist gleichbedeutend mit Zerstörung des Ausdrucks, Hemmung des Strebens, und Lähmung der Lebenskraft «(Bd. 2, 197). In seiner Argumentation hebt Ruskin das Prinzip der Variation in der Architektur der Gotik hervor und betont den besonderen Charakter und die Einzigartigkeit alten venezianischen Glases im Vergleich zu dem zwar sorgfältiger geschliffenen, aber weniger kunstvollen und stärker standardisierten Glas der Moderne (Bd. 2, 174–263, bes. 193 f.).

Naturwissenschaft und Technik sind universell, ihre Gesetze sind präzise und unerschütterlich. Literatur hingegen ist vielfältig, variabel und singulär. Die Technik orientiert sich in erster Linie am Allgemeinen, nicht am Individuellen, an der Massenproduktion und nicht an der Einzigartigkeit; die Technik ist kaum an spezifische Kulturen gebunden, und die Gesetze der Effizienz erlauben es normalerweise nicht, singuläre Produkte herzustellen. Im Gegensatz dazu erlangen wir durch die Beschäftigung mit Literatur eine größere Sensibilität für das, was einzigartig ist, und zwar nicht nur die Kunst oder der Mensch, sondern, analog dazu, die einmalige Natur auf unserem Planeten, die uns nur zu treuen Händen anvertraut ist und die wir nicht in unserer privaten Subjektivität besitzen, die wir auch nicht einfach zerstören und dann neu erschaffen können. Am Ende seines Buches *Science and the Modern World* (dt. *Wissenschaft und moderne Welt*) spricht Alfred North Whitehead davon, daß wir sowohl über unser praktisches wie über unser theoretisches Wissen hinausgehen und eine «ästhetische Auffassung» entwickeln müßten, d. h.

«eine Wertschätzung der unendlichen Vielfalt von lebendigen Werten, die ein Organismus in der ihm eigenen Umgebung erwirbt» (231). Die Literatur mit ihrer Partikularität und ihrer Einzigartigkeit stärkt unseren Sinn für die unersetzliche und einzigartige Schönheit auf eine Weise, wie es die Philosophie nicht vermag. Wie die Natur hat die Kunst Teil am Reichtum und an der Vielfalt; in beiden Bereichen sind die Unterschiede groß und erstrebenswert. Analog dazu können uns Kunst und Literatur ein differenzierteres Gespür für die Vielfalt bei Pflanzen und Tieren auf unserem Planeten vermitteln. In einer Zeit des beispiellosen Verlustes an pflanzlicher Vielfalt, in der jede achte Pflanze vom Aussterben bedroht ist, kann man nicht genug betonen, wie wichtig ein breites Bewußtsein für den Wert von Vielfalt ist.[48] Durch die Literatur lernen wir das Einzigartige stärker zu schätzen, und das ist von zentraler Bedeutung für ein gedeihliches Verhältnis zur Natur.

Transhistorizität

Während wir in unserer Alltagsroutine zwangsläufig nur über einen begrenzten Überblick verfügen, eröffnet uns die Literatur neue Horizonte, und zwar in mehrerlei Hinsicht. Erstens reiht sich jeder große literarische Text in eine Tradition ein, die er beschwört, konstruktiv verarbeitet oder überwindet. Sich mit der Literatur vergangener Zeiten zu beschäftigen heißt, in Zeiten einzutauchen, die unsere Gegenwart übersteigen. Wenn wir die Errungenschaften der Vergangenheit und die Chancen künftiger Generationen erkennen wollen, so sind wir unter anderem dazu verpflichtet, uns mit den Texten der Vergangenheit zu beschäftigen und sie in ihrer Integrität und mit Hilfe bestmöglicher Deutungen zu bewahren, in erster Linie aufgrund ihres Eigenwerts, aber auch im Hinblick auf Vergangenheit und Zukunft. Indem wir große Texte in ihrer Bedeutung bewahren, erweisen wir der Vergangenheit, den Schöpfern dieser Werke wie auch deren Deutungstradition, sowie künftigen Generationen, die am Wunder dieser Texte teilhaben und von deren reichhaltigen Interpretationen profitieren werden, unseren Respekt. Einer der schönsten Aspekte einer Rahmenerzählung wie etwa in Storms *Der Schimmelreiter*, die eine über mehrere Generationen reichende Geschichte erzählt, besteht darin, daß sie Kontinuität zum Ausdruck bringt, ja, man könnte sogar sagen, daß sie Bedeutung «recycelt». Große Werke der Literatur zu lesen bedeutet, es sei noch einmal gesagt, in Zeiten einzutauchen, die unsere eigene Zeit übersteigen. Und je mehr Wert wir der Vergangenheit beimessen, desto deutlicher wird, wie wichtig es ist, eine Zukunft zu bewahren, in der diese Erkenntnisse auch weiterhin gedeihen können. Die Begegnung mit großer Literatur kann uns die Einsicht vermitteln, daß es in der Tat etwas zu bewahren gilt, daß das Dauerhafte das Wegwerfprodukt an Wert übertrifft.

Zum zweiten können uns Werke aus früheren Epochen bestimmte Werte nahebringen, die in der Gegenwart verlorengegangen sind, und Alternativen zu den gegenwärtigen Unzulänglichkeiten bieten. Gewisse Tugenden spielen unter bestimmten historischen Bedingungen eine größere Rolle als andere. Ältere Literatur zu lesen erinnert uns an Tugenden, die im technischen Zeitalter kaum mehr sichtbar sind, aber gleichwohl nichts von ihrem Wert eingebüßt haben. Die Betonung der instrumentellen Vernunft läßt viele glauben, Anmut sei etwas völlig antiquiertes. Ähnlich selten ist heutzutage die Fähigkeit, vom eigenen ökonomischen oder gesellschaftlichen Status abzusehen und autonom zu bleiben. Auch Loyalität ist kaum mehr zu finden – das hat zum Teil mit unserer Mobilität zu tun, zum Teil aber auch damit, daß unsere zwischenmenschlichen Beziehungen immer stärker von Nützlichkeitserwägungen bestimmt werden. Ähnliche Faktoren tragen zum Verschwinden von Großzügigkeit und Gastfreundschaft bei. Auch die Bereitschaft, Opfer zu bringen, fehlt in vielen entwickelten Gesellschaften, die grundlegende normative Werte bereits institutionalisiert haben. Opfer zu bringen muß keineswegs Gefahr für Leib und Leben bedeuten, sondern heißt, daß man die eigene Position oder die Achtung in der eigenen Gruppe opfert. Opfer zu bringen kann auch heißen, schlicht und einfach die tägliche Routine zu verändern statt ein singuläres und heroisches Opfer zu bringen. Gerade in einer Zeit, in der man zögert, das eigene Verhalten zu verändern, weil vielleicht die anderen ihr Verhalten auch nicht ändern werden und in der die Konsequenzen des eigenen Handelns mit den Folgen des Handelns unzähliger anderer verwoben sind (wodurch sich natürlich die Wahrnehmung individueller Verantwortung verringert), sind die Bereitschaft, Opfer zu bringen, und der Signalcharakter, der sich damit verbindet, besonders wichtig.

Zum dritten sind die Literatur anderer Epochen und unsere Kenntnis der Vergangenheit der beste Weg, uns vor den Klischees und Vorurteilen der Gegenwart zu schützen, nicht zuletzt deshalb, weil die nächstbeste Alternative dazu ist, in gewisser Weise subjektiv um sich selbst zu kreisen. Unabhängig von der Frage, welche Tugenden den Vorurteilen am besten entgegenwirken können und wo sie sich in älterer Literatur finden lassen, läßt sich ganz einfach feststellen, daß die Technik mit Unterstützung der Werbung uns auf rein formaler Ebene dazu verleitet, uns den zeitgemäßen Standards anzupassen und nach dem zu streben, wonach auch andere streben. Die Begegnung mit Literatur aus anderen Epochen vermittelt uns ganz andere Perspektiven und damit vielfältige Alternativen zur Gegenwart.[49] In diesem Sinne kann ältere Literatur zeitgemäß werden, d. h. von Bedeutung für die Gegenwart sein, gerade weil sie unzeitgemäß ist, d. h. nicht der Gegenwart entstammt. Die Vertrautheit mit anderen Kulturen verschafft uns eine kritische Distanz gegenüber der eigenen Kultur. Unsere Beziehung zur Vergangenheit liefert uns aber nicht nur Alternativen und damit Anregung zur Kritik, sondern auch Impulse, um unsere Identität zu erweitern. Durch diesen Prozeß erlangen wir eine Form der Rationalität, die man auch als Weisheit bezeichnen könnte, die sich mit dem Alter und zunehmender Erfahrung einstellt und das heißt auch: durch Begegnungen mit der Vergangenheit. Weisheit unterscheidet sich von der instrumentellen Rationalität, wenngleich auch sie über ihre eigene Art der Nützlichkeit verfügt; ihre Größe liegt zum Teil gerade darin, zu wissen, was jenseits bloßer Nützlichkeitserwägungen liegt.

Viertens widmet sich große Literatur Themen von allgemeinem Interesse, wie Anton Tschechow in seiner Erzählung *Der Student* zeigt. An einem kalten, trüben und windigen Karfreitag erzählt ein Student die Evangeliengeschichte von Petrus' Pein darüber, Jesus verraten zu haben. Die Witwen, die der Geschichte lauschen, sind bewegt, und der Student «dachte wieder: Die Tatsache, daß Vasilia weinte und ihre Tochter verlegen war, bedeutete offenbar, daß alles, was er soeben erzählt hatte und was vor neunzehn Jahrhunderten geschehen war, eine Beziehung zur Gegenwart haben mußte – zu diesen beiden Frauen und wahrscheinlich auch zu diesem öden Dorf, zu ihm selbst, zu allen Menschen» (132). Er spürt, daß die Bedeutungskette zwischen Vergangenheit und Gegenwart nicht abgerissen ist. Diese erfreuliche und höchst bedeutungsvolle Verbindung erfüllt den Studenten in seiner verzweifelten materiellen Lage mit großer Freude: «(...) da dachte er daran, daß die Wahrheit und Schönheit, die das menschliche Leben dort, im Garten und auf dem Hof des Hohenpriesters geleitet hatten, sich ununterbrochen bis heute fortsetzten und offenbar die Hauptsache bildeten im menschlichen Leben und überhaupt auf Erden» (132). Durch die Kunst lernen wir aus der Vergangenheit und betrachten damit das Andere nicht nur als Objekt unserer Neugier, sondern als Partner, der existentielle Bedeutung für uns besitzt.

Fünftens läßt uns die Literatur einen Blick in die Zukunft werfen, etwa die Science-Fiction-Literatur, die genaue wissenschaftlich-technische Kenntnisse und Vorstellungskraft, Phantasie und in vielen Fällen archetypische Strukturen miteinander verbindet; die Science Fiction steht damit für eine besondere Synthese zweier üblicherweise getrennter Bereiche. Darüber hinaus ist sie dazu in der Lage, sich mit ferner Zukunft liegenden Konsequenzen und Auswirkungen zu befassen (um die es etwa auch Hans Jonas geht), und erweist sich somit als höchst zeitgemäß; gleichzeitig gründet sie auf einer antiken Vorstellung, nämlich daß Literatur über der Geschichtsschreibung stehe; namentlich Aristoteles hat behauptet, daß das, was sein könnte, philosophisch weitaus interessanter sei als das, was ist; in diesem Sinne verbinden sich in der Science-Fiction-Literatur zeitgenössische und klassische Aspekte. Paradoxerweise verkörpert sie Aristoteles' klassische Definition von Dichtung gerade durch ihren post-gegenwärtigen Inhalt, da sie in der Lage ist, die ethischen Fragen der nächsten Generation zu stellen. Es überrascht deshalb nicht, daß solche Werke beim Publikum großen Anklang finden. Michael Crichtons Bestseller *Jurassic Park* beispielsweise befaßt sich mit dem ebenso klassischen wie aktuellen Thema, daß Wissenschaftler in unverantwortlicher Weise Kräfte erzeugen, die sie nicht kontrollieren können; ein solches Thema ist für die heutigen Leser verständlicherweise von Interesse, es war aber auch schon zu Zeiten von Mary Shelley hochaktuell.

7. Die Antwort der Literatur

Jenseits des Einflusses, den die Technik sowohl formal wie thematisch auf die Literatur hat, taucht in der Kunst selbst die Frage auf, welche Rolle ihr im technischen Zeitalter zukommt. Die Einsichten dieses Kapitels ergeben sich aus der immanenten Ästhetik ausgewählter Texte, die sowohl den Einfluß der Technik auf die Kunst reflektieren wie auch die normative Rolle der Kunst im technischen Zeitalter, d. h. den Einfluß der Kunst auf die Technik. In Deutschland wie auch anderswo lassen sich spätestens seit der Romantik eine ganze Reihe von literarischen Texten finden, die sich mit Fragen der Technik beschäftigen. Ich werde mich im folgenden mit drei besonders aussagekräftigen Beispielen solcher Texte befassen. Sie stammen von Theodor Storm, Gottfried Benn und Friedrich Dürrenmatt und repräsentieren unterschiedliche Epochen sowie die drei Hauptgattungen.

Theodor Storm: Der Schimmelreiter

Theodor Storms Novelle *Der Schimmelreiter* (1888) weist mehrere Erzählebenen auf; sie beginnt damit, daß sich der Autor bzw. Erzähler an eine Geschichte erinnert, die er in seiner Jugend gehört hat. In dieser erinnerten Geschichte gerät ein Reisender in einen Sturm und trifft, als er Schutz sucht, auf einige Dorfbewohner, unter ihnen der örtliche Schulmeister, der die Geschichte von Hauke Haien erzählt. Hauke zeigt schon als Jugendlicher große Unabhängigkeit und Begabung, er verfügt über große technische Fähigkeiten und arbeitet hart, und in der Folge übernimmt er in seinem Dorf das Amt des Deichgrafen. Als Pionier technischer Innovation entwirft er eine neue Deichform. Mit einiger Mühe gelingt es ihm, die Gemeinde davon zu überzeugen, ihn zu bauen; der Deich steht heute noch. Doch ein heftiger Sturm läßt den Deich genau an der Stelle brechen, an der alter und neuer Deich ineinander übergehen. In der darauffolgenden Flut ertrinkt Hauke. Die Geschichte will, daß er sich selbst geopfert hat, indem er mit seinem Pferd ins Wasser sprang. Noch heute taucht er an stürmischen Tagen als geisterhafter Reiter auf dem Deich auf.

Hauke verkörpert zentrale Aspekte des industriellen Zeitalters. Harro Segeberg sieht in seiner «Stahlkraft» (670) ein Symbol für die «Stahlzeit» (*Literarische Technik-Bilder*, 62).[50] Der Begriff «Stahlzeit» leitet sich nicht nur aus dem Material her, das die Industrialisierung vorantrieb, sondern auch aus der damaligen metaphorischen Verwendung des Begriffs, der die Rolle der harten, unerbittlichen und gebieterischen Industriebosse beschrieb. Während der äußerste Rahmen der Erzählung in der Zeit der Industrialisierung angesiedelt ist, lebt Hauke in einer Zeit, in der Aberglaube und Vernunft gleichermaßen vorhanden sind; Storm kommentiert seine eigene Zeit somit nur indirekt, allerdings bereichert durch die transhistorische Spannung zwischen Altem und Neuem. Die zunehmende Rationalisierung, die von Hauke verkörpert wird, berührt nicht nur den Bereich des Materiellen, der sich in der Technik des neuen Deichs manifestiert, sondern auch den emotionalen und intellektuellen Bereich, für den die Auflösung der Tradition und die Loslösung vom Aberglauben stehen.

Historischer Übergang und tragischer Zusammenstoß Glaubt man der Erzählung des Lehrers, so ist Hauke den anderen, was Kühnheit und instrumentelle Vernunft anbelangt, weit überlegen. Nicht nur wird wiederholt, fast schon obsessiv, auf Haukes Fähigkeit und seine Faszination für das «Rechnen» (639, 640, 652, 655, 657, 658, 715, etc.) hingewiesen, er ist auch eine revolutionäre Gestalt, welche die Tradition nicht einfach akzeptiert (zu der auch die Annahme gehört, er würde den Beruf seines Vaters übernehmen). Hauke ist ein Selfmade-Man, ein Autodidakt voller visionärer Kraft und Erfindergeist, mutig und stolz. Er beschäftigt sich mit dem, was groß und neu ist, mit seiner eigenen Geistesschöpfung, einem massiven Deich, der Jahrhunderte überdauern wird, und gegenüber älteren, gemäßigten und abergläubischeren Denkweisen zeigt er wenig Geduld. Doch durch seine Distanz zur Norm und durch das absolute Eintauchen in sein Projekt ist Hauke auch einsam und mitunter sogar misanthrop. Seine Unabhängigkeit und seine Arroganz verleihen ihm Stärke, doch sie heben zugleich seine Distanz zur Gemeinschaft hervor.

Haukes kühne und unabhängige Vision, sein Ehrgeiz und seine Willenskraft, seine Verspottung der Öffentlichkeit und ihrer Mittelmäßigkeit machen seine Größe aus; sie erlauben es ihm, sein großes, Faustisches Projekt auch gegen den Widerstand der Gemeinschaft zu verfolgen. Gleichzeitig aber stellen diese Eigenschaften eine Schwäche dar, denn er will den Wert der Gemeinschaft als solcher (und zu ihr gehört auch die Tradition) nicht erkennen. Haukes Beförderung des Neuen ist im Lichte seines Projekts, das Wissenschaft und Technik auf seiner Seite hat, berechtigt. Doch der Deich, der weit ins Meer hinausreicht, fordert die Natur in anmaßender Weise heraus. Darüber hinaus vernachlässigt Hauke mit seiner Vision, die sich allein auf den Deich richtet, das Althergebrachte. Genauer: Die Probleme entstehen an der Nahtstelle zwischen Alt und Neu; es ist nicht leicht, mit Hilfe der Aufklärung und der Technik so voranzuschreiten, daß man auch dem Alten – und das heißt auch dem

Aberglauben der Gemeinschaft und dem Mißtrauen gegenüber dem Neuen – Gerechtigkeit widerfahren läßt. Die Spannung zwischen der Stabilität der Gemeinschaft und dem destabilisierenden Fortschritt des Deichs wird durch die Erzähltechniken betont: Wenn der Erzähler beschreibt, wie der neue Deich gebaut wird und wie man während des Sturms versucht, die Bruchstelle abzudichten, verwendet er häufig parataktische Sätze und schnelle Perspektivenwechsel, welche die Dynamik, die später für den Film charakteristisch sein wird, vorwegnehmen (Segeberg, *Literatur*, 174 f.).

In seinem von aufklärerischen Ideen getragenen Streben nach Technik und Fortschritt gerät Hauke in Konflikt mit der Gesellschaft, die an ihrer Vergangenheit und ihrem Aberglauben festhält. In Storms Novelle zeigt sich ein tragischer Zusammenstoß, bei dem jede Seite zum Teil recht hat, in dem Maße aber auch im Unrecht ist, in dem sie die Berechtigung der anderen Seite übersieht. Kein Wunder, daß Storm die Novelle als «die Schwester des Dramas» bezeichnet und hinzufügt: «Gleich dem Drama behandelt sie die tiefsten Probleme des Menschenlebens; gleich diesem verlangt sie zu ihrer Vollendung einen im Mittelpunkte stehenden Konflikt, von welchem aus das Ganze sich organisiert, und demzufolge die geschlossenste Form und die Ausscheidung alles Unwesentlichen; sie duldet nicht nur, sie stellt auch die höchsten Forderungen der Kunst» (Bd. 4, 409). Das Zusammenfließen von Erzählung und Drama zeigt sich auch in der Tatsache, daß der Erzähler seine Geschichte mehrmals so unterbricht, daß man sie in fünf Akte unterteilen könnte (639 ff., 646 ff., 679 ff., 695 ff., 741 ff.). Wenngleich Hauke im Hinblick auf seine kühnen Ideen recht hat (ohne eine gewisse Erneuerung würde die Gemeinschaft in jeder Generation eine Katastrophe erleben), verfügt die Gemeinschaft doch über ein gewisses formales Recht. Sie hat die Gesellschaftsstruktur ebenso auf ihrer Seite wie die Tradition und die Mehrheit der Menschen. Hauke gerät damit in Konflikt mit der Mehrheit, die im Prinzip recht hat bzw. die von der Grundidee her recht hat. Und obwohl Hauke zu Recht mit einigen obskuren Verhaltensweisen und dem unberechtigten Aberglauben der Gemeinschaft bricht, so dienen diese Traditionen dennoch dazu, die Gemeinschaft emotional zusammenzubinden. Das gemeinschaftliche Leben wird ausführlich dargestellt: beim Eisstockschießen, beim Tanz, bei der Hochzeit und beim Begräbnis. Traditionen werden von Generation zu Generation weitergegeben und suggerieren damit die Ehrfurcht vor der Vergangenheit. Hauke bleibt in seinem Rationalismus und in seiner Engstirnigkeit von dieser Gemeinschaft ausgeschlossen und besitzt wenig von der Lebendigkeit und Freude der anderen. Beim Tanz ist er voll Unruhe und betrachtet die anderen dort Anwesenden als Narren («die Menschen kamen ihm wie Narren vor» [671]); als sein neuer Deich fertiggestellt ist, gibt es keine gemeinsame Feier. Doch die Gemeinschaft wird keineswegs idealisiert, sie trägt vielmehr eine ganze Reihe häßlicher Züge, etwa der kleinliche Egoismus von Ole Peters oder das weitverbreitete Versagen, Haukes Verdienste zu erkennen, das wiederum dessen Widerstand zum Teil rechtfertigt. Zu den Traditionen, die seit Generationen überliefert werden, gehören auch das Opfern von Menschen oder Tieren (722) und die Blindheit gegenüber der Realität der modernen Naturwissenschaft (733).

Während der gemeinsame Aberglaube sich einerseits an der Vernunft messen lassen muß und deshalb kritisiert wird, enthält er andererseits doch häufig eine verborgene Weisheit, die es irgendwie zu bewahren gilt. In dem abergläubischen Wunsch der Arbeiter, einen Hund zu opfern, erkennen wir die durchaus vernünftige Vorstellung, daß Opferbereitschaft von zentraler Bedeutung für eine Gemeinschaft ist (vor allem wenn es um deren Veränderung geht) und daß technische Errungenschaften an sich angesichts der höheren Mächte, die sich menschlicher Kontrolle entziehen, noch keinen Erfolg garantieren; gleichzeitig aber ist die Vorstellung, daß das Töten eines streunenden Hundes diesen Zwecken dienen könnte, irrig und irrational. Ähnlich eigenartig ist die Vorstellung, der Deichgraf müsse über beträchtliches Vermögen verfügen, wenn man sie an der Frage nach seiner formalen Qualifikation mißt, und sie verdeutlicht eine irrationale Betonung des Vermögens, ist gleichzeitig jedoch durchaus vernünftig in der Hinsicht, daß der Deichgraf ein existentielles Interesse am Erfolg seiner Arbeit haben müsse. Auch Trien' Jans' Geschichte von der Meerjungfrau bringt, obwohl ohne jeden Bezug zur Wirklichkeit, eine Sicht der Natur zum Ausdruck, die dieser jenseits aller menschlichen Bemühungen, sie zu kontrollieren und zu steuern, einen Wert und Würde zuspricht; es überrascht deshalb nicht, daß diese Geschichte von jemandem erzählt wird, der eine enge Beziehung zu Tieren entwickelt hat. Auch hier enthält der Aberglaube eine verborgene Weisheit.

Mehrdeutig bleibt in der Erzählung, in welchem Maße der Konflikt unausweichlich ist und in welchem Maße Hauke seine Mißachtung der Gemeinschaft hätte zügeln oder ihre Traditionen stärker hätte berücksichtigen können. Unausweichlich ist der Konflikt insofern, als der große Einzelne, der seiner Zeit voraus ist, zwangsläufig in Konflikt mit der Welt gerät. Ja, es gehört gerade zum Begriff des Neuen, hier in Gestalt von Technik und Vernunft, daß es mit der Tradition bricht. Hauke muß sich gegen die Gesellschaft und ihre Mittelmäßigkeit wenden, um erfolgreich zu sein. Doch über diesen unausweichlichen Konflikt hinaus zeigt Hauke auch Züge von Sturheit und Arroganz, die eher zufällig als notwendig zu sein scheinen. Er haßt die Menschen und stellt sich über sie (643, 680, 718, 725). Wenngleich er mehr von seinem Projekt besessen ist als von seiner eigenen Besonderheit, so zeigt er nicht genügend Rücksicht auf andere, es gelingt ihm nicht, seine Subjektivität zu objektivieren, d. h. die Gemeinschaft für sich zu gewinnen. Sein Projekt wird von zwei

Faktoren bestimmt: von seinem Bestreben, seine Vorstellungen als Ingenieur zu verwirklichen, und von dem objektiven Ziel, den Schutz der Stadt vor dem Meer zu verbessern; doch daneben sind explizit auch noch zwei weitere Faktoren im Spiel, nämlich das Bestreben, der Gemeinschaft etwas zu beweisen (689, 690, 693), und das Verlangen, aus finanziellem Gewinnstreben mehr Land zu gewinnen (691, 714). Dieser letzte Faktor weist einerseits zurück auf die beinahe feudale Betonung des Landbesitzes und weist andererseits voraus auf die Vereinigung von Technik und Kapital, die dann in zunehmendem Maße das technische Zeitalter kennzeichnen wird. Sie weist darüber hinaus auf eine Verwegenheit und Aggressivität hin, die sich über die Ordnung der Natur hinwegzusetzen versuchen.

Der Sinn dieser Mehrdeutigkeit in der Erzählung liegt zum einen darin zu unterstreichen, daß sich Konflikte zwischen großen Einzelnen und einer renitenten Gesellschaft sowie zwischen Technik und Denkweisen bzw. Lebensformen der Vergangenheit nicht vermeiden lassen. Zum anderen kommt damit zum Ausdruck, daß die Tugenden, die den Helden antreiben, den Konflikt unnötigerweise verschärfen; gleichwohl kann auch die Versuchung, diese Neigungen zu modifizieren, indem man dort Kompromisse schließt, wo sie ungerechtfertigt sind, in die Katastrophe führen. Als Hauke sanft und milde gestimmt der Gemeinschaft zuhört, als diese ihm ihre Sicht der Probleme an der Nahtstelle zwischen altem und neuen Deich darstellt, statt heroisch weiter ihre Mittelmäßigkeit zu verachten, kommt es zur Katastrophe, da ihre Ratschläge töricht sind. Jemand, der nach Veränderung strebt und aus der Gemeinschaft ausgeschlossen ist, wird leicht irren, wenn er seine Ambitionen exzessiv verfolgt, unnötig arrogant wird oder bei falscher Einschätzung der Lage nachgibt.

Die Folgen von Haukes Handeln, mag es nun seiner Kühnheit oder einem Kompromiß entspringen, lassen sich nicht immer vorhersehen, etwa als Hauke den Angorakater von Trien' Jans tötet. Denn erstens betrachtet Hauke die Katze unter rein funktionalen Gesichtspunkten; er begreift nicht, daß sich Trien' Jans' Zuneigung gerade zu dieser Katze nicht einfach auf eine andere Katze übertragen läßt, denn sie ist das einzige, was ihr von ihrem verstorbenen Sohn geblieben ist. Haukes Tat zerstört nicht nur die Natur, sondern auch menschliche Bande und Gefühlswärme. Zum zweiten erkennt Hauke die Folgen für die lokale Ökologie nicht: Weil die Katze nun keine Mäuse und Ratten mehr fangen kann, sind Triens Enten gefährdet. Bezeichnenderweise entdeckt Hauke Mäuselöcher, als er die Nahtstelle zwischen altem und neuem Deich inspiziert (736). Ebenso wie die Katze instinktiv und aus Gewohnheit Vögel jagt, was Hauke dazu bringt, sie zu töten, so klammert sich auch die Menschheit instinktiv und abergläubisch an das Althergebrachte und an die Gemeinschaft, wenn sie durch das Neue, das Rationale und das

Andere bedroht wird (Ellis, Narration, 29). Darüber hinaus lassen Haukes Zerstörung des ökologischen Gleichgewichts und seine Unfähigkeit, in der Tradition irgendeine Vernunft zu erkennen, vermuten, daß seine berechnende Vernunft nicht besonders weitblickend ist. Dieser beschränkte Horizont, die Unfähigkeit, über das Unmittelbare hinauszublicken, zeigt sich auch in seiner Haltung gegenüber der Natur: Verhängnisvollerweise erkennt er nicht, «wie uns die Natur mit ihrem Reiz betrügen kann» (739).

Harro Segeberg hat gezeigt, daß Haukes Frau Elke, die ebenfalls sehr gut «rechnen» (652, 655, 657) kann, über ein ausgeprägteres Gespür für die Einzigartigkeit und Schönheit der Natur verfügt (*Literarische Technik-Bilder*, 78–84). Als Hauke und Elke sich zum ersten Mal begegnen, ist Elke ganz bezaubert von der Schönheit des Sonnenuntergangs, und Hauke bemerkt dazu ironisch: «wonach guckst du denn mit deinen großen Augen, Jungfer Elke?» Elke antwortet, sie sehe «nach dem (…), was hier alle Abend vor sich geht; aber hier nicht alle Abend just zu sehen ist» (653). Elke verfügt nicht nur über eine weiterreichende und nuanciertere Sicht der Natur als ganzer, sondern verfährt auch beim Umgang mit anderen Menschen strategischer. Elke hilft Hauke gegen Ole Peters' Machenschaften, als Hauke und Ole für ihren Vater arbeiten, und verfolgt durchaus eigene Absichten, als sie Hauke dabei hilft, Deichgraf zu werden. Daß sie selbst diese Rolle nicht übernehmen kann, stellt eine subtilere Kritik an der Tradition dar: In diesem Fall ist es nicht das Vermögen, sondern es sind geschlechtsspezifische Erwartungen und Vorurteile, die sie daran hindern, ihr Potential auszuschöpfen. Auch die Religion in Gestalt des Konventikels wird kritisiert: Sie stellt den Willen über die Vernunft und wird im Text nicht ohne Grund neben den Aberglauben gesetzt, der zu dem Versuch eines Hundeopfers führt.

Technische Innovation sagt oftmals über die Menschheit ebenso viel aus wie über die Natur, und in der Tat muß sich Hauke mit den beiden spiegelbildlichen Kräften auseinandersetzen, mit der Natur und der Gemeinschaft. Damit der technische Fortschritt die Menschheit nicht zerstört, bedarf es nicht nur der *poiesis*, sondern auch der *praxis*. Haukes technische Fähigkeiten werden nicht voll ausgeschöpft: Seine strategische Vernunft im Umgang mit anderen Menschen verblaßt im Vergleich zu seiner instrumentellen Vernunft gegenüber der Natur. Um sich die Natur gefügig zu machen, stellt Hauke komplizierte Berechnungen an, er verwendet Versuchsmodelle (643) und beobachtet die Natur höchst konzentriert, wie er es schon in jungen Jahren tat, als er stundenlang ununterbrochen aufs Meer blickte (641, 644), und später dann, als er erkannte, was der Deichgraf nicht sah (662). Hauke fehlt jedoch ein umfassender Blick auf die Natur, und im Umgang mit der Gemeinschaft zeigt er noch weniger Klugheit.

Selbst als Hauke die Gemeinschaft weit zu überragen glaubt und seine
Verachtung für die anderen zum Ausdruck bringt, freut er sich über
deren Anerkennung (725). Er will nicht einfach nur groß sein, sondern
von den anderen anerkannt werden. Auch dieser Faktor steht hinter
seinem einen gescheiterten Versuch der Versöhnung. Auf der Ebene der
Erzählung antizipieren verschiedene Symbole, Figuren und Ereignisse die
Einheit, um die die Geschichte bemüht ist. Eine herausragende Stellung
kommt dabei den Vögeln zu – sie signalisieren nicht nur Bedrohung und
Unheil, sondern fungieren auch als «dynamische Vermittler zwischen
Himmel und Erde» (Artiss, 14) –, was die versteckten Hinweise auf eine
Synthese unterschiedlicher Welten noch verstärkt. Bezeichnenderweise
tauchen die Vögel auf, kurz bevor der Geist erscheint. Auch das Sinnbild
des Deichs, der an zwei Welten grenzt, nämlich Wasser und Land, weckt
nicht nur Assoziationen von Konflikt, sondern auch von Versöhnung,
vor allem in dem nach Harmonie strebenden Deich-Entwurf Haukes.
Eine zentrale Rolle bei den Hinweisen auf Synthese spielt Jewe Manners.
Sein Name scheint die Einheit von Gott (Jewe = Jahwe) und Mensch
(Manners = Männer) zu symbolisieren. Auch in der Praxis ist Jewe Manners eine Gestalt der Synthese, die zwischen Haukes berechtigtem Anlie-
gen und der Gemeinschaft, der er im Gegensatz zu Hauke angehört,
vermittelt.

Daß Hauke indirekt den Wert der Gemeinschaft betont, zeigt sich auch
daran, daß er den Tod von Trien' Jans unterschwellig mit Jesu Christi
Tod assoziiert, wenn er sagt: «Sie hat es vollbracht» (742; vgl. Joh
19,30). Göttlichkeit findet sich zum Teil auf Haukes Seite, aber auch auf
seiten der Gemeinschaft, für die er später sein Leben «geben» wird, und
im Bereich des Aberglaubens, den Trien' Jans verkörpert und zu dem
Hauke dann einen Beitrag leisten wird. Nicht zufällig wird Hauke sowohl mit Christus als auch mit dem Teufel verglichen. Hauke steht sowohl für das, was groß und einzigartig ist, wie auch für das, was Angst
einflößt und in die Katastrophe führt. Er befördert den Aberglauben
sogar noch, indem er es zuläßt, daß sich um ihn und sein Pferd mystische
Spekulationen ranken, und indem er selbst sich, wenn auch nur im
Scherz, mit dem Teufel gleichsetzt (704). Auch in dem Verdacht der
Arbeiter, Hauke sei mit dem Teufel im Bunde, liegt eine verborgene
Wahrheit: Die Tatsache, daß Hauke die abergläubischen Vermutungen
der Arbeiter nicht erkennt, gibt ihnen, innerhalb ihres beschränkten Be-
zugsrahmens, nicht – wie man erwarten könnte – Grund zu der Annahme, er verhalte sich rational und stehe über dem Aberglauben, sondern
sie sind der Überzeugung, daß er unter dem Einfluß dunkler, unbekannter
Mächte steht.

Kunst und ihr Verhältnis zu technischer Vernunft und Aberglauben Die
Tragödie ist vielschichtig, denn wir werden nicht nur Zeugen eines un-

ausweichlichen Zusammenstoßes, der durch Momente der Sturheit noch verschärft wird; hinzu kommt, daß Haukes Leben mit dessen Selbstaufopferung endet.[51] Dieses Opfer ist keineswegs instrumentell. Hauke, der stets rational und im Hinblick auf ein bestimmtes Ziel gehandelt hat, opfert sich auf rein symbolische Weise. Mit der Flut und der Selbstopferung des Helden zeigt Storm die Grenzen einer rein technischen Vernunft auf. Der Name «Hauke», eine Variante von «Hugo», bedeutet Geist oder Sinn. Es gehört zum Wesen Haukes, daß er mehr als nur instrumentell und strategisch handeln will, daß er mehr will als nur Land gewinnen und für Sicherheit sorgen, daß er Sinn vermitteln will. Das gelingt ihm erst mit seinem symbolischen Tod für die Gemeinschaft. Hauke bittet: «Herr Gott, nimm mich; verschon die Andern!» (753) Hauke rettet zwar die anderen nicht wirklich, doch indem er den Wert der Gemeinschaft erkennt, kommt es, sozusagen auf einer Metaebene, zu einer Art Versöhnung, die sich darin ausdrückt, daß die Geschichte seiner Selbstaufopferung erzählt wird.[52] Sein Tod durch Ertrinken ist ein Akt der Demut gegenüber dem Element, das er bändigen wollte. Ebenso wie ausgerechnet die Gestalt, die den Aberglauben bekämpft, selbst zum Geist wird, so wird gerade der Mensch, der das Meer besiegen wollte, Teil des Meeres. Haukes Übergang in die Natur ist nicht nur eine Ironie der Erzählung, sondern in gewissem Sinne bereits vorher angelegt: Man denke nur an einige frühere Szenen, in denen Haukes Einsamkeit durch Naturschilderungen verdeutlicht wird: Mit der Natur scheint er sich stärker identifizieren zu können als mit Menschen (z. B. 644 und 646). Auch mit der Gemeinschaft wird Hauke insofern eins, als sein Mythos und dessen Bedeutung in ihren Erzählungen weiterleben. Die Gemeinschaft ist es, die seine Taten mit Bedeutung versieht und in ihnen Weisheit erkennt.

Nicht nur der Deich hat überdauert, sondern auch Hauke als Legende. Sein Vermächtnis ist ein dreifaches: erstens der Deich, also eine technische Errungenschaft; zweitens der Geist, der mit dem Aberglauben in Verbindung steht; drittens die Erzählung, welche die Vernunft (verbunden mit dem Deich) und den Aberglauben (verbunden mit dem Geist) zusammenführt und zugleich beide in eine Synthese verwandelt, indem sie als Erzählung aufklärt (wie die Vernunft) und die Gemeinschaft zusammenschließt (wie der Aberglaube).[53] Sowohl das physische Vermächtnis wie auch das rituelle Erzählen der Geschichte bedürfen des Zusammenwirkens von Held und Gemeinschaft, wenn auch in unterschiedlicher Weise. Der Deich wird von Hauke entworfen und von den Arbeitern gebaut. Die Erzählung entsteht aufgrund seiner Taten und entwickelt sich zunächst in Form der mündlichen Überlieferung innerhalb der Gemeinschaft. Das Vermächtnis von Haukes Größe und symbolischem Opfer, seine Vernunft und sein Mythos werden dabei in Beziehung zu einer intersubjektiven Sphäre gesetzt, zu einer Kunst, die

einerseits von Technik und Fortschritt erzählt, andererseits von der
Selbstaufopferung für die Gemeinschaft. Der Rahmen, innerhalb dessen
die Geschichte erzählt wird, verleiht der Erzählung eine soziale Dimension, die auf frühere Zeiten verweist, als man sich gegenseitig Geschichten erzählte. Darüber hinaus unterstreicht die Einbeziehung verschiedener Stimmen in die Geschichte – solche der Vernunft wie solche des
Aberglaubens – den Reichtum der mündlichen Überlieferung, den die
Geschichte erfolgreich bewahrt. Wenn es zu den Vorstellungen von einer reichen Gemeinschaft gehört, daß Einzelne bereit sind, sich für das
größere Ganze zu opfern, so würde es dieser Vorstellung von Gemeinschaft widersprechen, wenn die Last der Selbstaufopferung allein einem
großen Einzelnen auferlegt würde. In diesem Sinne ist Haukes Tat kein
isoliertes Handeln, sondern sie erhält Bedeutung als Ansporn für andere. Die Geschichte versieht nicht nur Haukes technische Errungenschaft
und seine Abwendung von der Gemeinschaft mit Sinn, sondern auch
sein Selbstopfer. Was bleibt von diesem großen Menschen, ist die Geschichte; damit ist sein individuelles Handeln in ein kollektives Ganzes
integriert worden.

Jedesmal, wenn ein Sturm den Damm zu zerbrechen und die Stadt zu
überfluten droht, erscheint der Geist. Das rituelle Erzählen der Geschichte in diesem Zusammenhang verleiht der Angst vor dem Sturm und vor
den dunklen Mächten, die den Status quo gefährden, eine Stimme, aber
auch dem Heldenmut und dem mythischen Selbstopfer, denn die Geschichte betont gerade den Mut des Helden und sein Opfer für die Gemeinschaft. Und auch wenn der geisterhafte Reiter angst macht, so warnt
er doch auch vor der Gefahr und fungiert so als Beschützer. Darüber
hinaus erneuert das bloße Erzählen der Geschichte das Gemeinschaftsgefühl. Die Bedeutung, die hinter dieser Erscheinung im Sturm steht,
lautet, daß die Angst vor Zerstörung durch die äußeren Elemente einerseits mit erneuter Arbeit am Deich und andererseits mit der gemein-
schaftsfördernden Funktion des Geschichtenerzählens erwidert wird. Die
Kunst erkennt den Wert der gemeinschaftlichen Bande, die dem Aberglauben innewohnen, präsentiert sich gleichzeitig jedoch als aufgeklärte
Alternative zu diesem Aberglauben, nicht zuletzt deshalb, weil sie den
Wert von Technik und Aufklärung anerkennt und bestimmte Aspekte
des Aberglaubens als überflüssig kenntlich werden läßt. Diese Verbindung zwischen Geist und Geschichte findet auch symbolischen Ausdruck. So spielt das «Pferdsgerippe» eine zentrale Rolle bei der Entstehung des Aberglaubens, der sich um den weißen Reiter rankt (697); auf
der Erzählebene entspricht dem die Rahmenkonstruktion der Novelle,
die den Kern des *Schimmelreiter* als Kunstwerk ausmacht und zugleich
den Bereich des Aberglaubens relativiert. In diesem Sinne entsprechen
sich Geist und Geschichte – bei allen Unterschieden – spiegelbildlich. In
dieser Erzählstruktur erkennen wir den Wert der Vergangenheit und ihrer

Verbindung zur Gegenwart, den Wert der Tradition für die gegenwärtige Erzählung.

Storms Novelle *Der Schimmelreiter* zeigt über ihren Titelhelden, wie die Idee der instrumentellen Vernunft in Kunst übergeht: Indem er sein Leben opfert, handelt Hauke Haien, der als Ingenieur in erster Linie die Natur beherrschen wollte, absolut nicht-instrumentell (sein Opfer rettet niemanden), aber er findet dadurch Eingang in den Mythos und die Kunst. Kunst ist keineswegs ohne Vernunft, aber sie verkörpert gleichwohl eine Form der Vernunft, die weit über die Einseitigkeit und Beschränktheit der Zweck-Mittel-Rationalität hinausreicht. Diese höhere Synthese ist in Haukes technischer Errungenschaft schon vorweggenommen: Mit seinem sanft zur Meerseite abfallenden Profil steht Haukes Deich im Einklang mit der Natur. Das heißt, Technik und Natur müssen nicht prinzipiell im Gegensatz zueinander stehen. Hauke fordert, daß sich der Deich dem Meer anpassen müsse, und er betont auch in einem anderen Bereich die Harmonie zwischen Reiter und Pferd («das Pferd schien völlig eins mit seinem Reiter» [704]). Die Kunst zeigt nicht nur eine Synthese von Technik und Aberglaube, sie verkörpert auch die Harmonie von Sinnlichem und Geistigem, genauso, wie der Deich ein Produkt der technischen Vernunft ist, das im Einklang mit der Natur funktioniert, und der Geist Reiter und Pferd miteinander vereint, als seien Menschheit und Natur eins.

In seinem Leben lernt Hauke erst ganz allmählich, im Einklang mit der Natur zu arbeiten. Zunächst ist er blind gegenüber der Schönheit und der Vielfalt der Natur (640 f.) und betrachtet andere Lebewesen wie etwa Katzen und Vögel (darunter den wunderschönen Eisvogel) unter rein funktionalen Gesichtspunkten; doch als er eine Tochter hat, Wienke, verändert sich sein Blick. Ihre geistige Zurückgebliebenheit und ihre Unfähigkeit zu «funktionieren» verringern seine Liebe zu ihr keineswegs. Die beschränkte Rationalität des Lehrers (645) wie auch der Aberglaube von Trien' Jans (728) vermögen nicht zu erkennen, daß die Behinderung des Kindes nicht als Bestrafung gedeutet werden soll.[54] Hauke liebt seine Tochter vielmehr so, wie sie ist (731 f.), und gewinnt durch sie ein größeres Gefühl für Zärtlichkeit und Anmut. Die reduktionistische Sichtweise, die Wienke nicht als vollwertige Person betrachtet, bemißt den Wert eines Menschen fälschlicherweise an dessen Fähigkeit zu «funktionieren», statt den inneren Wert in jedem Menschen zu erkennen. Die Vermutung, ihre Schwäche deute indirekt auf Haukes Fehler hin, übersieht, daß Hauke der Herausforderung durchaus gewachsen ist und seine Liebe zu ihr ganz offen zeigt. Daß Hauke geistig reift, zeigt sich auch daran, daß er früher die Vögel – traditionell Symbole für Geist und Seele – getötet hat, während und später Reue empfindet, als er auf seinem Pferd eine Möwe zertrampelt (747). Einige Interpreten haben dieses Ereignis als Symbol für Haukes Blindheit oder Gleichgültigkeit gedeutet (z. B. Ellis, Narration,

28), doch die Verwendung der erlebten Rede unterstreicht Haukes Verzweiflung und Reue: «War es der Vogel seines Kindes? Hatte er Roß und Reiter erkannt und sich bei ihnen bergen wollen?» (747). Jedesmal, wenn in der Geschichte die erlebte Rede verwendet wird, um Haukes Gedanken kenntlich zu machen, wird damit eine Szene großer Gefühlsregung markiert, etwa als Hauke beim Tanz voll Verlangen nach Elke sucht – «Aber wo blieb Elke? Hatte sie keinen Tänzer, oder hatte sie alle ausgeschlagen, weil sie nicht mit Ole hatte tanzen wollen» (672) – oder als er in der Schlußszene seine Familie in Gefahr sieht: «Hatte sie ihn erkannt? Hatte die Sehnsucht, die Todesangst um ihn sie aus dem sicheren Haus getrieben? Und jetzt – rief sie ein letztes Wort ihm zu?» (752 f.). Auch zuvor schon, als er den Hund rettet, verbindet sich Hauke mit der Welt der Natur, auch wenn ihn diese Tat das Vertrauen der Arbeiter darauf kostet, daß der neue Deich gelingt.

Haukes Leiden und seine eventuelle Krankheit lassen ihn gegenüber der Gemeinschaft milder werden, freilich auf eine Weise, daß er die Unabhängigkeit und Distanz verliert, die nötig sind, um ihrer Mittelmäßigkeit zu widerstehen. Als er die Distanz zur Gemeinde aufgibt, fällt er ihrem schlechten Rat zum Opfer. Erst im Tod und im Mythos findet Hauke zu wirklicher Harmonie mit der Gemeinschaft, und selbst dann kommt es noch zu Mißklängen, da sein Geist noch immer leidet (das Opfer ist mit Leid verbunden, auch in der Todesszene). Symbolisch steht die Angst vor dem Auftauchen des Reiters für die fortdauernde Bedrohung durch Veränderung und Fortschritt, auch wenn Haukes mythische Identität seine Größe hervorhebt. Der Geist ist ebenso mehrdeutig wie der Deich und die Erzählung. Gleichwohl liegt die höhere Harmonie, welche die Erzählung von Haukes Selbstopfer vermittelt, in der Vorstellung, daß Kunst den Wert der Tradition und der Gemeinschaft als Bindekräfte erkennen kann, indem sie an die Stelle des Aberglaubens tritt, gleichzeitig aber auch den Wert von Technik, Aufklärung und Fortschritt deutlich macht.

Das Pferdeskelett – der Bereich des Aberglaubens – und der Deichbau – der Bereich der Technik – finden ihre Wahrheit in der Konstruktion des Erzählrahmens – also im Bereich der Kunst –, der sowohl individuell wie kollektiv bindend und aufklärend ist. Ein Aberglaube, der sich nicht in Kunst verwandelt, bleibt oftmals unaufgeklärt und gefährlich, und eine berechnende Technik, die sich von Werten und Traditionen löst, droht Schaden anzurichten. Die Geschichte handelt nicht nur von der Technik, sondern auch von der Rolle der Kunst im technischen Zeitalter: Kunst führt die Bereiche des Aberglaubens und der Berechnung zu einer Synthese zusammen. Und im Gegensatz zum Aberglauben, der zur Idealisierung oder Dämonisierung neigt, bietet die Kunst eine subtilere, differenziertere Sichtweise menschlicher Größe und Schwäche. Indem das berechnende Individuum sich selbst opfert, verwirklicht es die

abergläubische Prophezeiung, daß etwas Lebendiges geopfert werden
müsse; indem sein Opfer zum Mythos und zur Geschichte wird, bleibt
die Bedeutung des Aberglaubens erhalten, ohne daß jedoch ein Lebewesen brutal und irrational geopfert werden muß.[55] Reiner Aberglaube
ist ohne Zweifel problematisch, wie sich im Verlangen, einen Hund zu
opfern, deutlich zeigt. Doch auch eine rein technische Vernunft stellt ein
Problem dar, wie Haukes Vernachlässigung der Tradition und des Ganzen beweist. So wie die Kunst die Gemeinschaft von einem realen Opfer
befreien kann, so kann sie die Gemeinschaft auch von dem Verlangen
befreien, getrieben von der technischen Vernunft die Fähigkeit, die Natur
zu zähmen, überzustrapazieren oder aus reinem Profitstreben zu riskie-
ren, daß die Gemeinschaft zerstört wird. Der Aberglaube verschwindet
angesicht des Aufstiegs der Vernunft, und der Deich, als materielle Entität aus Erde und Stroh, wird irgendwann ersetzt werden müssen, während die Kunst beide zu überdauern scheint. Doch wie der Aberglaube,
der immer neuer Zuhörer und Erzähler bedarf, und wie der Deich, der
Wartung und Reparaturen erfordert, hängt auch das Fortleben einer
Erzählung vom Engagement und der Interpretation der Leser ab.
   Die Anzahl der Erzählebenen steht symbolisch für diese Synthese. Am
Ende der Geschichte kehrt Storm jedoch nicht zum dritten und äußersten
Rahmen der Erzählung zurück. Diese Offenheit der Rahmenerzählung
lädt den Leser dazu ein, sie selbst abzuschließen, indem er über die
Fragen, welche die Geschichte aufgeworfen hat, weiter nachdenkt. Die
Offenheit unterstreicht die Schwierigkeit, eine angemessene Synthese zu
finden. Durch die Mehrdeutigkeit der Geschichte werden sowohl der
Wert wie auch die Grenzen beider Welten, derjenigen der mündlichen
Überlieferung und derjenigen der technischen Vernunft, herausgestellt.
Während der Lehrer die Geschichte auf seine Weise erzählt, weiß der
Deichgraf, daß seine Haushälterin Antje Vollmers sie ganz anders erzäh-
len würde, und in der Tat kann der Lehrer die Geschichte nicht ohne
Hinweise auf Übernatürliches erzählen, auch wenn er sich davon distan-
ziert. Darüber hinaus ist an keiner Stelle sicher, ob das Erscheinen des
Reiters real oder nur eine Einbildung ist. Die einschlägigen Aussagen
werden einerseits mit distanzierenden Wendungen versehen – «glaubte
ich ...», «mir war, als ...», «dann war's, als säh ich ...» –, doch auch
der Indikativ wird verwendet: «da sie näher kam, sah ich es, sie saß auf
einem Pferde, einem hochbeinigen hageren Schimmel (...)» (636). Am
Ende der Geschichte werden wir mit der Ungewißheit zurückgelassen,
die nach Tzvetan Todorov das Phantastische kennzeichnet: «Das Fantastische ist die Unschlüssigkeit die ein Mensch empfindet, der nur die
natürlichen Gesetze kennt und sich einem Ereignis gegenübersieht, das
den Anschein des Übernatürlichen hat.» (26). Diese Ungewißheit und
Mehrdeutigkeit, die in Winfried Freunds Interpretation leider völlig
übergangen werden (140–146), unterstreichen den unausschöpflichen

Reichtum dieser Geschichte, der sich nicht vollständig analysieren läßt. Üblicherweise ist es so, daß in einer Rahmenerzählung die Binnenerzählung das übernatürliche Element enthält, das dann durch den äußeren Rahmen relativiert wird. In *Der Schimmelreiter* jedoch taucht der Geist in der Rahmenerzählung auf. Damit suggeriert Storm, daß sich die Vernunft nicht einfach gegen das Übernatürliche oder Magische durchsetzt; das Magische spielt auch in einer Welt der Vernunft eine Rolle. Es gibt gleichsam Unbekannte, die sich nicht berechnen lassen. Während die Sprache den geisterhaften Reiter als mehrdeutig erscheinen läßt, wird er durch die Tatsache, daß ihn der Reisende sah, ehe er die Geschichte überhaupt gehört hat, zu einer glaubhaften Erscheinung. Als er seine Erzählung abschloß, strich Storm einen Abschnitt, der sich über den Geisterglauben lustig machte (Bd. 3, 1060–1062); es ist gut möglich, daß Storm damit die Weisheit des Aberglaubens wie auch die Undurchdringlichkeit von Natur und Kunst bewahren wollte.

Am Ende der Erzählung geht die Sonne auf, das Symbol der Vernunft, doch wir erinnern uns an den früheren Gedanken, daß Erscheinungen auch Täuschungen sein können. Nicht nur die Geistererscheinung, sondern auch das Auftauchen der Vernunft kann eine Täuschung sein, wenn sie nicht dazu führt, daß man das Ganze berücksichtigt. In Storms Novelle ist das Wie des Erzählens von ebenso großer Bedeutung wie die erzählten Ereignisse, denn wir erhalten nirgends verläßliche Informationen über den wahren Sachverhalt – er entzieht sich aufgrund der zeitlichen und räumlichen Distanz oder wegen der Perspektivität und Voreingenommenheit des Erzählens. Der erste Erzähler kann nicht verbürgen, daß die Geschichte sich wirklich so zugetragen hat, aber er kann uns versichern, daß er sie für immer im Gedächtnis behalten hat (634). Damit wird deutlich, daß es nicht um die (faktische) Richtigkeit der Geschichte geht, sondern um ihre Wahrheit, nicht um ihren Inhalt, sondern um ihre Funktion als Geschichte, um ihre Fähigkeit, die beiden Pole von Aberglaube und Vernunft in der Kunst lebendig zu halten.

Gottfried Benn: Verlorenes Ich

Verlorenes Ich

Verlorenes Ich, zersprengt von Stratosphären,
Opfer des Ion –: Gamma-Strahlen-Lamm –
Teilchen und Feld –: Unendlichkeitschimären
auf deinem grauen Stein von Notre-Dame.

Die Tage gehn dir ohne Nacht und Morgen,
die Jahre halten ohne Schnee und Frucht

bedrohend das Unendliche verborgen –
die Welt als Flucht.

Wo endest du, wo lagerst du, wo breiten
sich deine Sphären an – Verlust, Gewinn –:
ein Spiel von Bestien: Ewigkeiten,
an ihren Gittern fliehst du hin.

Der Bestienblick: die Sterne als Kaldaunen,
der Dschungeltod als Seins- und Schöpfungsgrund,
Mensch, Völkerschlachten, Katalaunen
hinab den Bestienschlund.

Die Welt zerdacht. Und Raum und Zeiten
und was die Menschheit wob und wog,
Funktion nur von Unendlichkeiten –
die Mythe log.

Woher, wohin – nicht Nacht, nicht Morgen,
kein Evoë, kein Requiem,
du möchtest dir ein Stichwort borgen –
allein bei wem?

Ach, als sich alle einer Mitte neigten
und auch die Denker nur den Gott gedacht,
sie sich den Hirten und dem Lamm verzweigten,
wenn aus dem Kelch das Blut sie rein gemacht,

und alle rannen aus der einen Wunde,
brachen das Brot, das jeglicher genoß –
o ferne zwingende erfüllte Stunde,
die einst auch das verlorne Ich umschloß. (Bd. 1, 205 f.)

Moderne Auflösung In Gottfried Benns *Verlorenes Ich* (1943), einem
der berühmtesten Gedichte der Moderne, läßt sich beobachten, wie ein
gefestigtes christliches Weltbild in eine moderne Welt übergeht, die bestimmt ist von Naturwissenschaft und Technik, was gleichzeitig zu einem
verheerenden Orientierungsverlust führt. Das Gedicht setzt mit einer Reihe heterogener und mehrdeutiger Metaphern ein. Allein in der ersten
Strophe finden wir klassische Mythologie (Ion), christliche Religion
(Lamm, Notre-Dame), moderne Naturwissenschaft (Stratosphären, Ion,
Gamma-Strahlen, Teilchen und Feld) sowie allgemeine Anspielungen auf
Kategorien der Moderne wie etwa Dissonanz (verloren, zersprengt) und
Quantität (Stratosphären, Unendlichkeitschimären). Diese Heterogenität
verfolgt drei Absichten. Indem Benn eine solch heterogene Reihung von
Bildern liefert, stellt er erstens implizit eine Analogie zwischen Kunst und
Produktion her. Das Gedicht entsteht nicht organisch, es wird gemacht.

Benn ist der Auffassung, ein Dichter sei nichts anderes als ein Zimmermann, ein Seiler oder ein Heizer. Er stimmt somit nicht mit Platon überein, der in *Ion* die unbewußte Entstehung von Dichtung hervorhebt, sondern mit Aristoteles, der das Handwerkliche der Kunst betont. Zum zweiten ist das Nicht-Organische, das sich nicht nur auf den Bereich der Produktion, sondern auch auf die Oberflächenstruktur bezieht, ein bestimmendes Kennzeichen fast aller Gedichte Benns, angefangen mit *Mann und Frau gehn durch die Krebsbaracke* (Bd. 1, 16). Doch auf einer Metaebene ist diese Heterogenität formaler Ausdruck der Entfremdungserfahrung. Aufeinanderprallende Bilder ohne klaren syntaktischen Bezug betonen die moderne Erfahrung der Unverbundenheit. Das technische Vokabular, das unser Verständnis in gewisser Weise übersteigt, verstärkt diese Ohnmachtserfahrung des modernen Ichs noch. Drittens schließlich enthüllt die Verbindung von Religion und Naturwissenschaft – oft ist es nur ein einziges Wort, das beide Bereiche zugleich evoziert – die Botschaft, daß die Naturwissenschaft die Religion in Frage gestellt hat bzw. ihrerseits zur modernen Religion geworden ist.

Einige der Bilder verlangen nach eingehenderer Analyse. Notre-Dame ist grau, was Würde implizieren könnte, doch in diesem Zusammenhang stellt sich eher die Assoziation zu Alter und Verfall ein. Grau ist die Farbe der Asche und damit der Trauer (um die von der Religion bestimmte Vergangenheit) sowie der Demut (angesichts des wissenschaftlichen Fortschritts). Das Wort «Stein» klingt fast naiv im Vergleich zu dem modernen, naturwissenschaftlichen Vokabular und unterstreicht somit die Tatsache, daß es der Vergangenheit angehört. Die Transformation religiöser Bildlichkeit ergibt sich über die Assoziation mit den Gamma-Strahlen beim radioaktiven Zerfall; sie scheint zu suggerieren, daß der wissenschaftliche Fortschritt zur Auflösung der Religion führt bzw. daß der schwindende religiöse Rahmen für uns nicht mehr bedeutet als die Radioaktivität. Eine etwas komplexere Lesart legt jedoch die Vermutung nahe, daß die Folgen des Glaubensverlustes, wenn auch in einem ganz anderen Sinne, ebenso schwerwiegend sind wie diejenigen radioaktiver Strahlung, oder daß an die Stelle des religiösen Lamms die Gefahren der modernen Naturwissenschaft getreten sind. Chimären stehen symbolisch für den Teufel; man findet sie etwa als Karnevalsmasken oder als wasserspeiende Figuren in Kirchen. Wie Benn über seine religiöse Erziehung oder seine Beschäftigung mit Religion gewußt haben dürfte, sollen die Chimären Unheil abwenden: Wenn das Böse Gestalt gewinnt, können wir es fernhalten; indem wir das Böse kontrollieren oder benennen, halten wir es auf Distanz. In Benns Gedicht jedoch sind die Chimären mehr als nur Symbol: Eine Chimäre ist ein Ungeheuer, unnatürlich und grotesk, und die Unendlichkeit, die sich durch die moderne Naturwissenschaft eröffnet, ruft genau diese Assoziationen hervor. Die Dissonanz des Bildes von den

«Unendlichkeitschimären» ist eine zweifache. Zum einen läßt sich das Unendliche nicht gestalten oder kontrollieren; es ist nicht begrenzbar. Religion ist nicht in der Lage, diese moderne Vorstellung von Unendlichkeit zu fassen. Indem das Gedicht die subatomaren Teilchen evoziert, unterstreicht es die Vorstellungen von Unbestimmtheit und Ungewißheit. Zum anderen gewinnt das Böse (übermächtige) Gestalt in der Entwicklung der Atombombe, auf die Benn mit seinen Hinweisen auf die moderne Physik ebenfalls anspielt.

Die zweite Strophe thematisiert die «Entzauberung» in der Moderne: Die Zeit vergeht, ohne daß sich etwas verändert; alles ist das Immergleiche. Vor allem das Organische, der Bereich der Natur, ist ohne Sinn. Doch diese Sinnleere läßt sich auch als Bedrohung lesen. «Bedrohend» bleibt mehrdeutig und bezieht sich entweder auf die bedeutungslosen Tage und Jahre oder auf das Unendliche, wobei die zweite Lesart plausibler ist, es sei denn, man kann sich, so paradox es klingen mag, Sinnleere ebenfalls als bedrohlich vorstellen – kein völlig abwegiger Gedanke, vor allem wenn man die dritte Strophe aus Benns Gedicht *Reisen* berücksichtigt, wo einen die Leere «anfällt»: «(...) selbst auf den Fifth Avenueen / fällt Sie die Leere an» (Bd. 1, 307). Das Unendliche, das hier zum zweiten Mal beschworen wird, liegt hinter dem Oberflächlich-Banalen. Üblicherweise sprechen wir von Flucht aus oder vor der Welt. Benn kehrt diesen traditionellen Topos um: Die Welt wird zur Flucht, wenn wir in den Alltag, in das Banale und Materielle eintauchen, um die verborgenen Gedanken an das Böse, die Bedrohung durch das Unendliche in Gestalt der potentiellen Selbstzerstörung der Menschheit aus unseren Köpfen zu verbannen. Wir müssen es bannen, indem wir es leugnen, denn wie wir bereits gesehen haben, ist das moderne Böse entweder zu unendlich, um Gestalt zu gewinnen, oder, wenn es Gestalt gewinnt, zu explosiv, um gebändigt werden zu können. Das Unendliche läßt sich jedoch auch, wie der Begriff implizit nahelegt, abstrakter lesen: Das Unendliche ist gerade deshalb bedrohlich, weil es keine Orientierung, keinen Halt bietet. In diesem Sinne überschneidet sich die Ambiguität des «bedrohend» mit zwei Hinweisen auf die fehlende Orientierung: das verlorengegangene Zeitgefühl und das Unendliche ohne Orientierung. Es sei daran erinnert, daß in der Antike das Unendliche mit Chaos gleichgesetzt wurde. Gleichwohl ist auch eine andere Bedeutung des Unendlichen möglich und nicht von der Hand zu weisen: Im Unendlichen kann etwas von großer Bedeutung verborgen sein – entweder die Bedrohung, die wir verdrängen und somit bei unserem Eintauchen in den Alltag fürchten, oder das Unendliche in seiner Bedeutung als Transzendenz. Die Verwendung von «verborgen», das auf «Unverborgenheit» und damit Wahrheit anspielt, läßt vermuten, daß unser Eintauchen in den Alltag auch die Transzendenz verschleiert, die ansonsten die Routine unseres Alltagslebens gefährden würde.

Die Anapher, mit der die dritte Strophe einsetzt, spielt darauf an, daß wir in der Welt nicht zu Hause sind. Der Verlust bedeutungsvoller Zeit in der vorangegangenen Strophe wird nun ergänzt durch den Verlust bedeutungsvollen Raums. Die fehlende Orientierung in unseren Lebens-«Sphären» wird durch die Assoziation mit dem Weltraum («Stratosphären») noch unterstrichen. In dieser Strophe taucht nunmehr zum dritten Mal das Unendliche auf, zunächst in der Vorstellung, daß unsere Suche nach Heimat kein Ende findet, und kurz darauf durch eine Anspielung auf Geschichte und Vergangenheit («Ewigkeiten»). Wir sind nicht mehr in der Tradition verwurzelt. Der Kapitalismus und die Etablierung des Ökonomischen als Subbereich des Lebens mit seiner eigenen Logik («Verlust, Gewinn») trägt zu dieser Auflösung bei.[56] Die Gefühllosigkeit der Moderne wird durch die «Bestien» evoziert, die auf eine Welt des Eigeninteresses und der Berechnung (wie bei Hobbes) hinweisen oder auf eine Welt des Willens zur Macht (wie bei Nietzsche; man denke an die blonde Bestie in *Zur Genealogie der Moral*, Bd. 2, 785–788, die Benn in seinem Brief an Ina Seidel vom 30. September 1934 [*Ausgewählte Briefe*, 61] abschätzig kommentiert). Das Ausmaß der menschlichen Desorientierung wird noch durch die räumliche Bewegung aus der Höhe der «Stratosphären» in die Tiefen des «Bestienschlunds» unterstrichen.

Das lapidare «Verlust, Gewinn» bezieht sich höchstwahrscheinlich auf den autonomen Bereich des Ökonomischen und der Berechnung (Wert als Funktion des Marktes), der uns von jedem Empfinden organischer Bedeutung ausschließt, ähnlich wie in Wordsworths «Nehmen und Geben» in seinem Gedicht *The World is Too Much With Us* (270). Doch die Wortverbindung weckt noch weitere Assoziationen: die Verluste und Gewinne im militärischen Kampf und das bestialische Streben nach neuem Lebensraum; das Abwägen von Vor- und Nachteilen, das sich mit der Moderne verbindet – und zwar beim Einzelnen wie bei der Menschheit insgesamt; und schließlich die Probleme und Leistungen der modernen Naturwissenschaft, die in diesem Gedicht eine besondere Rolle spielen. In der Verbindung von Naturwissenschaft und Ökonomie läßt sich sogar etwas von dem entdecken, was Gehlen als deren gegenseitige Unterstützung und Interaktion in der Moderne ausgemacht hat. Bemerkenswerterweise stimmen all diese Bedeutungen in ihrer pessimistischen Einschätzung überein, daß – wie auch immer wir die Verluste und Gewinne (im Geschäftlichen, im Krieg, im Leben oder in der Geschichte) verbuchen – quantitative Berechnungen keinerlei Orientierung verschaffen; sie sind wertlos. Man kann Soll und Haben bis in alle Ewigkeit berechnen und wird doch keinen Halt, keine Orientierung finden. Wir wollen in die Vergangenheit fliehen, doch das erweist sich als unmöglich. Wie Rilkes Panther in dem gleichnamigen Gedicht, auf das die Wendung «an ihren Gittern» anspielt, sind wir von diesem größeren Bereich ausgeschlossen. Die Anspielung auf Rilke ist viel-

schichtig, denn sie legt nahe, daß wir uns – anders als der Panther –
in unserem Käfig bewegen können, und doch findet sich noch immer
keine Orientierung, noch immer existiert eine Grenze: «an ihren Gittern
fliehst du hin.» Das Bild, daß die Menschheit in einen Käfig eingesperrt
ist, findet sich bei Platon (z. B. *Kratylos*, 400c), und die Assoziation
wird noch verstärkt durch die Ansicht, die Welt sei Flucht vor etwas
Substantiellerem. Die Vorstellung, daß die Vergangenheit jenseits von
uns liegt, impliziert jedoch auch, daß die platonische Antwort sich auf
die moderne Menschheit nicht mehr anwenden läßt. Das Wort «Gitter»
verweist auch auf das kleine Fenster im Kloster, durch welches die
Nonne bzw. der Mönch dem weltlichen Besucher antworten kann; Ob-
dach zu suchen, aber nicht zu finden scheint mit dem Verlust der weniger wissenschaftlichen Vorstellung vom Unendlichen zu tun zu haben,
welche die frühere klösterliche Existenz beseelte, die jetzt ebenso verloren ist wie die platonische Welt. Das naturwissenschaftliche Denken
spielt bei dieser Entwicklung eine große Rolle, was noch durch die
Tatsache betont wird, daß das Wort «Gitter» auch in der Chemie Verwendung findet und dort die gitterähnliche Anordnung von Molekülen
in Strukturen wie etwa Kristallen bezeichnet. Und schließlich klingt in
der Sprache des Gefängnisses auch die Rationalisierung der Moderne
an, das, was Max Weber als «stahlhartes Gehäuse» bezeichnet hat (*Die
protestantische Ethik*, 188).

Wir betrachten die Welt mit den Augen von Bestien, so daß die Welt
in unseren Köpfen die Eigenschaften unseres Denkens annimmt. Hier
scheint Benn auf die konstruktivistische Vorstellung anzuspielen, nach
der sich die Welt nach menschlichen Kategorien formt. Doch der Ausdruck «Bestienblick» ist mehrdeutig. Er kann einerseits bedeuten, daß
unser Blick aufgrund der Kategorien, die wir an die Welt anlegen, dem
einer Bestie gleicht, er kann aber auch bedeuten, daß wir Bestien gleichen, weil wir die Welt mit diesen Augen betrachten. In jedem Fall aber
wird das Menschliche reduziert – entweder als Ursache oder als Folge.
Die Sterne, die symbolisch für das Höchste, was wir uns vorstellen können, stehen, werden auf «Kaldaunen» reduziert, die Eingeweide frisch-
geschlachteter Tiere. Wieder verkehrt Benn die Tradition. Traditionell
nämlich repräsentierten die Sterne die ideale Ordnung, Harmonie und
Stille, und indem sie nachts den dunklen Himmel erleuchteten, symboli-
sierten sie göttliche Führung. Sterne galten als zyklisch und wurden früher nicht empirisch untersucht, sondern in ihrer Beziehung zur Zahlen-
mystik des Universums; die moderne Naturwissenschaft hingegen ist li-
near und verfährt empirisch. Heine berichtet von einem Ereignis, das
deutlich zeigt, wie sich die Vorstellung, die Sterne repräsentierten unsere
höchsten Gedanken und göttlichsten Ziele, allmählich auflöste. In einer
sternklaren Nacht schwärmt der junge Heine im Gespräch mit Hegel
über die Sterne als «den Aufenthalt der Seligen» (Bd. 6/1, 472). Hegel

spottet zynisch über die Vorstellung, die Sterne könnten mehr sein als
«ein leuchtender Aussatz am Himmel» (ebd.).[57] Hegels Herabsetzung der
Sterne, auf die Heine sich bezieht und die sich auch in den mündlichen
Ergänzungen zu Hegels Naturphilosophie findet, versucht zwischen der
emotionalen Anziehungskraft der Sterne und der philosophischen Unterordnung der Natur unter den Menschen zu unterscheiden: «Man kann
die Sterne wegen ihrer Ruhe verehren; an Würde sind sie aber dem
konkreten Individuellen nicht gleichzusetzen» (Bd. 9, 81). Was Benn dieser Herabsetzung der Sterne hinzufügt, ist eine Kritik gerade des Bereichs, den Hegel im Gegensatz zu den Sternen hervorhebt, nämlich der
Ideale der Menschlichkeit und Rationalität. Benns Auflösung der Tradition geht über das, was sich bei Hegel und Heine an Veränderungen
findet, hinaus. Das Unendliche wird, über die Sterne, als etwas evoziert,
das ursprünglich einmal transzendent war und heute auf das Allergrund-
legendste reduziert ist – der «Seins- und Schöpfungsgrund», der mit Tod
und Dschungel und schließlich dem Schlund gleichgesetzt wird, in den
die Strophe am Ende hinabsteigt.

Die Harmonie zwischen dem ersten und dem letzten Wort der Strophe
– beide sind aus dem Wort «Bestien» abgeleitet – wird gestört durch die
Denotation dieses Wortes und durch die Bedeutung der Strophe als ganzer. Während das Gedicht mit dem gescheiterten Versuch, dem Bösen
Gestalt zu verleihen, einsetzte, wird hier die Theodizeefrage aufgeworfen.
Dabei wird nicht nur gefragt, welche Rolle das Böse im Leben spielt,
sondern es erscheint hier als Ursprung allen Seins. Wir sind damit weit
entfernt von Goethes «Edel sei der Mensch, / Hilfreich und gut!» (Bd. 1,
147). Die «Völkerschlachten» beziehen sich offenbar auf die Aggression
und den völkischen Rassismus der Nationalsozialisten, wenngleich das
Wort kaum auf diesen Bereich zu beschränken ist, wie durch den analo-
gen Begriff, den Neologismus «Katalaunen», deutlich wird: Angespielt
wird hier auf die Schlacht zwischen Hunnen und Römern im Jahr 451,
bei der ungewöhnlich viele Soldaten ihr Leben ließen. Die metonymische
Wiederholung verleiht der Macht der Bestialität zusätzlichen Nachdruck;
darüber hinaus verweist sie auf ein Fehlen von Evolution und Fortschritt.
Interessant sind die jeweils letzten Zeilen der Strophen zwei bis vier, die
ein zunehmendes Gefühl der Beschränkung erkennen lassen: die Welt als
Flucht, die Gitterstäbe vor der Ewigkeit und schließlich das Verschwinden der Menschheit im Bestienschlund. Diese Entwicklung hin zur Bestialität wird paradoxerweise durch das Fehlen von Verben noch verstärkt. In dieser modernen, chaotischen Welt bleibt keine Zeit, um voll-
ständige Sätze zu bilden, und dieser Mangel an Vollständigkeit verstärkt
nur wieder die Empfindung des Fragmentarischen. Unterstrichen wird
dieses allgemeine Gefühl der Unordnung auch durch die Parataxe sowie
durch die vielen Gedankenstriche, Doppelpunkte und rhetorischen Fragen – nicht nur hier, sondern im gesamten Gedicht.

Das Gedicht weist mehrere Aufmerksamkeitszentren auf. Das wichtigste aber ist dasjenige genau in der Mitte des Gedichts, in den Versen 16 und 17 (von insgesamt 32 Versen): «hinab den Bestienschlund» und «Die Welt zerdacht». Hier sind die beiden Grundirrtümer der modernen Welt genannt: der Verlust der Würde durch bestialisches Verhalten und das rein funktionale Denken. Die moderne Welt ist eine kopflastige Welt, die Fragen stellt, Wissen anhäuft und die Einfachheit und Unschuld des Lebens zerstört. Die Vernunft der modernen Welt setzt darüber hinaus die Funktion über die Substanz.[58] Das Polysyndeton der fünften Strophe unterstreicht die Vorstellung von Unendlichkeit, die später explizit formuliert wird. Raum und Zeit (bzw. genauer: Zeiten) und das, was die Menschheit an Bedeutungsvollem geschaffen hat, werden als «Funktion nur von Unendlichkeiten» in Frage gestellt. Was die Menschheit «wob» und «wog», besitzt den Status bloßer Kunst, deren fiktionaler Charakter durch die Assonanz noch betont wird. Alle Anstrengungen der Menschheit werden hier vom Tisch gewischt – Religion und Kunst (die Assoziationen lassen sowohl an die Bibel wie an die Kunst denken) ebenso wie unsere ökonomischen und politischen Bemühungen (die beiden Verben «weben» und «wägen» spielen auf Handel und Gerechtigkeit an).

Die Reduktion in dieser Strophe scheint eine doppelte zu sein: Zum ersten zerstört die moderne Wissenschaft unsere Wahrnehmung von Raum und Zeit sowie unsere Versuche, Sinn zu finden. Auf der einen Seite werden Sein und Substanz durch die Anspielung auf die reine Kausalität unterhöhlt, so daß die Kausalkette (bzw. der Determinismus) die menschliche Würde untergräbt. Auf der anderen Seite kann es sein, daß die zahlreichen Kontingenzen, aus denen unsere Sinnzusammenhänge entstehen, die Erwartungen eines höheren Sinns dämpfen; diese Theorie taucht heute im Werk von Stephen Jay Gould wieder auf. Die Vorstellung, daß wir mit Freiheit, Würde und Substanz geschaffen und für einen höheren Zweck bestimmt sind, wird als bloßer Mythos entlarvt. Beide Erklärungen – Determinismus wie Zufall – konzentrieren sich also auf den Ursprung. Zum zweiten gefährdet die moderne Wissenschaft aufgrund ihrer zerstörerischen Kapazitäten den bedeutungsvollen Raum, die Erinnerung an frühere Zeiten und die menschlichen Bemühungen um Würde; der Mythos eines höheren Heils wird durch die potentielle Selbstzerstörung der Welt unterminiert. Hier richtet sich der Blick auf unsere bedrohte Zukunft. Eine weitere Interpretation des Ausdrucks «Funktion nur von Unendlichkeiten» bezieht sich weder auf die Kausalität oder Kontingenz der Vergangenheit noch auf die mögliche Selbstzerstörung, sondern auf die Offenheit der Zukunft, auf die unbegrenzten Möglichkeiten, die auf andere Weise wiederum die Vorstellung, daß wir uns unausweichlich auf einen höheren Sinn zubewegen, in Frage stellt. Die Zukunft ist wie das Unendliche so offen, daß sie uns weder Orientierung noch Sicherheiten bieten kann – wir können in jede Richtung gehen, auch in die der Selbstzerstörung.

Die sechste Strophe stellt, wie die dritte, die rhetorische Frage, wohin wir uns angesichts dessen wenden sollen. Diese Symmetrie («Wo ... / Woher, wohin») wird noch durch die jeweilige Position der Fragen am Anfang der dritten und sechsten Strophe unterstrichen (d. h. sie stehen jeweils am Anfang der letzten Strophe dieser Dreiergruppen). Die Anspielungen auf *arche* («woher») und *telos* («wohin») bekräftigen die doppelte Interpretation der vorangegangenen Strophe. Wir haben nicht mehr teil an den Geheimnissen der nächtlichen dionysischen Gelage oder der mythischen Nacht in Hölderlins *Brod und Wein,* wo die Nacht ebenfalls Quelle von Sinn und Erleuchtung ist. Für uns gibt es auch keinen Morgen, die Vorstellung eines Neubeginns, die sich mit der österlichen Auferstehung verbindet. Ursprung und Ziel sind hier wiederum ohne Sinn. Die Anspielungen auf griechische und christliche Religiosität, die sich in der ersten Strophe finden, werden hier wie in Hölderlins Dichtung miteinander verschmolzen; für uns gibt es keine ekstatischen Schreie – die «Evoë» verweist auf die Anhänger des Dionysos – und auch kein «Requiem», das auf Begräbnis und Transzendenz im Christentum hinweist. Wiederum sind Ursprung der Religion (im antiken Griechenland) und Telos der Religion (im Leben nach dem Tod) in unendliche Ferne gerückt. Der Leser sucht nach Orientierung, aber es gibt niemanden, der sie ihm bieten kann. Der Orientierungsverlust erscheint hier beinahe komisch, denn nicht nur der Sinn fehlt, man hat nicht einmal ein «Stichwort». Doch ist der Ton ebenso verzweifelt. Wir erinnern uns an Nietzsches Worte in seinem berühmten Gedicht *Vereinsamt:* «Wer das verlor, / Was du verlorst, macht nirgends halt.» Es gibt keinen Halt in der Moderne, nicht einmal einen partiellen oder oberflächlichen; das wird durch den Bruch in Stil und Rede noch verdeutlicht. Das Gefühl der Resignation verstärkt sich am Ende der Strophen fünf und sechs, in denen der letzte Vers jeweils unvollständig bleibt; was bleibt, sind Desorientierung, Erschöpfung, Aufgabe.

Traditionelle und ironische Lesart   Die beiden letzten Strophen markieren einen Bruch; er wird signalisiert durch das elegische «Ach», durch die sich anschließende Assonanz («Ach, *a*ls sich *a*lle ...») sowie durch den gleichmäßigeren Rhythmus, der sich von der Unregelmäßigkeit und Zerrissenheit der vorhergehenden Strophen unterscheidet. Während die ersten sechs Strophen aus düsteren, harten und gebrochenen Versen bestehen, fließen die beiden letzten Strophen warm und melodisch dahin. Die Zusammengehörigkeit dieser beiden Strophen wird durch das einzige die Strophengrenzen übergreifende Enjambement im gesamten Gedicht noch verdeutlicht. Das Komma, das sie miteinander verbindet, kontrastiert mit den trennenden Satzpunkten und Fragezeichen, mit denen die vorangegangenen Strophen schließen. In diesen beiden Strophen spielt Benn auf die Einheit des christlichen Zeitalters an, die im Gegensatz zu den vielen Ismen, ja der Auflösung dieser Ismen in der Moderne, steht (mit denen sich ja auch Broch eingehend beschäftigt hat). Anstelle der Unendlichkeit, der Desorientierung und des Funktionalismus der Moderne erkennen wir Maß, Halt und Substanz. Statt Zerstreuung und Vereinzelung sehen wir Einheit. Während die früheren Strophen voller beziehungsloser und heterogener Substantive sind, finden wir in den beiden letzten Strophen zahlreiche bedeutungsvolle Verben und Satzverbindungen. Im christlichen Zeitalter wandten sich alle dem einen Gott zu.[59] Angespielt wird auf Christi Opfertod, auf sein Blut und seine Wunden, auf das letzte Abendmahl und auf seine Erfüllung. Der Hinweis auf das *agnus dei* steht im Gegensatz zum Opfermotiv und dem Lamm der ersten Strophe. In Strophe eins sind wir alle potentielle Opfer der Naturwissenschaft; hier nun ist Christus das Opferlamm, und wir sind potentielle Nutznießer (vgl. Joh 1,29). Es finden sich auch noch weitere Gegensätze. Hieß Denken zuvor «Zerdenken», so erkennen wir in dieser früheren Zeit ein bedeutungsvolles Nachdenken über Gott. Statt Desillusionierung sehen wir Freude, statt eines quantitativen Empfindens der unendlichen Zeit finden wir deren qualitative Form (die «erfüllte Stunde»). Zwischen der modernen Welt und dieser sehr weit entfernten Welt der Ganzheitlichkeit scheint es keinerlei Verbindung zu geben. Die ersten sechs Strophen weisen immer wieder auf einen Orientierungsverlust hin, während die letzten Strophen ebenso eindringlich eine Einheit beschwören. In einem eindrucksvollen Bild fließt nicht Blut aus der Wunde Jesu, sondern es sind alle Menschen. Das heißt, Christus und die Menschheit sind eins; die Menschen erfahren durch sein Opfer einen Sinn (vgl. Mt 26,27–28). Sinn und die Empfindung des eigenen Selbst als in sich stimmig entstehen durch das Opfer; die funktionale Sphäre der Wissenschaft und des berechnenden Eigeninteresses hingegen führt zur Auflösung, wenn sie von dieser höheren Sphäre getrennt bleibt.

Das Gedicht setzt mit dem Bild vom «verlorenen Ich» ein und schließt damit. Die außerordentliche Vielschichtigkeit des letzten Verses wurde bislang noch nicht wirklich wahrgenommen. Meiner Ansicht nach gibt es drei mögliche Lesarten. Die erste Lesart – wir wollen sie die «traditionelle» nennen – ist meines Wissens die einzige, die heute im Umlauf ist. Nach ihr besteht eine klare Dichotomie zwischen der Auflösung in der Moderne und der harmonischen Geschlossenheit des christlichen Weltbildes. In der modernen Welt ist das Ich verloren, wozu vor allem Naturwissenschaft und Technik beitragen. In früheren Zeiten war das Ich bei sich, und zwar aufgrund von Christi Selbstopfer. In dieser Lesart wird den beiden Schlußversen – «o ferne zwingende erfüllte Stunde, / die einst auch das verlorne Ich umschloß» – wenig Aufmerksamkeit geschenkt. Die beiden Verse sind jedoch problematisch, denn sie scheinen darauf hinzuweisen, daß auch schon das frühere Ich unter einem Verlust des Selbst zu leiden hatte. Dies wird entweder nicht bemerkt oder man erwähnt es, ignoriert es jedoch in der Folge und läßt es als inkonsequent beiseite.[60] Man könnte darauf erwidern, Benn habe hier einen Fehler begangen und das Gedicht weise letztlich keine Kohärenz auf (Benn hätte schreiben sollen: «o ferne zwingende erfüllte Stunde, / die ein ganz anderes Ich umschloß»); diese Antwort ist jedoch höchst unbefriedigend, da sie das Interpretationsproblem nur auf das Werk «abschiebt» und es für seine Unzulänglichkeiten kritisiert. Statt dessen muß man nach hermeneutischen Alternativen suchen. Man könnte behaupten, daß Benn hier das moderne Ich, das zu einem verlorenen geworden ist, präfiguriert. Dies ließe sich durch das Argument untermauern, daß das Christentum ein wichtiger Faktor war, der mit zu diesem Ich-Verlust beitrug; denn es beförderte die Entwicklung der Naturwissenschaft, indem es sich erstens auf einen monotheistischen Gott berief (der im Gegensatz zum Polytheismus den Glauben an die Unveränderlichkeit und Stabilität der Naturgesetze sicherstellte) und indem es zweitens einen transzendenten Gott verehrte (damit verlor die Welt endgültig die ihr innewohnende Göttlichkeit und wurde der wissenschaftlichen Zergliederung und Analyse zugänglich). Doch diese Antwort bleibt abstrakt, verglichen mit den beiden in Frage stehenden Verszeilen; die Frage bleibt somit in dieser traditionellen Lesart ungelöst und unbeantwortet: Warum spricht Benn ausgerechnet in diesem früheren, epiphanen Zusammenhang vom verlorenen Ich?

Die mangelnde Klarheit bei der Beantwortung dieser verstörenden Frage provoziert eine zweite Lesart, die ich die «ironische» nennen will. Sie nimmt die Behauptung, daß es auch in dieser scheinbar glücklichen und harmonischen Vergangenheit ein «verlorenes Ich» gegeben hat, ernst. Sie bemüht sich somit darum, die offensichtliche Trennlinie zwischen den beiden Gedichtteilen zu überwinden. Die christliche Welt ist nicht das Ideal, als das sie gilt; die Vorstellung von einem goldenen Zeitalter ist eine Fiktion, denn auch damals war das Ich verloren, wie der explizite Hinweis des Gedichts auf das verlorene Ich der christlichen Zeit deutlich macht. Der einzige Unterschied scheint hinsichtlich der Ursachen, des Ausmaßes und der Erkenntnis dieses Verlustes zu bestehen. Die frühere Behauptung des Gedichts, daß der Mythos log, bestätigt uns darin, die scheinbare Gültigkeit des goldenen Zeitalters und den dahinterstehenden religiösen Mythos in Frage zu stellen. Benns Anspielung auf die frühere Zeit erweist sich als Zitat, als Klischee der Sakralgeschichte, wie wir es aus hyperbolischen Werken wie etwa Novalis' *Christenheit oder Europa* zur Genüge kennen. Auf den ersten Blick scheint es sich bei den letzten beiden Strophen um meisterhafte jambische Pentameter zu handeln, doch bei genauerem Hinsehen zeigt sich eine Abweichung von diesem Muster. Die drittletzte Zeile des Gedichts setzt nicht mit einem Jambus ein, sondern mit einem Trochäus; und bezeichnenderweise handelt es sich dabei um das Wort «brachen» – ein Hinweis darauf, daß auch diese scheinbar sichere Welt bereits irgendwie zerbrochen ist. In dieser ironischen Lesart veranlassen uns frühere Abschnitte dazu, die beiden letzten Strophen, das Postskript sozusagen, mit kritischeren Augen zu lesen. Die sakrale Bedeutung von «Lamm» erfährt im Lichte der radioaktiven Strahlen bzw. Todesstrahlen, die das Wort «Gamma-Strahlen-Lamm» impliziert, und der perversen, animalischen Bildlichkeit der früheren Strophen neue Konnotationen. Die vermeintliche Wertschätzung des Denkens liest sich anders, wenn wir die frühere Wendung vom «zerdenken» in Erinnerung rufen. So scheint denn auch die Wiederholung und die sprachliche Beschränktheit in der Wendung «die Denker nur den Gott gedacht» diesen Akt des Denkens ins Lächerliche zu ziehen. Das Fehlen eines vollständigen Satzes verleitet zu der Annahme, daß christliches Denken unvollständig war und damit kaum ideal gewesen sein kann. Darüber hinaus war das Denken auf etwas außerhalb der Welt Liegendes gerichtet; die Denker dachten nur an Gott, an nichts anderes. In der Tat untermauert das Wort «nur» die Grenzen des Denkens, wenn es religiös gebunden ist. Erst ohne Religion wird das Denken grenzenlos und damit modern. Die ironische Lesart wird auch durch die Analogie zwischen dem einschließenden «Gitter» und «umschloß» gestützt: Mittels Assoziation erhält der zweite Ausdruck eine pejorative Konnotation. Ähnlich legt das Adjektiv «zwingend» ein Moment des Zwangs in dieser Stunde der Erfüllung nahe, d. h. der Menschheit wird die Freiheit entzogen, was uns an die früheren Anspielungen auf den Determinismus erinnert. Die Tatsache, daß das Gedicht keine chronologische «Geschichte» präsentiert, untermauert die Vermutung, daß die beiden letzten Strophen durch die Bedeutungen der früheren Strophen gleichsam gefiltert werden müssen, durch unsere Verarbeitung dieser Wahrheiten. Wir erkennen das Zitat der Vergangenheit als das Klischee, das es ist, und die Rede erweist sich entweder als voll von Gemeinplätzen oder sie ist mehrdeutiger, als eine positive Lesart erlaubt. Die Wiederholung der Wendung «verlorenes Ich» in der ersten und der letzten Strophe evoziert eine Zirkularität, die ebenso das Fehlen von Veränderung und Fortschritt symbolisiert wie ein Eingeschlossensein, aus dem es kein Entkommen gibt, ein Vakuum an wirklichem Sinn. Daß modernes und früheres Ich identisch sind, wird durch die Verbindung von «einst» und «auch» betont und unterstreicht somit die ironische Lesart. Der Traditionalist könnte einwenden, daß «verlorenes Ich» nicht wörtlich gemeint ist, sondern sich, linguistisch betrachtet, einfach auf das moderne Ich in seinen früheren Stadien bezieht. Wenn wir beispielsweise sagen: «Der Verstorbene war vor sechs Wochen in Amerika», so meinen wir damit natürlich nicht, daß er tot war, als er sich in Amerika aufhielt. Somit könnte sich auch «das verlorne Ich» auf das moderne Ich beziehen, bevor es modern wurde. Doch eine solche Lesart schließt die ironische Deutung keineswegs aus; sie ist möglich, aber nicht zwingend. Darüber hinaus scheint auch die sprachliche Form des «einst auch das verlorne Ich» gegen eine nicht-wörtliche Interpretation zu sprechen. Die Mehrdeutigkeit läßt sich nicht auflösen, und die ironische Lesart, die mit diesem letzten Vers weniger Schwierigkeiten hat, erscheint deshalb naheliegender als die traditionelle.

Christus und Gedicht   Das Gedicht scheint somit jede Vorstellung von Erlösung zu untergraben – sogar im Traum von einer wahren und stabilen Welt. Das frühere christliche Ich stellt keine Antwort dar; es war ebenfalls verloren. Doch es gibt noch eine dritte Lesart des Gedichts; ich will sie die «transzendente» nennen. Sie versucht, die Fragen zu beantworten, die in der traditionellen Lesart unbeantwortet geblieben sind, und die Rätsel zu lösen, welche die ironische Deutung aufgegeben hat, – und zwar, indem sie genauer untersucht, wie es das Gedicht mit Einheit und Differenz hält. Während die traditionelle Lesart der Vielschichtigkeit der letzten Verse nicht gerecht wird, steht die ironische Lesart in Widerspruch zum Ton des Gedichts, sie reduziert den Text auf eine bloße Kritik der Nostalgie; doch das Gedicht ist gezeichnet von einem wirklichen Verlustgefühl und von einer tiefreichenden Entfremdung in der Gegenwart; jede Interpretation muß diese Empfindungen in Rechnung stellen.

Verlorenes Ich ist weder eine naive Evokation des mittelalterlichen Christentums noch einfach eine ironische Negation von Sinn. Die letzte Verszeile entkräftet den Grundtenor der traditionellen Lesart zwar nicht, doch sie kompliziert sie, indem sie zeigt, daß eine bloße Übung in Nostalgie nicht genügt. Selbst in christlicher Zeit war das Ich in gewisser Weise verloren; die Probleme menschlicher Natur waren schon damals sichtbar (wenn auch in gewisser Hinsicht weniger schwerwiegend). Darüber hinaus ist das Verlorensein Bedingung der Möglichkeit der Erlösung; ohne Verlorensein gäbe es kein Wiederfinden – ein Motiv, dem wir in der Bibel immer wieder begegnen, etwa in den Gleichnissen vom verlorenen Schaf (Lk 15,3–7 und Mt 18,10–14) und von der verlorenen Drachme (Lk 15,8–10) sowie im Gleichnis vom Pharisäer und Zöllner (Lk 18,9–14). Vor allem aber taucht das Motiv im längsten Gleichnis Jesu Christi auf, dem vom verlorenen Sohn (Lk 15, 11-32), auf das Benns letzte Strophe indirekt anzuspielen scheint, nicht zuletzt da das Gleichnis seinen Höhepunkt in einem festlichen Abendmahl und folgenden Worten findet: «er war verloren und ist jetzt wiedergefunden.» Das Gedicht beharrt darauf, daß das Christentum keine utopische Fiktion ist, in der alle Schwierigkeiten und Wechselfälle des Lebens vollständig eliminiert sind, sondern eine realistische Weltsicht, die auch den Kampf mit einschließt. Gleichwohl war das Ich in christlicher Zeit in einem Gemeinschaftsgefühl, in einer mit anderen geteilten Vision und in einer Bezie-

hung zum Transzendenten aufgehoben und geborgen. Und obwohl die
letzte Verszeile eine ansonsten simple historische Dichotomie verkompli-
ziert, entwertet die Ironisierung des früheren Ringens keineswegs die
poetische Emotion. Christus erfuhr in seinem Menschsein ein Gefühl des
Verlusts und der Desorientierung, und seine Verlassenheit am Kreuz, die
sowohl ihn in seiner Partikularität auszeichnet als auch symbolisch für
die allgemeine Lage der Menschheit steht, unterstreicht das menschliche
Leid («Mein Gott, mein Gott, warum hast du mich verlassen?» Mt 25,46
und Mk 15,34), selbst wenn es in eine größere Geschichte eingebettet
ist, die den Zweck dieses Leidens zeigt und eine Vision von Gemeinschaft
und Erfüllung vermittelt.

So scheint denn auch das Gedicht mit dem verlorenen Ich zu spielen:
Es meint sowohl das allgemeine Ich innerhalb des christlichen Weltbildes,
das gleichwohl einen Halt im Leben erfährt, als auch Jesus Christus
selbst, der die christliche Vision verkörpert und inspiriert. Einer der fas-
zinierendsten Aspekte in Benns Dichtung ist seine Beschäftigung mit
Christus als einer Gestalt, mit der er sich in gewisser Weise identifiziert,
die er jedoch auch transformiert und sogar usurpiert. In diesem letzten
Vers nämlich wird, anders als bei den vorherigen Bezugnahmen auf das
verlorene Ich, der bestimmte Artikel verwendet. In einer früheren Fassung des Gedichts erwähnt Benn «Barrabas» und die «Schächer», die
beiden Diebe oder Kriminellen, die zu beiden Seiten Jesu gekreuzigt und
durch Jesus erlöst wurden (Bd. 1, 462; vgl. Lk 23,33 und Joh 19,18).[61]
Diese Fassung zeigt Benns nachhaltiges Interesse an der Gestalt des ge-
kreuzigten Jesus – ein Thema, mit dem er sich auch in anderen Gedichten
wie etwa *Requiem* oder *Valse triste* beschäftigt – sowie an der höheren
Identität Christi mit denjenigen, die er auf die eine oder andere Weise
gerettet (oder nicht gerettet) hat. Beim letzten Abendmahl nimmt Jesus
den Verlust des eigenen fleischgewordenen Ichs vorweg. In diesem Verlust durch die Selbstopferung liegt jedoch für Christus und seine Gemeinschaft auch ein Gewinn; damit kommt ein ganz anderer Sinn von «das
verlorne Ich» ins Spiel. In dieser Lesart erfährt dann auch das vieldeutige
«Verlust, Gewinn» eine weitere Assoziation. Wenn es einen Halt gibt, so
entsteht er aus der Erkenntnis, daß wir unsere Verdienste nicht durch
Berechnung erhalten, sondern indem wir uns von diesen funktionalen
Erwägungen befreien: «Wer das Leben gewinnen will, wird es verlieren;
wer aber das Leben um meinetwillen verliert, wird es gewinnen» (Mt
10,39; vgl. Mt 16,25; Lk 9,24; 17,33). Diese Dialektik von Verlust und
Gewinn taucht nicht nur begrifflich auf, sondern wir erkennen sie auch
am Beispiel Jesu. Verlust und Gewinn bei Jesus mit ihren Bezügen zu
tiefem Leid und transzendenter Würde werden in der Moderne zur bloßen Gewinn- und Verlustrechnung bei geschäftlichen Transaktionen
transformiert und reduziert. Unsere Tugenden und unser Denken haben
sich völlig verändert.

In jedem Vers der beiden letzten Strophen zeigt sich ein Fortschreiten, das in gewissem Sinne die Entwicklung des Gedichts als ganzem umkehrt. In jeder der ersten sechs Verszeilen steht ein Substantiv für Christus: «Mitte», «Gott», «Lamm», «Blut», «Wunde», «Brot». Die siebte Zeile setzt ein mit einem «o», eine Art Echo des «Ach», mit dem die siebte Strophe beginnt; obwohl Jesus nicht namentlich erwähnt wird, ist die Stunde der Erfüllung gemeint. Der Opfertod Jesu wird hier evoziert – und mit ihm die Aufhebung der Zeit, die «erfüllte» Stunde. Im letzten Vers wird Jesus Christus wiederum als «das verlorne Ich» bezeichnet. Die ersten sechs Strophen des Gedichts stellen die Auflösung dar; ihnen folgen zwei Strophen eines elegischen Bewußtseins, der Erkenntnis, daß die Erfüllung längst ferne Vergangenheit ist. Die ersten sechs Verszeilen der beiden letzten Strophen stellen die Erfüllung dar; ihnen folgen zwei Verse, die auf die Auflösung zurückweisen. Sie sind mehrdeutig in dem Sinne, daß sie sowohl das Leid wie auch die Erfüllung darstellen, und zwar nicht nur in Jesu Opfertod, sondern auch in der Anspielung darauf, daß dieser höhere Sinn in der Moderne in Vergessenheit geraten ist.

Wir verstehen nun, daß Jesu Opfertod vergeblich gewesen ist: Seine Heldenhaftigkeit hat die moderne Welt nicht verändert; vielmehr hat die moderne Welt ihn und die Rolle der Religion verändert. Damit läßt sich Benns Gedicht innerhalb eines größeren Zusammenhangs betrachten: nämlich der in der modernen europäischen Geistesgeschichte anzutreffenden Vorstellung, «auf verlorenem Posten zu kämpfen». Diese Vorstellung ist durch dreierlei charakterisiert: erstens eine Gleichsetzung des Intellektuellen oder des Dichters mit Christus; zweitens eine Transformation Christi zu einem Signifikanten, der nicht in erster Linie Jesu Auferstehung betont, sondern sein Leiden und damit die Vergeblichkeit seiner Bemühungen (die gerechte Seele, die leidet) – was daraus folgt, ist eine beträchtliche Säkularisierung; drittens wird diese Identifikation überlagert von der Vorstellung, daß der Dichter in seinem Leiden und in seinen gescheiterten Versuchen, dem Verfall in der Moderne zu widerstehen, eine Christus ähnliche Statur gewonnen hat (in der Moderne tritt Kunst an die Stelle der Religion und der Dichter an die Stelle Jesu Christi). Wir haben es somit nicht nur mit einer *imitatio Christi* zu tun, sondern auch mit einer *usurpatio Christi*.[62] Im Zuge dieser Transformation Christi fallen traditionelle Charakteristika weg und werden durch eine Weltsicht ersetzt, die sich selbst als von der Illusion befreit ansieht. Die christliche Botschaft der Auferstehung wird mit Gleichgültigkeit betrachtet, doch das stellvertretende Leiden, das Martyrium und die Annahme, daß alles vergeblich war, bleiben erhalten. Die Auferstehung taucht lediglich in der Vorstellung auf, daß die künstlerische Form für ewige Zeiten Bestand habe: «Unsterblichkeit im Worte und im Laut» (Bd. 1, 185) – eine Vorstellung, die unter anderem in Benns Gedichten *Valse Triste* und *Verse* zu finden ist.[63]

Die Mehrdeutigkeit von «das verlorne Ich» wird damit klar: Auf der einen Seite spielt es allgemein auf die Komplexität des Lebens innerhalb des christlichen Weltbildes und im speziellen auf Leiden und Sterben Jesu Christi an; auf der anderen Seite bezieht es sich darauf, daß wir Jesus Christus und seine Botschaft vergessen haben und daß wir deshalb unter dem Gefühl des Verlusts und der Orientierungslosigkeit zu leiden haben. Es mag sogar ein autobiographisches Moment im Spiel sein, welches das christliche und das moderne Ich verbindet: Denn Benn genoß im heimischen Pfarrhaus die Geborgenheit der christlichen Welt, die ihm als modernem Dichter nicht mehr verfügbar ist, deren frühere Bedeutung er jedoch durchaus erkennt. Die Vorstellung, daß sich Christus durch sein Opfer in den Heiligen Geist verwandelt, unterstreicht die Verbindung zur Moderne. Weil Christus eins ist mit der Welt, ist er auch das moderne Ich, jedoch nicht in dessen idealem Sinne als transzendent, sondern in dem prekären Sinne als verloren und orientierungslos. Die Gleichsetzung des vergessenen Christus mit der Welt erklärt, warum die traditionelle Lesart zum Teil berechtigt ist; die Aufhebung der christlichen Botschaft durch die Krise der Moderne zeigt, daß zugleich auch die ironische Lesart zum Teil recht hat. Es kommt zu Verlust und Orientierungslosigkeit, weil die Botschaft Christi in Vergessenheit geraten oder auf den Kopf gestellt worden ist. Obgleich die Kluft zwischen den beiden Gedichtteilen deutlich ist, gibt es eine höhere Verbindung. Das Wort «borgen» in der vorletzten Zeile des ersten Teils deutet in gewisser Hinsicht (wenn auch versteckt) auf die Geborgenheit, von der die beiden letzten Strophen erfüllt sind. Die zwei Teile sind somit zwar getrennt, aber eben auch miteinander verbunden.

Wie Benns späteres Gedicht *Reisen*, das ebenfalls mit einem elegischen «Ach» und einem umschlossenen Ich schließt, endet auch *Verlorenes Ich* nicht in Zynismus oder Verzweiflung. Die Vielschichtigkeit des Schlusses unterstreicht jedoch erstens die Ambiguität der Moderne, die bereits in der ersten Strophe deutlich wird, und zweitens die Vorstellung, daß Transzendenz und Sinn nicht einfach zur Verfügung stehen (wie eine idealisierte Sicht des christlichen Zeitalters glauben machen könnte), sondern daß sie nur in mühevollem Kampf gegen die Mächte der Bestialität, der Gefühllosigkeit, der Instrumentalisierung und der Auflösung zu gewinnen sind. Wir können den Sinn der christlichen Bilder gegen den ironischen Versuch, sie ad absurdum zu führen, verteidigen, doch wir erkennen auch, daß ein naives Christentum unhaltbar ist, so daß die ironische Lesart zumindest teilweise ihre Gültigkeit behält.

In unserer dritten Lesart muß das Fehlen eines konjugierten Verbs in der Wendung «die Denker nur den Gott gedacht» neu gedeutet werden als eine Analogie zur Konzentriertheit dieses Denkens. Gleiches gilt für Benns Verwendung von «nur». Die Wiederholung von «*denken*» soll erkennen lassen, daß das, was vom «*Zerdenken*» bedroht ist, nicht das

Denken an sich ist, sondern eine spezifische Form des Denkens – weniger substantiell, statt dessen profaner, weniger auf einen inneren Wert als vielmehr auf einen äußeren, funktionalen Wert ausgerichtet. Das Wort «zwingend» schließlich ist nicht nur durch seine Nähe zum Zwang markiert, sondern auch durch zwei positive Assoziationen: Erstens bedeutet es auch unwiderstehlich, triftig, überzeugend, überwältigend; zweitens weist es eine religiöse Dimension auf, indem es ausdrückt, daß das, was im Alten Testament prophezeit wurde, im Neuen Testament in Erfüllung gegangen ist (vgl. 1 Petr 1,20; Apg 2,23; Röm 8,29; Gal 3,8). Es behauptet damit, daß der Geschichte Sinn und Kohärenz innewohnen. Die Stunde ist kein zufälliges Ereignis, sondern die Erfüllung einer Prophezeiung. Zwischen «zwingend» und «erfüllte» besteht kein Spannungsverhältnis, sondern das Gefühl der Erfüllung wird dadurch noch verstärkt. Jesus Christus war von dieser zwingenden, erfüllten Stunde umhüllt, auch wenn er währenddessen nach außen strahlte.

Ein immer wiederkehrendes Thema in diesem Gedicht ist das Vorherrschen des Unendlichen in der Moderne: in Gestalt von grenzenloser Zeit und unendlichem Raum, in Form von Leere und Vakuum. Am Ende hingegen ist von der Unendlichkeit der Transzendenz die Rede, von einem Ichverlust, der einem ein Gefühl des eigenen Ichs vermittelt. Die erfüllte Stunde kontrastiert mit dem zweifachen Hinweis auf die unterschiedslose Zeit («ohne Nacht und Morgen» in Strophe zwei und «nicht Nacht, nicht Morgen» in Strophe sechs). Die metrische Abweichung in dem Wort «brachen» soll zum einen unterstreichen, wie mühevoll und schwierig es ist, Harmonie zu erlangen, und zum anderen die außerordentliche Bedeutung dieses religiösen Ereignisses, daß das Brot für jeden gebrochen wird, deutlich machen. Daß das Wort nicht die Zerstörung des Ichs meint, wird durch seine «Harmlosigkeit» im Vergleich zu «zersprengt» deutlich. Die Anspielung auf das Gleichnis vom verlorenen Sohn erinnert uns schließlich daran, daß Harmonie noch nie leicht zu erreichen war und der Augenblick ihres Eintretens die Menschen wie eine Erscheinung Gottes trifft.

Die größere Ironie in «das verlorne Ich» liegt darin, daß Christus, als er sich selbst verlor, nicht verloren war, sondern eine erfüllte Identität gewann. Das letzte Wort «umschloß» hebt die Schwere von «das verlorne Ich» auf. Und auch die Zirkelstruktur des gesamten Gedichts sollte uns den Text im Lichte dieses zentralen Begriffs lesen lassen. Zirkularität symbolisiert natürlich Vollendung. Die Mehrdeutigkeit des Gedichttitels bringt die Vorstellung zum Ausdruck, daß wir die Transzendenz, die Liebe und die Weisheit, die sich mit Christus verbinden, vergessen haben, daß wir an deren Stelle das Profane, das Bestialische und das Funktionale gesetzt haben; deshalb sind wir verloren, und verloren ist auch die Botschaft Christi. Wir sind verloren, weil die Weisheit der christlichen Tradition, die sich in Jesus Christus verkörpert, untergraben worden ist. Der

Verlust in der Moderne ist eine Leere, ein Verborgenes im Gegensatz zu
dem sinnvollen Verlust und der Selbsttranszendenz der letzten Strophen.
Eines der zentralen Bilder des Gedichts ist das der Bestie, ist die Vorstellung, daß die Menschheit das Element der Liebe, das ihr Würde verleiht,
verloren hat. Dieses Bild ist umgeben von den beiden einander spiegelbildlich entsprechenden Verszeilen «Die Welt als Flucht» und «Die Welt
zerdacht», die erstens darauf verweisen, daß wir uns vor der Transzendenz ins Profane und Materielle flüchten und daß wir zweitens durch
unser beständiges Abwägen und unseren Funktionalismus das zerstört
haben, was lebendig ist und über einen Eigenwert verfügt. Diese transzendente Lesart verleiht dem Gedicht einen volleren Klang als die bloße
zynische Behauptung, es habe keine Bedeutung; damit würde das Gedicht
nicht nur leer und selbstwidersprüchlich, sondern eine solche Behauptung würde ihm auch jeden Hinweis auf die Kritik und die echte Klage
über die Negativität, die es so gekonnt beschreibt, nehmen. Man kann
die moderne Welt nicht kritisieren, ohne eine Alternative aufzuzeigen.
Statt die Differenz und die Andersheit zu betonen, behauptet die ironische Lesart, sowohl in früherer Zeit wie in der Moderne handle es sich
um das gleiche Ich; wenn es nach ihr geht, gibt es keine Alternativen zur
Ironie, zu Zynismus und Sinnleere. Ihre Betonung der Einheit schwächt
das Gedicht, das doch genau unsere modernen Probleme zum Thema
hat.

Verlorenes Ich hat uns eine Alternative zu unserem gegenwärtigen
Dilemma zu bieten, und zwar nicht nur ein abstraktes, sondern ein ganz
konkretes Anderes: Es zeigt sich in der Negation der Negativität, die in
den ersten sechs Strophen dargestellt ist, und der Evokation der Werte
in den letzten Strophen. Zu einer Lösung gelangen wir über die gegenwärtige Krise. Darin scheinen zwei bedeutsame Elemente zu liegen. Zum
ersten legt die Umkehrung der Chronologie nahe, daß sich der volle Sinn
der Transzendenz nur dann erkennen läßt, wenn wir die Probleme der
Moderne aufarbeiten. Zum zweiten legt die Umkehrung, anders als die
ironische Lesart, nahe, daß die Genealogie die Gültigkeit der Transzendenz nicht außer Kraft setzt. Diese Einsicht läßt uns, zusammen mit der
Idee der Transzendenz, die fünfte Strophe neu interpretieren. In moderner Sicht mag es in der Tat so sein, daß der Funktionalismus die Würde
untergräbt, doch der Mythos – nunmehr der Mythos der Naturwissenschaft, nicht mehr der Mythos der Religion – entpuppt sich als Lüge:
Die Faktizität setzt das Transzendente nicht außer Kraft. Die Offenheit
der Zukunft läßt Raum für eine mögliche Neuorientierung, nicht jedoch
für eine bloße Affirmation, sondern für eine Affirmation, *nachdem* der
Leser die Negativität aufgearbeitet hat. Auch die sechste Strophe muß in
diesem Licht neu interpretiert werden. Das Fehlen einer Antwort heute
wird mit der nachdrücklichen Antwort in der Vergangenheit der letzten
Strophe kontrastiert; wir müssen zu dem zurückkehren, was wir unter-

drückt und verändert haben. Auf die Frage, mit der die ersten sechs Strophen enden, nämlich wo wir eine Antwort finden können («allein bei wem?»), gibt es eine Antwort, nämlich «verlorenes Ich», womit sowohl Christus wie das Gedicht gemeint sind. Beide fungieren als zentrierende Kraft; Sinn ist nicht unwiederbringlich vergangen.

Diese dritte Lesart setzt also das verlorene Ich der letzten Verszeile nicht nur mit dem früheren christlichen Selbst gleich, sondern auch mit Christus. Dagegen könnte man einwenden, daß mit der Kreuzigung ein Leben verloren gehe, aber kein Selbst oder Ich. Nun ist es jedoch so, daß *verlieren* in adjektivischer Verwendung und in Bezug auf ein Subjekt üblicherweise nicht mit einem Leben assoziiert wird, sondern mit einer Person, wie etwa in dem Satz *Er ist ein verlorener Mann*, der, ähnlich wie *das verlorene Ich*, impliziert, daß eine Person nicht mehr zu retten ist. Damit scheint *Ich* und nicht *Leben* durchaus angemessen zu sein. Ganz ähnlich verhält es sich, wenn wir von der *verlorenen Generation* sprechen: Wir beziehen uns dann nicht nur wörtlich auf die im Ersten Weltkrieg verlorenen Menschenleben, sondern auch auf die desillusionierenden Erfahrungen dieser Generation. Indem Benn *Ich* verwendet und eben nicht *Leben*, vermag er die Auswirkungen der modernen Entwicklungen auf die menschliche Psyche zu betonen (die Orientierung und die Identität zu verlieren kann sogar komplexer und in gewisser Weise tragischer sein, als sein Leben zu verlieren). Hinzu kommt, daß das Wort die spezifische Krise des modernen Selbst (*Ich* betont, anders als *Leben*, das zerebrale Wesen der modernen Menschheit), die einzigartige Situation Jesu Christi (*Ich* unterstreicht, anders als *Leben*, die Verbindung zwischen Aufopferung und Identität) und natürlich die Verbindung dieser beiden Bereiche evoziert: Zwischen Christus und dem modernen Ich besteht eine ernsthafte und zugleich spielerische Verbindung, nach der der Verlust Christi nicht einfach nur der Verlust eines Lebens ist, sondern in seiner modernen Rezeption gehen damit der Sinn seines Lebens, sein Wesen und seine Identität, die uns ein Gefühl von Identität ermöglicht, verloren. In diesem komplexen Sinne ist das verlorene Ich sowohl Christus wie auch das moderne Ich. Diese Komplexität des verlorenen Ichs – dessen Bezugsrahmen vom christlichen Ich früherer Zeiten bis hin zu Christus und dem modernen Ich reicht – befreit uns von jeder Form des allegorischen Reduktionismus. Der Signifikant ist mehrdeutig, und selbst ein Leser, der sich nicht davon überzeugen läßt, darin einen direkten Bezug zu Christus zu sehen, kann gleichwohl erkennen, daß sowohl die traditionelle wie die ironische Lesart im Lichte einer vielschichtigeren Lesart zu revidieren sind, die sowohl der Vielschichtigkeit des Christentums (mit seinem Gefühl der Verlorenheit wie seiner Heilserwartung) und den ernsthaften Problemen der Moderne (auf die das christliche Ethos und seine moderne Transformation in Dichtung mögliche Antworten sind) gerecht wird.

Die ersten sechs Strophen beschreiben die moderne Welt ohne Christus. In der christlichen Tradition steht die Zahl Sechs für Unvollkommenheit (die Schöpfung der Welt ist erst am siebten Tag abgeschlossen), und sie ist die Zahl des Bösen (Offb 13,18). Diese Assoziation wird untermauert durch die Parallelen zwischen der biblischen Beschreibung des Tieres in der Offenbarung des Johannes (13,18) als 666 und Benns Beschreibung des bestialischen Wesens der Moderne in den ersten sechs Strophen. Die Zeit des «zwingenden» Sinns, wie sie in den beiden letzten Strophen dargestellt wird, ist von der Gegenwart weit entfernt. Die ganzheitliche «Neun» fehlt in diesem Gedicht über die Moderne und deren Anderes. Das Gedicht endet deswegen nicht mit einer neunten Strophen, weil wir uns noch immer in einer Welt der Auflösung befinden. Es gibt keine Harmonie in der Welt, sondern nur die Vorstellung einer Harmonie jenseits dieser Welt. Wenn wir nun den Titel des Gedichts als (unvollständigen) neunten Abschnitt des Textes betrachten, so läßt sich zumindest andeutungsweise eine Antwort erkennen. Sie liegt in dem «verlorenen Ich» (wiederum im Sinne von Christus und dem Gedicht selbst), das einen neuen Sinn ergibt, wenn man es im Lichte dieser Assoziation mit Christus liest. Die Acht war im frühen Christentum eine magische Zahl, wie sich beispielsweise in der achteckigen Form des Aachener Münsters zeigt. Das Achteck steht bildlich für eine umzäunte Mitte, die zahlreiche Ausgänge aufweist. Auch das Gedicht handelt von einer Mitte, die auf vielerlei Wegen verloren ging, darunter durch Technik, instrumentelle Vernunft und Dissonanz. Doch Benns thematische Beschwörung einer geheiligten Mitte spiegelt sich in der formalen Symmetrie seines Gedichts. Das Potential der Vergangenheit ist in der Gegenwart nicht vollständig verloren. Diese Lesart wird gestützt durch die Vorstellung, die Acht stehe symbolisch für Wiedergeburt und Wiederherstellung. Im Christentum ist die Acht die Zahl der Auferstehung: Am achten Tag nach seinem Einzug in Jerusalem soll Jesus von den Toten auferstanden sein (aus diesem Grund sind christliche Taufbecken achteckig). Die Gleichsetzung von Christus und dem Gedicht und damit die Vorstellung, daß das Gedicht auf eine zweite Wiederkunft des Geistes Christi vorausweist, bekommt zusätzliches Gewicht durch den Kreuzreim, der ebenfalls symbolisch gelesen werden kann. Und selbst die Krippenmotive im Zusammenhang mit der Ziellosigkeit der ersten sechs Strophen («wo lagerst du», «die Sterne», «nicht Nacht, nicht Morgen») erhalten zusätzliche Bedeutung, wenn man sie unter dem Gesichtspunkt der Sehnsucht des modernen Ichs nach der Art von Sinn, die sich mit Christus verknüpft, betrachtet. Und schließlich ist auch die Tatsache, daß der Name Jesus im Griechischen addiert die Summe 888 ergibt, von Bedeutung für die Analogie zwischen Christus und dem Gedicht.[64]

Der Mythos mag aus moderner Sicht gelogen haben, doch das Gedicht als Ersatz für den Mythos lügt nicht (wie könnte es auch, denn dann wäre ja seine Feststellung, daß der Mythos gelogen hat, selbst eine Lüge). Obwohl das Gedicht keine wörtliche Darstellung religiöser Wahrheit liefert, so beschwört es doch eine höhere Wahrheit. Es tut dies zu Beginn, indem es den Verlust dieser Wahrheit negiert, d. h. indem es das Funktionale, Profane und Bestialische kritisiert, das durch den Verlust einer höheren Transzendenz und Orientierung in die Welt gekommen ist. Darüber hinaus verweist das Gedicht auch durch seine Form und die Beschwörung von Transzendenz (unabhängig vom spezifischen christlichen Mythos) auf eine höhere Wahrheit. Darin läßt sich Benns *imitatio Christi* erkennen, deren höchster Sinn nicht im Leiden liegt, sondern im transzendenten Element, das sowohl dem Leiden wie der Leistung Würde verleiht. Für Benn besteht diese Transzendenz im Gedicht selbst. Benn läßt die wörtliche Religion hinter sich und sucht nach ihrer dichterischen Transzendenz. Wenngleich Benn bestrebt gewesen sein mag, das Gedicht an die Stelle Christi zu setzen, so ist das Gedicht selbst vielschichtiger und es enthält in seiner sprachlichen Gestaltung nicht nur die Vorstellung von einer dichterischen Transformation, sondern auch den ursprünglichen Sinn des Christentums. Auf diese Weise ist Benn wohl Opfer eines Prozesses geworden, der sich in Platons *Ion* beschrieben findet. Nach Platon nämlich sind die Dichter die schlechtesten Interpreten ihrer Werke; denn sie schreiben weniger aus einem Impuls des Wissens heraus als vielmehr aus einem Impuls des Instinkts und der Inspiration. Der Sinn, den Benn mit seinem Gedicht geschaffen hat, läßt sich nicht auf die bewußten Intentionen des Autors reduzieren. Viele literarische Werke führen ein Eigenleben: Der Künstler beabsichtigt eine bestimmte Sache, doch die Wörter, die Bilder, die Strukturen gehen eine Art magischer Beziehung ein und enthüllen etwas ganz anderes. Diese Unterscheidung zwischen dem auktorialen Bewußtsein und der Bedeutung eines Textes sollte uns nicht davon abhalten, die Unterschiede zwischen der *mens auctoris* und dem Text selbst festzuhalten. Benn ist keineswegs offen christlich, auch wenn sein Gedicht eine Botschaft zu vermitteln scheint, die in Einklang mit christlichen Prinzipien steht. Statt dessen können wir davon sprechen, daß Benn zentrale Aspekte des christlichen Weltbildes aufnimmt: die Kritik an der Moderne wie auch die Beschwörung eines höheren Sinns, wenngleich er diesen höheren Daseinszweck nicht in der Religion, sondern in seiner dichterischen Sinnstiftung sehen würde. Das Leiden Christi wird bei Benn zum Leiden des Dichters, dessen Klage charakteristisch für die Moderne wird. Darüber hinaus wird die Auferstehung Christi durch die erlösende Kraft und den fortwirkenden Wert des Gedichts usurpiert. Diese Transformationen sind jedoch einzig dadurch zu erreichen, daß Christus in das Gedicht einbezogen wird; somit bleibt die Frage offen, in welchem Maße das Gedicht seine unzweifelhaft christlichen Wurzeln bewahrt oder auslöscht, so wie es Elemente der traditionellen und der ironischen Lesart bewahrt und aufhebt.

Ein interessanter Aspekt der dritten Lesart liegt in ihrer Dialektik: Sie bezieht die Stärken der vorherigen Interpretationen mit ein, indem sie die Passagen, die diese nicht erklären können, ernst nimmt und deren innere Widersprüche deutlich macht. Die traditionelle Interpretation betont den Unterschied zwischen der mittelalterlichen und der modernen Welt, aber sie kann die letzte Verszeile nicht hinreichend in ihr Deutungsschema integrieren bzw. sie kann die Möglichkeit einer ironischen Lesart nicht vollständig ausschließen. Darüber hinaus läßt sie den Leser mit dem Gefühl zurück, zwischen der christlichen und der modernen Welt bestehe eine unüberbrückbare Kluft, und befördert damit ein Gefühl des Fatalismus, mag dieses nun zynisch sein (wenn man auf die Gegenwart blickt) oder elegisch (im Hinblick auf die Vergangenheit). Die zweite Lesart, die uns erkennen läßt, daß die Wurzeln des Verlusts bereits in der Vergangenheit angelegt sind, ist ähnlich fatalistisch; wenngleich sie keine unüberbrückbare Kluft ausmacht, so fehlt in ihr jeder Gedanke, daß es eine Alternative zur Auflösung gibt. Sie betrachtet die letzten Verszeilen als bloßes Zitat, was freilich nur schwer mit deren echter Schönheit in Einklang zu bringen ist, und ihre Einebnung des Unterschieds steht seltsam quer zum aufrichtigen Klageton des Gedichts. Überraschenderweise ist die ironische Lesart in gewisser Weise allzu simplifizierend. Im Gegensatz dazu erkennt die dritte Lesart sowohl die Gemeinsamkeiten wie auch die Unterschiede zwischen christlicher und moderner Welt, zwischen Christus und Gedicht. Diese Gemeinsamkeiten werden – trotz des offensichtlichen Bruchs zwischen den ersten sechs und den beiden letzten Strophen – noch formal verstärkt, denn jede Strophe weist auf der letzten Silbe jedes Verses den gleichen Rhythmus auf: Die erste und die dritte Verszeile jeder Strophe enden unbetont, die zweite und die letzte Verszeile hingegen betont.

Die dritte Lesart erkennt, daß der Lesevorgang eine zentrale Rolle für die Bedeutung dieses Textes spielt. In dieser Hinsicht weist Benns Gedicht Aspekte einer intellektuellen Reise auf, die in dem Gedicht *Reisen* eine zentrale Rolle spielt, das ganz ähnlich beginnt, nämlich mit einer Abwägung von Alternativen, die sich jedoch alle als unhaltbar erweisen, daraufhin in einer Leere kulminiert, bevor es sich nach einem keineswegs ironischen «Ach» der Weisheit als einer Form konzentrierten Denkens zuwendet, die unabhängig von den modernen Ablenkungen Bestand hat (Roche, *Gottfried Benn*, 30–38). Und auch wenn Benn die transzendente Dimension nicht von Religion, sondern von moderner Dichtung betonen würde, so enthüllt das Gedicht doch seine Werte, indem es die Bestialität und den Funktionalismus der Moderne der religiösen Tradition gegenüberstellt. Interessanterweise spielt Benn dabei auf eine religiöse Handlung an, nämlich dem Bösen Gestalt zu verleihen, um es fernzuhalten, und sein Gedicht, das sich bemüht, die «Bestien» der Moderne zu benennen (das Wort taucht im Gedicht dreimal auf), tut genau dasselbe im

Hinblick auf die Moderne. Es beeindruckt nicht zuletzt dadurch, daß Benn versucht, in einem einzigen Gedicht die unendlichen Probleme der Moderne aufzuzeigen, und zwar in einer Weise, die Mehrdeutigkeit und Vielschichtigkeit nicht zu unterlaufen versucht, sondern sie im Gegenteil geradezu beschwört. Darüber hinaus sucht Benn in einer Moderne ohne Orientierung, die weder die Tradition zu schätzen weiß noch eine sinnerfüllte Zukunft kennt, nach Orientierung, indem er den Wert der Tradition hervorhebt und Werte für die Zukunft deutlich macht.

Man könnte abschließend nach dem ästhetischen Wert von Benns Gedicht fragen. Sind die ersten sechs Strophen nicht in gewisser Hinsicht häßlich? Gelingt es Benn in seiner breiter angelegten, vielfältigeren Prosa, etwa in *Block II, Zimmer 66*, nicht weitaus besser, die gegenwärtige Krise zu analysieren? Auf diese Fragen läßt sich dreierlei antworten. Die schwächste Antwort (wenngleich nicht ganz ohne Stichhaltigkeit) verweist auf den bestehenden Konsens. Zwar läßt sich Schönheit ähnlich wie Wahrheit nicht mittels Konsens bestimmen, doch die Tatsache, daß *Verlorenes Ich* zu den modernen deutschen Gedichten gehört, die sich am häufigsten in Lyrikanthologien finden, mag zumindest einiges über seine Resonanz aussagen. Benns Prosa hingegen findet weitaus weniger Leser. Zum zweiten besteht ein deutlicher Kontrast zwischen den ersten sechs und den beiden letzten Strophen: Die Strophen eins bis sechs weisen brutale und heterogene Bilder und Versrhythmen auf, während die Strophen sieben und acht eine sprachliche Schönheit erreichen, die uns an ein Gedicht wie *Wer allein ist* – denken läßt. Doch dieser Bruch ist, wie gesehen, notwendig, um den Unterschied zwischen der modernen und der christlichen Welt deutlich zu machen. Der Stilbruch verstärkt den Kontrast zwischen der Häßlichkeit und der Schönheit dieser beiden Welten noch. Drittens schließlich sind die ersten sechs Strophen ganz gewiß nicht schön im oberflächlichen Sinne des Wortes. Doch wenn wir Schönheit als höhere Übereinstimmung von Form und Inhalt definieren, so läßt sich die Erfahrung von Auflösung, Fragmentierung und Bestialität am besten in der vorliegenden Form darstellen. Das Gedicht taucht nicht einfach in das oberflächlich Häßliche ein, sondern es zeigt über den Gegensatz, daß das Häßliche im Verlauf des Gedichts als ganzem in gewissem Sinne aufgehoben wird.

Friedrich Dürrenmatt: Die Physiker

Friedrich Dürrenmatts Drama *Die Physiker* (1961, Neufassung 1980), eines von mehreren deutschen Nachkriegsstücken über die Verantwortung des Wissenschaftlers,[65] ist das tragikomische Porträt eines Protagonisten, der sich aus der Gesellschaft zurückzieht, um diese vor seinen wissenschaftlichen Erkenntnissen zu bewahren. Die Hauptfigur des

Stücks, Möbius, zieht sich aus der Welt zurück, weil er glaubt, die Menschheit würde mit seiner Klugheit, seiner Entdeckung des «System[s] aller möglichen Erfindungen» nicht fertig werden (44).[66] Möbius gibt vor, wahnsinnig zu sein, um der Welt seine wissenschaftlichen Entdeckungen vorzuenthalten, und verbrennt sie obendrein noch; er befürchtet, sie könnten mißbraucht werden und zur Selbstzerstörung der Welt führen. Im Sanatorium befinden sich auch noch zwei andere, nämlich Beutler, der sich für Newton hält, und Eisler, der behauptet, Einstein zu sein, auch sie Wissenschaftler, die vorgeben, verrückt zu sein, aber in ihrem Falle zu dem Zweck, Möbius im Auftrag ihrer Regierungen auszuspionieren. Die große Ironie dieses Textes liegt darin, daß diese drei Wissenschaftler allesamt zumindest auf einer Ebene völlig normal sind, während die Anstaltsleiterin, Mathilde von Zahnd, wirklich verrückt ist; sie hat von allen Entdeckungen Möbius' Kopien angefertigt und will sie dazu benutzen, die Welt zu beherrschen.

Möbius will die Welt betrachten, nicht beherrschen, und er weiß, daß die angewandte Wissenschaft die Zukunft der Menschheit bedroht; dies veranlaßt ihn, sich zurückzuziehen. Doch Möbius ist keineswegs passiv; er glaubt, seine Subjektivität gegenüber den anderen durchsetzen zu müssen, um die übergreifende Ordnung zu bewahren. Seine Negation der konkreten intersubjektiven Sphäre zeigt sich ganz deutlich an der Art, wie er mit Familienangehörigen umgeht (er muß sie verletzen, damit es ihnen leichter fällt, ihn zu vergessen), und am Mord an Schwester Monika (er glaubt, um der Menschheit willen gerade die Person töten zu müssen, die ihn liebt).[67] In beidem spiegelt sich sein allgemeines Verhalten wider: So wie er seiner Familie nicht zutraut, ohne übermäßige Gewissensbisse weiterzuleben, und wie er Monika nicht zutraut, daß sie seine Sicht versteht, so traut er anderen Menschen auch im Hinblick auf seine Entdeckungen nicht. Er zieht sich zurück, um die Welt vor seinem Wissen zu schützen; damit scheint sein Handeln gerechtfertigt zu sein. Doch Möbius scheitert zumindest teilweise, weil er eine zu geringe Meinung von der Menschheit hat. Dürrenmatt konstatiert in seiner 17. und 18. These zu dem Stück: «Was alle angeht, können nur alle lösen. / Jeder Versuch eines Einzelnen, für sich zu lösen, was alle angeht, muß scheitern» (92 f.). Monika sagt zu Möbius: «Du glaubst, dafür büßen zu müssen, weil du sein Erscheinen nicht verschwiegen hast. Aber vielleicht büßt du dafür, weil du dich für seine Offenbarung nicht einsetzt» (50).

Möbius' Rückzug ist insofern sinnlos, als seine Entdeckung nun eben von einem anderen gemacht wird: «Alles Denkbare wird einmal gedacht. Jetzt oder in der Zukunft» (82). Obwohl diese Worte von Dr. von Zahnd gesagt werden, so klingen sie doch im Kontext des Stücks wahr und spiegeln die Haltung des Autors; in einer Besprechung von Robert Jungks Buch über die Entwicklung der Atombombe, *Heller als tausend Sonnen*, schreibt Dürrenmatt 1956: «Auch gibt es keine Möglichkeit, Denkbares geheim zu behalten. Jeder Denkprozeß ist wiederholbar» (Bd. 28, 22). Möbius' Fähigkeiten werden deshalb am besten genutzt, wenn man dafür sorgt, daß seine Entdeckung richtig verwendet wird. Doch das ist eine theoretische Frage; diese Alternative besteht für Möbius nicht wirklich, denn er verfügt über keine echte politische Macht und kann im Staat keine übergeordnete ethische Zielsetzung erkennen. Obwohl Möbius' Rückzug somit berechtigt zu sein scheint, ist er weder im Prinzip noch in der Praxis vertretbar. Ironischerweise wird Möbius gerade durch seinen Rückzug «machtlos» (83). Möbius, der sich Sorgen um die unbeabsichtigten Folgen seiner Entdeckungen als Wissenschaftler macht, kann die unbeabsichtigten Folgen seines Handelns als Mensch nicht kontrollieren.

Komödie und Rückzug   Die einzige Person, die einen liebt, zu töten (und zwar indem man vorgibt, damit einer höheren Absicht zu dienen) und mitansehen zu müssen, wie sich die besten Absichten und die sorgsam ausgetüftelten Pläne gegen einen selbst richten und damit nicht nur die eigene Person, sondern auch andere bedrohen – das wäre eigentlich Stoff für eine Tragödie, doch Dürrenmatt nennt sein Stück «Eine Komödie in zwei Akten». Warum? Was ist an diesem Stück komisch? Zum ersten ist es die Atmosphäre des Stücks, wie wir schon in den kurzen Wortwechseln mit dem Inspektor gleich zu Beginn des Stücks (sie werden zu Beginn des zweiten Akts zum Teil wiederholt und umgedreht, so daß sie noch komischer wirken) und in der Absurdität der Situation – er ist nicht in der Lage, Einstein zu verhören, da dieser unbedingt Geige spielen muß – erkennen. Die Regeln des Irrenhauses sind so bizarr, daß der Inspektor sich fragt, ob er nicht selbst verrückt ist (17). Diese komische Atmosphäre, die noch durch Dürrenmatts Sprach- und Wortspiele (z. B. 17 und 34) verstärkt wird, sorgt dafür, daß wir zu den Charakteren und Situationen des Stücks Distanz halten und so die potentiell tragischen Ereignisse als zumindest teilweise komisch betrachten können.

Zum zweiten wird das einzelne Subjekt in der Komödie vom Publikum nicht so ernst genommen, wie es sich selbst nimmt. Die Absichten des Protagonisten werden häufig vereitelt, doch am Ende erreicht er mehr, als er sich ursprünglich gewünscht hatte, wie etwa in Shakespeares *Ein Sommernachtstraum*. Der Held bildet sich ein, er wäre der Handelnde, doch seine Subjektivität erweist sich als Illusion; es sind ganz andere Mächte im Spiel. Werke, die zu dieser Gattung gehören, beschwören Naturbilder, um zu zeigen, daß der Einzelne nicht so mächtig ist wie er glaubt; äußere Mächte, ob nun Schicksal oder Vorsehung, die Natur oder andere Individuen, setzen seinen individuellen Absichten Grenzen – und das alles zum Zwecke des Guten. Bei Dürrenmatt wird diese traditionelle komische Struktur nun sowohl bewahrt (die Absichten des Helden werden vereitelt) als auch verkehrt (die Folgen erweisen sich nicht als harmonisch, sondern als grausam und nähern sich damit der Tragödie an).

In seiner achten und neunten These heißt es: «Je planmäßiger die Menschen vorgehen, desto wirksamer vermag sie der Zufall zu treffen. / Planmäßig vorgehende Menschen wollen ein bestimmtes Ziel erreichen. Der Zufall trifft sie dann am schlimmsten, wenn sie durch ihn das Gegenteil ihres Ziels erreichen: Das, was sie befürchteten, was sie zu vermeiden suchten (z. B. Oedipus)» (91 f.). In der Komödie weisen größere Mächte wie die Natur oder die Gesellschaft den Einzelnen in seine Schranken. Wir sehen, daß die Physiker ihre Berechnungen keineswegs so gut unter Kontrolle haben, wie sie gedacht hatten, und daß die höheren Ideale, mit denen sie sich identifiziert hatten, illusorisch sind. So viele Pläne und Berechnungen die Physiker auch entwerfen und anstellen – die Ereignisse um sie herum und die Folgen ihres Handelns werden sie nie vollständig im Griff haben.

Auch die verschiedenen Spiele mit der Identität untergraben die Subjektivität. Beutler, von dem gesagt wird, er halte sich für Newton, erzählt dem Inspektor, er sei nicht Newton: In Wirklichkeit sei er Einstein, und er gebe nur vor, Newton zu sein, um Ernesti nicht zu verwirren, der ihn für Einstein halte. Als der Inspektor von dieser Entdeckung erzählt, erklärt man ihm, Newton behaupte immer, daß er Einstein sei, doch in Wahrheit glaube er, er sei Newton. Dieser komische Fall einer variablen und verwirrten Identität unterstreicht ein allgemeineres Problem der drei Physiker wie auch von Dr. von Zahnd, die ebenso mit ihrer Identität zu kämpfen hat, wie sich an den Bemerkungen zu ihren Vorfahren deutlich erkennen läßt: Es besteht ein Widerspruch zwischen den tatsächlichen Handlungen dieser Individuen und einem normativen Identitätsbegriff, der eine Identifikation mit bestimmten universellen Normen (u. a. dem unbeirrbaren Festhalten an Prinzipien) voraussetzt.

Zum dritten erkennen wir, daß diese scheinbar tragischen Ereignisse von den Normen des Lebens abweichen; in dieser Hinsicht weist das Stück Momente der Bergsonschen Komödie auf. Dr. von Zahnd setzt Handlungen in Gang, bei denen sich die Physiker «wie Automaten» (84) bewegen. Ihre ganz ähnlichen Handlungen haben nicht nur die Negation menschlichen Lebens zum Inhalt, sondern sie verkörpern auch eine kalte Rigidität und Berechnung, die der Anmut und Geschmeidigkeit des Lebens, seinen sich ständig verändernden Mustern diametral entgegengesetzt ist. Die Einzigartigkeit und Nichtvorhersehbarkeit der Liebe etwa stehen im Widerspruch zu ihrem repetitiven und berechnenden Verhalten. Diese Wiederholung zeigt sich auch daran, wie Einstein und Newton, als sie ihre Identität enthüllen, genau dasselbe tun und sagen. Auch der Minister wird auf diese Weise lächerlich gemacht: Sein Sachverstand in Sachen Pietät und Achtung vor dem Leben wird in Frage gestellt, als er zu dem Sanatorium, das gerade seinen zweiten Mord erlebt hat, meint: «Wie still es hier ist! Wie freundlich. Ein wahrer Gottesfriede waltet in diesem Hause» (31).

Und schließlich weichen die Physiker nicht nur von den Prinzipien lebendigen Daseins ab (wir können deshalb über sie lachen, auch wenn wir gleichzeitig ihr tragisches Schicksal spüren), sondern auch ihr Handeln und unsere moralischen Erwartungen decken sich nicht. Anderen das Leben zu nehmen, um die Fassaden, die man für sich selbst errichtet hat, aufrechtzuerhalten, verstößt gegen die Prinzipien der Menschenwürde. Man denke in diesem Zusammenhang an die Herabsetzung der Menschenwürde und die rein vernunftbestimmte Wertehierarchie, die in Dr. von Zahnds Bemerkung zum Vorschein kommt, nachdem sie Monikas Tod beklagt hat: «Aber ihr Tod ist noch nicht das Schlimmste. Mein medizinischer Ruf ist dahin» (56). Eine vernünftige Wertehierarchie wird ebenfalls ins Komische verkehrt, als man sich wiederholt mit linguistischen Fragen wie derjenigen beschäftigt, ob man es nun mit «Mördern» oder «Tätern» zu tun habe; diese Frage scheint mehr Beachtung zu finden als die Mörder selbst oder die mögliche Aussicht, daß alle Menschen umkommen werden (15, 16, 55). Auch das Ausmaß, in dem die Protagonisten Prinzipien der Vernunft und der Stimmigkeit anhängen, wird lächerlich gemacht, etwa als der Missionar zugeben muß, daß er als Theologe sich zwar durchaus vorstellen kann, daß es Wunder gibt, allerdings nicht im Falle eines Menschen, der als verrückt gilt (weil er Wunder erlebt hat). Die Herabsetzung des Lebens und der moralischen Würde zeigt sich auch in folgendem komischen Satz über die menschlichen Abgründe. Von Zahnd sagt über ihren Vater: «Er haßte mich wie die Pest, er haßte überhaupt alle Menschen wie die Pest. Wohl mit Recht, als Wirtschaftsführer taten sich ihm menschliche Abgründe auf, die uns Psychiatern auf ewig verschlossen sind» (24). Diese scherzhafte Aussage richtet sich zum Teil gegen die Psychiater, die eine weltfremde Wissenschaft betreiben, aber auch gegen die Wirtschaftsführer, insofern deren Handeln moralisch verwerflich ist. Der Scherz ist auch deshalb von Bedeutung, weil die scheinbar naive Psychiaterin Frau Dr. von Zahnd unbarmherzige Taktiken anzuwenden beabsichtigt, um die Welt zu übernehmen. Da die berechnenden Untaten der Physiker selbst wieder einer höheren Berechnung unterworfen sind, empfinden wir am Ende, als die Ereignisse im letzten Akt eine Wendung erfahren, sowohl Genugtuung als auch Verzweiflung. Doch diese poetische Gerechtigkeit wird durch zwei Faktoren unterlaufen: Die Person, welche die Physiker in ihre Schranken weist, ist selbst verrückt, und sie wird ihr Wissen dazu verwenden, die Welt zu zerstören.

Jedes dieser komischen Elemente im Drama ist eng mit den Themen des Stücks verbunden. Die Vorstellung, daß eine scheinbar tragische Situation komisch anmutet, ermutigt uns dazu, alle Ereignisse unter mehr als nur einem Gesichtspunkt zu betrachten. Die komische Beschränkung der Subjektivität unterstreicht die Vorstellung, daß kein Mensch als einzelner die Probleme dieser Welt lösen kann. So wie sich die traditionelle Komödie über die Einzigartigkeit des Individuums lustig macht und auch andere Institutionen und nachfolgende Generationen umfaßt, behauptet auch Dürrenmatt, daß jede Erfindung eines Einzelnen auch von einem anderen gemacht werden kann und daß alle Probleme intersubjektiver Lösungen bedürfen. Auch die Komödie, die aus der Negation von Lebendigkeit, von Vernunft und moralischer Würde entsteht, behauptet, daß gerade das Leben und die moralische Würde, die wir dem Leben verleihen, überleben müssen – sogar angesichts der Bedrohungen durch Atomtechnik und Krieg.

Von besonderem Interesse in Dürrenmatts Stück ist die ironische Verbindung zwischen der edlen, aber ineffektiven Tat von Möbius und den brutalen und erfolgreichen Handlungen Dr. von Zahnds: Wenn sich der Gerechte (Möbius) aus der Welt zurückzieht, so fällt die Macht dem Ungerechten (Dr. von Zahnd) zu. Es überrascht nicht, daß der Vorname von Zahnds, Mathilde, sich aus den althochdeutschen Wörtern für Macht («maht») und Schlacht («hilta») ableitet; diese Assoziationen werden noch dadurch verstärkt, daß sie drei Weltklasseboxer als Aufseher engagiert. In von Zahnd können wir eine weitere Umkehrung der komischen Struktur erkennen. Normalerweise legt der böse Held während des Stücks beachtliche Fähigkeiten in Rhetorik, Strategie und Täuschung an den Tag, doch am Ende fällt er seinen eigenen Untaten zum Opfer. Goldonis *Il bugiardo* und Kleists *Der zerbrochene Krug* enden beispielsweise mit poetischer Gerechtigkeit. In Dürrenmatts Stück hingegen gibt es kein solches Happy-End. Diese Umkehrung läßt auf drei Dinge schließen: Zum ersten reichen traditionelle Erwartungen und Handlungen im technischen Zeitalter nicht mehr aus; wir müssen sowohl Erwartungen wie Handlungen an die veränderten Bedingungen anpassen. Zweitens genügen selbst gute Absichten nicht; man muß stets auch die möglichen Folgen im Auge haben. Und zum dritten steht heute sehr viel auf dem Spiel, denn die Mächte der Subjektivität werden nicht nur sich selbst zerstören, sondern die ganze Welt. Die Tatsache, daß Frau von Zahnd unfruchtbar ist, symbolisiert, daß das Leben mit ihr zu Ende sein wird; doch auch Möbius unterliegt einigen ganz ähnlichen Beschränkungen: Er verbietet seinem Sohn, Physiker zu werden, und deutet damit an, daß die Wissenschaft sowohl ihren Nutzen als auch ihre moralische Legitimation verloren hat.

Anhand der Figuren des Dramas lassen sich vier Arten von Beziehung zwischen Wissenschaft und Politik ausmachen: Newton ist der reine Wissenschaftler, wenn man so will, fast ein Ästhet, der Wissenschaft um ihrer selbst willen betreibt; Einstein dient der Politik eines bestimmten Staates; Dr. von Zahnd verfolgt allein ihre eigenen, ganz privaten Interessen; und Möbius schließlich zieht sich aus politischen Gründen aus der Politik zurück. In allen vier Haltungen sind Wissenschaft und Moral voneinander geschieden. Obwohl Newton sich nicht für Politik interessiert, ist er bereit, Spion zu werden und zu morden, um in Erfahrung zu bringen, was Möbius entwickelt hat. Newtons ästhetische Sicht der Wissenschaft wird durch seine Vorliebe für gute Küche und Likör zugleich ergänzt und unterlaufen, wie seine Bemerkungen über die von ihm ermordete Krankenschwester zeigen: «Schwester Dorothea hielt mich nicht mehr für verrückt, die Chefärztin nur für mäßig krank, es galt meinen Wahnsinn durch einen Mord endgültig zu beweisen. Sie, das Poulet à la broche schmeckt aber wirklich großartig» (63). «Ein jämmerlicher Ästhet» (70), der er – mit Einsteins Worten – ist, steht Newton moralischen Fragen völlig gleichgültig gegenüber: «Es geht um die Freiheit unserer Wissenschaft und um nichts weiter. Wir haben Pionierarbeit zu leisten und nichts außerdem» (70). Er interessiert sich mehr für «die Klimaanlagen» in den Laboren seines Landes als für moralische und politische Fragen (72). Dieses Fehlen jeglicher moralischen Würde bei Newton wird auf komische Weise unterlaufen durch seine Bemerkung, mit der er das Scheitern ihrer Missionen kommentiert und die Deutschlernen und Mord auf eine Stufe stellt: «Und dafür mußte ich eine Krankenschwester erdrosseln und Deutsch lernen» (71). Einstein dient einem bestimmten Staat auf eine Weise, daß moralische Überlegungen ausgeklammert bleiben; er erkennt, daß er kaum über die Macht verfügt, die Politik dieses Landes zu beeinflussen. Kein Wunder, daß beide, Newton wie Einstein, ihren Mord in der Sprache autonomer Wertesysteme rechtfertigen: «Befehl ist Befehl» (63 und 65). Dr. von Zahnd ist ganz offen unmoralisch, in vielerlei Hinsicht jedoch von großer strategischer Klugheit. Symbol für den historischen Übergang von Moral zu Macht ist die Tatsache, daß die fürsorglichen Schwestern durch bewaffnete Wärter ersetzt werden. Diese Konzentration auf Macht und Strategie läßt vermuten, daß einerseits die Welt der Moral eine immer geringere Rolle spielt, daß andererseits aber Moral ohne Strategie und Macht nicht genügt – vor allem nicht in einer Welt der Technik, in der Macht alles verändern kann.

Möbius hat zwar moralische Absichten, aber er erkennt nicht, daß die Folgen seines Handelns seine Absichten weit übersteigen. In dieser Hinsicht stellt sein mißlungener Rückzug aus der Gesellschaft eine Analogie zu den unvorhergesehenen Folgen der modernen wissenschaftlichen Entdeckungen dar, aber er ist auch noch mehr. In der Gestalt von Möbius verspottet Dürrenmatt den logisch denkenden Menschen, der naiv seinen Weg geht, ohne die wahren Umstände, unter denen er lebt, zu kennen, und dessen formale Logik sich somit als nutzlos erweist: «Wir dürfen uns keinen Denkfehler leisten, weil ein Fehlschluß zur Katastrophe führen müßte» (72). Nicht die Logik seines Handelns, sondern das mangelnde Wissen über seine Umwelt führt zu Möbius' falschen Schlußfolgerungen. Auch seine Überheblichkeit ist Ziel des Spotts, denn er erkennt nicht, daß andere dieselben Theorien wie er entwickeln werden oder daß er seine Probleme nicht allein lösen kann. Die Gattung der Komödie, die das Kollektive in den Vordergrund rückt, zieht die anmaßende Subjektivität des Möbius ins Lächerliche.

Die Schwächen all dieser vier Wege werden deutlich. Ein fünfter Weg, nämlich aktive Beteiligung an der Wissenschaftspolitik um der ganzen Welt willen, wird als Alternative zwar nicht explizit thematisiert, aber durch das Scheitern der anderen Möglichkeiten indirekt nahegelegt. Allein im Kollektiv, das die Komödie ja feiert, können diese Probleme angegangen werden. Die gemeinsame Antwort würde rationales Engagement mit der Erkenntnis verbinden, daß ein Einzelner die Folgen seines Handelns nicht vollständig und unabhängig kontrollieren kann und wird. Sie würde sowohl Moral als auch Strategie voraussetzen, also eine Verbindung, wenn man so will, der von den beiden Hauptprotagonisten Möbius und von Zahnd vertretenen Positionen. Bei aller Groteskheit in Dürrenmatts Welt erscheint das strategische Moment bei Dr. von Zahnd als wahr. In gewissem Sinne spiegelt sich diese synthetische Position in Monikas Worten gegenüber Möbius, als sie ihn dazu drängt, sich öffentlich zu engagieren und «den Kampf» aufzunehmen (52). Daß beides vonnöten ist, Moral und Strategie, heißt auch, daß selbst jemand, der wie Dr. von Zahnd strategisch handelt, sein Handeln nicht vollständig überschauen kann. So weit Dürrenmatts Stück auch von Storms Novelle entfernt sein mag: Jeder der beiden Texte unterstreicht, daß ein genialer Geist mit der größeren intersubjektiven Sphäre zusammenarbeiten muß.

An anderer Stelle habe ich eine vielschichtige Untergattung der Komödie beschrieben und sie als Komödie des Rückzugs bezeichnet, für die Dürrenmatts *Die Physiker* ein Beispiel ist (*Tragedy and Comedy*, 175–183). In dieser Art der Komödie – Molières *Le Misanthrope* kann als paradigmatisch dafür gelten – widersteht der Protagonist dem Bösen, erkennt aber nur den Inhalt des Guten, nicht aber die Mittel, um es zu erreichen. Der Held des Rückzugs scheitert vor allem aufgrund der Unzulänglichkeiten der Gesellschaft, aber auch deshalb, weil er selbst der Intersubjektivität, so mangelhaft sie auch sein mag, ihr Wahrheitsmoment nicht zugestehen will. Da die Helden des Rückzugs zum Teil aufgrund ihrer Tugenden scheitern, grenzt diese Form der Komödie an die Tragödie. Aus einer substantielleren Perspektive heraus betrachtet, bleibt die komische Struktur jedoch insofern bestehen, als wir im Subjekt eine kontingente Schwäche (v. a. eine Schwäche in der Form seiner Handlungen) erkennen. Die Mittel, die der Held des Rückzugs einsetzt, um das Gute zu verwirklichen, reichen nicht nur aufgrund der schwierigen Situation nicht aus, sondern auch aufgrund besonderer Eigenschaften und Handlungen auf seiten des Helden; und genau das wirkt komisch. Während der tragische Held sein Ziel konsequent verfolgt und sein Leben dafür opfert, bleibt der komische Held unentschlossen: Er will zwar den Erfolg, ist aber nicht bereit, sich dafür voll und ganz hinzugeben, und erkennt auch nicht, welche Mittel nötig sind, um den Erfolg zu verwirklichen. Dürrenmatt griff des öfteren auf diese relativ seltene Untergattung zurück, schon seine erste Komödie, *Romulus der Große*, ist eine solche Komödie des Rückzugs. Romulus erscheint es absurd, einen ungerechten Staat zu regieren, und er zieht sich zurück, damit dieser ungerechte Staat sich auflöse: «Es ist meine politische Einsicht, nichts zu tun» (Bd. 2, 76). Die Situation stellt eine absurde Verkehrung dessen dar, was man eigentlich erwarten würde; gleichwohl enthält die Komödie ein Element des Mutes und das Potential für ein tragisches Selbstopfer. Romulus ist gewillt, sein Leben, seine Macht und den römischen Staat zugunsten des Guten in der Welt zu opfern. Doch Romulus scheitert, denn die Verdorbenheit und Ungerechtigkeit der Welt reichen weit über sein Reich hinaus. Die Zukunft mit den Germanen ist um kein Deut besser als eine Zukunft in Rom. Als Odoaker die Ungerechtigkeit in seinem eigenen Reich erkennt, verkündet er: «ein zweites Rom wird entstehen, ein germanisches Weltreich, ebenso vergänglich wie das römische, ebenso blutig» (Bd. 2, 109). Der Rückzug des Kaisers, eine rein negative Handlung, reicht nicht aus, obwohl der Kaiser als der größte und klügste Mensch seiner Zeit gilt.

Die Verkehrung von geistiger Normalität und Wahnsinn in *Die Physiker* – die geistig Gesunden geben vor, verrückt zu sein, während die Irrenärztin wirklich verrückt ist – legt nahe, daß sich eine Gesellschaft, die sich nicht mit der Ethik der Wissenschaften befaßt, in einem ungesunden, irrigen Zustand befindet. Während die instrumentelle Vernunft die Welt vorantreibt und technisch universalisiert, gehen die universellen Werte verloren. Ein verbreitetes Thema der Komödie, das sich aus ihrer Beschäftigung mit dem Besonderen ergibt, ist die Angst vor dem Tod. Der komische Held ist ständig mit seiner eigenen Vergänglichkeit beschäftigt. Auch in *Die Physiker* findet sich dieses Thema, jedoch in ungewöhnlicher Weise. Das Stück befaßt sich mit einer allgemeineren, wahrlich universellen Subjektivität: der Zukunft der Menschheit. Die Ähnlichkeiten (und weniger die Unterschiede) zwischen Einstein und Newton, die die beiden Supermächte des Kalten Krieges repräsentieren, zeigen, daß es hier nicht mehr wie noch bei Storm um eine regionale Angelegenheit geht, sondern um eine Frage von internationaler Bedeutung; und für Dürrenmatt ist die internationale Bedrohung keine ökonomische, mag sie nun Kapitalismus oder Kommunismus heißen, sondern eine wissenschaftliche und technologische. Auch die drei Wärter, die aus Europa, Lateinamerika und den USA stammen, unterstreichen die Globalisierung der Welt im technischen Zeitalter. Das Ausmaß des Problems wird noch dadurch verdeutlicht, daß Dürrenmatt paradigmatische Figuren (Einstein, Newton) und Typen (die Physiker) verwendet

statt vollkommen einzigartiger Individuen. Dürrenmatts eigene Haltung
zu dieser Frage ist eindeutig: «Das Problem der Atomkraft – die Atombombe ist nur ein Sonderfall dieses Problems – kann nur international
gelöst werden» (Bd. 28, 22).

Konkurrierende Deutungen   Dürrenmatts Vorliebe für das Paradoxe
und die Mehrdeutigkeiten des komischen Rückzugs fordern den Leser
geradezu heraus, noch weitere Deutungen des Stücks zu formulieren.
Eine erste Lesart – ich will sie die «fatalistische» nennen – behauptet,
daß Möbius zum Scheitern verdammt ist, ganz gleich, wie er handelt.
Hier liegt die Betonung auf der Verdorbenheit der Gesellschaft (wozu
u. a. gehört, daß die Regierung die Wissenschaft mißbraucht) und auf
der geringen Rolle, die der Einzelne in einer modernen Welt spielen kann,
die durch die Macht des Zufalls gelenkt wird. Obwohl etwas getan werden müßte, kann nichts getan werden, was wirklich zu einer Veränderung führen würde. Diese Deutung – die gängigste und traditionellste –
bekräftigt die weitverbreitete moderne Sicht, daß der Einzelne in einer
derart komplexen Gesellschaft von sich aus nichts bewirken kann. Ob
man nun Möbius für seinen Mut und für seine Opferbereitschaft lobt
oder ihn dafür kritisiert, daß er auf eigene Faust handelt oder jemanden
umbringt, – am Ende steht immer die Hoffnungslosigkeit: «Setzt das
Ende der Tragödie die Katharsis, die reinigende Wirkung frei, so ist die
Hoffnungslosigkeit dieses Endes endgültig» (Durzak, *Dürrenmatt*, 125).
Nach Ansicht Morleys «gibt es keine Antwort (...), der Mensch lernt
nichts aus der Geschichte» (241 f.). Für Brian Murdoch gibt es «keinen
Ausweg» (273). Dürrenmatts eigene Sicht scheint diese Lesart zu bestätigen: «Wir alle flüchten vor dem Schrecklichen und führen es damit
herbei» (Ich bin, 34). Unser Gefühl der Ohnmacht angesichts der gesellschaftlichen Komplexität und der modernen Naturwissenschaft wird sogar durch eine eigentlich ganz triviale Begebenheit deutlich: Der Inspektor betätigt einen Lichtschalter, ohne genau zu wissen, wie Elektrizität
funktioniert – eine Handlung, die ausgerechnet der Mörder, nämlich
Newton, als kriminell bezeichnet. Es besteht also nicht nur eine offensichtlich unüberbrückbare Kluft zwischen unserem Wissen und der Welt
der Technik, in der wir leben, sondern eine noch tiefere Kluft zwischen
unseren wissenschaftlichen Fähigkeiten auf der einen und unserer moralischen und politischen Entwicklung auf der anderen Seite. Es gibt ganz
einfach keine Lösung für Möbius, er kann weder sein Wissen zurücknehmen noch es wirkungsvoll und sinnvoll kontrollieren. Die abschließende Vision einer radioaktiv verstrahlten Erde ohne Sinn scheint unausweichlich zu sein.

Der extreme Pessimismus der fatalistischen Lesart wird auch durch
den Anti-Psalm von Möbius betont (41 f.). Salomo steht nicht mehr für
Wahrheit und Macht, sondern für Verfall und Zerstörung. Seine Erotik

verwandelt sich in Unfruchtbarkeit, sein Lobpreis wird zum Fluch. In diesem Lied machen Bilder des Verfalls deutlich, wie die wissenschaftliche Weltsicht zur Auflösung von Mythos und Religion beitrug. Das Lied nimmt die religiöse Tradition jüdisch-christlicher Prägung zurück. Auch die Mythologie des antiken Griechenland verwandelt sich mitsamt ihrer Wiederbelebung in der Deutschen Klassik in eine Beschreibung der Planeten, die nach diesen mythischen Gestalten benannt sind, als öd und verseucht. So wie Benn bringt auch Dürrenmatt die Leere und die Entfremdung zum Ausdruck, die sich aus der modernen Vorstellung von Unendlichkeit ergeben, und zwar indem er die unendliche Tiefe (der «Marianengraben» ist die tiefste Stelle des Meeres) und die Reise in einen endlosen Raum beschwört. Die traditionelle Auffassung, die Sterne seien Chiffren der Göttlichkeit und der unendlichen Ruhe, verwandelt sich wie in Benns *Verlorenes Ich* in Bilder des Elends und der Apokalypse. Die fatalistische Deutung wird schließlich auch durch die letzten Worte von Möbius gestützt, unter anderem durch das dreimal wiederholte «Ich bin (...) Salomo» (86), das das traditionelle jüdische Salomobild verkehrt und symbolisch die christliche Dreieinigkeit außer Kraft setzt. Diese Entwicklung weg von einem religiösen Rahmen zeigt sich auch in der Gestalt Newtons: Während der historische Newton unter anderem Werke zu theologischen Fragen verfaßte, interessiert sich die Figur im Stück ausschließlich für die Naturwissenschaft; hinzu kommt, daß über Newtons richtigen Namen, nämlich Kilton, zumindest lose auf Newtons Zeitgenossen Milton angespielt wird, wenngleich sich Miltons umfassende religiöse Weltsicht, wie sie in *Paradise Lost* zum Ausdruck kommt, grundlegend von der amoralischen Betonung der Wissenschaft bei Kilton/Newton unterscheidet.

Eine andere Lesart – man könnte sie die Deutung «ex negativo» nennen – betont die Probleme, die sich mit den tatsächlich getroffenen Entscheidungen verbinden, und wendet sich dem Weg zu, der nicht eingeschlagen worden ist, nämlich dem oben bereits erwähnten aktiven wissenschaftspolitischen Engagement zugunsten universeller Werte. Unsere Verurteilung von Möbius' Mord an Monika (er hätte statt dessen auch Selbstmord begehen können) stützt ein Interpretationsmanöver, das sein Hauptaugenmerk auf das richtet, was implizit durch die Unhaltbarkeit dessen, was tatsächlich dargestellt wird, zum Ausdruck kommt. In seinem Text *Theaterprobleme* beschäftigt sich Dürrenmatt mit der Machtlosigkeit des Einzelnen in der heutigen komplexen und dezentralisierten Gesellschaft (Bd. 24, 62), macht jedoch zugleich deutlich, daß die Schwierigkeiten, eine Veränderung herbeizuführen, den Einzelnen nicht aus seiner Verantwortung entlassen; er trägt vielmehr eine neue Verantwortung, nämlich mit anderen zusammenzuarbeiten. Möbius' Ohnmacht ergibt sich aus dem unausweichlichen Versagen eines Menschen, der seine eigene Subjektivität absolut setzt. Möbius geht einen falschen

Weg, weil er sich um den Bereich des Intersubjektiven nicht genügend kümmert; das zeigt sich deutlich daran, daß er die tragische Alternative zum Mord nicht einmal ansatzweise in Erwägung zieht.

Der fatalistischen Lesart läßt sich auch entgegenhalten, daß Dürrenmatt, ein Meister der Komödie, in seine Stücke ein Element aufgenommen hat, das er bei Aristophanes bewunderte und das später Brecht in den Vordergrund rückte, nämlich die Distanz, die für Dürrenmatt in der Komödie eine zentrale Rolle spielt (Bd. 24, 20–25 und 61–63). Indem er imaginäre Handlungen erfindet, sorgt der Komödienautor dafür, daß wir das Gefühl der Unausweichlichkeit auf Distanz halten, und mittels Satire und Groteske können wir die Präsuppositionen unserer Zeit aus einem gewissen Abstand heraus betrachten. Dürrenmatt geht es nicht darum, die Welt in ihren einzig möglichen Optionen darzustellen. Seine Geschichte ist ein Gedankenexperiment, das so angelegt ist, daß es die schlimmstmögliche Wendung nimmt. Auf diese Weise ist sie nicht nur faszinierend, sondern ruft auch zu alternativem Handeln auf. 1961, als er an *Die Physiker* arbeitete, unterschied Dürrenmatt in einer Bemerkung zu seinem Stück *Der Besuch der alten Dame* Satire und Zynismus: «wenn *Der Besuch der alten Dame* eine Satire sei, so sei auch die Aussage des Stücks satirisch und die könne dann nicht lauten: alle Menschen sind käuflich, sondern: Paßt auf, daß auch ihr da unten nicht so werdet wie wir hier auf der Bühne geworden sind!» (Bienek, 106). So wie der erste Akt der *Physiker* auf den ersten Blick in völliger Konfusion endet, die dann die schlimmstmögliche Wendung nehmen wird, so bleiben die Leser nach dem zweiten Akt mit einer bösen Vorahnung zurück, doch gleichzeitig haben sie ein «worst-case scenario» kennengelernt, das es unbedingt zu vermeiden gilt.

Wenn eines der «ex negativo»-Argumente des Stücks darin liegt, daß alle Menschen sich zusammentun müssen, um den Herausforderungen durch die moderne Wissenschaft zu begegnen, so gemahnt das an den oben bereits erwähnten Wortwechsel zwischen Newton und dem Inspektor. Newtons Bemerkung – der Inspektor begehe eine kriminelle Handlung, wenn er das Licht einschalte, ohne zu wissen, wie die Elektrizität funktioniert – enthält ein Moment der Wahrheit, und zwar in der Hinsicht, daß Menschen, die von Naturwissenschaft keine Ahnung haben, gleichwohl von deren Erkenntnissen profitieren (auch was ihre Verantwortung im technischen Zeitalter angeht); in erster Linie aber haben wir es hier mit einer komischen Aussage zu tun, die zeigt, daß Moral, so sehr sie auch vom Wissen um wissenschaftliche Zusammenhänge und Fakten profitiert, sich letztlich nicht auf Wissenschaft und Fakten reduzieren läßt. Andernfalls müßte der Wissenschaftler mit dem größten Wissen der moralischste Mensch sein. Wenn wir wissenschaftliche Erkenntnisse nicht zurücknehmen können und wenn die Wissenschaft schneller voranschreitet als moralische und politische Prinzipien, so müssen wir letzteren in zunehmendem Maße Aufmerksamkeit und Ressourcen zuwenden. Am Ende des Stücks bemerkt Möbius mit der Stimme Salomos zu dieser Entwicklung von der Religion zur Wissenschaft: «Ich war ein Fürst des Friedens und der Gerechtigkeit. Aber meine Weisheit zerstörte meine Gottesfurcht, und als ich Gott nicht mehr fürchtete, zerstörte meine Weisheit meinen Reichtum» (86 f.). Die Grenzen der Wissenschaft sind nicht die Grenzen des Wissens, das sich unendlich ausdehnen kann, sondern sie liegen darin, daß wir nicht wahrhaben wollten, daß Hybris oder fehlende Beschränkung zur Selbstzerstörung führen. Während Möbius einerseits einen Aspekt Salomos verkörpert, nämlich dessen außerordentliches Wissen, fehlt ihm andererseits völlig dessen Überzeugung, daß er seine Weisheit teilen und zugunsten weiterreichender Ziele einsetzen muß (Reno, 72 f.). Allein die Vorstellung, daß Salomo seine Einsichten Möbius gegenüber offenlegt, steckt voller Ironie, denn Möbius handelt wahrlich nicht gemäß der Maxime, daß wissenschaftliche Erkenntnis wie die Ethik objektiv und universell ist; statt dessen scheint er weiterhin an ein einzigartiges Genie zu glauben (auch wenn er diese Vorstellung mit Elementen der Bescheidenheit verbindet), denn er sieht nicht voraus, daß andere ähnliche Entdeckungen machen werden.

Verschiedene Aspekte des Textes lassen sich im Lichte dieser beiden entgegengesetzten Deutungen betrachten. Die Mehrdeutigkeiten der Rückzugskomödie lassen dabei paradoxerweise beide Interpretationen berechtigt erscheinen. Der Name des Helden leitet sich von einer wissenschaftlichen Entdeckung her, die als Möbiusband bekannt ist. Es handelt sich dabei um eine Fläche mit nur einer Seite, die man sich als einen rechteckigen Streifen vorstellen muß, dessen Enden miteinander verbunden sind, nachdem sie um 180° gegeneinander verdreht worden sind. Das Besondere dieses Bandes liegt nunmehr darin, daß man oben und unten, innen und außen nicht voneinander unterscheiden kann; das Band weist durchgehend eine kontinuierliche Oberfläche auf. Man erreicht jeden Punkt dieser Fläche von einem beliebigen Ausgangspunkt aus, ohne den Rand der Fläche zu überschreiten. Dieses Möbiusband scheint die fatalistische Lesart insofern zu untermauern, als es signalisiert, daß im Stück alles enthalten ist: Es gibt keine Alternativen. Darüber hinaus fällt die Unterscheidung zwischen der äußeren Welt und der Welt des Sanatoriums in sich zusammen. Die Welt ist verrückt; und Möbius ist, ganz gleich wie er handelt, zum Scheitern verurteilt. Auf der anderen Seite läßt sich das Möbiusband aber auch so deuten, daß es die Lesart «ex negativo» stützt: Alles Leben ist miteinander verbunden, und der Held hat sich geirrt, als er glaubte, sein Problem dadurch lösen zu können, daß er sich aus der Welt zurückzog. Es gibt keinen Unterschied zwischen der Welt der Gesellschaft und der Welt des Rückzugs; man kann nicht Unterschlupf suchen, denn es gibt keinen, und wer auch immer versucht, sich zurückzuziehen, wird unausweichlich scheitern.

Statt dessen müssen wir bei der Bewältigung unserer gemeinsamen Probleme zusammenarbeiten. Auch die Rolle des Zufalls läßt sich unter beiden Gesichtspunkten betrachten. Die fatalistische Lesart behauptet, daß der Zufall eine beherrschende Rolle spielt und deshalb keine gezielte Handlung das bewirken kann, was wir wollen und brauchen. In der Tat ist Dr. von Zahnd die einzige Figur, welche die Ereignisse unter Kontrolle hat, woraus sich zweierlei schließen ließe: Entweder können nur schlechte Menschen wirkliche Macht ausüben, oder nur eine allegorische Gestalt, die für den Zufall selbst steht, kann grundlegende Veränderungen herbeiführen. War der tragische Ödipus ein Opfer des Schicksals, so ist Möbius, in dessen Namen sein tragischer Vorläufer anklingt, ein Opfer des Zufalls. Das heißt damit auch, daß die moderne Welt nicht Ausfluß einer kosmischen oder transzendenten Ordnung ist, sondern eine Welt der bloßen Phänomene, die keinerlei umfassende Perspektive mehr zuläßt. Darüber hinaus ist diese Welt des Zufalls, wie Dürrenmatt in seinem Stück zeigt, nicht einfach eine Negation der transzendenten Ordnung und des Determinismus, sondern sie ist eine Welt der Katastrophe. Je weiter die Atomphysik in ihren Erkenntnissen vorankommt, desto gefährlicher wird diese unsere Welt und um so größer ist die Wahrscheinlichkeit, daß durch bloßen Zufall etwas schiefgeht. Je besser wir wissenschaftlich Bescheid wissen, desto weniger haben wir, so paradox es klingen mag, die Welt unter Kontrolle. Auf der anderen Seite kann uns die Erkenntnis, daß der Zufall eine entscheidende Rolle spielt, dazu bringen, uns von der Vorstellung, wir als Individuen müßten alles Tun unter Kontrolle haben, zu verabschieden; statt dessen sollten wir auf die Weisheit einer höheren Instanz vertrauen. Die Komplexität der Wahl zwischen diesen beiden Optionen ist ein bedeutender Aspekt der Betonung von Paradox und Zufall in diesem Stück, doch dienen beide zugleich auch der Form des Dramas und machen es zu einer grotesken Komödie. Das Stück enthält eine ganze Reihe von Wiederholungen, die bewußt eingesetzt zu werden scheinen, doch einige dieser Wiederholungen sind so komisch, daß sie wie ein unerwartetes Zufallsprodukt wirken.

Nicht weniger mehrdeutig ist die Bildlichkeit des Gefängnisses und der Schranken. Auf der einen Seite scheinen diese Bilder das Eingeschlossensein des modernen Ichs zu symbolisieren, das die Welt in keiner Weise verändern kann und damit in seinen Möglichkeiten eingeschränkt ist. Sowohl das Heim wie auch die Welt werden als «Gefängnis» (67 und 73) beschrieben. Auf der anderen Seite kann es sich auch um Anspielungen auf die (ursprünglich platonische) Vorstellung handeln, daß die Menschen insofern in Käfige eingesperrt sind, als sie ihr höheres Selbst erst noch realisieren müssen. Ähnlich mehrdeutig ist das Fehlen jeglichen Szenenwechsels im gesamten Stück. Auf der einen Seite könnte diese klaustrophobische Situierung bedeuten, daß es nur ein mögliches Szena-

rio gibt und Alternativen dazu fehlen. Auf der anderen Seite impliziert
es, daß uns das Stück nur eine mögliche Vision der Welt präsentiert,
nämlich ein «worst-case scenario», und wir andere Perspektiven, andere
Szenarien dagegenhalten müssen.

Ähnlich strittig ist die Frage, wie man Kunst, Religion und Philosophie
nun zu bewerten hat. Das Stück endet damit, daß Einstein Geige spielt;
das könnte vermuten lassen, daß in der Kunst eine gewisse Hoffnung
liegt, daß das Spiel einen Wert für sich besitzt; doch dieser Lesart steht
die obige Behauptung entgegen, daß das Geigenspiel für Einstein eine
Art Ausflucht ist, um nicht mit den Konsequenzen des Mordes (und
seiner Verantwortung dafür) konfrontiert zu werden. Angesichts dieser
Vorgeschichte mag seine Musik Assoziationen an den Totentanz wecken,
nämlich als eine Vorwegnahme der universellen Katastrophe. Theologie
und Philosophie spielen eine Rolle, als Möbius die Berufsabsichten seiner
Söhne anscheinend gutheißt, doch beide Bereiche werden auch als banal
und nihilistisch verspottet. Sie können nämlich ganz falsche Wege weisen: Schopenhauers Pessimismus und Nietzsches Relativismus sind so
wenig vielversprechend wie die lächerliche Theologie des Missionars,
dessen Worte durchgängig entweder banal sind oder von Ahnungslosig-
keit zeugen und dessen Missionsarbeit auf einer kleinen, spärlich bevöl-
kerten Insel ebenso wie Möbius' Rückzug eine Flucht vor den zentralen
Fragen der modernen Zeit zu sein scheint. Möbius, dem Theologie und
Philosophie wichtig zu sein scheinen, verfügt über keine Autorität mehr.
Gleichwohl verkörpert das Stück – nicht zufällig durch die Einbeziehung
Salomos in die Welt der Kunst – ein wichtiges Kennzeichen der prophe-
tischen Tradition und läßt sich somit als Prophezeiung lesen, die uns vor
den Taten und Fehlern, die wir auf der Bühne zu sehen bekommen,
warnen soll. Zu meinen, Hoffnung und Glaube seien illusorisch und wir
könnten die Welt ohnehin nicht verändern, hieße, auf den diskreditierten
Standpunkt von Möbius zurückzufallen.

Die umfassendste Deutung des Werks (ich will sie die paradoxe nennen) berücksichtigt die Stärken und Schwächen der beiden bisherigen
Deutungen und betont einige der Mehrdeutigkeiten des Textes. Sie bezieht die beiden anderen Interpretationen mit ein und legitimiert sich
über jede von ihnen, schränkt jedoch gleichzeitig deren Anspruch auf
letzte Wahrheiten ein, indem sie das Spannnungsverhältnis der Lesarten
und die Mehrdeutigkeiten der Gattung in den Vordergrund stellt. Die
auffällig häufige Verwendung der Zahl drei in Struktur und Inhalt des
Dramas (drei Einheiten, drei Wissenschaftler, drei Krankenschwestern,
drei Kinder, drei Vorfahren der Dr. von Zahnd, drei Porträts, drei männ-
liche Aufseher, drei Todesfälle, drei physikalische Theorien usw.) zeigt,
wie wichtig es ist, über eine dualistische Entweder-oder-Deutung hinauszugelangen. Die Tatsache, daß das Stück nur aus zwei Akten besteht und
keine positive Lösung anzubieten hat, bedeutet eine Einladung an das

Publikum, sich mit den aufgeworfenen Fragen weiter zu beschäftigen; Dürrenmatt selbst sagt implizit, daß die moralische Bedeutung eines Stücks nicht in den Intentionen des Autors liegt, sondern in der Auseinandersetzung des Publikums mit dem Drama (Bienek, 106), und in seiner 17. These heißt es kurz und bündig: «Was alle angeht, können nur alle lösen» (92). Auch die mehrfachen Anspielungen auf Tschechow machen deutlich, daß die paradoxe Deutung dem Stück am besten gerecht wird: Der Ort der Handlung, «Les Cerisiers», läßt den *Kirschgarten* anklingen, die drei Krankenschwestern spielen auf *Drei Schwestern* an, und die Vermischung von Tragödie und Komödie ist eine Reverenz an den russischen Meister der Tragikomödie. Der Kern dieser paradoxen Lesart läßt sich folgendermaßen umreißen: Man muß den intersubjektiven Weg einschlagen, auch wenn man nicht weiß, ob er nicht doch vielleicht ins Verderben führt. Da Dürrenmatt nicht das Schicksal, sondern den Zufall in den Mittelpunkt rückt, sind die Ergebnisse nicht vorherbestimmt bzw., wenn sie es denn sind, kennen wir sie nicht. Wir müssen deshalb moralisch und strategisch handeln, auch wenn unsere Handlungen vergeblich sein sollten. Was am Ende dabei herauskommt, ist ungewiß, doch daß unsere Taten eine Rolle spielen, ist sicher: «In unserer Welt sind Ursachen und Wirkungen derart verfilzt, daß wir nicht genau festzustellen vermögen, was wir bewirken. Auch exakte Kalkulationen führen zu ungewissen Resultaten. Nicht der Einzelne verändert die Wirklichkeit, die Wirklichkeit wird von allen verändert» (Bd. 27, 96).

8. Literatur und Literaturwissenschaft im Kontext von Technik und Ethik

In seinem preisgekrönten Buch *Das Prinzip Verantwortung* liefert Hans Jonas neue Einsichten zu Fragen der Ethik im technischen Zeitalter. Karl-Otto Apel weist in seinen Beiträgen zur Transzendentalpragmatik auf die gegenwärtigen Bedrohungen für die Menschheit hin und entwickelt eine wichtige Neuformulierung des kategorischen Imperativs. Vittorio Hösle schließlich bietet eine Reihe systematischer Reflexionen über die Philosophie der ökologischen Krise. Zwar befaßt sich keiner dieser Denker in seinen Beiträgen zu Technik und Ethik mit ästhetischen Fragen, doch wir können einige ihrer Gedanken über das technische Zeitalter in Beziehung zu unserer Leitfrage setzen: Welche Antwort können Literatur und Literaturwissenschaft auf das technische Zeitalter geben?

Hans Jonas stellt fest, daß frühere ethische Modelle davon ausgingen, daß die Folgen unseres Handelns begrenzt seien – und zwar sowohl räumlich wie auch zeitlich. Im Gegensatz dazu haben unsere Handlungen im technischen Zeitalter «Fernwirkungen» (9). Viele der Auswirkungen unserer technischen Aktivität treten erst Jahre später auf und möglicherweise an Orten, die weit vom Ort unserer Handlungen entfernt sind. Obwohl wir aufgrund wissenschaftlicher Entwicklungen mehr über die Zukunft wissen, hat unsere Techniknutzung auch dazu geführt, daß die Zahl der Faktoren, welche die Zukunft beeinflussen, zugenommen hat; Komplexität ist eine logische Folgerung der Technik. Jonas befaßt sich vor allem mit den irreversiblen Folgen und dem kumulativen Charakter unserer Handlungen. Er schlägt einen kategorischen Imperativ vor, der eine kollektive und nicht nur eine individuelle Dimension sowie einen erweiterten zeitlichen Horizont aufweist. Laut Jonas sollten wir bei den Bedingungen, die notwendig sind, damit die Menschheit auf unbestimmte Zeit weiter auf der Erde leben kann, keine Kompromisse eingehen. In den gegenwärtigen Demokratien besitzen diejenigen, die noch nicht geboren sind, keinerlei Lobby, und die Ungeborenen selbst sind machtlos; dennoch sollte zumindest ein Ziel verantwortungsvollen Handelns sein, die Weiterexistenz einer Spezies sicherzustellen, die verantwortlich handeln kann.[68]

Welche Folgerungen lassen sich nun aus Jonas' Analyse für die Literatur ziehen? Erstens können wir mit Jonas das in den Vordergrund rücken, was man als «Literatur der Fernwirkungen» bezeichnen könnte. Jonas behauptet, es sei leichter, das Böse wahrzunehmen, als das Gute, da letzteres ohne seinen Widerpart oft nicht zu erkennen sei; hingegen sei die Erkenntnis des Bösen «unmittelbarer, zwingender, viel weniger Meinungsverschiedenheiten ausgesetzt und vor allem ungesucht» (63).

Das Böse, vor dem Jonas Angst hat, ist in einzigartiger Weise bedrohlich: zum ersten deshalb, weil der fortschreitende technische Wandel keine Selbstkorrektur mehr möglich macht, und zum zweiten, weil es in der letzten Frage des Weiterbestehens der Menschheit keine zweite Chance gibt. Aus diesen Gründen betont Jonas das, was er «die Heuristik der Furcht» (64) nennt. Wir müssen uns die räumlichen und zeitlichen (und damit auch die langfristigen) Folgen unseres Handelns vorstellen. Die Literatur nun dürfte in einzigartiger Weise dazu geeignet sein, uns ein Bild dieser Folgen zu vermitteln. Das kann ihr gelingen, indem sie entweder bereits eingetretene, aber noch nicht erkannte Folgen aufzeigt oder künftige Auswirkungen darstellt, wozu es jedoch radikalerer Visionen bedarf, für die aber die Literatur das ideale Medium ist: «Da muß also das vorgestellte malum die Rolle des erfahrenen malum übernehmen, und diese Vorstellung stellt sich nicht von selbst ein, sondern muß absichtlich beschafft werden» (64). Während soziale Fehlentwicklungen den Zeitgenossen wohl unmittelbar bewußt werden, erfordert die abstrakte Vorstellung künftiger Bedrohungen sowohl auf seiten des Autors wie auf seiten des Lesers weitaus größere Einbildungskraft.[69] In der Tradition Schillers und Schelers behauptet Jonas, daß zwar einzig die Vernunft das Gute begründen kann (das objektive Moment der Ethik), daß es aber gleichwohl eine ganze Reihe legitimer Motive gibt, gemäß dem Guten zu handeln (das subjektive Moment der Ethik). Mittels Empathie können wir erkennen, daß bestimmte negative Folgen sich zwar häufig nicht auf den Handelnden, dafür aber auf andere Generationen auswirken. Da Jonas nun die Ethik, anders als Kant, als kollektive Angelegenheit betrachtet, hieße das, auf die Kunst übertragen, den Wert der Kunstformen zu betonen (und dabei sind vor allem Theater und Film gemeint), die kollektiv rezipiert werden und schon deshalb ein Gespür für das vermitteln, was die Individualität übersteigt.

Da langfristige Folgen zum Möglichkeitsbereich und nicht zum Wirklichkeitsbereich gehören, ist Literatur dazu in der Lage, diese Folgen darzustellen, und genau darin liegt eine ihrer moralischen Verpflichtungen in unserer Zeit (zwar nicht für jeden Autor, aber sicherlich für die Literatur insgesamt). Für Jonas wie für Dürrenmatt bleibt die neue ethische Verantwortung im technischen Zeitalter nicht auf die Wissenschaftler beschränkt. Wir alle sind durch unsere Hingabe an und unsere Abhängigkeit von der Technik existentiell betroffen. Der Wert einer Heuristik der Furcht gründet zum Teil in dem Prinzip, daß einer «Unheilsprophezeiung» mehr Gewicht beigemessen werden soll als einer «Heilsprophezeiung» (70). Denn, so Jonas, «man kann ohne das höchste Gut, aber nicht mit dem höchsten Übel leben» (79). Die literarischen Prophezeiungen sollen sich demnach als falsch erweisen, d. h. sie sollen zum

Handeln in der Gegenwart motivieren, damit das «worst-case scenario» in der Zukunft nicht eintritt. Aldous Huxleys *Schöne neue Welt* ist ein ausgezeichnetes Beispiel für solch eine motivierende «Unheilsprophezeiung».

Zum zweiten sollten wir nicht nur für eine Literatur plädieren, die sich mit den künftigen Folgen unseres Handelns und der dringend notwendigen Verantwortung beschäftigt, sondern auch für eine Literatur, die eine Liebe zum Dasein vermittelt und die man als «Literatur der Gegenwart» bezeichnen könnte. Jonas wirft dem modernen teleologischen Denken vor, es richte sich ausschließlich auf die (bessere und großartigere) Zukunft und vergesse dabei den Wert der Gegenwart. Er kritisiert Ernst Blochs Betonung der Utopie, und zwar sowohl dessen Instrumentalisierung der Gegenwart für die Zukunft wie auch die Leere seines utopischen Paradieses. Jonas geht es um Beschränkungen und Verantwortung, nicht um Fortschritt und Utopie. Im Gegensatz zu Bloch will Jonas «das höhere Streben nach Vollkommenheit» (231) außer Kraft setzen; für ihn ist von höchster Bedeutung, daß der Mensch weiterexistieren kann, und Verzicht ist in seinen Augen eine Tugend. Jonas will die äußere Teleologie, die sich bei Marx, Nietzsche und Bloch findet und die behauptet, daß «alles Bisherige nur Vorstufe gewesen sei» (280), nicht mehr gelten lassen. Er möchte auf jede Utopie verzichten und an ihre Stelle eine Ethik der Verantwortung setzen, damit die Menschheit ganz einfach weiterbesteht; er möchte davon wegkommen, die Zukunft auf Kosten der Gegenwart, das Ideale auf Kosten des Realen in den Mittelpunkt zu stellen, damit endlich das, was ist, in seinem Eigenwert erkannt werden kann. Im Zentrum steht dabei für Jonas «die Einsicht, daß jede Gegenwart des Menschen ihr eigener Zweck ist, es also auch in der Vergangenheit war» (387).

In einem der wenigen Abschnitte, die sich mit Kunst befassen, kritisiert Jonas Blochs sehr populäre Theorie der Kunst als «Vorschein», als Vorwegnahme dessen, was erst noch kommt. In diesem Zusammenhang schildert Jonas sein Erlebnis, das er mit Giovanni Bellinis Madonnen-Triptychon hatte: «Als ich, ganz unerwartet, in der Sakristei von S. Zaccaria in Venedig vor Giovanni Bellinis Madonnen-Triptychon stand, überwältigte mich das Gefühl: Hier war ein Augenblick der Vollendung und ich darf ihn sehen, Äonen hatten ihm vorgearbeitet, in Äonen würde er, unergriffen, nicht wiederkehren – der Augenblick, wo im flüchtigen 'Gleichgewicht ungeheurer Kräfte' das All einen Herzschlag lang innezuhalten scheint, um eine höchste Versöhnung seiner Widersprüche in einem Menschenwerk zuzulassen. Und was dies Menschenwerk festhält, ist absolute *Gegenwart* an sich – keine Vergangenheit, keine Zukunft, kein Versprechen, keine Nachfolge, ob besser oder schlechter, nicht Vor-Schein von irgendetwas, sondern zeitloses Scheinen in sich» (381). Literatur kann die Gegenwärtigkeit bejahen und den Wert dessen, was ist, deutlich machen; durch ihre Schönheitsmomente kann sie die Großartigkeit der Gegenwart beschwören, sie kann zeigen, daß nicht fortgesetztes Streben, sondern Zufriedenheit wichtig ist, und ein Gespür für den Reichtum dessen, was ist, vermitteln. Eine Ästhetik, die sich auf Jonas stützt, könnte uns zu der Auffassung zurückführen, daß Kunst nicht «Vorschein» ist, sondern «zeitloses Scheinen».

Damit würde vor allem eine Literatur, die unser utopisches Denken kritisiert, dieser Vorstellung gerecht; doch das gilt auch für jede Literatur, welche die Gegenwärtigkeit betont, die den Wert dessen, was ist, zeigt, die in der Gegenwart Größe und Schönheit zu erkennen vermag, die ein «zeitloses Scheinen» evoziert. Innerhalb dieses Rahmens könnte man die Bildhauerei besonders hervorheben, die schon immer als Negation der Zeit galt. Man könnte sogar so weit gehen und behaupten, daß eine literarische Darstellung von Jonas' Weltsicht mit ihrer Hinwendung zum Sein und ihrer Negation der Rastlosigkeit einen zeitgenössischen Gegenmythos zu Faust bilden könnte, der die moderne Vorstellung von rastlosem Fortschritt und unerfülltem Streben so sehr beherrscht. Ein solcher Gegenmythos könnte gerade die Versuchung preisen, der Faust unbedingt entgehen sollte: «Verweile doch! Du bist so schön» (V. 1700). Vor allem eine Gattung ist offenbar besonders dafür geeignet, die Realität zu bejahen, wie Jonas es fordert. Die Komödie führt am Ende normalerweise zu einem Zustand des Gleichgewichts, und die Menschen fügen sich in ihre Umwelt ein. Der komische Held, der im allgemeinen mehr mit seinem Überleben als mit Fortschritt oder Vervollkommnung beschäftigt ist, akzeptiert bereitwillig die ihm auferlegten Beschränkungen; er paßt sich an und harrt aus. Die Komödie feiert das Materielle und Biologische, in ihrem Mittelpunkt steht nicht der einzigartige und heroische Einzelne, sondern die Vielfalt einer «größeren Gruppe», die Gesamtheit einer Art oder sogar des Kosmos; die Gattung der Komödie betont den Fortgang des Lebens. Damit untermauert und illustriert die Komödie ein wichtiges Moment in Hans Jonas' Ethik.[70]

Jonas neigt allerdings dazu, in seinen Schriften alles Ideale aufzugeben; das ist in zweifacher Hinsicht problematisch. Erstens wirkt die Darstellung eines künftigen Übels oftmals weniger motivierend als eine positive Zukunft, mit der wir uns identifizieren können. Um Menschen zum Handeln zu bewegen, muß man zeigen, wie es sein soll, und nicht nur, wie es *nicht* sein soll. Zum zweiten ist der Fortbestand dessen, was ist, von Wert, doch erhöht sich dieser Wert noch, wenn wir erkennen, daß es gerade das Ideale ist, das ihm Bedeutung verleiht. Das Sein ist Grundvoraussetzung für das Ideale, doch gleichzeitig verleiht das Ideale der Gegenwart einen Sinn. Dieses zweite Moment wird besonders von Karl-Otto Apel betont, vor allem im abschließenden Aufsatz seiner *Transformation der Philosophie*, der den Titel trägt: «Das Apriori der Kommunikationsgemeinschaft und die Grundlagen der Ethik: Zum Problem

einer rationalen Begründung der Ethik im Zeitalter der Wissenschaft».
Apel beginnt seinen Aufsatz mit dem Hinweis auf eine Ironie: Aufgrund
der technischen Veränderungen bedarf die heutige Zeit der Ethik mehr
als jede frühere Epoche, doch genau in dieser Zeit des dringenden Bedarfs
sind wir zu dem Schluß gekommen, daß eine rationale Begründung der
Ethik unmöglich ist. Die moderne Wissenschaft ist wertfrei, und gerade
die Dominanz dieses Paradigmas scheint gegen jede Bemühung zu sprechen, universelle Werte auszumachen. Für Werte ist die Wissenschaft
nicht zuständig, weder in ihrer mathematisch-logischen Form noch mit
empirischen Untersuchungen; Werte sind letztlich subjektiv und irrational; eine Position, die von vielen vertreten wird, selbst von Moralphilo-
sophen, die Ethik mit lokalen Traditionen begründen wollen oder die
Frage verbindlicher Normen dem Gewissen des Einzelnen überlassen.
Diesem Dilemma, daß eine universelle Ethik sowohl als nötig wie auch
als unmöglich betrachtet wird, versucht Apel zu begegnen, indem er eine
Reihe überzeugender Argumente für eine Neuformulierung der Kantschen Ethik präsentiert. Wie Jonas erkennt auch Apel, daß es Kant im
Lichte der potentiell weitreichenden Folgen unseres Handelns zu erweitern gilt.

Mit Hilfe performativer Widersprüche entwickelt Apel die transzendentalen Bedingungen jedes rationalen Diskurses: daß die Diskussion
weiterläuft und daß sie nach einem höheren Sinn strebt. Ausgehend davon kommt Apel zu dem Schluß, daß die Moderne eines doppelten Imperativs bedarf: daß wir uns nicht selbst vernichten und daß wir stets
darum bemüht sind, unseren Diskurs weiterzuentwickeln und zu vertiefen (429–431). Der erste Imperativ ist notwendige Bedingung des zweiten, und der zweite Imperativ macht den ersten sinnvoll. Mit Jonas
spricht sich Apel für eine nüchterne Anerkennung der Grenzen aus, damit die Menschheit weiterexistieren kann; doch anders als Jonas betont
Apel, daß es die Diskursgemeinschaft nicht nur zu bewahren gilt, sondern auch zu bereichern. Das bestimmende Argument in Apels Auseinandersetzung mit Jonas lautet, daß wir an einem regulativen Ideal festhalten müssen; ohne ein solches Ideal hätte Jonas Schwierigkeiten, sich
«gegen eine rein sozialdarwinistische Lösung zur Erhaltung der Art» (24)
auszusprechen. Die Bewahrung der Menschheit sollte nicht auf Kosten
der menschlichen Würde und Gerechtigkeit gehen. Es sollte deshalb nicht
nur eine reale Diskursgemeinschaft geben, sondern sie sollte auch den
Zustand einer Idealgemeinschaft anstreben. Diesem zweiten Imperativ
können die geistigen und idealistischen Dimensionen von Literatur entsprechen: Literatur reflektiert sowohl die Auflösung der Intersubjektivität angesichts moderner Krisenerfahrungen wie auch das Ziel der Wiederbelebung einer kulturübergreifenden Intersubjektivität. In einem Li-
teraturmodell, das die Ansätze von Apel aufnimmt, ließen sich die
Gegenwärtigkeit des schönen Bildes (das Sein) und das idealistische, pro-

leptische Moment von Kunst (das Sollen) miteinander vereinen. Wenn
Bloch und Jonas zwei Pole darstellen, so könnte ein auf Apel gründender
Kunstbegriff die Vorzüge jedes von beiden miteinander verbinden und
zu einer ausgewogeneren ästhetischen Theorie führen.

Es verwundert nicht, daß Vittorio Hösle seine *Philosophie der ökologischen Krise* Hans Jonas gewidmet hat und seine *Praktische Philosophie
in der modernen Welt* Karl-Otto Apel. In gewissem Sinne nämlich wollte
Hösle den substantiellen Gehalt von Jonas und die eher formalen Verdienste Apels zu einer Synthese zusammenführen (*Moral und Politik*, 21).
Jonas versucht unsere moralischen Verpflichtungen gegenüber der Natur
zu begründen, indem er den naturalistischen Fehlschluß aufgibt und –
nachdem er gezeigt hat, daß die Natur durchaus über einen Zweck verfügt – aus dem Sein ein Sollen abzuleiten versucht. Hösle wählt einen
anderen Zugang. Er plädiert für eine objektiv-idealistische Sicht der Natur: Natur besitzt einen Wert, weil sie ein Abbild des Absoluten ist: zwar
auf einer niedrigeren Ebene als der Geist – sie verfügt über kein Bewußtsein ihrer selbst wie der Geist und ist deshalb nicht frei –, aber sie ist
Voraussetzung für den Geist und trägt die Ordnung des Absoluten in
sich. Natur ist nicht einfach eine Konstruktion der Menschheit oder ein
Werkzeug für die Menschheit. Die objektiv-idealistische Position läßt den
Eigenwert der Natur sichtbar werden. Hösle skizziert eine Naturphilosophie, welche die Würde der Natur (die von Jonas betont wird) und die
Autonomie der Vernunft (auf der Apel so vehement besteht) miteinander
vereint. Hösles Theorie erklärt sowohl, warum ein Apriori-Wissen über
die Natur möglich ist (Natur konstituiert sich über den Bereich des Idealen), als auch, warum die Menschheit im Kosmos eine Sonderstellung
einnimmt (der Mensch ist das Wesen, das die Gesetze dieser Idealsphäre
erkennen kann). Das objektiv-idealistische Grundgerüst überwindet
nicht nur den Kantschen Dualismus, der die Natur gering achtet (die
einzige Entität, die einen Eigenwert besitzt, ist der Wille rationaler
Lebewesen), sie erlegt uns auch Verpflichtungen gegenüber der Natur
auf. Hösle folgt Jonas, wenn er behauptet, daß nicht alle ethischen Im-
perative symmetrisch sind. Unsere Beziehung zur Natur entspricht nicht
unserem Verhältnis zu anderen Menschen, aber gleichwohl hat die
Menschheit Verpflichtungen gegenüber der Natur. Bei der Entwicklung
seiner Theorie greift Hösle wie andere objektive Idealisten vor ihm (etwa
Leibniz, Schelling und Hegel) auf antike Einsichten zurück. (Descartes,
Fichte und Kant, bei denen die Subjektivität im Zentrum steht, ignorieren
die Antike weitgehend.) Diese objektiven Idealisten betrachten die Natur
als Manifestation des Absoluten. Diese andersgeartete Sicht der Natur
läßt sich völlig mit der modernen Naturwissenschaft vereinbaren, wie
etwa der Fall Albert Einstein zeigt. Indem Hösle anerkennt, daß auch in
nicht-symmetrischen Beziehungen Verpflichtungen bestehen, schlägt er
einen Weg ein, der sich von demjenigen Apels unterscheidet; letzterer

nämlich hat seine Grenzen erstens in einem Formalismus, der die spezifischen Verpflichtungen innerhalb individueller Lebensbereiche nicht erkennt, und zweitens in einer Diskursethik, die Verpflichtungen damit begründet, daß wir in anderen potentielle Gesprächspartner sehen; Apels Ansatz läßt somit keinen Platz für Verpflichtungen gegenüber der Natur, ja nicht einmal gegenüber anderen Menschen, die nie in der Lage wären, Bedeutendes zu unseren Debatten beizutragen. Bei Apel weicht wie in vielen Bereichen der Moderne der Eigenwert einem instrumentellen Wert.

Anders als Jonas und Apel reflektiert Hösle recht detailliert die ökonomischen und politischen Auswirkungen seiner philosophischen Analysen. Nun sind ökonomische und politische Erwägungen in der Tat eindeutig dringlicher als literarische, doch auch die Literatur kann eine gewisse, nicht unwichtige Rolle spielen. Aus Hösles Überlegungen lassen sich in mindestens vierfacher Hinsicht eine privilegierte Stellung der Literatur oder neue Interessengebiete für Literatur und Literaturwissenschaft ableiten.

(1) Hösle behauptet sehr zu recht, daß wir weniger dadurch zu ökologisch vernünftigem Handeln motiviert werden, daß wir vom Aussterben einer bestimmten Art hören (also auf negative Weise), sondern indem wir ein positives Verhältnis zur Natur gewinnen. Hösle erkennt (in implizitem Gegensatz zu Jonas), daß Haß und Angst nicht ausreichen: Es bedarf neuer Werte, und unsere Motivation muß positiv sein (etwa die Liebe zur Natur) und nicht einfach negativ (bloße Schadensvermeidung). In diesem Sinne könnten wir im Unterricht die Naturlyrik des 18. Jahrhunderts (oder sogar noch früherer Zeit) behandeln, die immer weniger interpretiert wurde, je mehr wir uns mit politischer und selbstreflexiver Literatur beschäftigt haben. Barthold Hinrich Brockes etwa – um hier den ersten großen modernen Naturlyriker deutscher Sprache zu nennen – mag uns Zeitgenossen heute weniger fremd sein als den Lesern zu Beginn des 20. Jahrhunderts. Man denke aber auch an die Fülle von Naturgedichten bei Haller, Klopstock, Goethe, Hölderlin, Eichendorff, Mörike, Storm und anderen. Auch in der Moderne findet sich eindrucksvolle Naturlyrik bei Autoren wie etwa Marie-Luise Kaschnitz, Günter Kunert, Hans Magnus Enzensberger oder Sarah Kirsch, wenngleich viele zeitgenössische Texte die immer wieder aufleuchtende Schönheit der Natur in umfassendere Einsichten zur Bedrohung der Natur einbetten. Dennoch: Durch solche Dichtung erhöht sich die Chance, sich in und mit der Natur heimisch und vertraut zu fühlen; die Gedichte lassen uns die Natur als Mitwelt schätzen lernen. Die Ökologiebewegung betont vor allem, daß wir die Natur bewahren müssen, damit die Menschheit weiter bestehen kann. Eine ästhetische Beziehung zur Natur geht in zweifacher Weise darüber hinaus: Sie erkennt, daß die Natur für uns nicht nur als rationale Wesen, sondern auch als emotionale und sinnliche Wesen von Wert ist; und sie betrachtet Natur als etwas, das einen Eigenwert besitzt.

In diesem Zusammenhang, der Literatur auch als eine Quelle der Inspiration begreift, sei kurz auf den Wert des *Versöhnungsdramas* (das
sich in der zeitgenössischen Literatur kaum finden läßt) und der Utopie
hingewiesen. Ein solches Drama ist in einer Zeit, welche die Negativität
und die Dissonanz hervorhebt, nicht leicht zu verfassen. Gerade deshalb
sollten wir auf Hinweise, die in diese Richtung gehen, besonders achten,
auf Momente der Harmonie in einer Welt der Kontingenz, die für eine
nicht-lineare, nicht-teleologische, beinahe verräumlichte Form syntheti-
scher Literatur stehen könnten. An die Stelle utopischer Werke sind heute
großenteils Satire und negative Utopien getreten. Keine moderne Utopie
kann es mit den negativen Utopien von Aldous Huxley und George
Orwell aufnehmen. Eine negative Utopie zu schreiben ist einfacher, denn
es ist leichter, Probleme zu diagnostizieren als schlüssige Lösungsvor-
schläge zu präsentieren; das gilt in besonderem Maße für eine Zeit, die
nicht mehr durch ein einheitliches Weltbild geordnet ist und die sowohl
die zerstörerischen wie die verführerischen Möglichkeiten der modernen
Technik kennt. Darüber hinaus verlangt jeder Versuch, Lösungsvorschlä-
ge zu präsentieren, von uns, daß wir uns mit einem ganzen Bündel miteinander zusammenhängender Probleme befassen und auf solch komplexe Fragen wie die nach Individuum und Gemeinschaft, Freiheit und
Ordnung angemessene Antworten finden. Kein Wunder, daß eine der
größten Utopien aller Zeiten, nämlich Thomas Morus' *Utopia*, in einen
Erzählrahmen eingebettet ist, der im unklaren läßt, welche Positionen
Morus selbst letztlich befürwortet, welche er für mögliche Alternativen
hält und welche er kritisiert. Diese «Elastizität» läßt nicht nur mehr
Raum für Experimente, sie fordert auch vom Leser eine ganze Menge an
eigener Reflexion und gewährt ihm damit ein sinnvolles Maß an Autonomie. Eine moderne Utopie müßte sich mit bestimmten überzeitlichen
Themen befassen, die auch in den klassischen Utopien angesprochen
werden – etwa die Geschlechterfrage, Bildung und Erziehung, Gerechtigkeit, Wirtschaft (u. a. Produktion und Verteilung der Ressourcen) –,
aber auch mit verschiedenen Problemen, mit denen sich frühere Utopien
nicht intensiver auseinandergesetzt haben: Fragen der Ökologie und der
Energie, das Abfallproblem, die drohende Selbstzerstörung der Menschheit sowie die Gerechtigkeit zwischen den Generationen wären Beispiele
hierfür. Schon Johann Valentin Andreae klagte 1619 in seiner Utopie
Christianopolis, es würden viel zu viele Bücher produziert; heute würde
die Überinformation eine zentrale Rolle spielen. Mit Ernest Callenbachs
Ecotopia sind die Möglichkeiten der Gattung jedenfalls noch lange nicht
erschöpft.

(2) Hösle ist der Ansicht, daß eine Möglichkeit, Konsumorientierung
und Verschwendung zu überwinden, in der Ausbildung asketischer Tugenden liegt. Er erkennt zu recht, daß das Problem der Überbevölkerung
mit unserem Anspruchs- und Konsumniveau mindestens ebensoviel zu

tun hat wie mit der schlichten Zahl an Menschen. Angesichts der Bedeutung des Eigenwerts einerseits und der Schwierigkeiten, sich «Fernwirkungen» vorzustellen, andererseits kommt Hösle zu der Ansicht, es sei besser, wenn wir den geringen Eigenwert unseres Handelns erkennen. Er erkennt zwar die Bedeutung von Jonas' Analyse der «Fernwirkungen» an, doch gleichzeitig betont er, daß der Eigenwert stärker motiviere als die imaginierten «Fernwirkungen». Hösle stimmt mit Jonas darin überein, daß Grenzen gezogen werden müssen, und empfiehlt dazu die Wiederbelebung stoischer Tugenden. Auch in dieser Hinsicht hat die Literatur eine ganze Reihe von Beispielen für enthaltsames Leben und eine daraus entspringende, gänzlich andersgeartete Zufriedenheit zu bieten. Dabei könnten wir vor allem aus realistischen Erzählungen über Mäßigung und Beschränkung, aus der Tragödie der Selbstaufopferung und aus komischen Beschreibungen modernen Überflusses Nutzen ziehen. Darüber hinaus könnten wir über die Eleganz, die Anmut und die Freiheit eines Lebensstils nachdenken, der sich der Moderne weniger ausliefert und seine Bedürfnisse reduziert.

Die Betonung des Verzichts steht in besonderem Maße der Kultur der Moderne entgegen, denn bekanntlich ist eines der beherrschenden Ziele der modernen Technik, den Lebensstandard und den Konsum zu steigern, und beide Faktoren bestimmen ihrerseits über den sozialen Aufstieg. In *Die Seele im technischen Zeitalter* bemerkt Arnold Gehlen, daß jeder, der über ein historisches Bewußtsein verfüge, zwangsläufig erkennen müsse, daß frühere Generationen asketische Werte mit ganz anderen Augen sahen: «Jedenfalls hatte der Verzichtende auf die Güter dieser Erde eine moralische Autorität, während er heutzutage auf Verständnislosigkeit stoßen würde» (78). Durch asketische Tugenden erlange man, so Gehlen, «ein Mehr an Integration und Fassung der Person, verbunden mit einer Verschärfung der sozialen Antriebe, einer Steigerung der geistigen Wachheit» (79). Heute besteht weniger die Gefahr, daß die Menschen in den entwickelten Ländern zu wenig haben, sondern daß sie zu viel haben: «das System (...) tendiert dazu (...), das *Recht auf den Verzicht auf Wohlleben* unmöglich zu machen, und zwar indem es die *Konsumbedürfnisse selbst produziert und automatisiert*» (80). Wenn diese Entwicklung gestoppt werden soll, so ist es nötig, Alternativen zu erkennen, die der Literatur als Gegenkultur und der Literatur aus anderen Kulturen und Epochen einen höheren Stellenwert verschaffen.

(3) Einer der bestürzendsten Sätze in Hösles gesamtem Werk ist die schlichte Feststellung, daß das westliche Konsumniveau, wenn es weltweite Verbreitung finden sollte, die Ressourcen der Erde weit übersteigen würde und deshalb gemäß dem kategorischen Imperativ unmoralisch ist (*Philosophie der ökologischen Krise*, 24 f.). Diese Beobachtung impliziert, daß ein besseres Verständnis der Konflikte und Unterschiede zwi-

schen Industrie- und Entwicklungsländern – mit Sicherheit eine der zentralen ethischen Fragen des technischen Zeitalters – dringend nötig ist; das läßt sich als indirekter Aufruf an die Literaturwissenschaft verstehen, sich stärker mit Literatur aus Entwicklungsländern und über Entwicklungsländer zu befassen. Doch anders als viele Vertreter der *Culture Studies* ist Hösle der Ansicht, daß wir uns mit anderen Kulturen nicht einfach nur deswegen beschäftigen sollten, weil sie anders sind, d. h. aufgrund des formalen Werts der Andersheit; vielmehr sollte unser Ansinnen dahin gehen, in anderen Kulturen nach den moralischen Werten zu suchen, die dort Konsens sind und die auch unsere Welt bereichern könnten (*Philosophie der ökologischen Krise*, 138). Jenseits dieses rein formalen Appells, sich mit dem Anderen zu befassen, könnte uns eine solche Beschäftigung nachhaltig in zweierlei Hinsicht beeinflussen: Wir bekämen Antworten auf die Probleme, die wir in unserer eigenen Kultur nicht lösen konnten, und sie würde implizit die kollektive Identität und das Selbstbewußtsein der anderen Kulturen stärken.

(4) Hösle beschäftigt sich mit den Schwierigkeiten jedes Paradigmenwechsels, darunter auch des heutigen, der die Ökologie zu einem neuen Paradigma der Politik gemacht hat. Die Ökologie, so Hösle, steht kurz davor, die bestimmende Kraft unserer Beziehungen und Ursache zahlreicher Auseinandersetzungen zu werden – so, wie die Ökonomie nach dem Zweiten Weltkrieg an die Stelle des Nationalismus trat, der seinerseits im 19. Jahrhundert die Religion als das vorherrschende Paradigma abgelöst hatte. Jeder derartige Paradigmenwechsel erfordert eine völlige Bewußtseinsumkehr, und auch in diesem Fall muß die Literatur einerseits auf diesen Wandel hinarbeiten, andererseits aber muß sie uns auch dabei helfen, ihn geistig und emotional zu verarbeiten. Wenn die Ökologie das neue politische Paradigma darstellt, so kann die Literatur sich thematisch mit dieser Veränderung befassen. Zeiten des Übergangs waren schon immer ein Nährboden für große literarische Werke; man denke nur an die *Orestie* des Aischylos, an Cervantes' *Don Quichote* oder an Tschechows *Kirschgarten*.

Die normative Bedeutung der Ökologie läßt vermuten, daß dies für die Literatur nicht nur eine ästhetische Chance bedeutet, sondern auch eine Verpflichtung. Literatur und Literaturwissenschaft sollten sich nicht mit Fragen wie «Welche neuen Formen lassen sich finden?» und «Welche neuen Themen gibt es?» begnügen, sondern auch normative Fragen stellen: «Welche Formen sind am geeignetsten?» oder «Welche Themen sind es wert, daß man sie aufgreift?» Im Zeitalter der Technik sollte die Umwelt sowohl in der Literatur wie in der Literaturwissenschaft eine zentrale Rolle spielen, doch es fallen einem noch eine ganze Menge anderer wichtiger Themen ein: Das reicht von der tragischen Selbstaufopferung aufgrund eines starken Umweltbewußtseins (wie etwa in Wirken und Schicksal von Chico Mendes) bis hin zu Fragen der sozialen Gerechtigkeit, die sich aus der ungerechten Verteilung der Umweltbelastung und -verschmutzung ergeben.

Künstler sind ihrer Zeit oftmals voraus und deshalb in besonderer Weise dazu befähigt, aufkommende Probleme sichtbar zu machen und alternative Perspektiven zu eröffnen. Ein Künstler, der sich den Umweltproblemen zuwenden könnte, wie andere Autoren sich früher mit religiöser Intoleranz, mit Krieg und nationaler Ungerechtigkeit, mit Klassenkonflikten und Armut befaßt haben, dürfte als einer der größten Künstler unserer Zeit gefeiert werden. Aber auch die Literaturwissenschaft sollte darauf achten, ob Werke entstehen, die sich mit den besonderen Fragen des technischen Zeitalters befassen. Damit will ich die potentiellen literarischen Beiträge nicht im geringsten auf bestimmte Themen reduzieren, denn das würde den Wert zahlreicher Künstler der Vergangenheit schmälern, von denen wir jenseits ihrer zeitspezifischen Aussagen eine ganze Menge lernen können, und den inhaltlichen Aspekt von Literatur überbewerten, der ja nur eine unter mehreren Strategien darstellt, mit deren Hilfe der zeitgenössische Künstler sich den komplexen Herausforderungen seiner Zeit stellen kann. Um es noch einmal deutlich zu sagen: Ich will die Vielfalt der Literatur keineswegs auf den ökologischen Aspekt beschränken (ebensowenig wie man sie auf Rasse, Klasse oder Geschlecht reduzieren sollte), doch gleichzeitig würde eine erhöhte Aufmerksamkeit in dieser Richtung neue und interessante Fragen aufwerfen und könnte uns in diesem allgemeinen Rahmen wieder zu der Frage nach Literatur als Literatur zurückführen. Die Bedeutung der Literatur für unsere Beschäftigung mit ökologischen Fragen liegt nicht zuletzt in der Tatsache begründet, daß Werte sehr oft von breiteren gesellschaftlichen und kulturellen Strukturen beeinflußt werden. Wenn es also kollektiver Veränderung bedarf, so muß die Literatur als ein Faktor, der zur Ausbildung kollektiver Identität beiträgt, dabei eine Rolle spielen.

Literatur kann unsere ethischen Dilemmata nicht lösen, dafür brauchen wir die Philosophie und viele andere Disziplinen. Und gute Literatur bzw. gute Literaturwissenschaft reicht als Antwort auf die Probleme des technischen Zeitalters auch nicht aus. Gleichwohl kann die Literatur uns zu einem besseren Verständnis dieser ethischen Dilemmata und der gesellschaftlichen und ökologischen Probleme verhelfen und deutlich machen, welche möglichen Wege eine Lösung versprechen und welche nicht. Darüber hinaus kann sie einiges wiederbeleben, was im technischen Zeitalter fehlt, und sie kann uns zu verantwortungsbewußtem Handeln motivieren. Zudem erfahren die Menschen durch die Rezeption von Literatur eine Befriedigung durch den Lesevorgang – und damit nicht nur in Aktivitäten wie etwa dem Reisen oder dem Konsum, welche die Umwelt belasten oder in vielen Fällen weniger in der Lage sind, die Transzendenz sichtbar werden zu lassen. Eines der großartigsten Gedichte Gottfried Benns, *Reisen*, erinnert uns an die stoische Weisheit, daß Reisen oftmals

eine Flucht vor dem Selbst ist, während die Dichtung ein höherer Weg
zum Selbstbewußtsein sein kann. Das Studium der Literatur wie auch
anderer Geisteswissenschaften besitzt daher nicht nur einen inneren, geistigen Wert, sondern es bereichert weit darüber hinaus und es belastet
die Ressourcen unseres Planeten weitaus weniger als vieles in der heutigen Freizeit- und Tourismusindustrie.

So wie Hans Jonas fordert, daß sich die Ethik im technischen Zeitalter
grundlegend verändern muß, so habe ich behauptet, daß der Literatur
und der Literaturwissenschaft in dieser Zeit ganz spezifische Aufgaben
zukommen. Eines der Probleme des technischen Zeitalters liegt in der
Verbreitung unendlicher Datenmengen: Statistiken, Umfragen, Fakten
und Zahlen. Dabei fehlt jedoch recht häufig ein Maßstab, mit dessen
Hilfe man bestimmen könnte, welche Daten nun bedeutend und des
Sammelns wert sind und wie man sie am besten verarbeitet und auswer-
tet. Dieses Problem hat in gewisser Weise mit der Aufgabe der Literaturwissenschaft im 21. Jahrhundert zu tun: Denn wenn Literatur und Literaturwissenschaft tatsächlich nicht mehr in der Vorstellung gründen, daß
das Ziel von Interpretation und Bewertung sein muß, ein Fenster auf eine
ideale Sphäre hin zu öffnen, warum sollten wir damit dann überhaupt
weitermachen? Statt sich mit den Problemen des technischen Zeitalters
zu befassen, reproduziert die Literaturwissenschaft einfach diese Probleme und trägt zu ihnen bei: dadurch, daß sie Texte interpretiert, ohne
nach deren ästhetischem Wert zu fragen, oder indem sie sich unzähligen
randständigen Themen zuwendet (die oftmals weit über die Literatur
hinausreichen), da alle Themen nunmehr als in gleicher Weise beachtens-
wert erscheinen. Auf diese Krise gibt es zwei mögliche Antworten: Erstens könnte man die Literaturwissenschaft einfach als das betrachten,
was sie ist – nämlich ein sinnloses und eitles Unterfangen, das nur sich
selbst dient –, und die entsprechenden Konsequenzen daraus ziehen; oder
man könnte zeigen, in welcher Weise die Literatur ein Fenster zum Absoluten sein kann und wie die Literaturwissenschaft diese Besonderheit
differenzieren und zugänglich machen kann und uns damit dem Absoluten näherbringt. Wenn das gelingt, werden Autoren und Literaturwissenschaftler den Lesern dabei helfen, den vollen Wert, der in ihnen als
Person liegt, auszuschöpfen, und beide Bereiche werden dann ihre Krisen
in Chancen verwandelt haben, im technischen Zeitalter nicht nur eine
glaubwürdige, sondern auch eine segensreiche Rolle zu spielen.

Danksagung

Für ihre Unterstützung danke ich der Universität von Notre Dame, die mir sowohl Zeit als auch finanzielle Mittel für meine Forschung zur Verfügung gestellt hat. Mein besonderer Dank gilt dabei dem Provost Nathan O. Hatch und dem Präsidenten Edward A. Malloy, CSC. Auch die Humboldt-Stiftung unterstützte meine Arbeit durch ein Forschungsstipendium im ersten Halbjahr 1997. Gastgeber während meines Humboldt-Aufenthalts an der Universität Essen war Vittorio Hösle, der dem Projekt großes Interesse entgegenbrachte und sowohl eine frühe wie eine späte Fassung des Buches verständnisvoll kommentierte. Während meines Aufenthalts in Essen hatte ich die Gelegenheit, meine Gedanken in Kolloquien vor der Fakultät und vor Studenten der Philosophie und der Literaturwissenschaft zu präsentieren. Für die Kommentare und Fragen in diesen Veranstaltungen, die von Christian Illies und Dietrich Koch organisiert worden sind, bin ich ebenfalls sehr dankbar. Auch Dirk Hohnsträter (Berlin) war eine große Hilfe bei dieser frühen Fassung, und Friedhelm Marx (Wuppertal) war so freundlich, eine spätere Fassung mit Kommentaren zu versehen.

Lange bevor ich mit dem Schreiben begann, stellte ich einige dieser Gedanken in zwei Graduiertenseminaren an der Ohio State University zu Diskussion; das erste fand im Frühjahr 1988 statt und war dem Thema «Objektiver Idealismus und das Studium der Literatur» gewidmet, während sich das zweite im Frühjahr 1993 mit «Literatur im technischen Zeitalter» befaßte. Meine Interpretation von Storms Schimmelreiter verdankt einiges einem Seminar im Jahre 1995, das ich als Visiting Lecturer am Institut für Literatur der Wake Forest University abhielt. Eine Einladung von Joachim Dyck, im Frühjahr 1997 vor Studenten und Kollegen der Universität Oldenburg über Benns Verlorenes Ich zu sprechen, führte zu engagierten und produktiven Diskussionen. Meine Interpretation zu Benn profitierte auch von den Kommentaren Hugo Bekkers (Ohio State), Walter Haugs (Tübingen) und Henry Weinfields (Notre Dame). Eine Diskussion der beiden ersten Kapitel mit den Stipendiaten des Erasmus-Instituts an der Universität Notre Dame 1999/2000, die von William Donahue (Rutgers University) und Roger Lundin (Wheaton College) organisiert wurde, war von großem Nutzen. Die Kommentare von Gary Gutting (Notre Dame) und Rev. Robert Sullivan (Notre Dame) waren für den weiteren Fortgang des Manuskripts von besonderer Bedeutung. Christian Spahn und Annamarie Bindenagel waren mir gegen Ende des Projekts mit ihren Recherchearbeiten eine große Hilfe.

Barbara Roches Vorliebe für Gedanken, die eine größere Leserschaft erreichen, wirkte inspirierend auf mich, ebenso ihre aufopferungsvolle Geduld während meiner fünf Monate in Deutschland. Auch ihre ganz außerordentliche Fähigkeit, die Natur zu kultivieren, sowie ihre künstlerische Arbeit waren ständiger Antrieb für mich. In diesem Zusammenhang müssen auch Duncan und Gabriel erwähnt werden, die in mir einen weitaus tieferen Sinn für das geistige Potential der Natur weckten, als ich je für möglich hielt. Dafür danke ich ebenso, jedem auf seine Weise, Banquo, Bridget, Iona, Karma, Kizmet, Leoni, Lexicon und Macbeth.

In diesem Buch beschäftige ich mich mit den Grundlagen der Literaturwissenschaft und mit der Welt, welche die heutige Jugend von uns erben wird. Deshalb sei es all meinen Studenten gewidmet – den ehemaligen, den gegenwärtigen und den künftigen.

Anmerkungen

1 Zur Zukunft der German Studies siehe etwa die Sammelbände von McCarthy/Schneider, Van Cleve/Wilson und Förster. Gerhard Kaisers schmales Buch, das er am Ende eines langen und erfolgreichen Germanistenlebens verfaßt hat, bildet zumindest teilweise eine Ausnahme von der Regel. Sein Schwerpunkt liegt auf der Bedeutung der Literatur für das Leben. Die spezifische Frage nach der Bedeutung der Literatur im technischen Zeitalter spielt in seinen Überlegungen jedoch keine Rolle. Die gegenteiligen Stärken und Schwächen zeichnen das Buch eines anderen älteren Angehörigen des Berufstandes aus: Jost Hermand beschließt seine Geschichte der Germanistik zwar lobenswerterweise mit einem Plädoyer, ökologische Fragen in Zukunft stärker zu berücksichtigen, doch seine Untersuchung enthält keine tieferreichende Reflexion über den Wert der Literatur als Literatur; das wäre jedoch eine notwendige Vorbedingung, wenn Literatur oder Literaturwissenschaft einen bedeutenden Beitrag zu ökologischen Fragen leisten sollen.

2 Die umfassendste Darstellung bietet Harro Segebergs *Literatur im technischen Zeitalter*, das im Grunde genommen eine Geschichte der deutschen Literatur im technischen Zeitalter ist und in seinen 87 Seiten umfassenden Anmerkungen Hinweise auf so gut wie alle anderen Arbeiten zu diesem Thema (bis 1997) enthält. Die eng mit unserem Thema verknüpfte Frage nach Literatur und Umwelt hat in den USA durch eine neue Organisation an Bedeutung gewonnen: die «Association for the Study of Literature and Environment» (http://www.asle.umn.edu), die auch eine eigene Zeitschrift herausgibt (*ISLE: Interdisciplinary Studies in Literature and Environment*).

3 Siehe dazu die Anthologien deutscher Literatur, die sich mit Technik befaßt, von Bullivant/Ridley, Daniels, Dithmar, Krause, Minaty, Roehler, Sachsse und Schneider. Allen kommt das Verdienst zu, unsere Aufmerksamkeit auf häufig übersehene literarische Werke zu lenken, die Aspekte der Industrialisierung thematisieren. Die Vernachlässigung des rein ästhetischen Aspekts, der bei solchen Bemühungen nicht unberücksichtigt bleiben sollte, wird jedoch deutlich, wenn die Texte unabhängig von ästhetischen Gesichtspunkten ausgewählt und nur als kurze Textauszüge jenseits ihres organischen Kontextes präsentiert werden. Problematisch ist auch, wenn sich solche Anthologien vor allem auf die erste und die zweite Industrielle Revolution konzentrieren und dabei die dritte, nämlich den Übergang zur Informationsgesellschaft, außer acht lassen; es wirkt ironisch, wenn sie damit gerade eines der Grundprobleme moderner Information exemplifizieren, nämlich den Mangel an organischer Bedeutung.

4 Eine deutsche Fassung von Snows Aufsatz sowie Kommentare dazu finden sich bei Kreuzer.

5 «Zur Logik des Soldaten gehört es, dem Feind eine Handgranate zwischen die Beine zu schmeißen (…), zur Logik des Wirtschaftsführers gehört es, die

wirtschaftlichen Mittel mit äußerster Konsequenz und Absolutheit auszunüt-
zen und, unter Vernichtung aller Konkurrenz, dem eigenen Wirtschaftsobjekt,
sei es nun ein Geschäft, eine Fabrik, ein Konzern oder sonst irgendein öko-
nomischer Körper, zur alleinigen Domination zu verhelfen; / zur Logik des
Malers gehört es, die malerischen Prinzipien mit äußerster Konsequenz und
Radikalität bis zum Ende zu führen, auf die Gefahr hin, daß ein völlig esote-
risches, nur mehr dem Produzenten verständliches Gebilde entstehe (…). Krieg
ist Krieg, l'art pour l'art, in der Politik gibt es keine Bedenken, Geschäft ist
Geschäft –, dies alles besagt das nämliche, dies ist alles von der nämlichen
aggressiven Radikalität, ist von jener unheimlichen, ich möchte fast sagen,
metaphysischen Rücksichtslosigkeit, ist von jener auf die Sache und nur auf
die Sache gerichteten grausamen Logizität, die nicht nach rechts, nicht nach
links schaut, – oh, dies alles ist der Denkstil dieser Zeit!» (Bd. 1, 495 f.).

6   Zur Transzendenz der Moral gegenüber verschiedenen Subsystemen vgl. Hösle, *Moral und Politik*, 113–115. Eine analoge Argumentation eines analytischen Philosophen, daß die moralische Sphäre einen anderen Status besitzt
und daß «moralische Prinzipien nicht hinter ästhetische Prinzipien zurücktre-
ten können», findet sich bei Beardsmore, v. a. 23–30; er zeigt auch, daß eine
solche Position keineswegs inkompatibel ist mit der Vorstellung, Kunst besitze
einen inneren Wert (das Zitat auf Seite 23).

7   Als erste Orientierung vor allem für diejenigen, denen die Position des Objektiven Idealismus zunächst einmal völlig fremd erscheint, mag Hösles Essay
über Begründungsfragen des Objektiven Idealismus dienen; er beginnt mit
einer Darstellung und Zurückweisung gängiger Auffassungen, nach denen der
Objektive Idealismus falsch oder hinfällig oder beides sei.

8   Zum Verhältnis von Kunst und Idee von Platon bis zur frühen Moderne vgl.
Panofsky.

9   Ich sehe hier von gewissen komplexeren Fällen wie etwa Rolf Hochhuths
Dramen *Der Stellvertreter* und *Soldaten* ab, wo das Werk sowohl ein Kunstwerk zu sein beansprucht, das nicht genau, sondern nur wahr sein muß, wie
auch ein historisches Dokument, das deshalb an bestimmten historischen und
nicht nur ästhetischen Normen zu messen ist. Während die ästhetische Dimension in solchen Fällen unberührt bleibt, berührt die Intention des Autors
unsere Diskussion dieser Werke als historische. Auch der Rezeptionszusammenhang, und damit die Frage der historischen Distanz, kommt hier ins Spiel.
Schillers Zeitgenossen hatten sicherlich weniger Probleme damit, daß Johanna
von Orleans in der Schlacht starb (man beachte auch das Adjektiv im Unter-
titel «Eine romantische Tragödie in fünf Aufzügen», das ganz andere Erwartungen hinsichtlich der Wirklichkeit weckt), als wir sie heute mit Hochhuths
Darstellung Churchills, der in *Soldaten* den Tod des polnischen Premierminis-
ters Sikorski zu verantworten hat, haben. Das berührt wiederum nicht unsere
Bewertung des Kunstwerks als Kunstwerk, sondern unsere Bewertung des
Kunstwerks als historisches und politisches Dokument. In solchen Fällen sind
sowohl der ästhetische als der historische Bewertungsaspekt relevant, aber
eben auch zu unterscheiden.

10 Die Moderne hat den Begriff des Organischen kritisiert, doch diese Kritik ist
letztlich weniger überzeugend als allgemein angenommen; vgl. dazu Roche,
Kunst, 187–190.

11 Peter V. Zima hat einigermaßen überzeugend dargelegt, daß sich die moderne
    Literaturtheorie in zwei Richtungen einteilen läßt: eine Kantianische Tradi-
    tion, welche die Form betont, und eine Hegelianische, die sich in erster Linie
    auf den Inhalt konzentriert. Für eine differenziertere Sicht der Behauptungen
    Zimas vgl. meine Rezension seines Buches.

12 Eine umfangreiche Sammlung von Beiträgen zur Ästhetik des Häßlichen findet
    sich bei Jauß. Es überrascht nicht, daß die Beiträge großteils eher historisch
    als systematisch angelegt sind.

13 Eine Auswahl aus Löbachs Werk sowie Interviews und Erläuterungen finden
    sich bei Häffele.

14 Eine Sicht der Tragödie, die diesen Begriff der verschwendeten Größe betont,
    findet sich bei Bradley.

15 So eines meiner Argumente in meiner Untersuchung *Dynamic Stillness*, v. a.
    121–123.

16 Die Zeitschrift *Philosophy and Literature* schreibt alljährlich einen Preis für
    schlechten und unverständlichen Stil aus. Zu den Gewinnern gehören immer
    wieder Größen auf ihrem Gebiet. Jameson wurde für den oben zitierten Satz
    ausgezeichnet, und Judith Butler erhielt einen Preis für folgenden Satz: «Die
    Wendung von einem strukturalistischen Ansatz, nach dem das Kapital so
    verstanden wird, daß es die sozialen Beziehungen relativ homolog strukturiert,
    hin zu einem Verständnis der Hegemonie, in dem Machtbeziehungen der Wie-
    derholung, Konvergenz und Reartikulation unterliegen, führte die Tempora-
    litätsfrage in das Strukturdenken ein und markierte die Wende von einer Form
    der Althusserianischen Theorie, die strukturelle Totalitäten als theoretische
    Objekte betrachtet, zu einer Theorie, in der die Einsichten in die kontingente
    Möglichkeit von Struktur eine erneuerte Vorstellung von Hegemonie, nämlich
    als an die kontingenten Orte und Strategien der Reartikulation von Macht
    gebunden, zur Folge hatten» (13). Auch Homi Bhabha wurde für das Folgen-
    de geehrt: «Diese List des Begehrens mag eine Weile lang zum Nutzen der
    Disziplin kalkulierbar sein, aber die Wiederholung von Schuld, Rechtferti-
    gung, pseudowissenschaftlichen Theorien, Aberglauben, fadenscheinigen Au-
    toritäten und Klassifikationen läßt sich recht bald als der verzweifelte Versuch
    interpretieren, die Störung, die durch einen Diskurs der Spaltung hervorgeru-
    fen wird, der die rationalen, aufgeklärten Ansprüche seiner Äußerungsmoda-
    lität verletzt, *formal* zu ‹normalisieren›.» (135 f.). Auch wenn es einen solchen
    Wettbewerb in Deutschland nicht gibt, so könnten die Poststrukturalisten
    hierzulande mühelos mithalten; das beweist etwa das folgende Beispiel von
    Werner Hamacher: «*Der Egel fehlt auch bei Hegel nicht.* / Hegel – vertiert –
    ein Egel. / ‹Hegel› so lesen, daß das H, mit dem er zuweilen signierte, abgezogen,
    in den Egel eingezogen ist. / Einen Egel schreiben, der sich an Hegel festbeißt,
    und noch die peristaltischen Kontraktionen seines Sphinktertrakts imitieren. /
    Oder einen Hegel schreiben, einen Bluthegel, der selbst noch den Ekel, den er
    abwehrt und den er erweckt, in sich aufsaugt» (310 f.). Die Anzahl der postmo-
    dernen Wissenschaftler, die sich verständlich ausdrücken können, ist ziemlich
    klein. In erster Linie fallen einem hier Stanley Fish und Richard Rorty ein.

17 Es überrascht nicht, daß die existentiellen und moralischen Komponenten von
    Literatur eher bei Wissenschaftlern aus anderen Fächern, die Literatur für
    wertvoll halten und sich nicht um Spezialisierung und Professionalisierung

bemühen müssen, Berücksichtigung finden. Vgl. etwa die Beiträge von Coles, Mieth und Nussbaum.

18 Einen repräsentativen Überblick über kulturwissenschaftliche Positionen in der amerikanischen Germanistik bietet ein Symposion unter dem Titel «*Germanistik* as German Studies», dessen Beiträge in *German Quarterly* 62 (1989), 139–234 dokumentiert sind. Im jüngsten Sammelband zur Lage des Faches – in *German Quarterly* 73 (2000), 1–44) zeichnet sich ein leichter Umschwung ab. Auch wenn die Culture Studies weiter dominieren, so wird doch auch der Wert von Literatur wieder erkannt. Berman etwa beklagt den «anti-ästhetischen Rückzug von der Literatur» (3), und Friedrichsmeyer plädiert für eine größere Beachtung der «Einzigartigkeit von Literatur» (5).

19 Die Gründe dafür müssen spekulativ bleiben: Vielleicht ist das Erbe des Historismus in Deutschland zu mächtig; vielleicht hat auch die Einstellung der Deutschen gegenüber dem Relativismus nach dem Krieg, die sich auf die Theorien von Apel und Habermas stützen konnte, dazu geführt, daß man solchen Strömungen gegenüber skeptisch ist, vor allem wenn man an Deutschlands Erfahrung mit der antirationalen Feier des Partikularen und der Ethnizität denkt; möglicherweise rührt es aber auch von der unterschiedlichen kulturellen Bewertung des Individualismus in den USA und Deutschland her; vielleicht erscheint der Dekonstruktivismus dem deutschen Geist als zu verspielt und unwissenschaftlich; vielleicht neigen die Deutschen, die in einer anderen Tradition stehen, die u. a. größeren Wert auf textkritische und editorische Arbeit legt, eher dazu, den Wert eines literarischen Werks über ihre eigenen Interpretationsbemühungen zu stellen. Holub, der behauptet, die Deutschen verfügten über eine weitaus stärkere geistige Bindung an Marx und die Frankfurter Schule und könnten sich deswegen kaum für eine Strömung begeistern, die von Nietzsche und Heidegger (die einer verdächtigen politischen Tradition angehören) beeinflußt ist, erwähnt zwei institutionelle Faktoren: In Deutschland habe es an anerkannten Wissenschaftlern gefehlt, die diese Strömung propagiert hätten, bzw. an einer renommierten Einrichtung, an der sie sich hätte etablieren können; zudem habe es während der 70er und 80er Jahre zu wenig Stellen für den wissenschaftlichen Nachwuchs gegeben, der die etablierten Paradigmen hätte in Frage stellen können (39–43).

20 Ein Beispiel im Bereich der Technikinterpretation ist Friedrich Kittler, wenngleich er weniger Dekonstruktivist im eigentlichen Sinne ist, sondern Poststrukturalist, der stark von Foucault beeinflußt ist und deshalb viel mit dem kulturwissenschaftlichen Ansatz gemeinsam hat.

21 Indem ich auch die Stärken dieser Strömungen herausarbeite, unterscheidet sich mein Ansatz von den jüngsten Untersuchungen, welche die zeitgenössische Literaturtheorie ausschließlich kritisieren (etwa Etlin).

22 Wie ich weiter unten zeigen werde, besitzen Culture Studies und Dekonstruktivismus gewisse Gemeinsamkeiten, und genau dort, wo sich diese beiden Strömungen überschneiden, stößt man manchmal auf Theoretiker, die sich mit dem Thema Technik befassen. Ein Beispiel ist Ronell, die die destabilisierenden Eigenschaften der Technik betont. Allerdings zeigt sich an Passagen wie der folgenden auch, daß sie sich nicht unbedingt verständlich auszudrükken weiß: «Das Telephon verstrickt uns in seine eigene Voraussetzungslosigkeit, wenn man darunter den Würgegriff versteht, mit dem es die Unmöglich-

keit, zu einer eigenen Bedeutung zu gelangen, gerade bestätigt. Lärmmaschine, Schizoleitung, Schüsse in der Dunkelheit der Kriegszone, Liebesdiskurs oder Phantomkonferenzschaltung: das Telephon als solches ist wie der Phallus – leer, aber mächtig» (265).

23 Eine Ausnahme bildet hier Jost Hermand, dessen Interesse an den Avantgardebewegungen ihn dazu gebracht hat, sich der Ökologie als dem wichtigsten neuen Paradigma zuzuwenden. Seine zahlreichen Arbeiten zu diesem Thema, etwa sein Buch über die «grünen Utopien» oder seine Aufsatzsammlung *Im Wettlauf mit der Zeit*, befassen sich mit älteren und neueren Werken sowie mit historischen Bewegungen, die sich mit ökologischen Fragen beschäftigen; gleichwohl läßt sich auch bei ihm, vor allem in früheren sozialgeschichtlichen Arbeiten, die Tendenz beobachten, Kontext und Inhalt auf Kosten der formalen Aspekte in den Vordergrund zu rücken. Auf der einen Seite ist es nicht verwunderlich, daß ein Wissenschaftler, der deutsch schreibt und in Deutschland publiziert, aber in den USA lehrt, zu den ersten gehört, die sich den Verbindungen zwischen Ökologie und German Studies zuwenden. Andererseits ist der Wechsel vom sozialistischen zum ökologischen Paradigma keineswegs allgemein üblich, was um so mehr für Hermands ungewöhnliche Fähigkeit spricht, sich von traditionellen Kategorien zu befreien.

24 Johnson etwa fordert: «Interpreten müssen sich ein für allemal [...] von einer primär wertenden Lesart (ist dieser Text gut oder schlecht?) verabschieden» (74).

25 Siehe dazu die klassische Untersuchung von Gans.

26 Ein Problem der Culture Studies wie der zeitgenössischen Theorie ganz allgemein liegt darin, daß mit dieser Nivellierung der Interessengebiete wie mit der Absolutsetzung zeitgenössischer Theorie und der Abkehr von der Literatur zwei wichtige Grundvoraussetzungen des Literaturwissenschaftlers deutlich geschwächt wurden: die Kenntnis zahlreicher literarischer Werke aus einer Vielzahl von Traditionen sowie die Kenntnis der Klassiker der Literaturwissenschaft.

27 Ein Beispiel für diese Verletzung ästhetischer Integrität und Komplexität ist etwa Samuel Webers Interpretation von E. T. A. Hoffmanns *Der Sandmann*; an ihr läßt sich auch das verbreitete dekonstruktivistische Bemühen erkennen, von einem isolierten Abschnitt allgemein auf die Unmöglichkeit von Bedeutung zu schließen. Die Absolutsetzung von einzelnen Teilen, ohne sie in ein Ganzes einzubinden, zeigt sich auch in de Mans Interpretation von Nietzsches *Die Geburt der Tragödie* (*Allegorien*, 118–145) und Millers Lektüre von Goethes *Die Wahlverwandschaften* (*Ariadne's Thread*, 164–222).

28 Miller, *Ariadne's Thread*, 224. Zur zentralen Bedeutung von Aporien im Dekonstruktivismus vgl. Derrida: «diese eigenartige Aporie, die man ‹Dekonstruktion› heißt» (*Mémoires*, 185) wie auch seine *Aporien*.

29 «Die Abwesenheit eines transzendentalen Signifikats erweitert das Feld und das Spiel des Bezeichnens ins Unendliche» (Derrida, Struktur, 117).

30 Einige Dekonstruktivisten würden dem entgegenhalten, daß «Text» in einem weiteren Sinne zu verstehen sei und sich auch auf gesellschaftliche und politische Ereignisse beziehe. Derrida selbst schreibt dazu: «Text, so wie ich das Wort verwende, meint nicht das Buch» (But, beyond, 167). Da diese Behauptung – eine Variante des früheren Satzes «*Ein Text-Äußeres gibt es nicht*»

(*Grammatologie*, 274) – eine potentielle Verbindung zu den Culture Studies und ihrer Betonung einer Lektüre der Welt herstellt, wird sie nicht von allen Dekonstruktivisten geteilt, und dort, wo man sie teilt, taucht das ganz andere Problem auf, daß das Spezifische des literarischen Textes verschwindet.

31 Die «Homerische Frage» wurde in der modernen Altertumswissenschaft heftig diskutiert. Trotz noch immer bestehender Meinungsverschiedenheiten hinsichtlich der Autorschaft ist man sich darüber einig, daß diese Werke nicht wie moderne Erzählungen komponiert wurden, sondern aus einer stark ausgeprägten mündlichen Tradition heraus entstanden. Im Gegensatz zu Vico jedoch sind die meisten heutigen Klassischen Philologen der Ansicht, daß es sich bei Homer um eine historische Gestalt handelt, die am Ende dieser langen Tradition stand und den epischen Erzählungen ihre strukturelle Einheit gab.

32 Beispiele finden sich am SUNY Buffalo Electronic Poetry Center ⟨http://www.epc.buffalo.edu⟩.

33 Zum Begriff des Hypertexts siehe v. a. Nielsen; Landow, *Hypertext 2.0*; Joyce, *Of Two Minds*. Eine nützliche Einführung auf deutsch bietet Wingert.

34 Eine kenntnisreiche Darstellung der stilistischen Aspekte expressionistischer Dichtung, insofern sie das technische Zeitalter widerspiegeln, findet sich bei Vietta.

35 Eine breitangelegte und scharfsinnige Untersuchung der literarischen Darstellung des Wissenschaftlers vom Mittelalter bis zur Gegenwart (darunter eine ganze Reihe deutscher Texte) bietet Haynes; sie bemerkt, daß Wissenschaftler in der Moderne besonders häufig als unnahbar und gefühlskalt dargestellt werden, was wohl mit dem Aufkommen der technischen Rationalität zu tun hat. Nützlich für einen ersten Überblick ist auch Ziolkowski, der in der Darstellung des modernen Wissenschaftlers seit Shelley die Vereinigung zweier verschiedener Mythen erkennt, nämlich desjenigen von Prometheus und desjenigen von Adam; das unterstreicht die moderne Sicht der Wissenschaft, nach der die großen technischen Errungenschaften auch bedrohliche ethische Folgen haben (*Varieties*, 175–197).

36 Vor allem die Eisenbahn hat große Beachtung gefunden; vgl. u. a. Mahr; Rademacher; Hoeges; Segeberg, *Literatur*. Zum Auto als dichterischem Symbol vgl. Reinecke.

37 Schon Stifter schreibt über die Schaufenster der Geschäfte, «daß diese Auslagen und Ankündigungen nicht nur den Zweck haben, daß *der* kaufe, der will, sondern vielmehr und eigentlich den, daß *der* kaufe, der *nicht* will» (Bd. 15, 167).

38 In den letzten zehn Jahren sind im englischen Sprachraum Dutzende solcher Anthologien mit Naturliteratur erschienen. Für Sammlungen klassischer Prosa zu diesem Thema vgl. Finch/Elder und Lyon. Eine stärker gegenwartsbezogene Auswahl findet sich bei Halpern. Pack/Parini bieten eine Anthologie zeitgenössischer Gedichte, Anderson hat Prosa und Lyrik von Frauen zusammengetragen. Die genannten Bücher bilden allenfalls eine kleine Auswahl aus dem beachtlichen Angebot. Auch in Deutschland läßt sich ein neues Interesse an der Natur beobachten (vgl. etwa Marsch, von Bormann, Kleßmann und Grimm), wenngleich es, wie in in Jürgen Beckers Hinweis auf «kaputte Natur» (62), weniger um den Lobpreis als um die Gefährdung der Natur geht. Vgl. auch Mayer-Tasch.

39 «Die Oper, die wir haben, ist *die kulinarische Oper*. Sie war ein Genußmittel, lange bevor sie eine Ware war» (Bd. 24, 76).

40 Das wohl ambitionierteste Internet-Projekt im Bereich der deutschen Literatur ist *Das Projekt Gutenberg* (http://www.gutenberg.de), das bislang mehr als 250 000 deutschsprachige Textseiten von über 350 Autoren enthält und jeden Monat um ca. 5000 Seiten wächst; es enthält jedoch keine Interpretationshilfen, wie man sie etwa auf den meisten CD-ROMs findet. Sehr nützlich für den, der literarische Texte und ergänzendes Material dazu im Internet sucht, ist das Buch von Reinhard Kaiser. Umfassender informiert Simon-Ritz über Germanistik im Internet.

41 Einen Sammelband zu computergestützten Texteditionen bietet Kamzelak.

42 Nach Landow ist der Vorstellung vom Hypertext und zeitgenössischer Literaturtheorie die Annahme gemeinsam, daß «wir uns von Begriffssystemen verabschieden müssen, die auf den Vorstellungen von Zentrum, Peripherie, Hierarchie und Linearität beruhen» (*Hypertext 2.0*, 2). Die Verbindung zwischen Hypertext und poststrukturalistischer Theorie findet sich auch bei anderen Autoren, etwa bei Bolter, 147–168 und bei Taylor/Saarinen.

43 Eine klassische interdisziplinäre Untersuchung zur Symmetrie findet sich bei Weyl.

44 Baudrillard verzichtet jedoch auf jede Unterscheidung zwischen einem Objekt und seiner Repräsentation, die es ihm erlauben würde, die Simulation als Simulation zu kritisieren. Übertreibung und Indifferenz gegenüber der Wahrheit sind somit zwangsläufige Konsequenzen dieser Theorie.

45 Das Studium der Literatur ist somit ein wichtiger Bestandteil der Bildung und dient nicht nur dem Literaturwissenschaftler, sondern auch dem allgemein Interessierten. Solche Argumente sind bei der Verteidigung einer an den *artes liberales* orientierten Erziehung von zentraler Bedeutung, ebenso bei der Beantwortung der Frage, inwiefern das in jüngster Zeit an zahlreichen deutschen Universitäten eingeführte Baccalaureat sowohl für den Studenten als auch für die Gesellschaft von Wert ist.

46 Eine Analyse von Brochs Roman im Hinblick auf die Krise des Mythos und die Herausforderungen der Technik findet sich in Roche, Die Rolle.

47 In der Praxis jedoch war Heidegger gegenüber der Dichtung als Dichtung nicht besonders aufgeschlossen; statt dessen hat er Verse und Sätze aus dem Zusammenhang gerissen und unabhängig von jeglichem Kontext darüber nachgedacht. Und gerade dort, wo Heidegger die Subjektivität kritisiert, betont er seine eigene Subjektivität und behandelt Dichtung als bloßes Objekt. Eine überzeugende Kritik an Heideggers Hermeneutik findet sich bei Weimar/Jermann.

48 Die aktuellsten Zahlen zur Bedrohung durch Aussterben finden sich bei Tuxill.

49 Mit Odo Marquard stimme ich darin überein, daß uns Literatur und Geisteswissenschaften angesichts der Fortschritte in Wissenschaft und Modernisierung (u. a. Homogenität und Globalisierung) lebendige und bedeutungsvolle Lebenswelten und Traditionen vermitteln, mit denen wir uns identifizieren können. Allerdings habe ich mehrere Einwände gegen diese Kompensationsthese von Marquard. Erstens betont Marquard, daß uns die Geisteswissenschaften Vertrautes vermitteln, während die Naturwissenschaft und die Technik uns mit neuen Welten konfrontieren. Die Geisteswissenschaften mögen durchaus diese Funktion erfüllen, aber auch sie eröffnen

neue und andere Welten, insofern sie uns originelle Geschichten und Erzählungen aus anderen Traditionen vermitteln. Zweitens hält Marquard die Ambiguität für das oberste Prinzip der Geisteswissenschaften, das zwar in der Tat eine wichtige Rolle spielt, mit dessen Hilfe sich aber kaum alle ethischen Herausforderungen erfassen lassen, mit denen wir es heute zu tun haben. Drittens mag Kompensation einen Aspekt von Kunst und Geisteswissenschaften unter bestimmten Umständen erfassen, doch mit Sicherheit lassen sich beide Bereiche mit weitaus gewichtigeren Argumenten rechtfertigen, wie ich in diesem Buch zu zeigen versuche. Viertens schließlich verkehrt die Kompensationsthese die Hierarchie von Primärem und Sekundärem, indem sie das Technische und Instrumentelle an die erste Stelle setzt und die Werte als Kompensation zu diesen Kräften begreift; in Wahrheit hingegen sind die Werte das *telos*, und das Technische und Instrumentelle sind an diesen höheren Absichten zu messen.

50 Ich zitiere Storms Text lediglich mit Seitenzahlen; die Novelle findet sich in Band 3 der *Sämtlichen Werke*.

51 Haukes Tod weist Parallelen zu einem anderen tragischen Helden auf, der sich selbst opfert, nämlich zu Marcus Curtius, dem legendenhaften Helden im 4. Jahrhundert v. Chr. Glaubt man dem Mythos, so öffnete sich auf dem Forum in Rom eine tiefe Spalte, und die Seher verkündeten, sie werde sich erst dann wieder schließen, wenn man Roms wertvollsten Besitz hineingeworfen habe. Marcus Curtius, der glaubte, nichts sei wertvoller als ein tapferer Bürger, stürzte sich in voller Bewaffnung und auf einem Pferd in diese Spalte, die sich unmittelbar danach wieder schloß. Meines Wissens wurde diese Parallele bislang nicht bemerkt, geschweige denn genauer untersucht.

52 Wolfgang Frühwald ist der Ansicht, daß auch Haukes letzte Worte berechnend sind; es gibt jedoch keinen Grund anzunehmen, sie seien nicht echt oder, wenn sie von anderen nicht überhört worden sind, eine Art Volksweisheit.

53 Meine Interpretation versucht beiden Polen der Geschichte gerecht zu werden: auf der einen Seite Haukes Rationalismus und der Technik, auf der anderen Seite dem Aberglauben und dem Gemeinschaftsgefühl im Dorf. Auch Ellis (Narration) und Thomas Heine, die sich beide auf den Erzählrahmen und seine Mehrdeutigkeit konzentrieren, werden beiden Seiten der Erzählung gerecht, wenngleich viele meiner Bewertungen sich von den ihren unterscheiden. Leider verfallen einige neuere Deutungen wieder in die Einseitigkeit: Jackson etwa sieht in Hauke einzig den Helden, der über die Gemeinschaft siegt, während Hoffmann Hauke durchweg negativ bewertet.

54 Ähnlich sind einige Interpreten der Meinung, Wienkes Zurückgebliebenheit verweise auf Hauke oder auf die Beziehung zwischen Hauke und Elke; vgl. z. B. Hermand, Hauke, 49; Ward, 51 f.; Schwarz, 262.

55 Segeberg erkennt zu Recht: «Das *erzählte* Sühneopfer macht jedes reale überflüssig» (*Literarische Technik-Bilder*, 101).

56 Liewerscheidt übersieht diese ökonomische Dimension ebenso wie die Hinweise auf andere Sphären, wenn er in dem Gedicht lediglich biologischen Determinismus und fatalistischen Reduktionismus zu erkennen glaubt.

57 Und weiter heißt es in dieser humorvollen Passage bei Heine: «Sie wollen also noch ein Trinkgeld dafür haben, daß Sie Ihre kranke Mutter gepflegt und Ihren Herrn Bruder nicht vergiftet haben?» (Bd. 6/1, 472).

58 Zu den Begriffen der Substanz und der Funktion in der Moderne vgl. Cassirer, *Substanzbegriff*.

59 Man vergleiche Benns Beschreibung des mittelalterlichen Weltbildes in «Bezugsysteme», ein Text, der ebenfalls aus dem Jahr 1943 stammt: «Auch liegt es nahe, auf das mittelalterliche Weltbild zu verweisen in seiner völligen Geschlossenheit zum symbolischen Ausdruck, jede Einzelheit bezogen auf den Grundriß, den Grundgedanken, die Kirche, außerhalb derer ein Heil nicht ist» (Bd. 4, 326).

60 Motekat weist kurz darauf hin, daß das Ich auch in christlicher Zeit ein verlorenes gewesen sei, es aber weitergemacht habe, als sei es letztlich doch nicht verloren; der Widerspruch dabei entgeht ihm: «Das für sich immer, auch damals, ‹verlorene Ich› war umschlossen und wußte sich geborgen (...). Das einzelne Ich war nicht, wie jetzt, verloren, sondern ‹umschlossen› in der Ganzheit Welt und ihrer Ordnung von Gott und in Gott» (335). Ähnlich argumentiert Buddeberg, die ebenfalls die traditionelle Lesart verteidigt: «Einstmals war auch noch das Ich, das sich als ein verlorenes fühlte (aber es ist auch dann noch nicht in dieser Art ‹verloren› gewesen, wie das *jetzt* als grundsätzlich verloren zu kennzeichnende Ich es ist)» (256). Andere halten an der traditionellen Lesart fest, ohne die Schwierigkeit, die sich aus den beiden letzten Versen ergibt, zu bemerken, geschweige denn näher zu betrachten: vgl. z. B. Balser, 172; Böckmann, 80–83; Casper, 290; Herrmann, 44–53; Hohmann, 53 f.; Klemm, 85–88; Liewerscheidt, 55–58; Perlitt, 116 f.; Schöne, *Säkularisation*, 200 f..

61 «Oh ferne zwingende erfüllte Stunde / die einst d⟨er⟩ Schächer [des Barrabas –] / die einst [auch] verlorenes Ich mit einschloss» (Bd. 1, 462). In dieser Passage wurde «⟨er⟩» vom Herausgeber eingefügt; «[des Barrabas –]» wurde von Benn gestrichen; das «[auch]» ist eine spätere Ergänzung. Im Lichte dieser früheren Fassung könnte man versucht sein, an der traditionellen Lesart festzuhalten und zu argumentieren, daß das «verlorene Ich» der letzten Strophe sich auf einen oder sogar beide «Schächer» beziehen könnte. Heute ist das Ich verloren, aber damals («einst») konnte «die erfüllte Stunde» das verlorene Ich noch retten. Würden wir dieser Lesart folgen, wäre der Unterschied zwischen der mittelalterlichen und der modernen Welt untermauert. Doch die Tatsache, daß die beiden «Schächer» in der Endfassung weggefallen sind, macht diese Lesart zu einer hochgradig spekulativen. Sie wird zudem noch dadurch in ihrer Stichhaltigkeit geschwächt, daß in der Endfassung der Singular verwendet wird und von einer Person die Rede ist, die umschlossen wird, während doch die beiden Kriminellen an Jesu Seite gekreuzigt wurden.

62 Zu Benns *imitatio Christi*, vor allem Mitte der 30er Jahre, vgl. Schröder; das Gedicht *Verlorenes Ich* findet dabei jedoch keine Berücksichtigung, da es jenseits des behandelten Zeitraums liegt.

63 In *Valse Triste* schreibt Benn: «(...) beuge, beuge / dein Haupt in Dorn und Schlehn, / in Blut und Wunden zeuge / die Form, das Auferstehn» (Bd. 1, 68 f.). Und *Verse* beginnt mit folgenden Zeilen: «Wenn je die Gottheit, tief und unerkenntlich / in einem Wesen auferstand und sprach, / so sind es Verse, da unendlich / in ihnen sich die Qual der Herzen brach; / die Herzen treiben längst im Strom der Weite, / die Strophe aber streift von Mund zu Mund, / sie übersteht die Völkerstreite und überdauert Macht und Mörderbund» (Bd. 1, 184).

64 *Iesous* setzt sich wie folgt zusammen: iota = 10; eta = 8; sigma = 200; omicron = 70; ypsilon = 400; sigma = 200. Die Summe daraus ist 888.

65 Eine allgemeine Untersuchung zum Wissenschaftler im modernen deutschen Drama findet sich bei Charbon.

66 Ich zitiere lediglich die Seitenzahlen; das Stück findet sich in Band 7 der *Werkausgabe.*

67 Von den Dutzenden von Interpretationen dieses Stücks, die ich kenne (darunter auch die, die sich mit der angeblichen Notwendigkeit von Möbius' Mord beschäftigen), erkennen nur drei, daß Möbius anstelle des Mordes auch Selbstmord hätte begehen können: Brüche, 170; Durzak, *Die Travestie*, 93; Heimy Taylor, 25. Auch die Tatsache, daß Möbius seine Frau mißhandelt, hat kaum Beachtung gefunden; wenngleich seine Frau in einer überwiegend komischen Szene dargestellt wird, so hat sie doch hart gearbeitet, so daß Möbius studieren konnte, und später hat sie die Arbeit wieder aufgenommen und gespart, um Möbius den luxuriösen Sanatoriumsaufenthalt zu ermöglichen. Die Blindheit gegenüber dieser Frage mag mit einer allgemeinen Tendenz zusammenhängen, die Art und Weise, in der Frauen traditionell öffentlichen Belangen geopfert werden, zu übersehen. In diesem Zusammenhang stellt sich zudem die Frage (die auch in der Zeit des Nationalsozialismus eine große Rolle spielte), ob Wissenschaftler über einen Sonderstatus verfügen und besondere Privilegien verdienen oder ob sie wie andere auch Verantwortung tragen. Diese beiden Fragen – die Unterordnung von Frauen und die besonderen Privilegien der Wissenschaft – vermengen sich in der grotesken Erklärung, die Newton für seinen Mord an Dorothea Moser liefert: «Meine Aufgabe besteht darin, über die Gravitation nachzudenken, nicht ein Weib zu lieben» (20).

68 Jonas' Plädoyer für die Grenzen unseres Handelns hat in Deutschland – dort erhielt er für *Das Prinzip Verantwortung* den Friedenspreis des deutschen Buchhandels – mehr Beachtung gefunden als in den USA, was auf ein weiterreichendes Problem verweist. Leo Marx hat gezeigt, welche Rolle in der amerikanischen Kultur bis heute die Sehnsucht nach einem Lebensstil in enger und harmonischer Beziehung zur Natur spielt; er spricht vom pastoralen Ideal. Noch heute spielt die Werbung, ob für Bier, Zigaretten oder Autos, mit diesen Assoziationen. Gleichwohl ist das ökologische Paradigma in den USA auf beträchtlichen Widerstand gestoßen. Denn erstens hält die Größe der verfügbaren Landschaft im Verhältnis zu den menschlichen Bedürfnissen die Dringlichkeit dieser Frage in Grenzen. Zum zweiten steht die Vorstellung von einem unbegrenzten Fortschritt, welche die kulturellen Symbole Amerikas seit jeher auszeichnet, jeder Vorstellung von Beschränkungen entgegen. Zum dritten haben die USA seit ihren Anfängen die Technik als Verbündeten bei der Ausbildung ihrer unterschiedlichen Rollen in der neuen Welt betrachtet. Viertens ist Amerika ein Land des Individualismus, das zumeist die Rechte über die Pflichten stellt, während das ökologische Paradigma eines nichtindividualistischen Rahmens bedarf. Und schließlich sind die USA (wie auch andere Gesellschaften) aufgrund der Sektoralisierung des modernen Lebens zugleich eine die Natur liebende und ressourcenverbrauchende Gesellschaft, die den Widerspruch zwischen diesen beiden Tendenzen nicht zu erkennen vermag (Buell, 4).

69 Man beachte in diesem Zusammenhang die klugen Gedanken des Erzählers in Helga Königsdorfs *Respektloser Umgang*: «Aber Hunger und soziale Not sind konkret erfahrbar. Die Bedrohung der menschlichen Zivilisation bleibt abstrakt. Man kann die Gedanken darüber beiseiteschieben wie das Wissen um die eigene Sterblichkeit» (94).

70 Es verwundert daher nicht, daß eine der frühesten Arbeiten zur literarischen Ökologie, nämlich die von Meeker, Verbindungen zwischen Komödie und Ökologie aufzuzeigen versucht. Obwohl Meekers Argumentation meiner Ansicht nach weitgehend stichhaltig ist, so muß doch bei der allgemeineren Frage nach dem Wert der Literatur im technischen Zeitalter auch die Tragödie eine Rolle spielen: Erstens nämlich ist die Tragödie die Gattung der Verantwortung, in der angesichts des Bösen ein fester und mutiger Standpunkt eingenommen wird; und zweitens macht sie über die Negation die Unhaltbarkeit von Standpunkten deutlich.

Zitierte Literatur

Anderson, Lorraine (Hrsg.), *Sisters of the Earth. Women's Prose and Poetry about Nature*. New York 1991.

Apel, Karl-Otto, The Problem of a Macroethic of Responsibility to the Future in the Crisis of Technological Civilization. An Attempt to Come to Terms with Hans Jonas's *Principle of Responsibility*, in: *Man and World* 20 (1987), S. 3–40.

–, *Transformation der Philosophie*. Frankfurt/M. 1976.

Aristoteles, *Poetik*. Übers. u. hrsg. v. Manfred Fuhrmann. Stuttgart 1994.

Aristoteles, *Werke in deutscher Übersetzung*. Begründet v. Ernst Grumach, hrsg. v. Hellmut Flashar. Berlin 1958 ff.

Arnold, Matthew, The Function of Criticism at the Present Time, in: *The Complete Prose Works of Matthew Arnold*. Ann Arbor 1962, Bd. 3, S. 258–285.

Artiss, David S., Bird Motif and Myth in Theodor Storm's *Schimmelreiter*, in: *Seminar* 4 (1968), S. 1–16.

Auerbach, Erich, *Mimesis. Dargestellte Wirklichkeit in der abendländischen Literatur*. Bern/München 1946.

Baasner, Rainer/Georg Reichard, *Epochen der deutschen Literatur. Aufklärung und Empfindsamkeit. Ein Hypertext-Informationssystem*. Stuttgart 1998.

Balser, Hans-Dieter, *Das Problem des Nihilismus im Werke Gottfried Benns*. Bonn 1965.

Barthes, Roland, *Œuvres complètes, Tome II (1966–1973)*. Paris 1994.

Baudrillard, Jean, *Simulacres et simulation*. Paris 1981.

Beardsmore, R. W., *Art and Morality*. London 1971.

Becker, Jürgen, *Gedichte 1965–1980*. Frankfurt/M. 1981.

Benjamin, Walter, *Der Erzähler*, in: *Illuminationen. Ausgewählte Schriften*. Frankfurt/M. 1977, S. 395–410.

–, *Das Kunstwerk im Zeitalter seiner technischen Reproduzierbarkeit. Drei Studien zur Kunstsoziologie*. Frankfurt/M. 1963.

Benn, Gottfried, *Ausgewählte Briefe*. Wiesbaden 1957.

–, Probleme der Lyrik, in: *Gesammelte Werke*. Wiesbaden 1968, Bd. 4, S. 1058–1096.

–, *Sämtliche Werke. Stuttgarter Ausgabe*. 1986 ff.

Berman, Russell A., Our Predicament, Our Prospects, in: *German Quarterly* 73 (2000), S. 1–3.

Bhabha, Homi K., *Die Verortung der Kultur*. Tübingen 2000.

Die Bibel. Altes und neues Testament. Einheitsübersetzung. Freiburg 1980.

Bienek, Horst, *Werkstattgespräche mit Schriftstellern*. München 1962.

Birkerts, Sven, *Die Gutenberg-Elegien. Lesen im elektronischen Zeitalter*. Frankfurt/M. 1997.

Böckmann, Paul, Gottfried Benn und die Sprache des Expressionismus, in: *Der deutsche Expressionismus. Formen und Gestalten*. Göttingen 1965, S. 63–87.

Bölsche, Wilhelm, *Die naturwissenschaftlichen Grundlagen der Poesie. Prolegomena einer realistischen Ästhetik*. Tübingen 1976.

Bolter, Jay David, *Writing Space. The Computer, Hypertext and the History of Writing*. Hillsdale 1990.

Bolter, Jay David/Michael Joyce/John B. Smith, *Storyspace. Hypertext Writing Environment for the Macintosh*. Computer software. Cambridge 1990.

Books in Print. 9 Bde. New Providence 1999.

Bormann, Alexander von (Hrsg.), *Die Erde will ein freies Geleit. Deutsche Naturlyrik aus sechs Jahrhunderten*. Frankfurt/M. 1984.

Bradley, A. C., Hegel's Theory of Tragedy, in: *Oxford Lectures on Poetry*. London 1909, S. 69–95.

Brecht, Bertolt, *Werke. Große kommentierte Berliner und Frankfurter Ausgabe*. Frankfurt/M. 1993.

Brinkmann, Rolf Dieter, *Westwärts 1 & 2. Gedichte*. Reinbek 1975.

Britten, Benjamin, *On Receiving the First Aspen Award*. London 1964.

Broch, Hermann, *Kommentierte Werkausgabe*. Frankfurt/M. 1986.

Brooks, Cleanth, *The Well Wrought Urn. Studies in the Structure of Poetry*. New York 1947.

Brüche, Ernst, Die Physiker. Komödie von Friedrich Dürrenmatt. Eine Besprechung der Weltuntergangsfarce aus zweiter Hand, in: *Physikalische Blätter* 18 (1962), S. 169–172.

Buddeberg, Else, *Gottfried Benn*. Stuttgart 1961.

Buell, Lawrence, *The Environmental Imagination. Thoreau, Nature Writing, and the Formation of American Culture*. Cambridge 1995.

Bullivant, Keith/Hugh Ridley, *Industrie und deutsche Literatur, 1830–1914. Eine Anthologie*. München 1976.

Butler, Judith, Further Reflections on the Conversations of Our Time, in: *Diacritics* 27 (1997), S. 13–15.

Calvino, Italo, *Sechs Vorschläge für das nächste Jahrtausend. Harvard-Vorlesungen*. München 1995.

Carroll, Noël, Art, Narrative, and Moral Understanding, in: *Aesthetics and Ethics. Essays at the Intersection*. Hrsg. v. Jerrold Levinson. New York 1998, S. 126–160.

Casper, M. Kent, The Circle and the Centre. Symbols of Totality in Gottfried Benn, in: *German Life and Letters* 26 (1973), S. 288–297.

Cassirer, Ernst, Form und Technik, in: *Technikphilosophie*. Hrsg. v. Peter Fischer. Leipzig 1996, S. 157–213.

–, *Substanzbegriff und Funktionsbegriff. Untersuchungen über die Grundfragen der Erkenntniskritik*. Darmstadt 1976.

Castells, Manuel, *The Information Age: Economy, Society and Culture*. Oxford 1996-1998.

Čechov, Anton, *Rothschilds Geige. Erzählungen 1893–1896*. Zürich 1976.

Charbon, Rémy, *Die Naturwissenschaften im modernen deutschen Drama*. Zürich 1974.

Chatman, Seymour, *Story and Discourse. Narrative Structure in Fiction and Film*. Ithaca 1978.

Cohn, Dorrit, *Transparent Minds. Narratives Modes for Presenting Consciousness in Fiction*. Princeton 1978.

Coleridge, Samuel Taylor, *Biographia Literaria or Biographical Sketches of My Literary Life and Opinions*. Princeton 1983.

Coles, Robert, *The Call of Stories. Teaching and the Moral Imagination*. Boston 1989.

Dahlhaus, Carl, *Die Idee der absoluten Musik*. Kassel 1994.

Daniels, Karlheinz, *Mensch und Maschine. Literarische Dokumente*. Frankfurt/M. 1981.

de Man, Paul, *Allegorien des Lesens*. Frankfurt/M. 1988.

–, *Blindness and Insight. Essays in the Rhetoric of Contemporary Criticism*. Minneapolis 1983.

Derrida, Jacques, *Aporien. Sterben – Auf die «Grenze der Wahrheit» gefaßt sein*. München 1998.

–, But, beyond … (Open Letter to Anne McClintock and Rob Nixon), in: *Critical Inquiry* 13 (1986), S. 155–170.

–, *Grammatologie*. Frankfurt/M. 1974.

–, *Limited Inc*. Evanston 1988.

–, *Mémoires: Für Paul de Man*. Wien 1988.

–, Die Struktur, das Zeichen und das Spiel im Diskurs der Wissenschaften vom Menschen, in: *Postmoderne und Dekonstruktion. Texte französischer Philosophen der Gegenwart*. Hrsg. v. Peter Engelmann. Stuttgart 1990, S. 114–139.

Dithmar, Reinhard, *Industrieliteratur*. München 1973.

Döblin, Alfred, *Schriften zur Ästhetik, Poetik und Literatur*. Olten 1989.

Donoghue, Denis, *The Practice of Reading*. New Haven 1998.

Dürrenmatt, Friedrich, Ich bin der finsterste Komödienschreiber, den es gibt. Ein *Zeit*-Gespräch mit Friedrich Dürrenmatt, in: *Die Zeit*, 16. August 1985, S. 33 f.

–, *Werkausgabe in dreißig Bänden*. Zürich 1980.

Durzak, Manfred, *Dürrenmatt – Frisch – Weiss. Deutsches Drama der Gegenwart zwischen Kritik und Utopie*. Stuttgart 1972.

–, Die Travestie der Tragödie in Dürrenmatts *Der Besuch der alten Dame* und *Die Physiker*, in: *Der Deutschunterricht* 28 (1976), S. 86–96.

Ellis, John M., *Against Deconstruction*. Princeton 1989.

–, Narration in Storm's *Der Schimmelreiter*, in: *Germanic Review* 44 (1969), S. 21–30.

Etlin, Richard A., *In Defense of Humanism. Value in the Arts and Letters*. Cambridge 1996.

Finch, Robert/John Elder (Hrsg.), *The Norton Book of Nature Writing*. New York 1990.

Fish, Stanley, Anti-Foundationalism, Theory Hope, and the Teaching of Composition, in: *The Current in Criticism. Essays on the Present and Future of Literary Theory*. Hrsg. v. Clayton Koelb und Virgil Lokke. West Lafayette 1987, S. 65–79.

Forster, E. M., *Ansichten des Romans*. Frankfurt/M. 1949.

Förster, Jürgen/Eva Neuland/Gerhard Rupp, *Wozu noch Germanistik? Wissenschaft – Beruf – Kulturelle Praxis*. Stuttgart 1989.

Freund, Winfried, *Theodor Storm*. Stuttgart 1987.

Friedrichsmeyer, Sara, Acknowledging the Beautiful, in: *German Quarterly* 73 (2000), S. 4–7.

Frühwald, Wolfgang, Hauke Haien, der Rechner. Mythos und Technikglaube in Theodor Storms Novelle *Der Schimmelreiter*, in: *Literaturwissenschaft und Geistesgeschichte. Festschrift für Richard Brinkmann*. Tübingen 1981, S. 438–457.

Frye, Northrop, _Analyse der Literaturkritik._ Stuttgart 1964.

Gans, Herbert J., _Popular Culture & High Culture. An Analysis and Evaluation of Taste._ Neuauflage New York 1999.

Gardner, John, _On Moral Fiction._ New York 1978.

Gehlen, Arnold, _Die Seele im technischen Zeitalter. Sozialpsychologische Probleme in der industriellen Gesellschaft._ Hamburg 1957.

–, _Zeit-Bilder. Zur Soziologie und Ästhetik der modernen Malerei._ Frankfurt/M. 1986.

Genette, Gérard, _Die Erzählung._ München 1994.

Gethmann-Siefert, Annemarie, Hegel über Kunst und Alltäglichkeit. Zur Rehabilitierung der schönen Kunst und des ästhetischen Genusses, in: _Hegel-Studien_ 28 (1993), S. 215–265.

Goethe, Johann Wolfang von, _Goethes Werke. Hamburger Ausgabe._ München 1978.

Gomringer, Eugen, _theorie der konkreten poesie._ Wien 1997.

Gould, Stephen Jay, _Zufall Mensch. Das Wunder des Lebens als Spiel der Natur._ München 1991.

Graff, Gerald, _Literature Against Itself. Literary Ideas in Modern Society._ Chicago 1979.

Grimm, Gunter E. (Hrsg.), _Deutsche Naturlyrik. Vom Barock bis zur Gegenwart._ Stuttgart 1995.

Grossberg, Lawrence/Cary Nelson/Paula A. Treichler (Hrsg.), _Cultural Studies._ New York 1992.

Gruben, Gottfried, _Die Tempel der Griechen._ München 1980.

Guyer, Carolyn, _Quibbling._ Computer software. Cambridge 1993.

Häffele, Claus Dieter, _Kunst + Ökologie. Texte zur «Umweltkritischen Kunst» des Hinweisers Bernd Löbach._ Cremlingen 1986.

Halpern, Daniel (Hrsg.), _On Nature. Nature, Landscape, and Natural History._ San Francisco 1987.

Hamacher, Werner, pleroma – zu Genesis und Struktur einer dialektischen Hermeneutik bei Hegel, in: Georg Wilhelm Friedrich Hegel, _Der Geist des Christentums. Schriften 1796–1800._ Hrsg. v. Werner Hamacher. Frankfurt/M. 1978, S. 7–333.

Hardin, Garrett, The Tragedy of the Commons, in: _Managing the Commons._ Hrsg. v. Garrett Hardin und John Baden. San Francisco 1977, S. 16–30.

Hauser, Arnold, _Sozialgeschichte der Kunst und Literatur._ München 1990.

Haynes, Roslynn D., _From Faust to Strangelove. Representations of the Scientist in Western Literature._ Baltimore 1994.

Hegel, G. W. F., _Werke in zwanzig Bänden._ Frankfurt/M. 1978.

Heidegger, Martin, Überwindung der Metaphysik, in: _Vorträge und Aufsätze._ Pfullingen 1954, S. 71–99.

–, _Der Ursprung des Kunstwerkes._ Stuttgart 1960.

Heine, Heinrich, _Sämtliche Schriften._ München 1968–1976.

Heine, Thomas, _Der Schimmelreiter._ An Analysis of the Narrative Structure, in: _German Quarterly_ 55 (1982), S. 554–564.

Hermand, Jost, _Geschichte der Germanistik._ Reinbek 1994.

–, _Grüne Utopien in Deutschland. Zur Geschichte des ökologischen Bewußtseins._ Frankfurt/M. 1991.

–, Hauke Haien. Kritik oder Ideal des gründerzeitlichen Übermenschen, in: *Wirkendes Wort* 15 (1965), S. 40–50.

–, *Im Wettlauf mit der Zeit. Anstöße zu einer ökologiebewußten Ästhetik.* Berlin 1991.

Herrmann, Manfred, *Gedichte interpretieren. Modelle, Anregungen, Aufgaben.* Paderborn 1978.

Hoeges, Dirk, *Alles veloziferisch. Die Eisenbahn – vom schönen Ungeheuer zur Ästhetik der Geschwindigkeit.* Rheinbach-Merzbach 1985.

Hoffmann, Volker, Theodor Storm: *Der Schimmelreiter.* Eine Teufelspaktgeschichte als realistische Lebensgeschichte, in: *Erzählungen und Novellen des 19. Jahrhunderts.* Stuttgart 1990, S. 333–370.

Hohmann, Werner L., *Vier Grundthemen der Lyrik Gottfried Benns gesehen unter der Wirkung der Philosophie Nietzsches.* Essen 1986.

Hölderlin, Friedrich, *Sämtliche Werke und Briefe.* Frankfurt/M. 1992–94.

Holub, Robert C., *Crossing Borders. Reception Theory, Poststructuralism, Deconstruction.* Madison 1992.

Hösle, Vittorio, Begründungsfragen des objektiven Idealismus, in: *Philosophie und Begründung.* Frankfurt/M. 1987, S. 212–267.

–, *Moral und Politik. Grundlagen einer politischen Ethik für das 21. Jahrhundert.* München 1997.

–, *Philosophie der ökologischen Krise. Moskauer Vorträge.* München 1991.

–, *Praktische Philosophie in der modernen Welt.* München 1992.

–, *Woody Allen. Versuch über das Komische.* München 2001.

Huizinga, Johan, *Homo Ludens. Vom Ursprung der Kultur im Spiel.* Reinbek 2001.

Iser, Wolfgang, Die Appellstruktur der Texte. Unbestimmtheit als Wirkungsbedingung literarischer Prosa, in: *Rezeptionsästhetik. Theorie und Praxis.* Hrsg. v. Rainer Warning. München 1975, S. 228–252.

Jackson, David A., *Theodor Storm. Dichter und demokratischer Humanist.* Berlin 2001.

Jakobson, Roman, *Aufsätze zur Linguistik und Poetik.* Frankfurt/M. 1979.

Jameson, Fredric, *Signatures of the Visible.* New York 1990.

Jauß, Hans Robert (Hrsg.), *Die nicht mehr schönen Künste. Grenzphänomene des Ästhetischen.* München 1968.

Johnson, Richard, What is Cultural Studies Anyway?, in: *Social Text. Theory/Culture/Ideology* 16 (1986/87), S. 38–80.

Jonas, Hans, *Das Prinzip Verantwortung. Versuch einer Ethik für die technologische Zivilisation.* Frankfurt/M. 1979.

Joyce, Michael, *afternoon, a story.* Computer disk. Cambridge 1987.

–, *Of Two Minds. Hypertext Pedagogy and Poetics.* Ann Arbor 1995.

Kaiser, Georg, *Gas. Schauspiel.* Frankfurt/M. 1971.

Kaiser, Gerhard, *Wozu noch Literatur? Über Dichtung und Leben.* München 1996.

Kaiser, Reinhard, *Literarische Spaziergänge im Internet. Bücher und Bibliotheken online.* Frankfurt/M. 1997.

Kamzelak, Roland, *Computergestützte Text-Edition.* Tübingen 1999.

Kant, Immanuel, *Werkausgabe.* Frankfurt/M. 1968.

Kästner, Erich, *Gedichte.* Zürich 1959.

Kittler, Friedrich, *Aufschreibesysteme 1800/1900*. München 1995.

Klee, Paul, *Schriften. Rezensionen und Aufsätze*. Köln 1976.

Klemm, Günther, *Gottfried Benn*. Wuppertal-Barmen 1958.

Kleßmann, Eckart (Hrsg.), *Die vier Jahreszeiten*. Stuttgart 1991.

Königsdorf, Helga, *Respektloser Umgang. Erzählung*. Frankfurt/M. 1988.

Koppen, Erwin, *Literatur und Photographie. Über Geschichte und Thematik einer Medienentdeckung*. Stuttgart 1987.

Krause, Markus (Hrsg.), *Poesie & Maschine. Die Technik in der deutschsprachigen Literatur*. Köln 1989.

Kreuzer, Helmut (Hrsg.), *Die zwei Kulturen. Literarische und naturwissenschaftliche Intelligenz. C. P. Snows These in der Diskussion*. München 1987.

Kristeller, Paul Oskar, The Modern System of the Arts. A Study in the History of Aesthetics, in: *Journal of the History of Ideas* 12 (1951), S. 496–527 und 13 (1952), S. 17–46.

Landow, George P., *Hypertext 2.0. The Convergence of Contemporary Critical Theory and Technology*. Baltimore 1997.

Lane, Robert E., *The Liberties of Wit. Humanism, Criticism, and the Civic Mind*. New Haven 1961.

Larsen, Deena, *Samplers. Nine Vicious Little Hypertexts*. Computer disk. Cambridge 1996.

Liewerscheidt, Dieter, *Gottfried Benns Lyrik*. München 1980.

Lukács, Georg, *Essays über Realismus*. Berlin 1971.

Lyon, Thomas J. (Hrsg.), *This Incomperable Lande. A Book of American Nature Writing*. Boston 1989.

Mahr, Johannes, *Eisenbahnen in der deutschen Dichtung. Der Wandel eines literarischen Motivs im 19. und im beginnenden 20. Jahrhundert*. München 1982.

Marinetti, Filippo Tommaso, Fondazione e Manifesto del Futurismo, in: *Opere di F. T. Marinetti*. Verona 1968, Bd. 2, S. 7–13.

Marquard, Odo, Über die Unvermeidlichkeit der Geisteswissenschaften, in: *Apologie des Zufälligen*. Stuttgart 1987, S. 98–116.

Marsch, Edgar (Hrsg.), *Moderne deutsche Naturlyrik*. Stuttgart 1980.

Marx, Karl, *Grundrisse der Kritik der politischen Ökonomie (Rohentwurf) 1857–1858*. Berlin 1953.

Marx, Leo, *The Machine in the Garden. Technology and the Pastoral Ideal in America*. New York 1964.

Mayer-Tasch, Peter Cornelius, *Im Gewitter der Geraden. Deutsche Ökolyrik 1950–1980*. München 1981.

McCarthy, John A./Katrin Schneider (Hrsg.), *The Future of Germanistik in the USA. Changing Our Prospects*. Nashville 1996.

McLuhan, Marshall, *Die Gutenberg-Galaxis. Das Ende des Buchzeitalters*. Düsseldorf 1968.

–, *Die magischen Kanäle. «Understanding Media»*. Düsseldorf 1968.

Meeker, Joseph W., *The Comedy of Survival. Studies in Literary Ecology*. New York 1974.

Mieth, Dietmar, *Epik und Ethik. Eine theologisch-ethische Interpretation der Josephromane Thomas Manns*. Tübingen 1976.

Miller, J. Hillis, *Ariadne's Thread. Story Lines*. New Haven 1992.

–, *Theory now and then*. Durham 1991.

Minaty, Wolfgang (Hrsg.), *Die Eisenbahn. Gedichte. Prosa. Bilder.* Frankfurt/M. 1984.

Monro, D. H., *Argument of Laughter.* Notre Dame 1963.

Montrose, Louis A., Professing the Renaissance. The Poetics and Politics of Culture, in: *The New Historicism.* Hrsg. v. H. Aram Veeser. New York 1989, S. 15–36.

Morley, Michael, Dürrenmatt's Dialogue with Brecht. A Thematic Analysis of *Die Physiker,* in: *Modern Drama* 14 (1971), S. 232–242.

Motekat, Helmut, Gottfried Benn: Verlorenes Ich, in: *Wege zum Gedicht.* Hrsg. v. Rupert Hirschenauer und Albrecht Weber. München 1956, S. 326–338.

Moulthrop, Stuart, Traveling in the Breakdown Lane. A Principle of Resistance for Hypertext, in: *Mosaic* 28, 4 (1995), S. 55–77.

–, *Victory Garden.* Hyperfiction computer program. Cambridge 1991.

Mukarovsky, Jan, *Schriften zur Ästhetik, Kunsttheorie und Poetik.* Tübingen 1986.

Mundt, Theodor, *Madonna. Unterhaltungen mit einer Heiligen.* Leipzig 1835.

–, Über Bewegungsparteien in der Literatur, in: *Literarischer Zodiacus. Journal für Zeit und Leben, Wissenschaft und Kunst* 1 (1835), S. 1–20.

Murdoch, Brian, Dürrenmatt's *Physicists* and the Tragic Tradition, in: *Modern Drama* 13 (1970), S. 270–275.

Murdoch, Iris, *The Sovereignty of Good.* New York 1970.

Nielsen, Jakob, *Hypertext and Hypermedia.* Boston 1990.

Nietzsche, Friedrich, *Werke.* München 1969.

Nussbaum, Martha, *Poetic Justice. The Literary Imagination and Public Life.* Boston 1995.

Ortega y Gasset, José, Betrachtungen über die Technik, in: Gesammelte Werke, Bd. IV, Stuttgart 1978, S. 7-69.

Pack, Robert/Jay Parini (Hrsg.), *Poems for A Small Planet. Contemporary American Nature Poetry.* Hanover 1993.

Panofsky, Erwin, *Idea. Ein Beitrag zur Begriffsgeschichte der älteren Kunsttheorie.* Leipzig 1924.

Perlitt, Lothar, Verborgener und offenbarer Gott. Gottfried Benn vor der Gottesfrage, in: *Die Kunst im Schatten des Gottes. Für und Wider Gottfried Benn.* Hrsg. v. Reinhold Grimm und Wolf-Dieter Marsch. Göttingen 1962, S. 112–142.

The Perseus Digital Library. Hrsg. v. Gregory Crane. 15. Dezember 2000. ⟨http://www.perseus.tufts.edu⟩

Platon, *Werke in acht Bänden.* Hrsg. v. G. Eigler. Darmstadt 1990.

Plotin, *Plotins Schriften.* Übersetzt von Richard Harder. Hamburg 1956.

Poe, Edgar Allan, *Der Rabe. Mit dem Essay «Die Methode der Komposition».* Frankfurt/M. 1982.

Pope, Alexander, *The Poems of Alexander Pope.* New Haven 1963.

Rademacher, Gerhard, *Das Technik-Motiv in der Literatur und seine Relevanz. Am Beispiel des Eisenbahngedichts im 19. und 20. Jahrhundert.* Frankfurt/M. 1981.

Rathenau, Walter, Zur Kritik der Zeit, in: *Gesammelte Schriften.* Berlin 1918, Bd. 1, S. 7-148.

Reinecke, Siegfried, *Mobile Zeiten. Eine Geschichte der Auto-Dichtung.* Bochum 1986.

Reno, Robert P., Science and Prophets in Dürrenmatt's *The Physicists*, in: *Renascence* 37 (1985), S. 70–79.

Roche, Mark W., *Dynamic Stillness. Philosophical Conceptions of Ruhe in Schiller, Hölderlin, Büchner, and Heine.* Tübingen 1987.

–, *Gottfried Benn's Static Poetry. Aesthetic and Intellectual-Historical Interpretations.* Chapel Hill 1991.

–, Rezension über *Literarische Ästhetik. Methoden und Modelle der Literaturwissenschaft*, von Peter V. Zima. Tübingen, 1991, in: *German Quarterly* 68 (1995), S. 187–189.

–, Die Rolle des Erzählers in Brochs *Verzauberung*, in: *Brochs Verzauberung.* Hrsg. v. Paul Michael Lützeler. Frankfurt/M. 1983, S. 131–146.

–, *Tragedy and Comedy. A Systematic Study and a Critique of Hegel.* Albany 1998.

–, Kunst und ästhetische Wertung im Rahmen von Moral und Politik, in: *Eine moralische Politik? Vittorio Hösles Entwurf einer politischen Ethik in der Diskussion.* Hrsg. v. Bernd Goebel und Manfred Wetzel. Würzburg 2001, S. 181–197.

Roehler, Klaus/Kalle Giese (Hrsg.), *Das Autobuch. Geschichten und Ansichten.* Darmstadt 1983.

Ronell, Avital, *The Telephone Book. Technology – Schizophrenia – Electric Speech.* Lincoln 1989.

Rosenkranz, Karl, *Ästhetik des Häßlichen.* Darmstadt 1979.

–, *System der Wissenschaft*, Königsberg 1850.

Ruskin, John, *Steine von Venedig.* Faksimile-Ausgabe in drei Bänden. Dortmund 1994.

Sachsse, Hans (Hrsg.), *Technik und Gesellschaft.* München 1976.

Santayana, George, *The Sense of Beauty. Being the Outline of Aesthetic Theory.* New York 1955.

Die Säulen von Llacaan. 15. Dezember 2000. ⟨*http://netzwerke.textbox.de/llacaan/*⟩

Scarry, Elaine, *On Beauty and Being Just.* Princeton 1999.

Scheler, Max, *Das Ressentiment im Aufbau der Moralen.* Frankfurt/M. 1978.

Schelling, Friedrich Wilhelm Joseph, *Philosophie der Kunst.* Darmstadt 1976.

Schiller, Friedrich, *Werke und Briefe.* Frankfurt/M. 1988 ff.

Schings, Hans-Jürgen, *Die Brüder des Marquis Posa. Schiller und der Geheimbund der Illuminaten.* Tübingen 1996.

Schneider, Peter-Paul u. a. (Hrsg.), *Literatur im Industriezeitalter.* 2 Bde. Marbach 1987.

Schöne, Albrecht, *Aufklärung aus dem Geist der Experimentalphysik. Lichtenbergsche Konjunktive.* München 1983.

–, *Säkularisation als sprachbildende Kraft. Studien zur Dichtung deutscher Pfarrersöhne.* Göttingen 1958.

Schröder, Jürgen, Imitatio Christi. Ein lyrisches Bewältigungsmodell Gottfried Benns in den Jahren 1934–1936, in: *Literaturwissenschaft und Geistesgeschichte. Festschrift für Richard Brinkmann.* Tübingen 1981, S. 635–657.

Schwarz, Anette, Social Subjects and Tragic Legacies. The Uncanny in Theodor Storm's *Der Schimmelreiter*, in: *Germanic Review* 73 (1998), S. 251–266.

Schwerte, Hans, Der Begriff des Experiments in der Dichtung, in: *Literatur und Geistesgeschichte. Festgabe für Heinz Otto Burger*. Berlin 1968, S. 387–405.

Sedlmayr, Hans, *Verlust der Mitte. Die bildende Kunst des 19. und 20. Jahrhunderts als Symbol der Zeit*. Salzburg 1948.

Segeberg, Harro, *Literatur im technischen Zeitalter. Von der Frühzeit der deutschen Aufklärung bis zum Beginn des Ersten Weltkriegs*. Darmstadt 1997.

–, *Literarische Technik-Bilder. Studien zum Verhältnis von Technik- und Literaturgeschichte im 19. und frühen 20. Jahrhundert*. Tübingen 1987.

Sextus Empiricus, *Opera omnia graece et latine*. Leipzig 1718.

Simmel, Georg, *Gesamtausgabe*. Frankfurt/M. 1988 ff.

Simon-Ritz, Frank (Hrsg.), *Germanistik im Internet. Eine Orientierungshilfe*. Berlin 1998. Im Internet unter: http://dbix04.dbi-berlin.de/dbi_pub/einzelpu/ifbbh8/ifb_00.htm.

Smith, Barbara Herrnstein, *Contingencies of Value. Alternative Perspectives for Critical Theory*. Cambridge 1988.

Snow, C. P., *Die zwei Kulturen. Literarische und naturwissenschaftliche Intelligenz*. Stuttgart 1967.

Spitzer, Leo, *Texterklärungen. Aufsätze zur europäischen Literatur*. München 1969.

Stanzel, Franz, *Typische Formen des Romans*. Göttingen 1976.

Stifter, Adalbert, *Sämtliche Werke*. Hildesheim 1972.

Storm, Theodor, *Sämtliche Werke*. Frankfurt/M. 1987/88.

Stramm, August, *Gedichte Dramen Prosa Briefe*. Stuttgart 1997.

Taylor, Heimy F., The Question of Responsibility in *The Physicists*, in: *Friedrich Dürrenmatt. A Collection of Critical Essays*. Hrsg. v. Bodo Fritzen und Heimy F. Taylor. Ann Arbor 1979, S. 19–35.

Taylor, Mark C./Esa Saarinen, *Imagologies. Media Philosophy*. New York 1994.

Thesaurus Linguae Graecae ⟨http://library.adelaide.edu.au/edb/desc/TLG.html⟩

Todorov, Tzvetan, *Einführung in die fantastische Literatur*. München 1972.

Tolstoi, Leo N., *Was ist Kunst?* München 1993.

Tuxill, John, Appreciating the Benefits of Plant Biodiversity, in: *State of the World 1999. A Worldwatch Institute Report on Progress Toward a Sustainable Society*. New York 1999, S. 96–114.

Van Cleve, John Walter/A. Leslie Wilson, *Remarks on the Needed Reform of German Studies in the United States*. Columbia 1993.

Van der Voort, Tom H. A., Television and the Decline of Reading, in: *Poetics* 20 (1991), S. 73–89.

Vico, Giambattista, *Prinzipien einer neuen Wissenschaft über die gemeinsame Natur der Völker*. Übers. v. Vittorio Hösle und Christoph Jermann. Hamburg 1990.

Vietta, Silvio, Großstadtwahrnehung und ihre literarische Darstellung. Expressionistischer Reihungsstil und Collage, in: *Deutsche Vierteljahrsschrift für Literaturwissenschaft und Geistesgeschichte* 48 (1974), S. 354–73.

Wackernagel, Mathis/William Rees, *Our Ecological Footprint. Reducing Human Impact on the Earth*. British Columbia 1996.

Ward, Mark G., *Theodor Storm. Der Schimmelreiter*. Glasgow 1988.

Weber, Max, *Gesammelte Aufsätze zur Wissenschaftslehre*. Tübingen 1951.

–, *Die protestantische Ethik I. Eine Aufsatzsammlung*. Hrsg. v. Johannes Winckelmann. Gütersloh 1991.

Weber, Samuel, The Sideshow, or: Remarks on a Canny Moment, in: *Modern Language Notes* 88 (1973), S. 1102–1133.

Weimar, Klaus/Christoph Jermann, ‹Zwiesprache› oder Literaturwissenschaft?, in: *Neue Hefte für Philosophie* 23 (1984), S. 113–157.

Weiner, Marc, From the Editor, in: *German Quarterly* 69 (1996), S. V–IX.

Weyl, Hermann, *Symmetry*. Princeton 1952.

Whitehead, Alfred North, *Wissenschaft und moderne Welt* (1925). Frankfurt/M. 1984.

Wilde, Oscar, *Sämtliche Werke in 10 Bänden*. Frankfurt/M. 1982.

Wimsatt, W. K., *The Verbal Icon. Studies in the Meaning of Poetry*. Lexington 1954.

Wingert, Bernd, Kann man Hypertexte lesen?, in: *Literatur im Informationszeitalter*. Hrsg. v. Dirk Matejovski und Friedrich Kittler. New York 1996, S. 185–218.

Winkels, Hubert, *Leselust und Bildermacht. Über Literatur, Fernsehen, und neue Medien*. Köln 1997.

Wordsworth, William, *A Critical Edition of the Major Works*. Hrsg. v. Stephen Gill. Oxford 1984.

Zima, Peter V., *Literarische Ästhetik. Methoden und Modelle der Literaturwissenschaft*. Tübingen 1991.

Ziolkowski, Theodore, *Das Amt der Poeten. Die deutsche Romantik und ihre Institutionen*. München 1994.

–, *Varieties of Literary Thematics*. Princeton 1983.

Zola, Emile, *Le roman expérimental*. Paris 1971.

–, *Thérèse Raquin*. München 1982.

Zuckmayer, Carl, *Der Hauptmann von Köpenick*. Frankfurt/M. 1979.